EPIGRAPHICAL MATERIALS ON THE HISTORY OF RELIGION IN FUJIAN : ZHANGZHOU REGION

IV

Kenneth Dean
Edited by
Zheng Zhenman

PUBLISHED BY FUJIAN PEOPLE'S PUBLISHING HOUSE

List of Inscriptions

Vol. 1 : Zhangzhou Prefectural City,

Longxi District and Haicheng District 2

Vol. 2 : Zhangpu District 51

Vol. 3 : Yunxiao District 60

Vol. 4 : Zhao'an District 66

Vol. 5 : Dongshan District 80

Vol. 6 : Changtai District 84

Vol. 7 : Nanjing District 88

Vol. 8 : Pinghe District 104

Vol. 9 : Hua'an District 110

Vol. 1 : Zhangzhou Prefectural City, Longxi District and Haicheng District

p.3 1. [Stele engraved with] a title deed from a Tang dynasty tomb in Longxi [in 861]

p.3 2. A preface to the Dignified Dharani Sutra inscribed on a scripture pillar along with listed contributors [in 863]

p.5 3. Inscription on a bell at the Kaiyuan Monastery from the Song Jingyou period [in 1037]

p.5 4. Inscription on an old well at Hunei [in 1139]

p.5 5. A Song imperial edict conferring titles on Sacred King Chen, Zhao Marquis Xu, and others [in 1150]

p.8 6. Record of the names [of successive teachers] inscribed at the Teachers' Hall [in 1156]

p.9 7. Inscription on a well at Kekeng [in 1182]

p.9 8. Inscription on a well at Sunglow Weir [Temple] [in 1190]

p.9 9. Inscription on the Hujia well [in 1194]

p.9 10. Stele record of visits to inquire into peoples' distress [in 1204]

p.12 11. Record of the Shrine to the Four Gentlemen [in 1212]

p.13 12. Record of the inscribed names of the successive Prefects [in 1214]

p.13 13. Inscription on a well at Upper Mound [village] [in 1222]

p.13 14. Record of the Zhangzhou charitable cemetery [in 1224]

p.14 15. Inscription on a well at the Noble Virtue Pavilion [in 1231]

p.14 16. Inscription on the plank bridge at the Cloud Cavern Cliff [Monastery] [in 1236]

p.15 17. Record of the Tiger Ford Bridge of Longxi [in 1241]

p.16 18. Record of the Hall of the Origins of the Way [in 1246]

p.17 19. Record of the sacrificial lands of the Temple of Powerful Kindness [in 1248]

p.18 20. Record of the School Granary [in 1250]

p.19 21. Record of the Temple of Manifest Responses [in 1264~1294]
p.19 22. Inscription on a bell at the South Mountain Exalted Blessings Monastery [in 1316]
p.19 23. Inscription on a bell at the South Mountain Exalted Blessings Monastery (2) [in 1319]
p.20 24. Record of the shrine praising the chaste wife nee Wang [who leapt onto her husband's pyre facing the bestial bandits] [in 1320]
p.21 25. Record of the recent construction of the Dragon River Academy in the Zhangzhou Route Command [in 1332]
p.22 26. Record of the Temple of Double Moral Integrity [Prefect Kan who was killed by brigands and his wife nee Wang who committed suicide by leaping onto his pyre] [in 1333]
p.24 27. Inscription on a Guanyin statue [in 1345]
p.24 28. Stele record of the Fengtian Temple of Merciful Salvation [in 1364]
p.25 29. Tomb inscription on the Zhangzhou Route Command Overseer, Marquis Helu [in 1368]
p.26 30. Record of the recent construction of the Zhangzhou Prefectural government building [in 1369]
p.27 31. Record of the repair of the District Confucian School by Magistrate Liu [in 1379]
p.28 32. Record of the Nunnery of Reflection on Accomplishments [in 1410]
p.29 33. Record of the Hall of Eternal Memories [in 1415]
p.30 34. Stele record of the repair of the Confucian Temple and the Shrine to Various Deities [in 1445]
p.31 35. Stele record of the reconstruction of the Hall of the Origins of the Way [in 1468]
p.32 36. Record of the Shrine Commending the Loyal [official, Route Command Overseer, Marquis Helu] [in 1469]
p.33 37. Record of the new construction of the Shrine to Master of Literature Zhu Xi in the Guarding-the-Sea Fort [in 1472]

p.35 38. Stele record commemorating the saving of the city by the Commander of the Zhangzhou Garrison and Vice-Prefect Gu [in 1479]
p.36 39. Stele listing lands donated to cover the costs of incense and oil lamps of the Golden Immortal Cliff [Monastery] [in 1479]
p.36 40. Record of the doorway of the [Li surname group] Lineage Hall [in 1480]
p.37 41. Record of the shrine dedicated to Chen Beixi [in 1481]
p.38 42. Record listing the names of Metropolitan Graduates from Zhangzhou Prefecture [in 1482]
p.39 43. Record of the recent construction of the South Stream great embankment to protect the city and the public road by Prefect Jiang [Liang] [in 1483]
p.41 44. Record of the reconstruction of the Shrine to the [Route Command] Overseer [in 1483]
p.42 45. Stele on virtuous merits [in contributions] to [the temple of] the Perfected Lords of the Three Primes [in 1484]
p.42 46. Record of donated lands for the revival of the Temple of Powerful Kindness [in 1485]
p.43 47. Inscription on a tall stone at the Black Reef Temple of Merciful Salvation [in 1495]
p.43 48. Stele record of the reconstruction of the Temple of Double Moral Integrity [Kan and Wang] [in 1500]
p.45 49. Record of the repair of the Shrine to [Chen] Beixi [in 1511±]
p.46 50. Record of the renovation of the Shrine to Master of Literature Zhu Xi on Zhi Peak [in 1511]
p.47 51. Record of the shrine dedicated to famous officials and sagely local gentlemen of Zhangzhou Prefecture [in 1512]
p.48 52. Record of the Temple to the Zhangzhou Garrison Banner [in 1514]
p.49 53. Inscription on the stone altar of the Phoenix Mountain Peak [Temple] [in 1517]

p.50 54. Stele praising the virtues of Master Chen Juzhai, an elder of Puxi [in 1520]

p.51 55. Record of the repair of the Granary for Broad Salvation [in 1522]

p.52 56. Record of the Shrine to Instructor Chen [Sixian] [in 1525]

p.52 57. Record of the graveside chapel of the Huang surname group of Sunglow Yard [in 1526]

p.53 58. Stone stele re-engraved recording the request for the building of the Saintly Confucian Temple and School in the Guarding-the-Sea Fort [in 1527]

p.54 59. Record of travel to the Cloud Cavern on Crane Peak [in 1527]

p.56 60. Record of the Shrine to [Huang] Mianzhai [in 1528]

p.57 61. Record of the Shrine to [Wang] Donghu [in 1528]

p.58 62. Record of the reconstruction of the back hall of the prefectural government office [in 1528]

p.59 63. Record of the Mansion that Pacifies the Frontier [in 1531]

p.60 64. Record of the Shrine to Duke of Xin, Wen [Tianxiang] [in 1533]

p.61 65. Record of the twin ponds in the Prefectural Confucian School [in 1533]

p.62 66. Stele record of the shrine dedicated to sagely local gentlemen in the Guarding-the-Sea Fort [in 1533]

p.63 67. Stele [in praise] of the virtuous merit of Ming Provincial Administrative Counsellor Lin Baishi, who rebuilt the irrigation system of the public harbor [of White Stone village] [in 1533]

p.64 68. Record of the Hall of Harmonizing with a Dream [of Zhu Xi] [in 1535]

p.65 69. Record of the Pavilion of Powerful Protection [in 1540]

p.65 70. Record of the Ningshou village [in 1540]

p.66 71. Record of the stone slab bridge across the east of the river [in 1540]

p.68 72. Stele record of the reconstruction of the village school at Wenshan [in 1542]

p.69 73. Record of the Shrine to [the Prefect Gu] Liuquan, erected during his lifetime [in 1543]
p.69 74. Record of the renovation of the City God Temple [in 1546]
p.70 75. Record of the revival of the [Huang surname group] Lineage Hall in Xianshe village of Sunglow Yard [in 1546]
p.71 76. Record of the repair of the District Confucian School by Magistrate Lin [in 1547]
p.73 77. Stele record of the repair of the Houbao Zeng surname group Ancestral Hall [in 1549]
p.73 78. Record of the repair of the District Confucian School by Magistrate Cai [in 1557]
p.74 79. Stele record of the Cai surname group Minor Lineage Hall [in 1557]
p.75 80. Stele record of [the restoration of] the irrigation system of New Pavilion [village] [in 1557]
p.76 81. Record of the recent repair of the weirs around the newly cultivated fields [in 1567]
p.77 82. Record of the repair of the District Confucian School by Magistrate Li [in 1570]
p.78 83. Record of the changes to the gateway towers of our prefectural government building [in 1571]
p.80 84. Record of the new establishment of lands to support the Confucian School by Prefect Luo [in 1571]
p.81 85. Record of the recent construction of the Dripping Mercy public cemetery [in 1571]
p.82 86. Record of the Shrine to the Straightforward [District Magistrate Jian] [in 1571]
p.83 87. Record of the repair of the stone bridge to the south of the city [in 1571]
p.84 88. Record of the repair of the enemy observation watchtowers on city walls [in 1572]

p.85 89. Record of the repair of the Zhangzhou Prefectural government hall [in 1572]

p.86 90. Record of the repair of the Shrine to Master of Literature Zhu Xi [in 1572]

p.88 91. Record of the prayers for rain by Prefect Luo [in 1572]

p.89 92. Record of the Academy for Cultivating Rectitude [in 1572]

p.90 93. Stele record of the recent construction of the Haicheng District city [in 1572]

p.92 94. Record of the inaugural performance of the drinking ritual [in the Confucian Temple] by Educational Official Master Chen Muwan [in 1573]

p.93 95. Stele on the construction of the main hall and the new provision of grain allowances together with the making of sacrificial vessels of the Confucian Temple in the Guarding-the-Sea [Fort] Confucian School [in 1579]

p.95 96. Record of the reconstruction of the Shrine to the Master who Enlightened the Sage [,namely the father of Confucius] in the Confucian School of the Guarding-the-Sea Fort [in 1580]

p.96 97. Stele record of public agreements at the Great Temple port [in 1582]

p.96 98. Inscription by Ke Ting on the Cloud Stupa Monastery [in 1589]

p.96 99. Stele record of the shrine dedicated to the loving memory of the former Provincial Administrative Counsellor Zou Longwang [in 1592]

p.99 100. Stele listing prohibitions and agreements issued by the Investigating Bureau [in 1597]

p.100 101. Stele record of the accomplishments of the District Magistrate Cai Luosha in building irrigation sluice-gates [in 1597]

p.101 102. Stele record preserving [the deeds of] the Educational Official Wang Lianzi, a grand teacher and a former imperial courtier [in 1598]

p.101 103. Stele record of the ancestral mountain [lands] in Pan Ridge [in 1599]

p.102 104. Stele record of the [inscription and] erection of the genealogical chart of founding ancestor Master Lin [in 1599]

p.103 105. Stele record of the Long-lived Spring Temple [in 1598~1602]
p.104 106. Praise Poem on the Long-lived Spring Temple [in 1598~1602]
p.105 107. Record of the repair of the Shrine to Local Worthies in the Guarding-the-Sea Fort [in 1601]
p.106 108. Stele with Timely Memories [of the founders and caretakers of the temple and lands] [in 1602]
p.106 109. Record of the reconstruction of the Heavenly Consort Temple [in 1603]
p.107 110. Brief record of the reconstruction of the Haicheng Confucian School [in 1603]
p.107 111. Stele praising the virtuous deeds of Magistrate Yao in showing kindness to the people to the north and south of the Great Cliff Monastery Mountain [in 1604]
p.108 112. Stele record [in praise] of the virtuous merit in the irrigation works of Long[xi] District Magistrate Yuan [in 1605]
p.109 113. Stele record of the construction of the Harbor-side Bridge by District Magistrate Yao [in 1606]
p.110 114. Stele on [the land taxes of] Heping Manor of Haicheng [in 1606]
p.111 115. Stele record of the repair of the Shrine to Master of Literature Zhu Xi [in 1610]
p.112 116. Stele record listing the virtuous contributions towards the charitable lands and sacrificial lands of the Gao surname group Family Temple [in 1611]
p.113 117. Record of the first digging of the pond [in the Confucian Temple] by Prefect Min [in 1611]
p.114 118. Record of the repair of the District Confucian School by Magistrate Ji [in 1611]
p.115 119. Stele record praising the acting Prefect Xiao for rectifying the sacrificial rituals in the Confucian School of the Guarding-the-Sea Fort [in 1616]

p.116 120. Stele record [in praise] of the virtuous merit of Provincial Administrative Counsellor Hong, in rebuilding the Confucian Temple and School of the Guarding-the-Sea Fort [in 1617]

p.118 121. Stele record [in praise] of the virtuous merit of Court of Judicial Review Officer Xiao in rebuilding the Confucian School of the Guarding-the-Sea Fort [in 1617]

p.119 122. Stele record of the reconstruction and theophany of the Temple of Excellent Salvation [in 1618]

p.121 123. Record of the reconstruction of the Wang surname group Minor Lineage Hall [in 1618]

p.122 124. Stele recalling the former Educational Official Master Lai, who repaired the Confucian Temple [in 1618]

p.123 125. Stele praising the virtues of Censor Master Zhou Mianzhen [in 1618]

p.125 126. Cliff inscription at the Fulin Pool [in 1619]

p.125 127. Record of the origin of the Li surname group of Sunglow Manor at Mount Jian [in 1573~1620]

p.126 128. Stele on Mount Lou Temple [in 1573~1620]

p.127 129. Stele record of the reconstruction of the Cloud-capped Monastery [in 1621]

p.127 130. Stele on the virtuous governance of Vice-Prefect Liang who equally divided works between [bamboo] craftsmen [in 1621]

p.129 131. Inscription on a memorial archway in honour of the Lin surname group from South Garden [village] [in 1622]

p.129 132. Stele on the shrine to the Title Inheriting Father [of my schoolmate,] Zeng Huaijiang, who built an irrigation system [in 1623]

p.130 133. Stele record on the virtuous governance of Master Zhao, Vice-Prefect of Zhangzhou Prefecture [in 1623]

p.132 134. Stele record on the virtuous governance of Master Zhao, Vice-Prefect of Zhangzhou Prefecture (2) [in 1623]

p.133 135. Record of the supplemental sacrifices to Master Zhixuan at the [Zeng surname] Founding Ancestor Temple [in 1628]

p.133 136. Record of the Shrine Praising the Loyal [official Zhou Mianzhen] [in 1628]
p.134 137. Stele recounting the events involved in the new construction of the Myriad Pine Pass by Prefect Shi [in 1629]
p.135 138. Stele claiming the sacrificial properties of the Xie surname main lineage branch [in 1630]
p.135 139. Inscription at the South Yard Monastery [in 1632]
p.136 140. Record of the Shrine to the Loyal and Literary Master Wang [Yi] [in 1632]
p.137 141. Stele record of the repair of the Confucian Temple by Magistrate Liang [in 1633]
p.138 142. Record of the additional construction of the Pavilion of Flourishing Literature [in 1640]
p.139 143. Inscription on a scripture pillar at the Takou Nunnery [in 1642]
p.139 144. Record of the Hall of Giving of Good Deeds [in 1644]
p.141 145. Inscription at the Rongchuan Dock [in 1613~1644]
p.142 146. Record of setting up of sacrificial lands of the Gan surname main lineage branch [in 1651]
p.142 147. Lying stele on the Confucian School of the Guarding-the-Sea Fort [in 1652]
p.143 148. Stele on the shrine dedicated to General Tu [in 1657]
p.144 149. Stele showing prohibitions regarding the kiln households of Longxi, issued by the Circuit Commissioner [in 1658]
p.144 150. Stele record of the building of the Abbey Temple of Exalted Nature [in 1661]
p.146 151. Stele record [in praise] of the Provincial Administrative Counsellor Zong [in 1662]
p.147 152. Stele record recalling the former Prefect Min carved by the Dharma Salvation Monastery [in 1665]
p.148 153. Inscription on the stupa of Monk Yiran at the Xunhu Cliff [Monastery] [in 1667]

p.149 154. Stele record of the reconstruction of the Zhangzhou Prefecture Confucian Temple [in 1669]

p.150 155. Stele record on the revival of the Zhangzhou Prefecture Confucian [Temple and] School [in 1670]

p.151 156. Inscription on the stupa of Monk Benweng of the Baoqu Chan Monastery [in 1676]

p.153 157. Stele with an account of the dredging of the public waterways and its irrigation system [in 1684]

p.154 158. Plaque inscribed with an imperial sacrificial edict at the Wuyu Temple the Empress of Heaven [in 1685]

p.154 159. Stele listing charitable lands belonging to the [Dengdi] Fang surname group Family Temple [in 1685]

p.155 160. Inscription on the revival of the Flower Pavilion Temple [in 1687]

p.155 161. Stele record of the Zhou surname group Lineage Hall of Banshan [in 1690]

p.155 162. Record of the reconstruction of the Phoenix Field Temple [in 1694]

p.156 163. Record of the Golden Immortal Cliff [Monastery] on Purple Hat Mountain [in 1694]

p.157 164. Stele record of contributions of lands to the Temple of Rectitude and Harmony [in 1694]

p.157 165. Stele record of the reconstruction of the Putou Temple of Exalted Blessings [in 1695]

p.157 166. Stele record on the charitable lands towards [the sacrifices to the Hungry Ghosts at] the Middle Prime Festival of the Guo surname group [in 1697]

p.158 167. Stele [in praise] of the virtuous merit of the Zhangzhou sub-Prefect, simultaneously Magistrate of Haicheng, Master Zhao, who has abolished [various bad procedures like] book accounting and district ledger, amended the residence [and taxation] booklets, repaired the [City God] Temple and enriched the [District Finance] Bureau [in 1697]

p.158 168. Stele on the virtuous deeds, kindness to the people, and clean governance of Zhangzhou sub-Prefect and simultaneously Magistrate of Haicheng, Master Zhao [in 1697]

p.159 169. Stele record on the relocation of [tombs of] the ancestors of [Dengdi] Fang surname group [in 1698]

p.160 170. Stele record of the Broad Cliff Chan Monastery on the Huge Mountain [in 1699]

p.161 171. A record of the deeds and the tombs of the various ancestors [in 1701]

p.162 172. Record of the waterways in front of the Harbor-side Ancestral Temple [in 1701]

p.162 173. Stele listing prohibitions at Punan Bazaar [in 1702]

p.163 174. Stele record of the repair of the Purple Cloud [Monastery] [in 1702]

p.164 175. Stele listing official prohibitions concerning the charitable cemetery on the public hill [in 1704]

p.165 176. Stele record of the repair of the Red Ridge Temple of Sacred Emperor Guan [in 1705]

p.166 177. Stele record of the Tiaonan Academy [in 1706]

p.168 178. Stele [in praise] of the virtuous merit of District Magistrate Chen in rebuilding the Tree Root Bridge [in 1708]

p.169 179. Stele record of virtuous merits of District Magistrate Chen [in 1709]

p.170 180. Stele record of contributions of lands to the Temple of Rectitude and Harmony (2) [in 1710]

p.170 181. Full record of the former building and later repair of the Harbor-side Ancestral Temple [in 1713]

p.171 182. Record of the repair of the Harbor-side [Xu surname group] Ancestral Temple [in 1713]

p.172 183. Stele record of the Raising-Up-Literature Academy [in 1714]

p.173 184. Stele record of the establishment of the family mountain of the Fu'an Guo surname group [in 1716]

p.174 185. Record of contributions of sacrificial lands by the Harbor-side Xu surname group [in 1716]

p.174 186. Stele record of the sacrificial lands of the Vast Longevity Temple [in 1716]
p.175 187. Stele record of the sacrificial lands of the Dragon Cloud Cliff [Monastery] [in 1717]
p.175 188. Tomb record of General Chen [Yuanguang], who opened up Zhangzhou in Tang dynasty [in 1718]
p.176 189. Plaque listing joint prohibitions by Honghu village [in 1718]
p.176 190. Stele record of [the demarcation of] the donated mountain [lands] at Liangzi Mountain of Liangpu village [in 1718]
p.177 191. Record of the founding of the Ancient Forest Monastery [in 1719]
p.177 192. Stele record of the reconstruction of the Ji surname group Ancestral Temple [in 1720]
p.178 193. Stele record of the charitable [public] school of the Guarding-the-Sea Fort [in 1726]
p.179 194. Stele record of the repair of the Emperor Guan Temple by Liu Can [in 1728]
p.179 195. Record [inscribed on the Cloud Cavern Cliff] on [the opening up of] the Stone Chambers by Master Li [in 1728]
p.180 196. Record of the reconstruction of the Wujiang Main Lineage Hall [in 1729]
p.181 197. Record of the revival of the Meijiang Main Lineage [Hall] [in 1729]
p.182 198. Stele record [in praise] of the virtuous merit [of the Magistrate Liu Liangbi] in eliminating [corvees and sundry] fees levied on [the people of] Black Reef [in 1731]
p.183 199. Stele [in praise] of the virtuous merit of our District Magistrate Master Liu in dividing the land [in 1731]
p.185 200. Stele record of the donated lands of the Martial Arousal Temple [in 1731]
p.185 201. Stele record of the repair of the Ancestral Temple of the Harbor-side Xu surname group [in 1732]
p.186 202. Stele record of the Granary Ridge Pavilion [in 1732]

p.187 203. Stele record of the combined sacrifices to the two Gentlemen Chen [Sixian] and Huang [Daozhou] [in 1723~1733]

p.188 204. Stele record of the sacrificial properties of the Temple of the Whole Perfection [in 1733]

p.188 205. Stele record of the dredging of the public waterways [in 1735]

p.189 206. Stele record of the repair of the Temple of Powerful Kindness [in 1737]

p.190 207. Stele listing prohibitions concerning the Emperor Guan Temple at Red Ridge [in 1739]

p.191 208. Inscription [on a boulder] at the gate of the Cloud-capped Monastery [in 1739]

p.191 209. Stele on the spirit tablet of Lan Li [in 1740]

p.192 210. Stele record of the Wu surname group Ancestral Hall at Cimei [in 1740]

p.192 211. Stele record of the supplemental sacrifices at the Wu surname group Ancestral Hall [in 1741]

p.193 212. Stele recording official prohibitions not allowing powerful and wealthy people to seize and control commoners' fishing net stations [in 1741]

p.193 213. Stele on virtuous merits [in contributions] to the Daizhou Temple of Merciful Salvation [in 1742]

p.195 214. Stele record of the sacrificial properties of the Daizhou Temple of Merciful Salvation [in 1742]

p.196 215. Record of the ancestral properties of [the Xu surname group descended from one of the Five Emperors, Zhuanxu,] Gaoyang [in 1742]

p.198 216. Stele listing regulations at the Yangxi Ferry [in 1743]

p.198 217. Record of the Zhu surname group Main Lineage Hall [in 1743]

p.199 218. Preface on the charitable contributions of additional endowed lands by the [Su surname] main lineage branch at Huxi to further underwrite the expenses of spring and autumn sacrifices [in 1744]

p.200 219. Stele record of virtuous merits [in contributions] to the Fu'an Guo surname group Lineage Hall [in 1745]

p.201 220. Stele record of the revival of the bridge across the east of the stream [in 1745]

p.201 221. Stele record in accordance with officers to strictly forbid [owners of] ferry boats from extortion of fares or overloading of passengers and goods [in 1745]

p.202 222. Stele record of virtuous merits in [contributions to] the repair of the road to the Temple of Alliance of Four [Directions] [in 1745]

p.203 223. Record of the outer islet beyond the new embankments and the repair of the Purple Wind Tower [in 1746]

p.203 224. Stele [in praise] of the virtuous merit of District Magistrate Huang in repairing the Tree Root Bridge [in 1746]

p.205 225. Stele record on the [broad-]bathing grace of our District Magistrate Zhang in surveying and measuring the donated islet [newly surfacing and cultivated in front of and dedicated to the Emperor Guan Temple] [in 1746]

p.206 226. Stele record of the repair of the Eight Hexagram Tower and the Red Sunglow Academy [in 1746]

p.207 227. Record of the Hall for Preserving and Flowering [of the Zhu surname group] [in 1746]

p.208 228. Stele record of the boundaries of the Kapok Nunnery [in 1747]

p.209 229. Invited comments on the repair of the Wujiang [Chen surname group] Main Lineage Hall [in 1748]

p.210 230. Stele record of the repair of the Yeshan Teaching Hall [in 1748]

p.211 231. Record of the reconstruction of the Yeshan Teaching Hall [in 1748]

p.212 232. Stele showing prohibitions at the burial grounds of the Dai surname group [in 1749]

p.212 233. Stele record recalling the virtuous governance of former Prefect Jin [in 1749]

p.214 234. Stele record of the donated lands of the Martial Arousal Temple (2) [in 1749]
p.214 235. Stele record of the repair of the Shima harbor south bridge [in 1751]
p.215 236. Record of the completion of the Wujiang [Chen surname group] Main Lineage Hall [in 1751]
p.216 237. Stele record of the repair of the bridge and road at the Tongguang alley of Tianxia [in 1752]
p.216 238. Stele record of the repair of the Ke surname group Ancestral Temple [in 1752]
p.217 239. Record of the sacrificial lands of the Lin surname group of Sunglow Grove [in 1752]
p.218 240. Record of the charitable establishment of sacrificial lands by the Lin surname group of Sunglow Grove [in 1753]
p.219 241. Stele officially prohibiting beggar groups from violating inhabitants [in 1753]
p.221 242. Stele officially prohibiting evil beggar groups from resisting prohibitions [in 1753]
p.222 243. Inscription on the reconstruction of the Admiring Harmony Temple [in 1754]
p.222 244. Record listing names of contributors to the repair of the [Wujiang Chen surname group] Main Lineage Hall [in 1755]
p.223 245. Stele record of the gathering of funds to build the Temple of Alliance of Four [Directions] and the Temple of the Central Commander [who guards the Temple of the Empress of Heaven] [in 1756]
p.224 246. Stele record of the virtuous merit in opening up the canals and waterways [in 1757]
p.225 247. Stele record of the repair of the temple [buildings] of the Luyang Temple [in 1757]
p.225 248. Stele record of contributions gathered to cover sacrifices of the Yang surname group of Jin'ao [in 1758]
p.226 249. Record of the revival of the Phoenix Field Temple [in 1758]

p.227 250. Stele listing contributions to the revival of the Phoenix Field Temple [in 1758]
p.228 251. Stele listing contributions to the revival of the Phoenix Field Temple (2) [in 1758]
p.230 252. Stele record of [contributions to] the sacrificial properties of the Zeng surname group at Houbao [in 1760]
p.231 253. Inscription on a memorial archway in honour of the chastity and filial piety of Madame nee Guo [in 1760]
p.231 254. Stele record on the repair of the Red Sunglow Academy and the Powerful Protection Pavilion [in 1760]
p.232 255. Stele record of the joyous contributions of lands to the Hall of the Three Officials [in 1761]
p.233 256. Stele record of virtuous merits in [contributions to] the paving of the road [in 1761]
p.233 257. Stele record of the reconstruction of the Empress of Heaven Temple [in 1761]
p.234 258. Stele record of the repair of the Emperor Guan Temple of Zhangzhou Prefecture [in 1760~1763]
p.235 259. Record of the Hall of Long Life [a site for free distribution of coffins] [in 1760~1763]
p.235 260. Stele record of the newly built Dragon Deity Temple [in 1762]
p.236 261. Stele on virtuous merits in [contributions to] the repair of the wharf [in 1762]
p.237 262. Stele record of sacrificial lands of the Lin surname group Ancestral Temple [in 1762]
p.239 263. Stele record of the revival of the Emperor Guan Temple of Fuyao [in 1762]
p.239 264. Stele record of the repurchasing of sacrificial lands at Upper Zhang [village] [in 1762]
p.240 265. Stele record of the revival of the Phoenix Mountain Peak Temple [in 1762]

p.241 266. Stele record of the revival of the Shrine to Master of Literature Zhu Xi [in 1763]
p.242 267. Plaque record of the repair of the Dragon Spring Bridge and road [in 1763]
p.243 268. Plaque record of the Royal Steward Kang at the Dai Immortal Cliff [Monastery] [in 1764]
p.244 269. Stele listing contributions to the East Rising Temple [in 1764]
p.244 270. Stele record [in praise] of the virtuous merit of District Magistrate Master Wang in deciding to break up the upstream reclaimed islets [that were clogging the irrigation systems] [in 1764]
p.246 271. Stele record of donated lands to the Cloud-capped Monastery [in 1764]
p.246 272. Stele record of the publicly established fund for the [Liu surname group] Ancestral Hall [in 1764]
p.247 273. Record of the repair of the Temple of Merciful Salvation in Jiangshu village [in 1765]
p.248 274. Stele record of the properties and commercial activities of the Azure Whirlpool Temple [in 1765]
p.248 275. Record of the joyous contributions of sacrificial lands to the Fu'an Guo surname group Lineage Hall [in 1766]
p.249 276. Stele record of the donated lands of the Leaping Carp Temple [in 1767]
p.249 277. Stele listing contributions to the renovation of the Ancestral Temple of the Harbor-side Xu surname group [in 1767]
p.250 278. Stele record of the revival of the Lower Port Martial Temple of Shima town [in 1768]
p.251 279. Record of the White Rock Lineage Hall [of the Yang surname group] [in 1769]
p.252 280. Stele record of the righteous hero Zhang Youxin [in 1769]
p.253 281. Stele record of the revival of the Dragon Response Monastery [in 1769]

p.254 282. Stele record on the repair of the Lotus Hall Temple [in 1770]

p.255 283. Stele listing prohibitions and agreements and contributions to the revival of the Lotus Hall Temple [in 1770]

p.255 284. Record of contributions gathered in Northern Enclosure for the construction of the stone-paved road to the east gate of the central islet [in 1771]

p.256 285. Stele listing contributions to the repair of the Gao surname group Family Temple [in 1771]

p.257 286. Stele recounting the deeds of kindness and love of Master Qiu, the acting District Magistrate of Haicheng [in 1771]

p.257 287. Stele record of the repair of the Phoenix Mountain ridge road [in 1772]

p.258 288. Stele record of the revival of the Upper Port Martial Temple of Shima town [in 1773]

p.258 289. Stele listing contributions to the revival of the Upper Port Martial Temple [in 1773]

p.259 290. Stele on virtuous merits [in contributions] to the Temple of Peaceful Embrace [in 1774]

p.260 291. Text of a proclamation by General Surveillance Circuit Commissioner Jiang forbidding the blocking of waterways leading to damage to crops [in 1774]

p.261 292. Stele record of the sacrificial properties of the Rising Welfare Cliff [Monastery] [in 1765~1774]

p.262 293. Stele prohibiting walking through the Bluegreen Forest village [in 1775]

p.262 294. Stele record of the sacrificial lands and the education supporting lands of the Huang surname group Family Temple at Gongbian, Longxi [in 1775]

p.263 295. Stele record of regulations and agreements at the Zheng surname group Family Temple [in 1775]

p.264 296. Stele on the repair of the Abundant Joy Nunnery [in 1775]

p.265 297. Stele record of the Abundant Joy Nunnery [in 1775]
p.266 298. Regulations and agreements at the Yan surname group Lineage Hall for Exalting Ancestors [in 1776]
p.267 299. Stele listing public prohibitions at the Guanyin Pavilion in Harbor-mouth village [in 1776]
p.267 300. Stele record of the repair of the Wenshan Xu surname group Lineage Hall with a list of regulations and agreements [in 1777]
p.268 301. Stele listing sacrificial lands of the Lord Temple of the King of Welfare and Virtue [in 1777]
p.268 302. Stele record of the immortal virtuous merit of Magistrate Master Sun who did away with objectionable policies of [exploitative] money exchange [rates] [in 1778]
p.269 303. Stele record of virtuous merits [in contributions] to [the repair of] the bridge and road [in 1778]
p.270 304. Stele record of the reconstruction of the Exalted Prosperity Temple [in 1778]
p.271 305. Stele record of the repair of the Phoenix Mountain Peak Temple [in 1778]
p.272 306. Stele displaying prohibitions concerning the Upper Port Martial Temple [in 1778]
p.272 307. Stele record of the sacrificial properties of the Black Reef Temple of Merciful Salvation [in 1778]
p.273 308. Stele record on the revival of the Temple of Alliance of Four [Directions] [in 1779]
p.274 309. Stele listing the funds contributed to the Jade Jasper Ancestral Hall [of the Su surname group] [in 1780]
p.275 310. Stele on virtuous merits in [contributions to] the construction of the front hall [of the Su surname group Lineage Hall] [in 1780]
p.276 311. Stele record of the repair of the Zeng surname group Lineage Hall [in 1780]

p.276 312. Stele listing contributions to the repair of the Zeng surname group Lineage Hall [in 1780]
p.277 313. Record of the Xie surname group Ancestral Hall at Pinglin [in 1780]
p.278 314. Stele on virtuous merits in [contributions to] the revival of the Stone Buddha Ridge Temple [in 1781]
p.279 315. Stele record of donations to the re-establishment of sacrificial lands [of Jin'ao Yang surname group] [in 1781]
p.280 316. Stele record of the Xu surname group Lineage Hall at Back Zone [village] [in 1782]
p.280 317. Plaque on virtuous merits in [contributions to] the repair of the Fangtian Temple of Merciful Salvation [in 1782]
p.281 318. Stele record of the repair of the Great Hermit Temple [in 1782]
p.282 319. Stele record of the revival of the Dharma Truth Chan Monastery [in 1785]
p.283 320. Stele record of the repair of the Ziyang Academy on the White Cloud Mountain [in 1785]
p.284 321. Stele listing contributions to the renovation of the Yang surname group Main Lineage Hall [in 1785]
p.285 322. Stele listing contributions to the Ke surname group Lineage Hall [in 1785]
p.286 323. Stele record on the rebuilding of the Tree Root Bridge [in 1786]
p.287 324. Stone stele record of the renovation of the Bridge to Increasing Welfare [in 1710~1787]
p.289 325. Record of the repair of the outer tower [in 1787]
p.290 326. Stele listing contributions to the repair of the Ensuring Blessings Nunnery by the entire village [in 1787]
p.291 327. Stele record of the repair of the Aoxi Ancestral Temple [of the Cai surname group] [in 1788]
p.291 328. Stele record of donations to the repair of the Yingzhou [Guo surname group] Ancestral Hall and the bringing in [and placement] of their ancestral spirit tablets [in 1792]

p.292 329. Stele listing regulations cleaning up behavior at the Northern Suburb Temple [in 1792]

p.293 330. Stele listing prohibitions at the Salt Office of Punan Bazaar [in 1792]

p.293 331. Stele record of the reconstruction of the Longxi District Confucian School [in 1792]

p.295 332. Stele listing official prohibitions on preserving the grave of Shen Shiji [in 1792]

p.296 333. Stele record of contributions to the sacrificial lands and education-supporting lands of the Chen surname group Main Lineage Hall at Junmei [in 1795]

p.297 334. Stele record of the bringing in [and placement] of ancestral spirit tablets to enjoy supplemental sacrifices at the Gao surname group Family Temple [in 1795]

p.298 335. Record of the revival of the [Cao surname group] Ancestral Hall for Planting Virtue [in 1796]

p.298 336. Record of the reconstruction of the Neilou Liu surname group Lineage Hall [in 1797]

p.299 337. Stele record of [contributions to] the sacrificial properties of the Chen surname group at Tantou [in 1799]

p.299 338. Record of the repair of the old district Great Temple [in 1800]

p.300 339. Record of the expansion and repair of sacrificial lands of the [Huang surname] main lineage branch [in 1800]

p.301 340. Stele record of the sacrificial properties of the Pubian Temple [in 1800]

p.301 341. Stele record of virtuous merits in [contributions to] the repair of the stone-paved road [in 1801]

p.301 342. Stele listing prohibitions and agreements at the Chen surname group Lineage Hall of Swallow Wings [in 1801]

p.302 343. Stele record of contributions for sacrificial lands to the Xiecang Cai surname group [Lineage Hall] [in 1801]

p.303 344. Stele listing public prohibitions and agreements in Official Garden village [in 1801]
p.304 345. Inscribed names at the Temple of Sincere Thanksgiving [in 1802±]
p.304 346. Stele record of the revival of the Pure Treasure Hall [in 1802]
p.305 347. Stele record on the construction of the Shen surname group Main Lineage Hall [in 1803]
p.306 348. Stele listing contributions to the Lin surname group Lineage Hall of the Root of the Tree [in 1803]
p.307 349. Stele listing contributions and the sacrificial properties of the Phoenix Sunglow Ancestral Temple [in 1804]
p.309 350. Stele record of the newly built Temple of Flourishing Literature [in 1804~1807]
p.310 351. Stele record of the sacrificial properties of the Neilou Liu surname group Main Lineage Hall [in 1805]
p.311 352. Stele record of the repair of the Zeng surname group Minor Lineage Hall [in 1805]
p.312 353. Stele listing agreements at the Phoenix Sunglow Ancestral Temple [in 1805]
p.312 354. Stele listing public prohibitions at Dapu Bazaar [in 1805]
p.313 355. Record of revival of the Lineage Hall for Bequeathed Measures [in 1806]
p.313 356. Stele record of the reconstruction of the Xiyi Temple [in 1807]
p.314 357. Stele showing the official demarcation of the harbor waterways for irrigation [in 1807]
p.315 358. Stele listing contributions to the repair of the Hall of Exalted Sincerity [in 1808]
p.316 359. Twelve family regulations of [the Pan surname group from] Heyang [in 1808]
p.318 360. Stele record of the repair of the Wenying Tower [in 1808]
p.319 361. Stele record of the monastic landholdings of the Black Reef Cliff [Monastery] [in 1808]

p.320 362. Stele record of the repair of the Xitou Lin Family Temple, the Hall of Respectful Delight [in 1808]
p.320 363. Regulations and public prohibitions with regard to the revival of the Eastern Peak Temple [in 1809]
p.321 364. Stele listing contributions to the revival of the Eastern Peak Temple [in 1809]
p.322 365. Stele listing contributions to the revival of the Eastern Peak Temple (2) [in 1809]
p.323 366. Stele listing contributions to the revival of the Eastern Peak Temple (3) [in 1809]
p.324 367. Stele listing contributions to the revival of the Eastern Peak Temple (4) [in 1809]
p.325 368. Stele listing contributions to the revival of the Eastern Peak Temple (5) [in 1809]
p.326 369. Stele listing contributions to the revival of the Eastern Peak Temple (6) [in 1809]
p.327 370. Stele listing contributions to the revival of the Eastern Peak Temple (7) [in 1809]
p.328 371. Record of the repair of the bridge to the Xitou Lane [in 1809]
p.329 372. Regulations and agreements at the Lin surname group Lineage Hall of Swallow Wings [in 1809]
p.330 373. Stele record of the contributed lands and sacrificial lands of the Dai Peak Monastery [in 1810]
p.331 374. Preface to the repair of the Ancestral Hall by the Gao surname group at East Plain [in 1810]
p.331 375. Stele record of the repair of the Dragon Power Temple [in 1810]
p.332 376. Stele listing contributions of properties to the Phoenix Sunglow Temple [in 1810]
p.333 377. Stele record of the donated lands of the Leaping Carp Temple (2) [in 1811]

p.333 378. [Stele listing] prohibitions and agreements at the Jingshan [Lin] surname group Lineage Hall [in 1811]

p.334 379. Stele listing contributions to the Temple of Comprehensive Responses [in 1811]

p.334 380. Stele listing agreements at Dapu Bazaar [in 1811]

p.334 381. Stele record of the repair of the Mount Ru Temple [in 1811]

p.336 382. Stele record of sacrificial lands of the Hefu Zhang surname group [in 1812]

p.336 383. Stele record of virtuous merits in [contributions to] the revival of the Tree Root Bridge [in 1812]

p.338 384. Stele record of the repair of the Saintly Flourishing Temple [in 1812]

p.339 385. Stele listing contributions to the revival of the Hongtuan Martial Temple [in 1812]

p.340 386. Stele listing agreements on the temple property of the Eastern Rising Temple [in 1813]

p.340 387. Stele record on the donated lands of the Black Reef Cliff [Monastery] [in 1813]

p.341 388. Stele record of the repair of the South Mountain Monastery [in 1813]

p.343 389. Stele listing prohibitions [against illicit cults that disgrace the ancestors] at the Shrine to Imperial Preceptor Chen [Yong in Tang dynasty] [in 1813]

p.343 390. Stele record of the dredging of two canals [in 1814]

p.344 391. Stele listing contributions to the repair of the Ancestral Temple of the Harbor-side Xu surname group [in 1815]

p.345 392. Stele listing contributions to the repair of the Chen surname group Lineage Hall of Tantou [in 1816]

p.346 393. Stele record of the repair of the Guanyin Pavilion at Azure Beach [in 1816]

p.348 394. Stele record of the renovation of the Houbao Ancestral Temple [in 1816] p.349 395. Stele record of [contributions to the establishment of] the Huaiyin [Confucianism co-Study] Chamber of the Zeng surname group [Ancestral Hall] [in 1817]

p.350 396. Stele record of the repair of the Red Ridge Martial Temple [in 1817]

p.352 397. Stele record of the repair of the Temple of Extreme Antiquity [in 1817]

p.353 398. Stele record of the contract regarding the sacrificial funds to the founding ancestor of Pancuo [in 1818]

p.354 399. Stele on the repair of the King Yu Temple [in 1818]

p.354 400. Stele bearing the will of Monk Yinghui of the Ancestral Temple of the Three Primes [in 1818]

p.355 401. Plaque record regarding the Sanping Founding Buddhist Master [in 1818]

p.355 402. Stele record on the revival of the Five Blessings Chan Monastery [in 1818]

p.359 403. Stele record on the donation of lands to the Xiecang Cai surname group [Lineage Hall] [in 1819]

p.359 404. Stele record of the repair of the Buddha statues in the South Mountain Monastery [in 1819]

p.361 405. Stele showing prohibitions regarding sharing the harbor waterways for irrigation [in 1820]

p.362 406. Stele record of regulations and agreements at the charitable estate of the Lin surname group [in 1821]

p.368 407. Plaque record of the repair of the Temple of Humaneness and Harmony [in 1821]

p.369 408. Stele listing contributions to the revival of the Phoenix Mountain Peak Temple [in 1821]

p.370 409. Stele listing contributions to the revival of the Phoenix Mountain Peak Temple (2) [in 1821]

p.372 410. Stele record of the repair of the Temple of Mystical Power [in 1821]

p.372 411. Stele record listing funds contributed to the repair of the Guanyin Pavilion [in 1821]
p.374 412. Stele record of the repair of the Upper Port Martial Temple [in 1821]
p.375 413. Stele record of the repair of the Upper Port Martial Temple (2) [in 1821]
p.376 414. Stele record of the reconstruction of the Eastern Sunglow Academy [in 1821]
p.377 415. Stele listing contributions to the reconstruction of the Eastern Sunglow Academy [in 1821]
p.379 416. Stele record on the repair of the Dragon Response Monastery [in 1821]
p.380 417. Stele listing contributions to the revival of the Lotus Hall Temple [in 1822]
p.381 418. Stele record of sacrificial lands of the Hefu Zhang surname group (2) [in 1823]
p.382 419. Stele record of the repair of the Xin'an Temple of Powerful Kindness [in 1823]
p.383 420. Stele record of the repair of the Phoenix Sunglow Temple [in 1823]
p.384 421. Stele record of the repair of the Phoenix Sunglow Temple (2) [in 1823]
p.386 422. Stele record of the sacrificial properties of the Shima Temple of the Empress of Heaven [in 1823]
p.387 423. Stele record of the collectively established sacrificial properties of the third branch minor lineage [hall] [in 1823]
p.387 424. Record of the establishment of sacrificial lands to the Ziyang Academy on the White Cloud Mountain [in 1823]
p.389 425. Record of the establishment of sacrificial lands while repairing the Ziyang Academy on the White Cloud Mountain [in 1824]
p.390 426. Stele listing prohibitions by the Police Chief of Haimen [in 1824]
p.391 427. Stele record of the repair of the Increasing Welfare Shrine [in 1824]
p.391 428. Stone stele record of the revival of the Orchid Path Temple [in 1824]

p.392 429. Stele record of the Confucian Shrine of Shima [in 1824]
p.393 430. Stele listing contributions to the building of the Shima Confucian shrine [in 1824]
p.394 431. Stele record of the repair of the Fenglin Cai surname group Lineage Hall [in 1825]
p.395 432. Stele officially prohibiting the forcing loads taken on board by the boating households [in 1825]
p.396 433. Stele record of the repair of the Wuyu Temple [of the Empress of Heaven] [in 1825]
p.396 434. Stele listing contributions to the repair of the Immortal Hall from relatives by marriage of our lineage [in 1825]
p.397 435. Stele listing contributions to the Temple of Merciful Peace [in 1825]
p.398 436. Stele record of the funds contributed to the revival of the Temple of the Assisting and Trustworthy General [Li Boyao] [in 1826]
p.398 437. Stele record of sacrificial lands privately established by members of the lineage who moved to Taiwan [in 1826]
p.399 438. Stele listing contributions to the renovation of the Peaceful Mountain Temple [in 1826]
p.399 439. Stele listing contributions to the renovation of the Peaceful Mountain Temple (2) [in 1826]
p.400 440. Stele listing contributions to the renovation of the Peaceful Mountain Temple (3) [in 1826]
p.401 441. Record of the names of contributors to the revival of the Temple of Blessed Peace [in 1826]
p.402 442. Preface on the revival of the Ancestral Hall of the Huang surname main lineage branch [in 1826]
p.403 443. Stele listing contributions to the revival of the Huang surname group Main Lineage Hall [in 1826]
p.405 444. Stele listing the immortal names of contributors to the repair of the Exalted Prosperity Temple [in 1826]

p.406 445. Stele listing prohibitions at the Zheng surname group Lineage Hall for Achieving Harmony [in 1826]

p.407 446. Stele record of the sacrificial lands of the Phoenix Mountain Peak Temple [in 1826]

p.408 447. Stele record of the revival of the Shrine of Welfare and Virtue in Planting-Virtue village [in 1827]

p.408 448. Stele record of the repair of the ancestral homestead of the third lineage branch of the Cai surname group [in 1827]

p.409 449. Stele listing contributions to the Temple of Merciful Virtue [in 1827]

p.410 450. Stele record of the repair of the Prefectural City God Temple [in 1828]

p.411 451. Stele record of the Spiritual Islet Temple of the Saintly Mother High in the Heavens [in 1828]

p.412 452. Stele listing contributions to the Temple of Endless Longevity [in 1828]

p.413 453. Stele on the rebuilding of the Lin family ancestral homestead [in 1828]

p.413 454. Stele record of the repair of the South Beach Pavilion [in 1830]

p.415 455. Stele record of the lands donated to the Western Peak Temple [in 1830]

p.415 456. Stele record of the funds contributed to the rebuilding of the Planting-Virtue Bridge and the stone-laid piers to the south of the bridge [in 1830]

p.417 457. Stele on virtuous merits in [contributions to] the repair of the Wuyu Temple of the Empress of Heaven [in 1830]

p.418 458. Stele record of the names of meritorious and virtuous contributors to the revival of the Temple of Heroic Salvation and the Lotus Hall Monastery [in 1831]

p.418 459. Stele officially prohibiting the gathering of bandits in the cattle slaughtering house [in 1831]

p.419 460. Stele officially prohibiting [beggars from] blocking burials for extortion [in 1831]

p.420 461. Stele record on the revival of the Temple of Sacred King who Opened up Zhangzhou by Linkeng village [in 1831]
p.420 462. [Stele with] a proclamation issued by the Xiamen Customs Bureau [in 1832]
p.421 463. Stele record of the repair of the Temple of Responsive Supernatural Powers [in 1832]
p.422 464. Stele record of the repair of the Temple of Responsive Supernatural Powers (2) [in 1832]
p.423 465. Stele on virtuous merits in [contributions to] the repair of the Emperor Guan temple [in 1832]
p.424 466. Stele listing the names of meritorious and virtuous contributors to the repair of the Eternally Thriving Temple [in 1833]
p.425 467. Stele record of contributions by descendants of Cai Shizhang at Xiecang [in 1833]
p.426 468. Stele record of the names of contributors to the repair of the City God Temple [in 1833]
p.427 469. Stele record of the expansion of properties used for expenses of imperial examinations and the grand ceremonies and banquets held beforehand for encouraging local examinees [in 1833]
p.428 470. Stele record of the repair of the Secluded Peace Cliff [Monastery] [in 1834]
p.429 471. Stele record of the repair of the Pure Treasure Hall [in 1834]
p.429 472. Record of the revival of the [Chen surname group Lineage] Hall of Radiant Abundance [in 1834]
p.430 473. Stele listing a contract at the Hall of Brilliant Flourishing of the Cai surname group [in 1834]
p.431 474. Stele listing contributions to the repair of the Five Village Temple [in 1835]
p.432 475. Stele record of the names of contributors to the repair of the Clear Stream Temple [in 1835]

p.433 476. Stele record of the joyous donations of lands to [the Temple of] the Three Official Great Emperors [in 1835]

p.434 477. Stele record of the repair of the Tianxia Ancestral Temple of Rectitude and Harmony [in 1835]

p.434 478. Stele listing contributions to the repair of the Tianxia Ancestral Temple of Rectitude and Harmony [in 1835]

p.436 479. Stele record of the repair of the Pavilion for Praying for Protection [in 1836]

p.437 480. Stele record of collective lands behind the [Chen surname group] Lineage Hall [in 1838]

p.437 481. Proclamation strictly forbidding the cutting of trees around the Ye Mountain Lecture Hall [in 1838]

p.438 482. Stele listing contributions to the funding of the spring and autumn sacrifices to the Imperial Lord of Flourishing Literature [in 1838]

p.439 483. Stele record of the repair of the Temple Carrying Out the Actions of the Heavens [in 1838]

p.440 484. Stele listing prohibitions and agreements to contain [the actions of] roaming beggars in Abundant Joy village [in 1838]

p.441 485. Stele record of prohibitions and agreements at the Virtuous Cloud Temple [in 1839]

p.441 486. Stele showing prohibitions at the burial grounds of the Shen surname group [in 1839]

p.442 487. Record of the repair of the old district Great Temple (2) [in 1839]

p.443 488. Prohibitions and regulations repeated at the Taiyang Lineage Hall [in 1839]

p.444 489. Stele record of the repair of the Temple that Guards the North [in 1840]

p.445 490. Stele record [in praise] of the virtuous merit of the honest and clean benefactor, the Magistrate Master Wang, who eliminated the evil practice of hoarding rice [cheaply for selling high] [in 1841]

p.445 491. Stele record of regulations and agreements at the South Beach Pavilion [in 1841]
p.446 492. Stele outlining [official] prohibitions concerning the sacrificial properties of the Guo surname group [in 1842]
p.446 493. Stele record of the repair of the Ke Mountain Ancestral Temple [in 1842]
p.447 494. Stele record listing names of contributors to the revival of the East Rising Temple [in 1842]
p.449 495. Stele record of itemized contributions to the renovation of the Temple of the Empress of Heaven at Golden Sand [village] [in 1843]
p.449 496. Stele record of the names of meritorious and virtuous contributors to the revival of the Temple of Merciful Salvation [in 1843]
p.451 497. Stele record of the revival of the Auspicious Bluegreen Temple [in 1843]
p.452 498. Stele record of the repair of the Clear Benefit Temple [in 1843]
p.454 499. Stele listing contributions to the repair of the Temple of Numinous Kindness [in 1843]
p.455 500. Stele record of the revival of the Hundreds-of-Responses Temple [in 1844]
p.455 501. Stele record of the establishment of sacrificial lands to the Cai surname group Lineage Hall for Exalting Ancestors [in 1845]
p.456 502. Stele record of the supplemental ancestral tablets at the Neilou Liu surname group Main Lineage Hall [in 1845]
p.456 503. Stele record of the supplemental ancestral tablets at the Neilou Liu surname group Main Lineage Hall (2) [in 1845]
p.457 504. Stele listing contributions to the repair of the Daizhou Temple of Merciful Salvation [in 1846]
p.459 505. Stele record of contributions to the repair of the temple and its chambers [in 1847]
p.459 506. Stele listing the names of contributors to the reconstruction of the Planting-Virtue Bridge [in 1847]

p.460 507. Stele record of the grassy islet [rents for sacrifices] of the Xiecang Cai surname group [in 1848]
p.461 508. Stele record of prohibitions and agreements at the Zheng surname group Ancestral Hall [in 1848]
p.462 509. Stele record of the repair of the great bridge [in 1849]
p.463 510. Plaque recording the Immortal Goddess of the Temple that Settles the Mountain [in 1849]
p.464 511. Stele record of the Bamboo Grove Ford Temple [in 1849]
p.465 512. Stele listing contributions to the Xiecang Cai surname group Lineage Hall [in 1821~1850]
p.465 513. Record of the Chen surname group Main Lineage Hall of Flourishing Swallows [in 1851]
p.466 514. Stele record of regulations and expenses of sacrificial properties at the Chen surname group Lineage Hall of Flourishing Swallows [in 1851]
p.467 515. Stele record [protecting ferryboats and passengers at the pier founded] by the Grand Preceptor [Cai Xin] [in 1851]
p.468 516. Stele record of the augmentation of sacrificial lands donated by Lin Wangsheng [in 1851]
p.468 517. Stele record of the repair of the Hall of Exalted Sincerity [in 1851]
p.469 518. Stele record on the graveyards of the Chen surname group beside the Secluded Peace Cliff [Monastery] [in 1852]
p.470 519. Stele listing contributions to the repair of the Xu surname group Ancestral Temple at Meijiang [in 1852]
p.471 520. Stele record of the establishment of sacrificial lands [of the Xu surname group] [in 1852]
p.472 521. Stele record of contributions to the repair of the Phoenix Grove Temple [in 1852]
p.474 522. Record of the repair of the Temple of Endless Longevity [in 1853]
p.475 523. Stele record outlining contributions of lands by Xu Shuci [in 1853]
p.475 524. Stele record outlining contributions of lands by Xu Shuci (2) [in 1853]

p.475 525. Stele account of the repair of the Temple for Protecting Peace [in 1854]
p.476 526. Stele listing prohibitions and agreements in the ancestral homestead of the Cai surname group [in 1854]
p.476 527. Stele listing contributions to the repair of the City God Temple [in 1854]
p.477 528. Plaque record of the revival of the Northern Dipper Temple [in 1855]
p.478 529. Stele record of the repair of the Phoenix Sunglow Ancestral Temple [in 1855]
p.479 530. Stele record on the rent funds for educational costs at the Chen surname group Lineage Hall of Swallow Wings [in 1855]
p.479 531. Stele listing contributions to the repair of the Xikun Temple of Merciful Salvation [in 1856]
p.483 532. Stele listing contributions to the Temple that Settles the Mountain [in 1857]
p.484 533. Stele record on the repair of the Temple of the Assisting and Trustworthy General [Li Boyao] [in 1857]
p.485 534. Stele record of the next-world merit [of contributors] to the repair of the Dragon Response Monastery [in 1857]
p.485 535. Stele record of the this-world merit [of contributors] to the repair of the Dragon Response Monastery [in 1857]
p.486 536. Stele record of the repair of the god's thrones and ritual implements at the Phoenix Sunglow Ancestral Temple [in 1858]
p.487 537. Stele listing contributions to the repair of the Dragon Mountain Temple [in 1858]
p.488 538. Stele record of sacrificial lands of the Hefu Zhang surname group (3) [in 1858]
p.488 539. Stele on the repair of the Sunglow Slope Bridge [in 1859]
p.488 540. Stele record of virtuous merits [in contributions] to [the repair of] the Sunglow Weir Bridge and road [in 1859]

p.489 541. Stele listing contributions to the repair of the Xikun Temple of Merciful Salvation (2) [in 1859]

p.493 542. Stele record of donated lands and virtuous contributions to the Dragon Response Monastery [in 1859]

p.494 543. Stele record of contributions from Lüsong to the Pure Treasure Hall [in 1859]

p.494 544. Stele listing contributions to the rebuilding of the Shicuo Temple of Powerful Kindness [in 1860]

p.496 545. Stele listing contributions from Lower-Prefecture Mansion to the Pure Treasure Hall [in 1861]

p.496 546. Stele record on the Xilin Cai surname group Lineage Hall [in 1861]

p.497 547. Stele on the repair of the Great River Academy [in 1862]

p.498 548. Stele listing contributions from [the residents of] the Toujia commune to the repair of the Golden Abundance Temple [in 1862]

p.499 549. Stele listing contributions from [the residents of] the Zhongliao commune to the repair of the Golden Abundance Temple [in 1862]

p.499 550. Stele listing contributions from [the residents of] the Xinliao commune to the repair of the Golden Abundance Temple [in 1862]

p.500 551. Stele listing contributions to the repair of the Chen surname group Lineage Hall [in 1862]

p.501 552. Stele listing contributions to the repair of the Chen surname group Lineage Hall (2) [in 1862]

p.501 553. Stele on collective [sacrificial] properties respectfully donated to the Equal-to-Heaven Temple [of the Empress of Heaven] [in 1863]

p.502 554. Stele record of the repair of the Xiecang [Cai surname group] Ancestral Temple [in 1863]

p.503 555. Stele record of the repair of the Temple that Guards the South [in 1863]

p.504 556. Stele listing contributions to the repair of the Zheng surname group Ancestral Temple [in 1864]

p.504 557. Stele showing prohibitions at Shikeng Mountain [in 1864] p.504 558. Stele listing contributions to the repair of the Temple of the Assisting and Trustworthy General [Li Boyao] [in 1866]

p.505 559. Stele listing contributions to the repair of the Embracing Peace Temple [in 1867]

p.505 560. Stele listing contributions from the West to the repair of the Dragon Falcon Temple [in 1867]

p.506 561. Stele record of virtuous merits [in contributions] to the Leaping Carp Temple [in 1868]

p.507 562. Stele listing contributions to the revival of the Haicheng District City God Temple [in 1869]

p.508 563. Stele record of sacrificial lands of the Ancestral Hall of the Huang surname group from Sunglow Garden [village] [in 1869]

p.509 564. Stele prohibiting [yamen runners from] extorting money from [owners of] rice carrying boats [passing through], issued by the Prefectural Commander and the Circuit Commissioner [in 1869]

p.510 565. Stele prohibiting [yamen runners from] extorting money from [owners of] rice carrying boats [passing through], issued by the Prefect [in 1869]

p.511 566. Stele record of the augmentation of sacrificial lands donated by Lin Guanghe [in 1869]

p.512 567. Stele listing prohibitions against placing exiled criminals in coastal regions invaded by saltwater [in 1870]

p.512 568. Stele record of the donated lands to the Five Village Temple [in 1870]

p.513 569. Stele listing contributions to the repair of the Temple of Endless Longevity [in 1870]

p.515 570. Stele officially prohibiting heads of beggars from committing extortion [in 1871]

p.516 571. Stele record of the repair of the Phoenix Sunglow Temple (3) [in 1871]

p.518 572. Stele listing contributions to the repair of the Haicheng District City God Temple [in 1871] p.519 573. Stele listing prohibitions regarding the Pool for Releasing Living Beings in the South Mountain Monastery [in 1872]

p.520 574. Stele record of the repair of the Fenglin Cai surname group Lineage Hall and the bringing in [and placement] of ancestral spirit tablets [in 1872]

p.521 575. Stele listing prohibitions and agreements on the Bluegreen Ridge Cliff [Monastery] [in 1873]

p.521 576. Stele record of the revival of the Cloud Stupa Monastery [in 1873]

p.522 577. Stele record of the revival of the Cloud Stupa Monastery (2) [in 1873]

p.523 578. Stele listing contributions to the [carving of] god statues for the Purple Cloud Cliff [Monastery] [in 1873]

p.523 579. Stele record on the repair of the King Yu Temple [in 1873]

p.524 580. Stele showing regulations in Zoudai village [in 1874]

p.524 581. Stele listing contributions to the Daizhou Temple of Merciful Salvation [in 1874]

p.525 582. Stele record of the revival of the Huang surname group Lineage Hall [in 1874]

p.526 583. Stele listing contributions to the repair of the Ancestral Saint Temple [in 1875]

p.527 584. Plaque stele record at the Temple of Vast Blessings [in 1875]

p.529 585. Stele listing contributions to the repair of the Peaceful Mountain Temple [in 1875]

p.529 586. Stele listing contributions to the Three Harmonies Temple [in 1875]

p.530 587. Record of the Qiu surname group Family Temple for Exalting Ancestors [in 1876]

p.531 588. Stele record of the Granary Ridge Pavilion (2) [in 1876]

p.532 589. Stele record of virtuous merits [in contributions] to the Rising Welfare Temple [in 1876]

p.534 590. Stele record of the construction in accordance with official orders of the Zhangzhou Shrine to the Loyal and Righteous [dead in the Taiping Heavenly Kingdom War] [in 1876]

p.535 591. Plaque on virtuous merits in [contributions to] the repair of the front and back halls of the Mount Ru Temple [in 1876]
p.535 592. Plaque on virtuous merits in [contributions to] the repair of the front and back halls of the Mount Ru Temple (2) [in 1876]
p.536 593. Stele record of the repair of the Liu surname group Family Temple [in 1877]
p.537 594. Stele record of the immortal names of foreign contributors to the repair of the [Zeng surname group] Ancestral Temple [in 1877]
p.537 595. Stele on the repair of the Blessed Forest Temple [in 1877]
p.538 596. Stone stele record of the repair of the Dragon Mountain Temple [in 1877]
p.540 597. Stele record of virtuous merits [in contributions] to the Respected Lord of Broad Compassion of the Carp Monastery [in 1877]
p.540 598. Stele record of the pilgrimage to present incense to Wudang Mountain from the Phoenix Sunglow Temple [in 1877]
p.541 599. Stele record of the reconstruction of the Zhangzhou Prefectural Shrine to the Chaste and Filial [in 1877]
p.542 600. Stele record of the repair of the Xu surname group Lineage Hall [in 1877]
p.542 601. Stele officially abolishing the newly increased tax on brokers [in 1878]
p.543 602. Stele with a contract about the ancestral mountain of the Li surname group [in 1878]
p.544 603. Stele record of the dredging of harbor waterways by the Qingmei Zheng surname group [in 1878]
p.545 604. Stele showing regulations to restrict the actions of roaming beggars [in 1878]
p.545 605. Record of the repair of the Longxi District Confucian School [in 1879]
p.546 606. Stele record of the reconstruction of the Bamboo Grove Ford Temple [in 1879]

p.549 607. Stele copying out orders and proclamations by the Fujian Provincial Governor Ding [in 1879]

p.551 608. Stele listing contributions of lands to the Chen surname group Lineage Hall for their fourth generation ancestor [in 1879]

p.551 609. Stele listing contributions from Lüsong to the Ancestral Temple of the Three Primes [in 1879]

p.552 610. Stele record forbidding [land utilization on] the [Zeng surname group ancestral] mountain [in 1880]

p.552 611. Stele record of lands donated to the Hall of Great Enlightenment [in 1880]

p.553 612. [Stele listing] the immortal names of contributors to the repair of the Temple of the Heavenly Pool and its chambers [in 1880]

p.553 613. Stele displaying prohibitions regarding the boundaries of lands belonging to the Shrine to Master of Literature Zhu Xi [in 1880]

p.554 614. Record of the reconstruction of the left side chamber and the dredging of the pond in the Longxi District Confucian School [in 1880]

p.555 615. Stele listing contributions to the repair of the Junmei Chen surname group Main Lineage Hall [in 1881]

p.555 616. Stele record of the repair of the Five Blessings Chan Monastery [in 1882]

p.557 617. Announcement of contributions to the repair of the Tianxia Ancestral Temple of Rectitude and Harmony [in 1882]

p.558 618. Stele record of the Hall of Inherited Abundance [of the Cai surname group] [in 1882]

p.558 619. Stele record of contributions to the repair of the Heavenly Bequeathed Eastern Temple [in 1883]

p.559 620. Stele record of contributions to the repair of the Heavenly Bequeathed Eastern Temple (2) [in 1883]

p.560 621. Stele record of the Cloud Stupa Monastery [in 1883]

p.561 622. Stele record of the new construction of the Hall of Grand Virtue of the third minor branch of the main line of descents [of the Chen surname group] [in 1884]
p.562 623. Stele on the repair of the pavilion and ridge road outside the Stone Buddha Temple [in 1884]
p.563 624. Stele record of the repair of the Dragon Mountain Temple [in 1884]
p.565 625. Stele record of the ancestral mountains belonging to the Chen surname group Lineage Hall of Swallow Wings [in 1884]
p.565 626. Stele record of the revival of the Emperor Guan Temple of Fuyao (2) [in 1884]
p.566 627. Stone stele on the repair of the Hall of the Eternally Thriving Temple [in 1885]
p.567 628. Stele record of contributions to the repair of the Chen surname group Lineage Hall for Recalling the Distant [ancestors] [in 1885]
p.568 629. Stele showing prohibitions at the burial grounds of the Zheng surname group [in 1885]
p.569 630. Stele listing contributions to the Ancestral Temple of the Three Primes [in 1886]
p.570 631. Stele record of the repair of the Qingshan Purple Cloud Cliff [Monastery] [in 1886]
p.571 632. Stele record of the repair of the Temple of Peaceful Embrace [in 1886]
p.572 633. Stele listing prohibitions to contain the actions of roaming beggars [in 1886]
p.573 634. Stele record of the repair of the Eternally Thriving Hall [in 1886]
p.574 635. Stele record of the repair of the Great Hermit Temple (2) [in 1887]
p.575 636. Stele showing prohibitions concerning the ancestral [grave] mountains of the Chen surname group [in 1887]
p.576 637. Stele record of the repair of the Xin'an Temple of Powerful Kindness (2) [in 1887]
p.578 638. Stele record of the repair of the Xin'an Temple of Powerful Kindness (3) [in 1887]

p.578 639. Stele announcing official prohibitions straightening out [regulations of] the South Mountain Monastery [in 1887]

p.580 640. Stele [in praise] of the virtuous merit in the repair of the Planting-Virtue Bridge by Zheng Guihai, a hermit in Longxi who has declined the appointment of the authority [in 1887]

p.580 641. Record of the reconstruction the bridge to the Xitou Lane [in 1887]

p.581 642. Stele record of the repair of the Temple that Guards the South (2) [in 1887]

p.581 643. Stele record of virtuous merits in [contributions to] the repair of the Merciful Cloud Monastery [in 1887]

p.582 644. Stele on virtuous merits in [contributions to] the repair of the Official Garden Great Temple [in 1889]

p.583 645. Stele record of the repair of the Ancestral Hall by the Yanta Lin surname group [in 1889]

p.583 646. Preface on contributions gathered for the revival of the Hall for Extending Longevity [in 1889]

p.584 647. Stele record of the repair of the Ancient Forest [Monastery] [in 1889]

p.586 648. Stele record on the reconstruction of the Newly Built Enclosure [in 1890]

p.588 649. Stele officially prohibiting privately taxing on cargo boats [passing through] [in 1891]

p.589 650. Stele record of the repair of the Harbor-side [Xu surname group] Main Lineage Hall [in 1891]

p.590 651. Record of the Zheng surname group [Ancestral] Temple of Shining Modesty at Lancun [village] [in 1892]

p.593 652. Stele record of the repair of the Auspicious Bluegreen Temple [in 1892]

p.595 653. Stele record of the repair of the Auspicious Bluegreen Temple (2) [in 1892]

p.596 654. Stele record of the repair of the Red Ridge Temple [in 1892] p.596 655. Stele listing contributions to the repair of the Exalted Prosperity Temple [in 1892]

p.598 656. Stele listing contributions for the repair of the Temple that Settles the Mountain [in 1892]

p.599 657. Stele listing contributions for the repair of the Temple that Settles the Mountain (2) [in 1892]

p.600 658. Stele listing prohibitions and agreements at the Xiecang Cai surname group Lineage Hall [in 1893]

p.600 659. Stele record of the revival of the Aonan Temple [in 1893]

p.601 660. Stele record of the repair of the Middle Prime Temple [in 1893]

p.601 661. Stele listing contributions to the repair of the Phoenix Peace Temple [in 1893]

p.602 662. Stele listing a credible statement of [the donations and expenditures of] the repair of the East Mountain Temple [in 1893]

p.603 663. Stele listing contributions for the repair of the Upper Forest Temple [in 1893]

p.605 664. Stele record of the increased donations of education-supporting lands to the Tantou Chen surname group [in 1894]

p.605 665. Stele record of the sacrificial properties of the Earth God Temple at the Castle of Humaneness and Harmony [in 1894]

p.606 666. Stele officially prohibiting sedan-chair carriers and roadside beggars from extorting fees and gifts [at weddings or funerals] [in 1894]

p.607 667. Stele record of sacrificial properties of the Chen surname group at the Dai Immortal Cliff [Monastery] [in 1895]

p.607 668. Stele record of the repair of the Temple that Vitalizes the East [in 1897]

p.608 669. Stele record of the repair of the Wang surname group Ancestral Temple [in 1897]

p.609 670. Stele record of the repair of the Hall of Exalted Sincerity (2) [in 1898]

p.610 671. Stele record of the repair of the Hidden Dragon Lineage Hall and the Dragon Mountain Temple [in 1898] p.611 672. Stele record of the revival of the Xu surname group Ancestral Temple at Meijiang [in 1898]

p.613 673. Stele listing contributions for the repair of the Temple of Vast Protection [in 1898]

p.613 674. Stele listing contributions to the repair of the Temple of Mystical Power [in 1899]

p.614 675. Stele record of the repair of the Confucian Shrine [in 1900±]

p.616 676. Stele record of contributions and donations of lands to the Temple of Rectitude and Harmony [in 1900]

p.616 677. Preface on the repair of the [Neilou Liu surname group Lineage] Hall for Recalling the Distant [ancestors] [in 1900]

p.617 678. Stele listing contributions for the repair of the Temple of Merciful Longevity [in 1900]

p.618 679. Stele listing prohibitions and agreements after the repair of the Lin surname group Ancestral Hall [in 1900]

p.618 680. Stele listing contributions to the repair of the Temple of Sincere Thanksgiving [in 1901]

p.619 681. Stele record on the temple properties of Peaceful Mountain village [in 1902]

p.620 682. Stele listing contributions by believers of Hengni [village] to [the repair of] the Spiritual Islet Temple [in 1902]

p.621 683. Inscription on a stupa of the Chan Master Focheng at the Zhangzhou Exalted Blessings Monastery [in 1904]

p.622 684. Stele listing contributions to the repair of the Golden Abundance Temple [in 1904]

p.623 685. Stele listing contributions from the Dingliao neighborhood to the repair of the Golden Abundance Temple [in 1904]

p.624 686. Stele listing contributions from the Shixing neighborhood to the repair of the Golden Abundance Temple [in 1904]

p.625 687. Stele listing contributions to the repair of the Sunglow Chamber Temple [in 1904]

p.625 688. Stone stele on the repair of the Yijin Temple [in 1904]
p.627 689. Stele record of the Hall of Ascending to Immortality [in 1904]
p.629 690. Stone stele record of the repair of the Orchid Path Temple [in 1905]
p.629 691. Stele record of the supplemental sacrifices at the Neilou Liu surname group Main Lineage Hall [in 1905]
p.630 692. Stele record of the repair of our own Chen surname group Main Lineage Hall at Fengming [in 1905]
p.631 693. Stele record of the Spiritual Islet Temple of the Saintly Mother High in the Heavens (2) [in 1905]
p.632 694. [Stele listing] the immortal names of contributors to the repair of the Yutoumei Shrine to [orphan ghosts'] Responses [to prayers] [in 1906]
p.633 695. Stele record of contributions of funds and properties to the Temple of Gushing Joy [in 1906]
p.633 696. Stele listing contributions to the revival of the Hundreds-of-Responses Temple [in 1906]
p.634 697. Stele record of the repair of the West Harbor Bridge and road [in 1906]
p.635 698. Stele record of the collective lands of the Hall of Eternal Sincerity [in 1906]
p.636 699. Stele listing contributions to the repair of the Temple of Sacred King who Opened up Zhangzhou in Linkeng village [in 1907]
p.636 700. Stele listing contributions by members of the Su surname group of our village to the repair of the Hall of the Immortals [in 1907]
p.637 701. Stele record of lands donated to the Li surname group Lineage Hall [in 1908]
p.638 702. Stele record of the reconstruction of the Wenshan Academy [in 1875~1908]
p.639 703. Stele listing contributions to the repair of the Pubian Temple [in 1875~1908]
p.640 704. Stele listing contributions from small Lüsong to the repair of the Pubian Temple [in 1875~1908]

p.641 705. Record of the reconstruction of the Jin'ao [Yang surname group] Lineage Hall [in 1909]

p.642 706. Stele listing contributions to the repair of the Zhou surname group Main Lineage Hall [in 1909]

p.642 707. Stele record of the repair of the sluice gate at Sunglow Side [village] [in 1910]

p.643 708. Stele listing contributions to the Phoenix Mountain Peak Temple [in 1910]

p.643 709. Plaque record of the repair of the Northern Dipper Temple for the Assisting and Smooth General [Ma Ren] [in 1910]

p.645 710. Stele listing contributions to the Daizhou Temple of Merciful Salvation (2) [in 1910]

p.647 711. Stele on virtuous merits [in contributions] to establish properties of the Sunglow Chamber Temple [in 1911]

p.647 712. Stele record of the official division of the irrigation waters of Zoutang [village] [in 1911]

p.648 713. Stele record of the repair of the old district Great Temple [in 1911]

p.648 714. Stele record of virtuous merits in [contributions to] the repair of the Dragon Response Monastery [in 1911]

p.650 715. Stone stele record of the repair of the Wuyu Buddha Temple [in 1911]

p.650 716. Stele listing contributions to the repair of the Shicuo Temple of Powerful Kindness [in 1911]

p.651 717. Stele listing contributions to the Phoenix Mountain Peak Temple (2) [in 1911]

p.653 718. Stele listing contributions to the Phoenix Mountain Peak Temple (3) [in 1909~1911]

p.654 719. Stele listing contributions to the Phoenix Mountain Peak Temple (4) [in 1909~1911]

p.655 720. Stele listing contributions to the Phoenix Mountain Peak Temple (5) [in 1909~1911] p.656 721. Stele record of virtuous merits in [contributions to] the repair of the Azure Whirlpool Ancestral Temple [in 1644~1911]

p.656 722. Stele on virtuous merits in [contributions to] the repair of the Chan Meditation Hall by the Gan surname group from Sunglow Well [village] [in 1912]

p.657 723. Stele record of contributions of funds and properties to the Temple of Gushing Joy (2) [in 1913]

p.658 724. Stele listing contributions to the Liu surname group Family Temple [in 1913]

p.658 725. Stele on virtuous merits [in contributions] to the Fangtian Temple of Merciful Salvation [in 1913±]

p.659 726. Announcement of contributions to the repair of the Tianxia Ancestral Temple of Rectitude and Harmony (2) [in 1914]

p.659 727. Stele on [donations to the repair of] the Guanyin Buddha [statue] at the Ancient Forest Monastery [in 1915]

p.660 728. Stele record of [official] prohibitions [erected] in the [Hong surname group] Main Lineage Hall against privately sawing trees from the ancestral tombs [in 1916]

p.661 729. Stele preface to the repair of the Hall for Reverent Self Cultivation and the Hall for Reverent Cautiousness [in 1916]

p.661 730. Stele record of the reconstruction of the opera stage [in 1916]

p.662 731. Stele erected by the Haicheng District [Magistrate] to forbid evil habits of leaders of sedan-chair carriers [in 1917]

p.663 732. Stele record of the repair of the [Guanyin] Buddha Temple [in 1918]

p.664 733. Stele listing contributions to the repair of the Azure Whirlpool Temple [in 1918]

p.664 734. Stele listing contributions to the repair of the Temple of Humaneness and Harmony [in 1918]

p.665 735. Preface on the repairing of the [Gao surname group] Ancestral Temple in the winter months of the Republic 8th year [in 1919]

p.665 736. Stele on virtuous merits in [contributions to] the repair of the Jade Unicorn Temple [in 1921]
p.666 737. Stele record claiming the property of the Caifan Medical Office [in 1921]
p.668 738. Stele record of virtuous merits in [contributions to] the repair of the road surface at Dapu Bazaar [in 1921]
p.668 739. Stele record of the repair of the ferry and the horizontal altars [in 1921]
p.668 740. Stele repeating regulations on the protection of the irrigation system [in 1922]
p.670 741. Stele listing receipts for the repair of the Chen surname group Lineage Hall of Swallow Wings [in 1924]
p.671 742. Record of the repair of the Zhangzhou Confucian School Temple [in 1924]
p.672 743. Stele listing receipts for the repair of the Chen surname group Lineage Hall of Flourishing Swallows [in 1925]
p.673 744. Stele on properties dedicated to the maintenance of the Emperor [Guan] Temple [in 1926]
p.673 745. Stele listing contributions to the Ke Mountain Ancestral Temple [in 1926]
p.674 746. Stele record of the repair of the Cai surname group Lineage Hall for Exalting Ancestors [in 1927]
p.675 747. Preface on the repair of the Yang surname group Ancestral Temple of Jin'ao [in 1927]
p.676 748. Stele erected with an official notice on preserving the grave of Shen Shiji [in 1928]
p.676 749. Record of the repair of the grave of the Second Generation Ancestor [Shen Shixiong], a former Area Chief Military Commander [in Song dynasty], buried on Mount Fenggao [in 1928]
p.677 750. Stele record of the repair of the Phoenix Sunglow Ancestral Temple [in 1929]

p.680 751. Stele record of the repair of the Temple that Guards the South (3) [in 1929]

p.681 752. Stele record of the repair of the [Qiu surname group] Yuwen Hall [in 1929]

p.683 753. Preface on contributions gathered to the establishment of properties for accompanying sacrifices by the Xie surname main lineage branch at Pinglin, Shima [in 1929]

p.683 754. Stele listing contributions to the repair of the Yingzhou Temple [in 1929]

p.684 755. Stele listing contributions to the repair of the Chen surname group Main Lineage Hall [in 1929]

p.684 756. Antithetical couplets inscribed on stone pillars at the Temple of Alliance of Four [Directions] [in 1930]

p.684 757. Stele record of the repair of the Mazu Temple in Dingtiansheng village [in 1931]

p.685 758. Stele officially prohibiting the digging of mud-clay [for sale to tile factories] leading to damage to the roadbed [in 1932]

p.685 759. Stele record of a contract concerning the Temple of Gushing Joy properties [in 1935]

p.686 760. Stele listing prohibitions at the Zheng surname group Family Temple [in 1935]

p.686 761. Stele listing contributions to the reconstruction of the Xinqiaotou Great Temple [in 1936]

p.688 762. Stele listing contributions to the reconstruction of the Xinqiaotou Great Temple (2) [in 1936]

p.689 763. Stele listing contributions to the reconstruction of the Xinqiaotou Great Temple (3) [in 1936]

p.690 764. Record of the Kapok Pavilion [in 1936]

p.690 765. Stone stele on the repair of the Hall of Eternal Sincerity [in 1936]

p.691 766. Stele record of the repair of the Houbao Ancestral Temple [of the Zeng surname group] [in 1936] p.692 767. Stele record of the repair of the bridge and road by Sunglow Slope village [in 1936]

p.692 768. Record of the repair of the Zhangzhou Confucian Temple [in 1936]

p.693 769. Record of the repair of the Eternal Fortune Pavilion [in 1937]

p.694 770. Stele record of the revival of the Temple of Universal Harmony [in 1937]

p.694 771. Record of the Auspicious Bamboo Cliff [Monastery] [in 1938]

p.695 772. Stele record of the repair of the Temple of the Vast King [in 1939]

p.695 773. Stele record of the reconstruction of the East Rising Temple [in 1939]

p.696 774. Stele record of the repair of the Jicang Temple [in 1940]

p.697 775. Stele listing the immortal names of donors to the reconstruction of the Temple of Mystical Power [in 1941]

p.698 776. Stele record of the repair of the [Zheng surname group Lineage] Hall of Generations of Virtue [in 1941]

p.699 777. Stele record of the third set of repair of the Yijin Temple [in 1941]

p.699 778. Stele listing contributions to the repair of the Eternally Thriving Temple [in 1942]

p.700 779. Stele record of the repair of the Xizeng [Zeng surname group] Ancestral Temple [in 1942]

p.701 780. Stele record of the repair of the Xiecang Cai surname group Lineage Hall for Reverencing and Repaying [the Ancestors] [in 1944]

p.702 781. Stele listing contributions to the repair of the Central Martial Temple [in 1945]

p.703 782. Stele record of the repair of the Shrine to Prefect Jiang [Liang] [in 1947]

p.703 783. Stele listing the immortal names of grain donors to the repair of the Temple of Mystical Power [in 1947]

p.704 784. Stele on contributions to the repair of the Phoenix Mountain Peak Temple [in 1948]

p.704 785. Stele listing contributions to the rebuilding and repair of the Phoenix Mountain Peak Temple [in 1949]

p.706 786. Stele record of the building of the Upper Port Martial Temple [in 1949]

p.706 787. Stele listing contributions to build the Upper Port Martial Temple [in 1949]

p.707 788. Stele listing contributions to the revival of the Tower of Flourishing Literature [in 1912~1949]

p.708 789. Stele listing contributions to the revival of the Tower of Flourishing Literature (2) [in 1912~1949]

p.709 790. Stele listing contributions to the revival of the Tower of Flourishing Literature (3) [in 1912~1949]

p.710 791. Stele listing contributions to the repair of the Southern Garden Temple [in 1912~1949]

p.711 792. Stele listing contributions to the repair of the Southern Garden Temple (2) [in 1912~1949]

p.712 793. Stele listing the positions of ancestral tablets at the Fang surname group Lineage Hall of Additional Blessings

p.712 794. Stele record of contributions of sacrificial lands for the Xu surname group Family Temple

Vol. 2 : Zhangpu District

p.715 795. [Stele engraved with] a title deed from a Tang dynasty tomb at Stove Mountain [in 875~907]
p.715 796. Inscription on the construction of a road at Xiaoxi Ridge [in 1059]
p.715 797. Record [inscribed] on [a boulder at] the Seal Stone [Mountain] [in 1108]
p.716 798. Inscription at the Sea Cloud Cliff [Monastery] [in 1149]
p.716 799. Record of the Bodhisattva of Shining Responsiveness [in 1175]
p.717 800. Inscription on a stone trough at the Sea Cloud Cliff [Monastery] [in 1181]
p.717 801. Record of the construction of the Shrine to Master Gao Dongxi [in 1187]
p.718 802. Inscription on the building of the bridge and roads across the Anhou Stream [in 1191]
p.718 803. Record of the thirty-five bridges [in 1198]
p.719 804. Record of the Zhangpu District Hall of the Saintly Ancestor [in 1215]
p.720 805. Record of the Eastern Mansion Temple [in 1306]
p.721 806. Stele on the joyous donation of stone lions to the Red Water Cliff [Monastery] [in 1349]
p.722 807. Inscription on a stone pillar at the Upper Cai Temple [in 1271~1368]
p.722 808. Antithetical couplets inscribed on stone pillars at the Zhengyang Temple [in 1369]
p.722 809. Stele record of the Zhangpu Confucian Temple [in 1369]
p.723 810. Inscription on the East Luo Cliff [in 1436]
p.723 811. Stele record of the reconstruction of the Shrine Hall to Master [Gao] Dongxi [in 1483]
p.725 812. Renewed carving of the record of the Eastern Mansion Temple [in 1484]

p.727 813. Stele recording events of Monk Shun'an in the revival of the Great Buddhism-Preaching Chan Monastery [in 1465~1487]

p.727 814. Stele record of the Dong'an Dai surname group Lineage Hall [in 1490]

p.729 815. Stele record of the reconstruction of the Elephant-Banishing Monastery [in 1496]

p.730 816. Stele recording poems composed and replied to at a farewell party held on the East Luo Cliff [in 1501]

p.731 817. Record of the Aroused Dragon Tower [in 1501]

p.732 818. Stele record of the reconstruction of the Aroused Dragon Chan Monastery [in 1503]

p.733 819. Record of the reconstruction of the Temple of Powerful Kindness at Azure Sun [village] [in 1505]

p.735 820. Record of the maintenance of chastity and upkeep of the family by Great Grandma Madame Xu, nee Chen [in 1506]

p.736 821. Stele record of the establishment of lands for the Bluegreen Dragon Cliff [Monastery] [in 1519]

p.737 822. Record of the reconstruction of the Hall for Clarifying Ethics [in the Confucian Temple] [in 1526]

p.738 823. Stele record of the sacrificial lands of Dong'an Dai surname group [in 1556]

p.739 824. Stele recounting the building of the Marquis Guan Temple by the Great Min General Master Yang Nanjiang [in 1571]

p.740 825. Inscription at the Sea Moon Cliff [Monastery] [in 1576]

p.740 826. Record of the Shrine of Ancestral Virtue [in 1579]

p.741 827. Stone stele preserving the record of the official judgments of Magistrates Zhu and Yao [in 1580]

p.741 828. Inscribed record on a wooden board at the Temple of Sacred King Chen [in 1585]

p.742 829. Stele record of the sacrificial lands dedicated to the historical ancestors of Daifeng Lin surname group [in 1589]

p.743 830. Stele record of the revival of the Aroused Dragon Chan Monastery [in 1596]

p.744 831. Record of the reconstruction of the Zhangpu District Confucian School Gateway [in 1598]

p.746 832. Boundary stele of the family mountain of the Gaolin Wang surname group [in 1602]

p.746 833. Inscription at the Sea Moon Cliff [Monastery] (2) [in 1602]

p.746 834. Stele record of the virtuous governance of Magistrate Wang [You] in dividing the rental income of the Dharma Salvation Monastery of Yingcheng between monks and garrisons [in 1604]

p.748 835. Stele record of the establishment of the Geomantic Dragon Lines [in 1604]

p.749 836. Record of the repair of the Shrine to Master [Gao] Dongxi [in 1605]

p.750 837. Record of the repair and renovation of the Hall for Clarifying Ethics in the Confucian School of Zhangpu District [in 1606]

p.751 838. Stele record of the founding of the Sea Moon Cliff [Monastery] by [Master Yanglou from] the Great [Buddhism-]Preaching [Monastery] [in 1608]

p.753 839. Stele record of the establishment of sacrificial lands for filial son You by District Magistrate Huang [in 1609]

p.754 840. Record of the construction of the [Zhao surname group's] fortified village at Mount Shuogao [in 1613]

p.755 841. Inscription at the Sea Moon Cliff [Monastery] (3) [in 1618]

p.756 842. Record of the repair of the Temple of Loyalty and Bravery and the Qian Bridge as well as the Bridge of Convenience for the People [in 1620]

p.757 843. Stele record of the thriving of the [lineage of] ancestors [of the Xu surname group of Liucuokeng] [in 1625]

p.758 844. Account of the renovation of our surname group ancestral temple [in 1635] p.758 845. Stele record of the recent construction of the Tiaoxi Ridge Buddhist Monastery [in 1666]

p.759 846. Stele record of the establishment of the family temple, public school, sacrificial lands, school lands, and charitable lands in Yi'an fortified village at Huxi, Jinpu [in 1688]

p.762 847. Stele record of the establishment of the family temple, public school, sacrificial lands, school lands, and charitable lands in Yi'an fortified village at Huxi, Jinpu, by Grand Prefect Huang [in 1689]

p.764 848. Stele record of the [Huang surname group] Minor Lineage Hall of Yi'an fortified village [in 1690]

p.766 849. Stele listing official prohibitions at the Dragon River Temple [in 1690]

p.766 850. Stele marking the boundaries of the collective lands of the [Huang surname group] Main Lineage Family Temple [in 1693]

p.767 851. Stele marking the boundaries of the collective lands of the [Huang surname group] Main Lineage Family Temple (2) [in 1693]

p.767 852. Stele record of the repair of the Lan surname group Ancestral Temple [in 1695]

p.768 853. Stele record of the establishment of charitable lands and repairs to the Confucian School [in 1696~1708]

p.769 854. Record of the Wise Sincerity Academy [in 1701]

p.770 855. Stele record of the Moon Lake Academy [in 1708]

p.772 856. Inscription at the Sea Moon Cliff [Monastery] (4) [in 1709]

p.772 857. Stele displaying prohibitions [and regulations] on the salt tax at Gulei [in 1711]

p.773 858. Record of the renovation of the Gouxi Academy [in 1715]

p.774 859. Preface on the reconstruction of the Meiyue Yang surname group Ancestral Temple [in 1716]

p.775 860. Stele record of the donated lands of the Sea Moon Cliff [Monastery] [in 1719]

p.775 861. Stele outlining imperial orders to be followed [in 1724]

p.777 862. Record of Daoist Priest Tang of the Lukeng Cliff Abbey [in 1726]
p.777 863. Stone inscription of rental lands of the Puwei Mazu Temple [in 1734]
p.778 864. Stele record of the supplemental sacrifices to Master Duansu [in 1736]
p.779 865. Stele inscribed with an imperial sacrificial edict at the tomb of Cai Shiyuan [in 1737]
p.779 866. Record of the Satori-of-the-Way Cliff [Monastery] [in 1739]
p.780 867. Record of the transmission of the lamp [that stands for the Buddhist doctrine and the Abbot's position] and inherited properties of the Clear Spring Cliff [Monastery] [in 1744]
p.781 868. Stele record of the supplemental sacrifices at the Wu surname group Lineage Hall [in 1750]
p.781 869. Stele record of prohibitions set out by District Magistrate Master Xu [in 1753]
p.782 870. Stele record of the revival of the Liang Mountain Great Temple [in 1753]
p.783 871. Stele record of the repair of the Zhangpu Academy of Embracing Virtue [in 1753]
p.784 872. Record of the revival and renovation of the Powerful and Magnificent Temple [in 1756]
p.785 873. Stele record of the mountain boundaries of the Clear Spring Cliff [Monastery] [in 1759]
p.785 874. Stele listing prohibitions [against the reclamation or cultivation] on the Liu'ao beach [leading to damage to the vegetation and bringing about blown sand] [in 1760]
p.786 875. Stele record of the contract on the irrigation system around the Sand Base Temple [in 1763]
p.788 876. Stele record of the adjudication on the division of irrigation waters through the public weir to benefit the people by District Magistrate He [in 1763]

p.790 877. Stele announcing prohibitions concerning the Guanxunyang irrigation system [in 1765]
p.791 878. Stele record of a collective contract at the Liu surname group Lineage Hall [in 1765]
p.792 879. Stele record of the donated lands of the Bluegreen Dragon Cliff [Monastery] [in 1765]
p.793 880. Stele record of the sacrificial properties of the Elephant Tusk Nunnery [in 1765]
p.793 881. Stele listing official demarcation of intertidal aquacultural territorial boundaries [in 1766]
p.794 882. Stele record of the repair of the Houjiang Wu surname group Lineage Hall [in 1768]
p.794 883. Stele record of the repair of the Rising Blessings Temple of Sacred King [in 1772]
p.796 884. Antithetical couplets inscribed on stone pillars at the Cai surname group Lineage Hall [in 1776]
p.796 885. Stone stele listing donated lands of the Nunnery From the West [in 1778]
p.797 886. Inscription at the Elephant Tusk Nunnery [in 1778]
p.797 887. Stele listing donations to the revival of the Vast Longevity Hall [in 1784]
p.798 888. Stele with observations obtained through divination at the East Forest Temple [in 1785]
p.798 889. Stele record of virtuous merits [in contributions] to the Sizhou Cliff [Monastery] [in 1785]
p.799 890. Stele record of virtuous merits in [contributions to] the revival of the Immortal Capital Temple [in 1787]
p.800 891. Stele record of the sacrificial properties of the Old Town Temple of the Empress of Heaven [in 1791]
p.800 892. Stele record of the revival of the Perched in the Clouds Cliff [Monastery] [in 1792]

p.801 893. Stele record of virtuous merits [in contributions] to the Bluegreen Dragon Nunnery [in 1792]

p.802 894. Stele record of virtuous merits in [contributions to] the repair of the Zhenwu Temple [in 1793]

p.803 895. Stele listing recent contributions of sacrificial lands to the Hall of Wise Sincerity [dedicated to Huang Daozhou] [in 1799]

p.804 896. Stele record of the repair of the Hall of Wise Sincerity [dedicated to Huang Daozhou] [in 1799]

p.805 897. Stele on the revival of the Yuantong Cliff [Monastery] [in 1800]

p.806 898. Stele record of the revival of the Temple of Sacred King who Opened up Zhangzhou [in 1801]

p.807 899. Stele record of the revival of the temple by Chen surname believers of our village [in 1801]

p.807 900. Stele record of the donated lands of the Rain Ceasing Temple [in 1804]

p.808 901. Stele on the repair of the Fotan Yang surname group Ancestral Temple [in 1807]

p.809 902. Stele on the building of the [Fotan Yang surname group Family] Temple for generations of descendants to recalling our distant ancestors [in 1808]

p.811 903. Stele record of the donated lands of the Rain Ceasing Temple (2) [in 1814]

p.811 904. Stone inscription with a collective contract of the Chen surname group [in 1821]

p.811 905. Stele listing contributions to the repair of the Zhengyang Temple [in 1824]

p.813 906. Antithetical couplets inscribed on stone pillars at the Zhengyang Temple (2) [in 1824]

p.813 907. Stele record of the donated lands of the Temple of the Immortal Capital [in 1825] p.813 908. Stele record of the donated lands of the Long Flourishing Nunnery [in 1825]

p.814 909. Stele listing contributions to the Chen surname group Lineage Hall [in 1826]

p.815 910. Record of names [of contributors] to the completion of the renovation of the [Fotan Yang surname group] Ancestral Temple [in 1828]

p.817 911. Stele record of the revival of sacrificial properties by the Baishi Ye surname group [in 1829]

p.818 912. Stele record of contributions to the Rain Ceasing Temple [in 1829]

p.819 913. Stele record of contributions of lands to the Azure Sunglow Monastery [in 1832]

p.819 914. Stele record of the Hong surname group Lineage Hall for Recalling the Distant [ancestors] [in 1832]

p.821 915. Stele record of the repair of the Temple of Power and Magnificence at Chihu [in 1833]

p.822 916. Stele record of contributions in response to the fundraising drive for the repair of the Xingyupu Monastery [in 1841]

p.823 917. Stele record of contributions to the building of the Temple of Flourishing Literature [in 1842]

p.824 918. Stele record of the properties of the Immortal Peak Cliff [Monastery] [in 1847]

p.825 919. Stele listing official prohibitions on protecting the Immortal Peak Cliff [Monastery] [in 1858]

p.826 920. Stele record of the donated lands of the Rain Ceasing Temple (3) [in 1858]

p.826 921. Stele record of the temple properties of the Red Water Cliff [Monastery] [in 1874]

p.827 922. Stele record of the attendant sacrifices for the master of merit and virtue at the Sea Moon Cliff [Monastery] [in 1878]

p.827 923. Stele record of the properties of the Rain Ceasing Temple [in 1879] p.828 924. Stele record of the repair of the Lin surname group Lineage Hall [in 1881]

p.830 925. Stele record of the donated lands of the Rain Ceasing Temple (4) [in 1892]

p.830 926. Stele eternally showing the list of [Christian] households that have been banned from membership of the [Fotan Yang] surname group [in 1898]

p.830 927. Stele record of donations to the Rain Ceasing Temple (2) [in 1902]

p.831 928. Cliff inscription on prayers for rain at Liang Mountain [in 1910]

p.831 929. Record of the revival of the Yang surname group Ancestral Temple at Guan'ao [in 1911]

p.832 930. Continuation of the record of the revival of the Yang surname group Ancestral Temple at Guan'ao [in 1911]

p.833 931. Stele record of the properties of the Immortal Peak Cliff [Monastery] (2) [in 1914]

p.833 932. Stone stele on the repair of the Ancestral Temple for the Sacred King who Opened up Zhangzhou [in 1915]

p.835 933. Preface on the repair of the Empress of Heaven Temple [in 1924]

p.836 934. Record of the Old Town Temple of the Empress of Heaven [in 1932]

p.836 935. Stele listing contributions to the Miaodou Temple [in 1936]

p.837 936. Cliff inscription on prayers for rain at Liang Mountain (2) [in 1943]

p.837 937. Stele listing donations to the Rising Blessings Temple for Sacred King

p.838 938. Stele with a sacrificial text on the District Altar to the Unrequited Dead

p.838 939. Stele listing lands donated to the [Sizhou Cliff] Buddhist [Monastery]

p.839 940. Stele on the reconstruction of the Cinnabar Lake Monastery

p.839 941. Record of the repair of the shrine to the founding ancestor Master Gao

p.840 942. Stele at the charitable burial ground for soldiers who died in battles

Vol. 3 : Yunxiao District

p.843 943. Stele record of the Temple of Master Chen [Jingsu] of Shiping [Academy] [in 1222]

p.843 944. Inscription before the tomb of Chen Zheng [in 1240]

p.844 945. Stele record on the spirit way of former Deputy Revenue Minister Wu [Yuan], a Grand Master for Proper Consultation and Assistance in Ming Dynasty Imperial Administration [rank 3A] [in 1496]

p.845 946. Stele record of the construction of a fortified earthwork settlement by the ancestor of Zhang surname group at Pumei [in 1565~1604]

p.846 947. Stele record of the fundraising to built the Dragon Pool Cliff [Monastery] [in 1631]

p.847 948. Inscription on a stone censer of the Yunxiao Temple of Powerful Kindness [in 1632]

p.847 949. Record of the Azure Lake Cliff [Monastery] [in 1632]

p.848 950. Stele record of a community compact [in 1633]

p.848 951. Graveside stone tablet of Madame Lin, nee Wang, a lady praised for her chastity in widowhood [in 1634]

p.849 952. Ode to Secretary Wu who [donated and] protected a charitable cemetery [in 1638]

p.850 953. Record of the building of the Ancestral Hall [of Xilin Zhang surname group] by Master Yunhai [in 1642]

p.851 954. Stele listing prohibitions issued by the Surveillance Commissioner to dismiss and ban a gang of yamen-borers [- corrupt petty officials] [in 1688]

p.852 955. Stele record in accordance with officers to forbid [yamen runners from] objectionable practices [such as extorting money for licenses] for commercial and fishing boats [in 1705]

p.854 956. Stele listing contributions for the Azure Lake Cliff [Monastery] [in 1726]

p.854 957. Stele record of the aquacultural lands of the Tang surname group Family Temple [in 1731]
p.855 958. Stele record of the patrimonial ancestral mountains as the common sacrificial property [of the surname group] [in 1738]
p.855 959. Record of the repair of the Azure Lake Cliff [Monastery] [in 1743]
p.856 960. Stele prohibiting overloading by ferry boats at Anzai [in 1745]
p.857 961. Stele record of the repair of the Harmonious and Righteous Bridge [in 1746]
p.858 962. Record of the Azure Lake Cliff [Monastery] (2) [in 1747]
p.858 963. Stele listing contributions for the reconstruction of a god's altar [in 1748]
p.859 964. Stele outlining prohibitions on [preserving] the tomb of [He Di]Hu at Jigonglun [in 1750]
p.860 965. Stele officially proclaiming to remit taxation from fishing boats [in 1764]
p.861 966. Record of the moving of the Gong surname group Lineage Hall of Broad Grace to Shezi Garden [in 1764]
p.862 967. Stele record of prohibitions against the [extortion of rent in the name of the so-called] "surface and roots" of lands [in 1764]
p.864 968. Stele listing donated lands to the Azure Lake Cliff [Monastery] [in 1767]
p.865 969. Stele officially prohibiting extortion by harbour officials [in 1772]
p.866 970. Record of the moving of the Shrine to Master of Literature Zhu Xi [in 1776]
p.866 971. Stele on virtuous merits [in contributions] to the Western Sunglow Pavilion [in 1777]
p.867 972. Stele record of the rebuilding of the Western Sunglow Pavilion [in 1780]
p.867 973. Stele officially prohibiting [yamen runners from] levying on fishermen privately [in 1783]

p.869 974. Plaque recording the money contributed by the various boat households [in 1783]

p.870 975. Record of joyous contributions to the Sword Stone Cliff [Monastery] [in 1783]

p.870 976. Record of the revival of the Azure Lake Cliff [Monastery] [in 1785]

p.871 977. Record of donations to establish the wing residence of the Martial Emperor [in 1790]

p.872 978. Stele record of contributions to the Dragon Pool Cliff [Monastery] [in 1793]

p.872 979. Stele record of the Ziyang Academy on Lieyu [Island] [in 1795]

p.873 980. Record of the Hedi charitable altar [offering sacrifices to orphan ghosts] [in 1736~1795]

p.874 981. Stele record of incense [sacrifice supporting] lands [in 1801]

p.874 982. Record of the newly built dormitories in the Ziyang Academy [in 1802]

p.875 983. Record of the recent construction of the Shrine to the Original Agriculturalist [in 1802]

p.875 984. Stele record of the sacrificial lands of the Ziyang Academy [in 1803]

p.876 985. Stele record of contributions of lands to the Temple of Supreme Peace [in 1803]

p.877 986. Stele on contributions for the construction of the Flower Temple stone-paved road [in 1813]

p.877 987. Stele on contributions for the construction of the Flower Temple stone-paved road (2) [in 1813]

p.878 988. Stele record of the newly built Yunxiao Stone-Alum Tower [in 1815]

p.879 989. Stele record of the repair of the Temple of the King of Vast Peace [in 1815] p.881 990. Stele record of the donated lands of the Temple of the King of Vast Peace [in 1815±]

p.881 991. Stele record listing donors of Yunjian to the repair of the [Emperor] Guan Temple [in 1816]

p.882 992. Record of the sacrificial lands of the Stone-Alum Tower [in 1816]

p.883 993. Stele record of the sacrificial properties of the Ziyang Academy [in 1818]

p.883 994. Record of the repair of the Azure Lake Cliff [Monastery] (2) [in 1820]

p.884 995. Stele record of the donated lands of the Emperor Guan Temple and the Empress of Heaven Temple at Sunglow Harbor [in 1821]

p.885 996. Stele listing contributions to the reconstruction of the Ziyang Academy [in 1825]

p.886 997. Record of the Azure Lake Cliff [Monastery] (3) [in 1844]

p.886 998. Stele record of the donated lands of the Dragon Pool Cliff [Monastery] [in 1845]

p.886 999. Stele listing official adjudication on a scramble for territories by wharf porters [in 1856]

p.887 1000. Stele listing official adjudication on a scramble for renting intertidal muddy fields [in 1856]

p.888 1001. Stele listing contributions to the repair of the Gaoxi Temple [in 1857]

p.889 1002. Stele listing contributions to the repair of the Gaoxi Temple (2) [in 1857]

p.889 1003. Stele record of contributions from Gantangjiao village to the repair of the Gaoxi Temple [in 1857]

p.890 1004. Stele listing contributions to the repair of the Great Temple of Mount Dai [in 1857]

p.891 1005. Stele record of the lands set aside for the costs of incense and oil lamps dedicated to the Buddha at the Calm Cloud Chamber [in 1858]

p.892 1006. Stele record of the repair of the Emperor Guan Temple [in 1859]
p.893 1007. Stele listing contributions to the repair of the Guanyin Pavilion [in 1861]
p.894 1008. Record of the Azure Lake Cliff [Monastery] (4) [in 1864]
p.894 1009. Stele record on the rights over the property of the ancestral homestead of the Zheng surname group [in 1872]
p.894 1010. Stele record of the revival of the Temple of the King of Vast Peace [in 1873]
p.896 1011. Stele record of lands belonging to the Azure Lake [Cliff Monastery] [in 1875]
p.896 1012. Stele strictly forbidding the sale and digging up of fields [in 1875]
p.897 1013. Stele officially prohibiting extortions by relatives of suicides [in 1878]
p.898 1014. Stele officially prohibiting yamen runners from extorting money [in 1891]
p.898 1015. Stele record of the repair of the Seven Li Posthouse Bridge [in 1892]
p.899 1016. Stele listing contributions to the repair of the Upper Temple road [in 1892]
p.900 1017. Stele record of the repair of the Great Temple of Mount Dai [in 1893]
p.901 1018. Stele record of the sacrificial lands of the Ziyang Academy (2) [in 1896]
p.902 1019. Stele listing agreements on the New Southern Dike irrigation system [in 1897]
p.902 1020. Stele record of a good practice of everybody donating ten pence [for the public orphanage] [in 1902]
p.904 1021. Stele record of the funds raised to repair the Temple of the High Emperor [of the Dark Heavens] [in 1902]
p.904 1022. Stele record of the donated lands for [the sacrifices to] the Sacred King who Opened up Zhangzhou [in 1902]

p.905 1023. Plaque record of the funds joyously contributed to the reconstruction of the Gold Mountain Monastery [in 1910]
p.906 1024. Stele record on the dredging of the harbor which received the penetrating of tides [in 1914]
p.907 1025. Stele claiming the ancestral properties of the Tang surname group [in 1918]
p.907 1026. Stele record of the repair of the Emperor Guan Temple at Sunglow Harbor [in 1919]
p.908 1027. Inscription on the bell of Jade Body Buddha in the Dragon Pool Cliff [Monastery] [in 1921]
p.909 1028. Stele listing contributions to the repair of the He surname group Main Lineage Hall [in 1921]
p.909 1029. Stele record exposing a false deed for sacrificial lands [in 1923]
p.910 1030. Record investigating the facts about the Dragon Pool Cliff [Monastery] [in 1926]
p.911 1031. Stele record regarding the handwritten inscription by the local worthy Master [Huang] Shizhai [in 1932]
p.911 1032. Stele on the virtuous governance of Master Lei Shoupeng, District Magistrate of Yunxiao [in 1935]
p.911 1033. Stele record of lands belonging to the Emperor Guan Temple at Sunglow Harbor [in 1936]
p.912 1034. Stele listing contributions to the repair of the Banyan Top Nunnery [in 1940]
p.912 1035. Stele record of the construction of a lineage hall [in 1912~1949]
p.913 1036. Stele listing contributions to the repair of the Sword Stone Cliff [Monastery]
p.913 1037. Stele with an edict from the Mystic Goddess of the Ninth Heaven

Vol. 4 : Zhao'an District

p.917 1038. Inscription on the repair of the Blessed Win Cliff [Chamber on Nine Marquises Mountain] [in 1118]

p.917 1039. Inscription on a stone trough at Nine Marquises Mountain [in 1140]

p.917 1040. Inscription on the building of a road on Nine Marquises Mountain [in 1143]

p.917 1041. Stele record of the restoration of the Nine Marquises Mountain [Monastery] [in 1245]

p.918 1042. Inscription on the donation of lands to the Nine Marquises Cliff Temple [in 1447]

p.918 1043. Inscription on a bell at the Clear Water Hall of the Nine Marquises Mountain [in 1469]

p.918 1044. Inscription on a censer at the Ensuring Blessings Nunnery [in 1506]

p.919 1045. Record of the repair of the Zhao'an Confucian School [in 1544]

p.920 1046. Cliff inscription of prayers on the Nine Marquises Mountain [in 1546]

p.920 1047. Stele record of contributions to the Best Fortune Temple [in 1555]

p.920 1048. Stele recounting the lingering love [for the people] by the former parental District Magistrate Cai [in 1591]

p.921 1049. Stele on the prayers made at the Eastern Peak Temple [in 1593]

p.921 1050. Record of the recent establishment of school supporting [land] taxes on the east bank of the Stone Bridge [in 1596]

p.922 1051. Record of the reconstruction of the Temple of the King of Martial Peace [in 1605]

p.923 1052. Stele record of the repair of the Confucian School pond by District Magistrate Zheng [in 1609]

p.924 1053. Stele record of the joint production by Magistrate Xia and Che of the sacrificial ritual system for the Confucian Shrine at Xuanzhong [in 1612]

p.925 1054. Stele record of the first establishment of rents to support the costs of incense and oil lamps at the Temple of the King of Martial Peace [in 1612]

p.927 1055. Record of the supernatural events in the reconstruction of the City God Temple [in 1617]

p.928 1056. Stele on the prayers made at the Mount Tai Monastery [in 1617]

p.928 1057. Stele record of the reconstruction of the Danzhao City God Temple by District Magistrate Huang [in 1618]

p.929 1058. Stele record of the Daoist Abbey of the Three Pure Gods [in 1622±]

p.930 1059. Inscription on the Emperor Guan Commemorative Archway [in 1625]

p.930 1060. Record of the reconstruction of the City God Temple [in 1625]

p.932 1061. Record of the reconstruction of the Shrine to Master of Literature Zhu Xi by Magistrate Sheng [in 1631]

p.932 1062. Stele record of the Shrine to Master of Literature Zhu Xi [in 1631]

p.933 1063. Record of the Double Screen Mount Tai Temple [in 1635]

p.934 1064. Inscription on a Buddha throne at the Ensuring Blessings Nunnery [in 1637]

p.934 1065. Record of the amending construction of the Shrine of Flourishing Literature [in 1637]

p.935 1066. Stele record of the lands donated to the Mount Tai Monastery [in 1638]

p.936 1067. Inscription on a stone censer of the Dragon Glow Nunnery [in 1639] p.936 1068. Stele on the reconstruction of the Tang Jade-Seal [General] Temple by Prefectural Treasure Officer Master Zhu from Jiang[xi] Province [in 1640]

p.938 1069. Inscription on a stone censer of the Dragon Glow Nunnery (2) [in 1640]

p.938 1070. Inscription on a stone censer of the Dragon Glow Nunnery (3) [in 1641]

p.938 1071. Stele record of the sacrificial lands of the Kaiyuan Monastery [in 1646]

p.938 1072. Inscription on the plaque of the Transformed Lotus Hall [in 1652]

p.939 1073. Record of the Long Forest Monastery of the Ming dynasty [in 1654]

p.940 1074. Stele erected listing the rental income of the village [in 1664]

p.940 1075. Stele record of contributors of many surname groups who helped in the construction of the Sacred Guan Temple [in 1664]

p.941 1076. Stele admiringly praising Master Lin Suiyi, a cloistered scholar and a filial son who has declined the appointment of the authority [in 1665]

p.942 1077. Stele on the renovation of the Confucian Temple of Zhao'an District Confucian School [in 1669]

p.943 1078. Stele record of the sacrificial lands of the Mount Tai Monastery [in 1677]

p.943 1079. Stele on virtuous merits in [contributions to] the repair of the Sacred Guan Temple [in 1679]

p.944 1080. Stele record of the funds raised for the construction of the Mount Tai Monastery [in 1686]

p.945 1081. Inscription on the contributions raised for the construction of the Kaiyuan Temple [in 1686]

p.945 1082. Stele record of the lands donated to the Blessed Star Nunnery [in 1703]

p.945 1083. Stele listing prohibitions concerning the ancestral mountain of the Zhong surname group [in 1707]
p.946 1084. Inscription listing contributions to the Mount Tai Monastery [in 1711]
p.946 1085. Stele record of the reconstruction of the [Zhao'an] City God Temple [in 1714]
p.948 1086. Stele record of lands donated to the Ensuring Blessings Nunnery [in 1719]
p.948 1087. Stele listing prohibitions concerning the ancestral mountain of the Zhong surname group (2) [in 1721]
p.950 1088. Stele record of the sacrificial properties of the Lin-Protecting Monastery [in 1721]
p.950 1089. Stele listing the regulations at the Dragon Pool Ancestral Hall [in 1722]
p.951 1090. Account of instructions to the Nine Marquises Cliff [in 1722]
p.951 1091. Record of the reconstruction of the Shrine to the Revered Saints and the Hall for Clarifying Ethics [in 1725]
p.953 1092. Inscription on a stone censer of the Dragon Glow Nunnery (4) [in 1725]
p.953 1093. Stele record of the sacrificial properties paid for the performance of operas each early spring at the Huang surname group Lineage Hall of Swallow Wings [in 1728]
p.954 1094. Stele record of the Immortal Zhao Hall [in 1730]
p.955 1095. Stele record of the monastic rents of the Immortal Zhao Hall [in 1731]
p.957 1096. Stele listing donations by the whole zone to the repair of the Blessed Star Nunnery [in 1732]
p.958 1097. Stele on the reconstruction of the Long Forest Monastery [in 1732]
p.958 1098. Stele record of the repair of the Dragon Glow Nunnery [in 1733]

p.960 1099. Stele record of the repair of the Dragon-Guarding Nunnery [in 1734]

p.961 1100. Stele record of contributions to the Best Fortune Temple (2) [in 1735]

p.961 1101. Inscription at the Stone Bridge Temple [in 1737]

p.961 1102. Stele record of contributions and donations of lands to the Dragon-Guarding Nunnery [in 1737]

p.962 1103. Record of the Nunnery of Endless Abundance [in 1737]

p.964 1104. Stele displaying prohibitions regarding the irrigation system around the Temple of the Five Smoothness [in 1742]

p.964 1105. Plaque listing the sacrificial rituals for the Empress of Heaven who has been repeatedly promoted throughout history [in 1745]

p.966 1106. Stele displaying prohibitions on [preserving the forest of] the Nine Marquises Cliff [in 1746]

p.967 1107. Record of the repair of the Zhao'an Confucian Temple [in 1746]

p.967 1108. Account of the repair of the Emperor [Guan] Temple of Zhao'an [in 1747]

p.968 1109. Stele officially proclaiming the boundaries of the Temple for Audiences with Heaven [in 1749]

p.969 1110. Stele record of the repair of the road to the Dragon Pool Family Temple [in 1754]

p.970 1111. Stele listing donations to the repair of the Immortal Zhao Hall [in 1755]

p.971 1112. Stele officially proclaiming to exempt fishing from taxation [in 1755]

p.971 1113. Stele officially prohibiting yamen runners from committing extortion [in 1755]

p.972 1114. Stele record of the repair of the Dragon-Guarding Nunnery (2) [in 1757]

p.974 1115. Stele record of the Pavilion of Flourishing Literature [in 1757] p.975 1116. Stele commemorating the virtuous governance of our District Magistrate Lin who followed orders to eliminate smoke-filled kilns [in 1761]

p.976 1117. Stele record of the repair of the Nunnery of Endless Abundance [in 1761]

p.977 1118. Inscription on a bell recording the restoration of the Nine Marquises [Cliff] Chan Monastery [in 1762]

p.978 1119. Record of the renovation of the [Confucian Temple] pond [in 1763]

p.978 1120. Stele record of the dredging of the canals by the District Magistrate Zhang [in 1764]

p.979 1121. Plaque narrating the life of the Saintly Mother, Empress of Heaven [in 1764]

p.980 1122. Stele displaying official prohibitions at the Eastern Peak Temple [in 1766]

p.981 1123. Record of the Danzhao Academy [in 1766]

p.982 1124. Stele on [the building of] the Stars-encircled Pagoda [in 1767]

p.983 1125. Stele listing donations of relatives to the Golden Circle Precious Pagoda [in 1767]

p.984 1126. Stele record of the reconstruction of the Monastery Secluded in Sunglow [in 1767]

p.985 1127. Lineage regulations at the Hall for Recalling and Repaying [the ancestors] [in 1768]

p.986 1128. Stele listing contributions to the repair of the Temple of Eternal Serenity [in 1770]

p.987 1129. Stele record of the fundraising for Monks' lodgings by [residents of] our village [in 1771]

p.987 1130. Stele engraving acts of mercy at White Rock Weir [in 1772]

p.988 1131. Stele listing donations to the Dragon-Guarding Nunnery [in 1773]

p.988 1132. Stele listing donations to the repair of the Upper Dragon Nunnery [in 1773] p.990 1133. Stele listing donations to the repair of the Upper Dragon Nunnery (2) [in 1773]

p.990 1134. Stele displaying announcements regarding the resolution of temple lands issued by the Zhao'an District [Magistrate] [in 1774]

p.990 1135. Stele listing contributions to the Chan Forest Chamber [in 1776]

p.991 1136. Record of the Horizontal Mountain Shrine [in 1776]

p.992 1137. Stele record of the repair of the Dragon-Guarding Nunnery (3) [in 1776]

p.993 1138. Stele officially prohibiting an increase in salt tax on fishermen [in 1778]

p.994 1139. Record of the reconstruction of the Hall for Clarifying Ethics and the construction of the Pavilion for Revering Confucian Classics [in 1779]

p.994 1140. Stele record of the repair of the [Zhao'an] City God Temple [in 1780]

p.995 1141. Stele listing contributions to the Southern Altar Temple [in 1780]

p.996 1142. Stele record of the repair and rebuilding of the Immortal Zhao Hall [in 1782]

p.998 1143. Record of the repair of the Dragon-Guarding Nunnery [in 1783]

p.1001 1144. Stele record of the repair of the Temple of the Five Smoothness [in 1783]

p.1002 1145. Stele listing contributions to the Chamber for Penetrating the Obscure [in 1783]

p.1002 1146. Stele record of the repair of the Dragon Glow Nunnery (2) [in 1788]

p.1005 1147. Stele on virtuous merits [in contributions] to the Dragon Glow Nunnery [in 1788]

p.1006 1148. Stele record of the Bodhisattva Nunnery at the Pass where the Waters Divide [in 1789]

p.1007 1149. Stele record of the rebuilding of the Guanyin Pavilion at the Pass where the Waters Divide [in 1789] p.1008 1150. Stele record of the reconstruction of the Nanzhao Temple of the King of Powerful Kindness [in 1790]

p.1010 1151. Stele record of the lands donated to the Nunnery of Blessed Goodness [in 1791]

p.1011 1152. Inscription on the Emperor Guan Commemorative Archway (2) [in 1793]

p.1011 1153. Stele listing donations to the repair of the Chan Forest Chamber [in 1794]

p.1012 1154. Stele record of land donations to the Temple for Audiences with Heaven [in 1736~1795]

p.1012 1155. Stele record of the expansion and repair of the Nunnery of Endless Abundance [in 1797]

p.1015 1156. Stele record of lands donated to the Temple of Protection and Salvation [in 1797]

p.1016 1157. Stele record listing lands donated to the Merciful Cloud Monastery [in 1797]

p.1016 1158. Record of the building of the geomantic peak on the South Mountain [in 1797]

p.1017 1159. Record of the repair of the gate, the archway and the dew-covered terrace [within the Confucian Temple] [in 1798]

p.1017 1160. Record of the construction of the Auspicious Unicorn Tower and the repair of the geomantic peak [in 1799]

p.1018 1161. Record of the revival of the Dragon Mountain Cliff [Monastery] [in 1800]

p.1020 1162. Stele with an agreement at the Merciful Cloud Monastery [in 1802]

p.1020 1163. Stele listing contributions to the Temple of Supreme Peace [in 1803]

p.1021 1164. Stele record of contributions of our village to cover the cost of incense and oil lamps [in 1804]

p.1021 1165. Stele listing contributions to the Dragon Mountain Cliff [Monastery] [in 1806]

p.1022 1166. Stele listing contributions to the repair of the Xiya Temple of the Empress of Heaven [in 1806]

p.1023 1167. Stele listing contributions of lands and fields to cover the costs of incense and oil-lamps at the Western Martial Temple [in 1807]

p.1023 1168. Stele on donations to the repair of the Blessed Star Nunnery [in 1808]

p.1024 1169. Stele on donations to the restoration to the Blessed Star Nunnery [in 1808]

p.1026 1170. Stele record of lands donated to the Temple of Protection and Salvation (2) [in 1812]

p.1026 1171. Stele record of monastic lands joyfully donated to the South Mountain Monastery [in 1812]

p.1028 1172. Stele on the repair of the Long Forest Monastery [in 1813]

p.1029 1173. Stele listing the immortal names of contributors who joyously donated to the repair of the Martial Temple [in 1813]

p.1029 1174. Stele listing joyous donations to the repair of the Martial Temple [in 1813]

p.1031 1175. Stele record of the Temple of the Emperor of the North [in 1815]

p.1032 1176. Stele listing the immortal names of contributors who joyously donated to the Temple of the Emperor of the North [in 1815]

p.1033 1177. Stele record of the repair of the Monastery Secluded in Sunglow [in 1815]

p.1034 1178. Stele record of contributions of our village to cover the cost of incense and oil lamps (2) [in 1819]

p.1034 1179. Stele record listing lands donated to the Merciful Cloud Monastery (2) [in 1821]

p.1035 1180. Stele record of the renovation of the Temple of Supreme Peace [in 1821]

p.1037 1181. Stele listing immortal virtue-making donations to Buddha of the Dragon Glow Nunnery [in 1821]
p.1039 1182. Stele record of the repair of the Temple of heroic Salvation [in 1822]
p.1039 1183. Stele listing donations from Taiwan to [the repair of] the Emperor Guan Temple in the South Thriving Castle [in 1822]
p.1040 1184. Stele listing joyous donations to [the repair of] the Emperor Guan Temple in the South Thriving Castle [in 1822]
p.1041 1185. Stele record of the repair of the Kaiyuan Temple [in 1822]
p.1043 1186. Stele record of the reconstruction of the Dragon Mountain [Cliff Monastery] [in 1822]
p.1044 1187. Stele record of contributions to the Dragon Pond Family Temple [in 1823]
p.1045 1188. Stele listing contributions to the repair of the Eastern Peak Temple [in 1824]
p.1047 1189. Stele listing joyous donations to the Azure Lake Nunnery [in 1825]
p.1048 1190. Stele listing donations to the repair of the Stone Bridge Temple [in 1825]
p.1049 1191. Stele displaying official prohibitions at the Eastern Peak Temple (2) [in 1825]
p.1049 1192. Stele listing donations to the costs of performing opera on the god's birthday at the Temple of Supreme Peace [in 1825]
p.1051 1193. Stele listing contributions of academic funds at the Dragon-Guarding Nunnery [in 1825]
p.1051 1194. Stele listing donations to the reconstruction of the Blessed Star Nunnery [in 1826]
p.1052 1195. Stele listing donations to the costs of performing opera on the god's birthday at the Kaiyuan Temple [in 1827]
p.1054 1196. Stele on the revival of the Long Forest Monastery [in 1827]
p.1055 1197. Stele record of the revival of the Danzhao Academy [in 1828]

p.1056 1198. Stele listing donations to the Upper Dragon Nunnery [in 1830]

p.1058 1199. Stele record of the repair of the Ancestral Hall of Wan Benjue [and his brother, the Founding Master Wan] [in 1830]

p.1058 1200. Fragmentary stele listing donations by lay Buddhists to the Dragon Glow Nunnery [in 1832]

p.1059 1201. Stele record of the repair of the Dragon-Guarding Nunnery (4) [in 1835]

p.1060 1202. Stele listing donations to the costs of performing the Middle Prime Festival [,rites of universal deliverance of the Hungry Ghosts,] at the Dragon Glow Nunnery [in 1835]

p.1061 1203. Stele listing the immortal names of contributors who joyously donated to the repair of the Temple of Sacred King [Chen] [in 1835]

p.1063 1204. Stele record of donations to the repair of the Nunnery of Endless Abundance [in 1843]

p.1064 1205. Stele record of donations to the repair of the Nunnery of Endless Abundance (2) [in 1845]

p.1066 1206. Stele listing donations to the repair of the Dragon Glow Nunnery [in 1846]

p.1067 1207. Stele listing donations to the repair of the Temple of the King of Powerful Kindness [in 1851]

p.1068 1208. Stele record of the repair and rebuilding of the Immortal Zhao Hall (2) [in 1856]

p.1069 1209. Stele listing contributions to the repair of the Xiya Temple of the Empress of Heaven (2) [in 1858]

p.1070 1210. Stele listing the immortal names of contributors who joyously donated to the repair of the Standing-Crane Pavilion [in 1859]

p.1071 1211. Stele record of the repair of the Upper Dragon Nunnery [in 1861]

p.1072 1212. Stele listing the blessed virtuous contributors to the Stone Bridge Temple [in 1868]

p.1073 1213. Stele record of the repair of the Eastern Temple of High Emperor [of the Dark Heavens] [in 1869]

p.1075 1214. Stele listing the immortal names of contributors who joyously donated to the Temple of the High Emperor [of the Dark Heavens] [in 1869]

p.1078 1215. Stele listing contributions by Linya to the Temple of the High Emperor [of the Dark Heavens] [in 1869]

p.1078 1216. Inscription on a censor at the Temple of Five Smoothness [in 1870]

p.1078 1217. Stele on the repair of the Dragon Mountain Cliff [Monastery] [in 1872]

p.1079 1218. Stele listing the contributors to the repair of the Temple of Vast Antiquity [in 1872]

p.1081 1219. Stele record of the repair of the Dragon-Guarding Nunnery (5) [in 1875]

p.1084 1220. Stele listing donations to the repair of the Martial Temple [in 1876]

p.1086 1221. Stele listing contributions of sacrificial lands and gardens by descendants living in Taiwan [in 1877]

p.1087 1222. Stele listing contributions to the repair of the Azure Lake Nunnery [in 1878]

p.1088 1223. Stele listing contributions to the repair of the Azure Lake Nunnery (2) [in 1878]

p.1089 1224. Stele listing contributions to the repair of the Azure Lake Nunnery (3) [in 1878]

p.1091 1225. Stele listing contributions to the Dipper Mountain Cliff [Monastery] [in 1879]

p.1092 1226. Stele listing contributions to the repair of the Xiya Temple of the Empress of Heaven (3) [in 1880]

p.1093 1227. Stele listing contributions to the carving of the statue of the Imperial Lord at the Western Martial Temple [in 1881]

p.1094 1228. Stele on donations to the restoration to the Blessed Star Nunnery (2) [in 1882]
p.1095 1229. Stele on donations to the restoration to the Blessed Star Nunnery (3) [in 1882]
p.1096 1230. Stele on the repair of the Dragon Mountain Cliff [Monastery] (2) [in 1882]
p.1097 1231. Stele record on the tomb of the Three Immortal Goddesses [in 1883]
p.1098 1232. Stele listing contributions to [the building of] the tomb of the Three Immortal Goddesses [in 1883]
p.1099 1233. Stele record of the repair of the Dragon-Guarding Nunnery (6) [in 1892]
p.1101 1234. Stele listing donations to the Upper Dragon Nunnery (2) [in 1893]
p.1102 1235. Stele with a discourse at the Pure Elders Hall of the Lin surname group [in 1897]
p.1104 1236. Stele record of the properties of the Golden Horse Terrace [in 1898]
p.1105 1237. Stele listing contributions to the Golden Horse Terrace [in 1898]
p.1106 1238. Stele listing contributions to the repair of the Southern Altar Temple [in 1899]
p.1108 1239. Stele listing contributions by the Shen surname group to the repair of the Southern Altar Temple [in 1899]
p.1109 1240. Stele listing donations to the repair of the Dragon Mountain Cliff [Monastery] [in 1900]
p.1111 1241. Stele listing contributions by residents of our urban area to the repair of the Western Martial Temple [in 1901]
p.1113 1242. Stele listing contributions by each urban area to the repair of the Western Martial Temple [in 1901]
p.1115 1243. Stele listing contributions from South Gate to the repair of the Great [Martial] Temple and the Western Pavilion [Monastery] [in 1902]

p.1116 1244. Stele listing contributions from West Gate to the repair of the Great [Martial] Temple and the Western Pavilion [Monastery] [in 1902]

p.1117 1245. Stele listing contributions from North Gate to the repair of the Great [Martial] Temple and the Western Pavilion [Monastery] [in 1904]

p.1118 1246. Stele listing contributions to the repair of the Immortal Zhao Hall [in 1909]

p.1120 1247. Stele listing contributions by believers from Thailand to [the repair of] the Immortal Zhao Hall [in 1909]

p.1120 1248. Stele listing contributions to the renovation of the Immortal Zhao Hall [in 1644~1911]

p.1121 1249. Stele listing prohibitions concerning the Christian Church in Lintou village [in 1914]

p.1122 1250. Stele listing contributions to the repair of the Xiya Temple of the Empress of Heaven (4) [in 1917]

p.1123 1251. Stele listing contributions to the repair of the Dragon Mountain Cliff [Monastery] [in 1921]

p.1124 1252. Stele listing contributions to the repair of the Dragon Mountain Cliff [Monastery] (2)

p.1126 1253. Stele listing contributions to the repair of the Dragon Mountain Cliff [Monastery] (3)

p.1126 1254. Stele listing contributions to the repair of the Dragon Mountain Cliff [Monastery] (4)

p.1127 1255. Stele listing contributions to the repair of the Azure Lake Nunnery (4) [in 1922]

p.1128 1256. Stele record of donations to the repair of the Nunnery of Endless Abundance (3) [in 1923]

p.1130 1257. Stele record of donations to the repair of the Nunnery of Endless Abundance (4) [in 1923]

p.1132 1258. Plaque record of the Long Forest Mountain [in 1926]

p.1132 1259. Stele listing joyous donations by four urban areas to the repair of the Western Pavilion Monastery [in 1927]
p.1134 1260. Record of the repair of the Family Temple of Gathered Virtues [in 1928]
p.1135 1261. Stele listing the immortal names of contributors who joyously donated to the repair of the Mount Tai Temple [in 1935]
p.1136 1262. Stele listing donations to the Upper Dragon Nunnery (3) [in 1941]
p.1138 1263. Stele recounting the deeds of Anti-Japanese Resistance [in 1945]
p.1139 1264. Stele listing donations by overseas Chinese from the Upper Lake country [in 1947]
p.1139 1265. Inscription on a stone pillar at the Mount Tai Monastery
p.1140 1266. Stele displaying prohibitions at the Nunnery of Endless Abundance
p.1140 1267. Stone stele account with prohibitions on [preserving] the tomb woods at the Wangguan Ridge
p.1140 1268. Stele inscription on the Lin surname group Lineage Hall
p.1141 1269. Stele listing donations to the Dragon-Guarding Nunnery (2)

Vol. 5 : Dongshan District

p.1145 1270. Record of the armada [led by Zhenghe] sailing to the Western ocean [in 1417]
p.1146 1271. Stele record of the founding monk Mingxue XiXian of the Gulai Monastery [in 1467]
p.1146 1272. Inscription on the building of the Tongcheng Temple of King Guan [in 1509]
p.1146 1273. Record of the reconstruction of the Tongcheng Hall for Protecting Peace [in 1515]
p.1147 1274. Record of the building of the Tongcheng Temple of King Guan [in 1516]

p.1148 1275. Stele on the Ming General Master Wang, Military Commander of Quanzhou, who pacified the [coastal] sea [in 1555]
p.1148 1276. Inscribed placard proclaiming official identification of the open sea area [for public aquaculture and fishing] [in 1579]
p.1149 1277. Record of the Tongshan Shrine to Master of Literature Zhu Xi [in 1596]
p.1150 1278. Praise poem for Sacred Emperor Lord Guan [in 1610~1620]
p.1151 1279. Stele marking the boundaries of the North Pole Temple [in 1387~1644]
p.1151 1280. Record of the Stone Chamber in Tongshan [in 1622~1646]
p.1152 1281. Recorded comments on the Immortal Cliff [in 1652]
p.1152 1282. Stele [in praise] of the virtuous merit of Grand Provincial Chief Military Commander Huang in building the temple and benefiting the people [in 1681]
p.1154 1283. Plaque inscribed with an imperial sacrificial edict at the Gongqian Temple the Empress of Heaven [in 1685]
p.1154 1284. Stele record [in praise] of the virtuous merit of Grand Provincial Chief Commander Zhan in rebuilding the city walls of Tongling [in 1700]
p.1155 1285. Stele record of the reconstruction of the Southern Depths Academy [in 1700]
p.1156 1286. Stele record of the reconstruction of the Southern Depths Academy (2) [in 1700]
p.1157 1287. Stele record of [the unanimous proposal of Emperor Guan as the ancestor of descendants of soldiers garrisoned at Tongshan Island, and] the establishment of [their registered household head in the name of] Guan "Yongmao" [- eternally flourishing] [in 1713]
p.1158 1288. Record of the repair of the ancestral tombs of the Chen surname group on Nanyu [islet] [in 1732]
p.1159 1289. Stele record of the revival of the Mount Jie Temple [in 1750]
p.1160 1290. Stele record of agreements on the irrigation system [in 1755]

p.1160 1291. Stele displaying official prohibitions concerning the ancestral tombs of the Chen surname group at Nanyu [in 1763]

p.1161 1292. Stele record of donated lands for the costs of incense and oil-lamps at the [Emperor] Guan Temple [in 1786]

p.1162 1293. Plaque listing offerings of thanks to the deity at the Emperor Guan Temple in Tongshan [in 1788]

p.1162 1294. Stele listing prohibitions and agreements at Tongshan Harbor against extortions by relatives of sailors who died [at sea] [in 1792]

p.1164 1295. Record of the repair of the Tongling Martial Temple [in 1824]

p.1165 1296. Stele listing donations to the revival of the Shanping Monastery [in 1825]

p.1166 1297. Record of the repair of the Hall for Protecting Peace [in 1828]

p.1167 1298. Stele record of the properties of the Gulai Monastery [in 1831]

p.1167 1299. Stele marking the spirit way at Huang Daozhou's ancestral grave [in 1833]

p.1168 1300. Stele on virtuous merits in [contributions to] the repair of the Gulai Monastery [in 1834]

p.1168 1301. Stele officially prohibiting extortions [from captains] by relatives of sailors who died [at sea] [in 1843]

p.1169 1302. Stele listing prohibitions concerning Huang Daozhou's ancestral grave [in 1844]

p.1169 1303. Stele record of the building of the Altar to the Local Unrequited Dead beside the Bluegreen Cloud Temple [in 1846]

p.1170 1304. Preface on the stele marking the border of Huang [Daozhou's ancestral] Mountain [in 1855]

p.1171 1305. Stele officially prohibiting extorting payment from fishermen in the name of [watching their] fishing nets [in 1869]

p.1172 1306. Stele record of the repair of the Tongling Martial Temple [in 1876]

p.1177 1307. Repair of the stele [in praise] of the chaste and filial Madame Zhu, nee Huang, of the former Ming dynasty [in 1876]
p.1178 1308. Stele record of the revival of the Southern Depths Academy [in 1881]
p.1179 1309. Record of intended successive donation of funds for running the Southern Depths Academy [in 1882]
p.1179 1310. Stele listing donations to the repair of the Purple Cloud Tower at the Shanping Monastery [in 1889]
p.1181 1311. Stele listing donations to the repair of the Pine and Conifer Gate Nunnery [in 1890]
p.1182 1312. Stele officially prohibiting sedan-chair carriers from attempting extortion [in 1892]
p.1183 1313. Inscription on the spirit way of Master Cai Baozhen, who was praised for his filial piety in Ming dynasty [in 1894]
p.1183 1314. Stele praising the filial son Master Yu Qiaolie in his home village [in 1875~1908]
p.1184 1315. Stele listing donations to the repair of the Shanping Monastery [in 1896]
p.1185 1316. Stele officially prohibiting [yamen runners from] extorting fees and gifts on imported rice [in 1903]
p.1185 1317. Stele record of the common lands of five communes around the Gulai Monastery [in 1905]
p.1186 1318. Stele with congratulations on the completion of the repair of the Mount Jie Temple [in 1907]
p.1188 1319. Stele listing donations to the repair of the Stone Temple Monastery [in 1909]
p.1189 1320. Stele record of the repair of the Tongling Martial Temple (2) [in 1920]
p.1192 1321. Plaque strictly forbidding unpermitted burials within the ancestral graveyard of the Master of Loyalty and Rectitude Huang [Daozhou] [in 1920]

p.1194 1322. Stele on the repair of the Wangye Temple [in 1924]
p.1194 1323. Stele record of the repair of the Dongshan City God Temple [in 1933]
p.1196 1324. Preface to the Pavilion Manifesting Justice [in 1934]
p.1197 1325. Record of the Memorial Pavilion Commemorating the Anti-Japanese Resistance [in 1941]
p.1197 1326. Graveside record of the building of a memorial by overseas Chinese from Dongshan District to all the martyrs of the Anti-Japanese resistance [in 1941]
p.1198 1327. Stele listing donations to the repair of the Stone Temple Monastery (2) [in 1947]

Vol. 6 : Changtai District

p.1201 1328. Inscription on the Lone Star Bridge [in 1107]
p.1201 1329. Record of [the building of] the road along the east bank of the stream [in 1188]
p.1202 1330. Record of the Confucian School of Changtai District [in 1248]
p.1203 1331. Record of the Tiger Ford Bridge of Changtai [in 1249]
p.1204 1332. Record of the reconstruction of the Changtai District [Confucian] School [in 1358]
p.1205 1333. Record of the construction of the Hall for Clarifying Ethics [in the Confucian Temple] [in 1400]
p.1206 1334. Record of the Taiheng Academy [in 1401]
p.1207 1335. Record of the Changtai District Temple of Merciful Salvation [in 1414]
p.1208 1336. Record of the Changtai City God Temple [in 1479]
p.1209 1337. Record of the reconstruction of the Changtai District Confucian School [in 1481]

p.1210 1338. Record of the Pavilion where the [predecessor] District Magistrate Zhao Refused Rewards [from people time and again] [in 1518]

p.1211 1339. Stele record recalling [people's love for] the predecessor District Magistrate Zhu [in 1522]

p.1212 1340. Record of the reconstruction of the Changtai Confucian School [in 1527]

p.1213 1341. Record of the revival of the Temple of Merciful Salvation at the Religion Zone that Ascends to Dragon [in 1573]

p.1214 1342. Record of the Shrine to the [clean Magistrate Hou who died at work with scanty means left for burial, to his] Kindness to the People of Changtai District [in 1574]

p.1215 1343. Record of the accomplishments in [the rebuilding of] the Shigang Mountain [in 1580]

p.1216 1344. Record of the reconstruction of the Changtai City God Temple [in 1581]

p.1218 1345. Record of the repair of the archery field [in 1581]

p.1219 1346. Record of the Pavilion of Flourishing Literature [in 1582]

p.1220 1347. Stele on the Shrine to Master of Literature Zhu Xi [in 1583]

p.1221 1348. Record of the repair of the Chun Pond Dike, the Lianban Bridge and roads [by Magistrate Fang] [in 1584]

p.1222 1349. Stele recalling [people's love for] the predecessor Changtai Magistrate Fang [in 1585]

p.1223 1350. Record of the increase of education supporting lands of the Changtai District [in 1592~1598]

p.1224 1351. Record of the repair of the Confucian Temple and School by Magistrate Guan [in 1601]

p.1225 1352. Record of the Shrine Dedicated to the Traces of Song Ziyang Master Zhu Xi [in 1601]

p.1227 1353. Encomium on the repair of the Ziyang Shrine [to Zhu Xi] by Magistrate Guan [in 1601]

p.1228 1354. Stele record of the Changtai District Five Li Pavilion [in 1601]
p.1229 1355. Encomium on the new construction of the Five Li Pavilion by Magistrate Guan [in 1601]
p.1230 1356. Stele on the good deeds accomplished in mining the mountains by Magistrate Guan of Changtai [in 1602]
p.1231 1357. Stele record of the regulating of the dikes and canals of the Yanxi [irrigation system] by Magistrate Guan [in 1602]
p.1232 1358. Stele on the deeds accomplished in promotions and abolishments by Magistrate Guan of Changtai [in 1602]
p.1234 1359. Record of the renovation of the Tianzhu Cliff [Monastery] by Magistrate Guan [in 1604]
p.1235 1360. Record of the revival of the Tianzhu Mountain [Monastery] by Magistrate Guan [in 1604]
p.1237 1361. Notification of the [decisions regarding] public hills and lands at Tianzhu mountain [in 1604]
p.1237 1362. Stele [in praise] of the virtuous merit of Magistrate Yuan in deciding on behalf of the people's convenience to resume access to drawing water from the well [in 1622]
p.1237 1363. Record of the reconstruction of the Changtai Confucian Temple [in 1650]
p.1238 1364. Record of the restoration of the Confucian Temple directed by the Title Inheriting Father Dai [in 1650]
p.1239 1365. Stone stele record of the parental kindness to the people by Magistrate Fang [in 1660]
p.1239 1366. Stele recalling the love for the people by the former parental District Magistrate Master Fang [in 1667]
p.1240 1367. Stele record of the eternal virtuous deeds of District Magistrate Zhao [in 1669]
p.1241 1368. Record of the revival of the Pavilion of Flourishing Literature on the Shigang Mountain [in 1681]

p.1242 1369. Record of the recent establishment of education supporting lands of the Changtai District [in 1677~1682]

p.1243 1370. Stele record of the repair of the Confucian Temple of Changtai [in 1723]

p.1244 1371. Record of the recent construction of the shrine dedicated to Master Ye, a Title Inheriting Father [in 1726]

p.1245 1372. Record of the repair of the Hall for Clarifying Ethics [in the Confucian Temple] [in 1738]

p.1246 1373. Stele record of the repair of the Ziyang Shrine [to Zhu Xi] by District Magistrate Li [in 1742]

p.1247 1374. Stele listing public prohibitions on preserving the trees sheltering the Imperial Dragon Temple [in 1743]

p.1247 1375. Stele record of the maintenance of the Double Canal Weir of Changtai District [in 1748]

p.1249 1376. Stele record of the maintenance of the Double Canal Weir [in 1749]

p.1250 1377. Stele record of prohibitions and agreements at the Spiritual Harmony Temple [in 1750]

p.1251 1378. Stele record calling for cleanliness and solemnity in the Ou River Temple [in 1753]

p.1251 1379. Stele record of the sacrificial lands of the Temple of Riding the Void [in 1761]

p.1253 1380. Record of the Auspicious Smoke Cliff [Monastery] [in 1770]

p.1254 1381. Plaque inscribed with the divinatory poems of Guangping Xuan King at the Grand Dragon Temple [in 1772]

p.1256 1382. Stele record protecting camphor trees outside the Dragon Immortal Temple [in 1778]

p.1256 1383. Stele listing public prohibitions on [preserving] the stones sheltering the ancestral tombs [in 1787]

p.1256 1384. Stele record of Ying Mountain [Lineage Hall of the Cai surname group] [in 1805] p.1257 1385. Stele listing contributions to the revival of the Mount He Temple [in 1819]

p.1258 1386. Stele record of the repair of the reservoir beside the Grand Dragon Temple [in 1821]

p.1259 1387. Stele listing public agreements at the Zhang surname group Lineage Hall [in 1823]

p.1259 1388. Stele listing public prohibitions at the Ye surname group Lineage Hall [in 1843]

p.1260 1389. Stele record of the repair of the Mount He Temple [in 1853]

p.1260 1390. Minor introduction to the fundraising for the construction of the Pavilion for Revering the Saints [in 1860]

p.1261 1391. Fragmentary stele at the Changtai Temple of Merciful Salvation [in 1644~1911]

p.1262 1392. Stele showing official regulations concerning the irrigation system around the Martial Temple [in 1937]

p.1263 1393. Fragmentary stele at the Five Li Pavilion

p.1263 1394. Inscription on the stone pillars of the Temple of Rectitude and Harmony

Vol. 7 : Nanjing District

p.1267 1395. Stele record on the construction of the bridge to the Zhengfeng Monastery [in 1076]

p.1267 1396. Stele record of contributions to the repair of the Zhengfeng Bridge [in 1170]

p.1267 1397. Stele record of the construction of the road to the Zhengfeng Monastery [in 1176]

p.1267 1398. Stele record on [the digging of] a well donated to the Sunglow Peak Nunnery [in 1189]

p.1268 1399. Stele record on [the digging of] a well donated to the Sunglow Peak Nunnery (2) [in 1238] p.1268 1400. Stone inscription on the building of a road on the Kongkou dike at the foot of the Western Mountain [in 1252]

p.1268 1401. Graveside record of Daoist Master Dai Rong'an, Great Master of Serenity and Purity, formerly Director of Daoist Affairs of Fuzhou Route Command and Abbot of the Auspicious-Talisman Daoist Abbey [in 1293]

p.1269 1402. Inscribed text on an iron censer at the Temple of Merciful Salvation [in 1349]

p.1270 1403. Stele officially erected recording [the opening up of] the public canal at Yanta [in 1426~1435]

p.1270 1404. Stele record of the repair of the Clear Water Nunnery [in 1458]

p.1271 1405. Stele listing prohibitions on [preserving] the geomantic woods of the Lu surname group [in 1488]

p.1271 1406. Stele inscribed with an imperial sacrificial edict at the tomb of Chen Zusheng [in 1491]

p.1272 1407. Stele record respectfully inscribing the imperial orders conferring titles upon the father and mother of Chen Zusheng [in 1491]

p.1273 1408. Stele record of the mountain properties rented for expenses of Confucian schooling and examination of the Huang surname group [in 1526]

p.1274 1409. Stele record of development of irrigation by the Ming dynasty Nanjing District Magistrate Guo [in 1543]

p.1274 1410. Account of the three chaste widows of one family of the Chen surname group [in 1572]

p.1276 1411. Record of the Wuzhai [public] mountain for firewood and pastures [in 1577]

p.1278 1412. Stele record of the irrigation around public hills at Guanyang and Beichong [in 1581]

p.1278 1413. Record of the public hills at Guanyang and Beichong [in 1582]

p.1279 1414. Stele record on the kindness to the people of Hexi by Magistrate Li [in 1591]

p.1280 1415. Record of the Dragon Mountain Pavilion [in 1593]
p.1281 1416. Record of the Three Chaste Widows Pavilion [in 1595]
p.1282 1417. Record of the reconstruction of the Nanjing City God Temple [in 1595]
p.1283 1418. Record of the recent construction of the Nanjing Confucian School [in 1595]
p.1284 1419. Record of a Dharma Assembly to recite the scriptures at the Peace and Welfare Chan Monastery [in 1595]
p.1285 1420. Inscription on a commemorative archway outside the Rainy Immortal Cavern [in 1595]
p.1285 1421. Stele record on the islet belonging to the Confucian School [in 1610]
p.1286 1422. Stele record of the irrigation reservoir in Upper Fortress village [in 1611]
p.1287 1423. Stele record [in praise] of the virtuous merit in the adjudication of Master Xiao of the Board of Punishments, with the permission of the Circuit Commissioner Liu, to return public hills to benefit the people [in 1614]
p.1288 1424. Stele record of public hills at Lower Yong [village] of Nanjing [in 1616]
p.1289 1425. Stele [in praise] of the virtuous merit of the South Zhangzhou Circuit Commissioner Hong, for having saved the lives of myriad people through the inquiry and verdict upon the public hills [in 1616]
p.1291 1426. Stele record on the irrigation system at Baolin [in 1617]
p.1292 1427. Stele record of the virtuous merit in the repair of the Nanjing District city walls [in 1618]
p.1292 1428. Stele record of the construction of the irrigation system in the Guanyang area by Provincial Administrative Counsellor Hong and District Magistrate Huang [in 1618]
p.1293 1429. Preface on the construction of the Tower of Flourishing Literature [in 1621]

p.1294 1430. Stele on the kindness to the gods displayed by District Magistrate Yang [in 1622]
p.1294 1431. Stele [in praise] of the virtuous merit of Magistrate Yang in restoring donated lands of the Three Terrace Cliff [Monastery] [in 1622]
p.1296 1432. Stele record of the Chuanchang [public mountain for] firewood and pastures [in 1622]
p.1297 1433. Stele record of the Doumi Supreme Peace Bridge [in 1622]
p.1298 1434. Stele record of the Shrine to Magistrate Yang [in 1622]
p.1299 1435. Stele record of the Tower of Flourishing Literature [in 1626]
p.1299 1436. Stele record of the division of the Anweizhai ancestral mountain lands by the Circuit, the Prefecture and the District governments [in 1643]
p.1301 1437. Record of the case and contract on the mountain purchased for grain taxes by four communes [in 1680]
p.1302 1438. Inscription on a bell at the Purple Cloud Mountain Monastery [in 1681]
p.1302 1439. Record of the donated lands of the Blessings Celebrating Hall [in 1686]
p.1303 1440. Stele record of the repair of the Hall for Clarifying Ethics in the Confucian Temple and the contribution of funds used for journey expenses during the imperial examinations [in 1694]
p.1304 1441. Record of the repair of the Shrine to Zhou Lianxi [in 1697±]
p.1305 1442. Stele record of a detailed report on the funds invested in the Confucian School of Nanjing District from taxes on lands opened up in Gutian islet [in 1702]
p.1306 1443. Record of the revival of the Zhang surname group Lineage Hall [in 1712]
p.1307 1444. Stele record forbidding and getting rid of illegal procedures among subordinate departments [in 1714]
p.1307 1445. Stele listing joint contributions raised to repair the bridge [in 1718]

p.1308 1446. Stele record of sacrificial lands of the Imperial Lord Temple [in 1719]

p.1309 1447. Stele record of the sacrificial lands of the Jian surname group Main Lineage Hall [in 1724]

p.1310 1448. Stele recording the gardens donated for the Eleven Terrace Cliff [Monastery] [in 1729]

p.1311 1449. Inscription on a memorial archway in honour of the loyalty and filial piety of the Wang surname group [in 1727~1735]

p.1311 1450. Stele on the repair of the Bridge to Still the Waters [in 1737]

p.1311 1451. Stele record of the kind virtue of Grand [Prefectural Chief] Military Commander Lin [in 1739]

p.1312 1452. Stele record of the Climbing-Clouds Monastery [in 1740]

p.1313 1453. Stele record of the sacrificial properties of the Han surname group from Ge Garden [village] [in 1740]

p.1314 1454. Stone stele record of the islet donated to the Eastern Peak Temple [in 1741]

p.1315 1455. Stele record of the repair of the Predicting Harvest Bridge [in 1743]

p.1315 1456. Record of the reconstruction of the Shrine to the Revered Saints [in 1743]

p.1316 1457. Record of the recent construction of the Pavilion of Auspicious Radiance [in 1743]

p.1317 1458. Stele prohibiting [monks of] Zhengfeng Monastery from privately selling monastic lands and trees [in 1744]

p.1317 1459. Stele record of the lands donated to the Five Cloud Monastery [in 1744]

p.1318 1460. Stele record of the construction of the Jingli Lin surname group Lineage Hall and the bringing in [and placement] of ancestral spirit tablets [in 1744]

p.1319 1461. Stele record strictly prohibiting hoeing and digging oil from borders of fields [in 1744]

p.1319 1462. Stele record of donated lands of the Xiazhai Temple of Powerful Virtue [in 1745]
p.1320 1463. Stele on the carving of [Buddha] statues at the Xingpai Temple [in 1748]
p.1320 1464. Plaque listing the rental amounts raised for a tea supply [pavilion] [in 1750]
p.1321 1465. Stele with a contract at the Wei surname group Lineage Hall [in 1753]
p.1321 1466. Stele record on the West River Dike [in 1754]
p.1322 1467. Stele listing shares of sacrificial offerings at the Aroused Dragon Altar [in 1755]
p.1322 1468. Stele record of joyous donations to [the fund for] the Confucianism co-study [of the Wu surname youngsters] at Yongjiang [in 1755]
p.1324 1469. Stele record of joyous donations to [the fund for] the Confucianism co-study [of the Wu surname youngsters] at Yongjiang (2) [in 1756]
p.1325 1470. Stele record of the Hall of Bequeathed Blessings [in 1757]
p.1326 1471. Stele on the new construction of bridges over the Kuiliao Stream and the First Stream [in 1759]
p.1327 1472. Stele record of the repair of the Imperial Lord Temple of Caoban [in 1760]
p.1328 1473. Stele record of the Temple of General Zhao [Yuan] of the Tang dynasty [in 1761]
p.1330 1474. Stele record of the reconstruction of the Jingcheng Temple of the Empress of Heaven [in 1761]
p.1331 1475. Stele record of the building of the road at Linshan [in 1762]
p.1333 1476. Stele listing land donations to support the expenses of schooling and sacrifices of the Lianqiao Liu surname group [in 1763]
p.1334 1477. Record of the minor lineage branch of the Xiao surname group from Upper Yong [village] [in 1763]
p.1334 1478. Stele listing joyous contributions to the Phoenix Tail Altar [in 1764]

p.1335 1479. Stele record of the just and intelligent decisions made by various officers, erected at Lower Dianxi [in 1765]
p.1337 1480. Stele officially prohibiting on the driving of cattle leading to damage to the dike [in 1765]
p.1338 1481. Stele record of the Planting-Virtue Bridge [in 1767]
p.1339 1482. Plaque recording the revival of the Eleven Terrace Cliff [Monastery] [in 1768]
p.1340 1483. Stele record of the sacrificial lands of the Zheng surname group Lineage Hall [in 1771]
p.1340 1484. Record of the repair of the Miaodou Guo surname group Main Lineage Hall [in 1772]
p.1341 1485. Stele record on the rent funds for education costs of the Guo surname group at Miaodou [in 1773]
p.1342 1486. Stele record of the lands donated to the Five Cloud Monastery (2) [in 1775]
p.1342 1487. Stele record of the repair of the ancestral homestead of the Dong surname group [in 1775]
p.1343 1488. Stele record of the repair of the Golden Jade Temple of Merciful Salvation [in 1775]
p.1344 1489. Stele record of the Wulin Temple of Manifest Responses [in 1776]
p.1346 1490. Stele listing contributions by external kin to the repair of the Temple of Merciful Salvation [in 1776]
p.1348 1491. Stele record of regulations and agreements at the Aroused Dragon Altar [in 1776]
p.1349 1492. Stele record of the repair of the Temple of the Thousand Households [in 1776]
p.1350 1493. Stele record of joint prohibitions at the Temple of Manifest Responses [in 1777]
p.1350 1494. Stele record of the rebuilding of the Temple of the Goddess who Records Births [in 1779]

p.1352 1495. Stele record of the rebuilding of the Temple of the Goddess who Records Births (2) [in 1779]

p.1353 1496. Stele listing publicly agreed on prohibitions at the Temple of the Goddess Who Records Births [in 1779]

p.1354 1497. Record of the Ningyun Bridge [in 1779]

p.1354 1498. Stele showing prohibitions at the burial grounds of the Chen surname group [in 1779]

p.1355 1499. Stele record of joint prohibitions at the Huang surname group Ancestral Hall [in 1780]

p.1356 1500. Record of the repair of the Traveler-Resting Pavilion [in 1781]

p.1357 1501. Stele displaying prohibitions against roaming beggars in Banliao village [in 1781]

p.1358 1502. Stele record of the joyous contributions to the building of the [geomantic] peak [in 1781]

p.1360 1503. Stele record of the joyous contributions of lands to support the grand ceremonies and banquets held banquets for encouraging Confucian examinees of the Wu surname group [in 1781]

p.1360 1504. Stele showing prohibitions at the burial grounds of the Ruan surname group [in 1781]

p.1361 1505. Stele showing prohibitions at the burial grounds of the Ruan surname group (2) [in 1782]

p.1361 1506. Stele listing prohibitions on transporting wood within canals [in 1784]

p.1363 1507. Stele record of the revival of the Great Branch Nunnery [in 1785]

p.1364 1508. Plaque recording the revival of the Eleven Terrace Cliff [Monastery] (2) [in 1788]

p.1365 1509. Record of the repair of the Nanjing District Confucian School [in 1789]

p.1366 1510. Stele record of purging the courtyard of the [Martial] Temple [in 1789] p.1367 1511. Stele record of contributions to the [Ancient Stone] Lord [Altar] [in 1789]

p.1369 1512. Stele listing prohibitions on [preserving] the geomantic woods [of the Lu surname group] at Gaoshumen [in 1790]

p.1369 1513. Stele record of contributions to the Climbing-Clouds Monastery [in 1792]

p.1371 1514. Stele listing prohibitions made by the Prefect erected at Hexi Bazaar [in 1792]

p.1371 1515. Stele officially prohibiting yamen runners from intercepting cargo boats for extortion [in 1792]

p.1372 1516. Stele record of the repair of the Chen surname group Family Temple [in 1792]

p.1373 1517. Stele record of the repair of [the road on] the Chaogu Ridge [in 1793]

p.1373 1518. Stele record of the repair of the Bridge of Constant Blessings [in 1794]

p.1374 1519. Stele record strictly prohibiting heads of beggars from extorting money or disturbing inhabitants [in 1796]

p.1375 1520. Plaque stele record at Shangendou [in 1796]

p.1376 1521. Stele on the rebuilding of the Climbing-Clouds Cliff [Monastery] [in 1796]

p.1376 1522. Stele listing prohibitions concerning the geomantic lee lines under [the foundation of] the Shrine to Master of Literature Zhu Xi [in 1797]

p.1377 1523. Plaque record of the revival of the Blessings Altar at Zhai Ridge [in 1797]

p.1378 1524. Stele record of the Guo surname group Lineage Hall for Exalting Ancestors at Miaodou [in 1797]

p.1378 1525. Stele record of the Jian surname group Lineage Hall in Dongshan [in 1798]

p.1379 1526. Stele record of the Bluegreen Peak Lineage Hall of the Yongkou Wu surname group [in 1800]
p.1381 1527. Stele officially prohibiting rascally beggars from running amuck and thieving [in 1800]
p.1381 1528. Stele listing contributions to the revival of the Temple of Kind Salvation [in 1801]
p.1383 1529. Stele listing official prohibitions on preserving the Cloudy Stream Cliff [Monastery] [in 1803]
p.1384 1530. Stele record of the revival of the Wu surname group Lineage Hall [in 1804]
p.1384 1531. Stele listing contributions to the repair of the Long Flourishing Hall [in 1804]
p.1386 1532. Plaque record of contributions to the revival by the First commune of Tiandun at Hongping [in 1806]
p.1387 1533. Plaque record of contributions to repair the Sunglow Path Nunnery by the Second commune Jingshan [in 1806]
p.1388 1534. Plaque record of contributions by the Third commune to the revival of the Shuichao Temple at Hongbian [in 1806]
p.1389 1535. Stele listing prohibitions on [preserving] the trees sheltering the Altar of Myriad Good Deeds [offering sacrifices to orphan ghosts] [in 1806]
p.1389 1536. Stele listing prohibitions and agreements on [preserving] the mountain forests of Qitou county [in 1808]
p.1390 1537. Stele record of the repair of the Great [Martial] Temple and the [Guanyin] Buddha Temple [in 1810]
p.1391 1538. Record of the Military Defensive Fortress of Shancheng Garrison [in 1811]
p.1392 1539. Stele record of the Shrine where one Encountered Rain [in 1811]
p.1393 1540. Stele record of the revival to the Liyang Temple [in 1811]
p.1394 1541. Stele record of contributions to the revival of the Shrine to Gentleman Zhou Lianxi [in 1812]

p.1396 1542. Stele on the revival of the Temple of Bumper Harvests [in 1812]
p.1396 1543. Record of the recent construction of the South Mountain Temple [in 1812]
p.1397 1544. Stele record of the Nunnery of Riverside Wilderness [in 1812]
p.1399 1545. Stele record of the joyous contributions to the old road at Beikeng [in 1812]
p.1401 1546. Stele listing prohibitions and agreements at the Bluegreen Peak Castle [in 1813]
p.1401 1547. Stele record of the repair of the Temple of the Goddess who Records Births [in 1815]
p.1402 1548. Stele record of the Ziyang Academy [in 1815]
p.1403 1549. Stele record of donations of lands to the Cool Dew Pavilion [in 1816]
p.1404 1550. Inscription on a memorial archway in honour of the chastity and filial piety of Madame nee Liu [in 1817]
p.1404 1551. Stele prohibiting [monks of] Zhengfeng Monastery from privately selling monastic lands and gardens [in 1817]
p.1405 1552. Stele record of the reconstruction of the Pukou Temple [in 1818]
p.1406 1553. Stele record of contributions and expansions to the [establishment of the Liu surname group] family education at the Literature Peak [Confucianism co-Study Chamber] [in 1822]
p.1407 1554. Stele record of the repair of the Imperial Lord Temple of Caoban (2) [in 1825]
p.1410 1555. Stele listing prohibitions [against stealing fishes from the donated canal] of the Auspicious Sunglow Temple [in 1825]
p.1411 1556. Stele record of the repair of the Temple that Vitalizes the South [in 1825]
p.1412 1557. Record of the lands contributed to revive the sacrifices [in 1826]
p.1413 1558. Stele listing contributions by Zhuang surname believers to the repair of the Saintly Dragon Temple [in 1827]

p.1416 1559. Stele listing contributions by Zhuang surname believers to the repair of the Saintly Dragon Temple (2) [in 1827]

p.1417 1560. Stele listing contributions by good believers and close friends to the repair of the Saintly Dragon Temple [in 1827]

p.1418 1561. Stele record of the construction of the Temple of Rising Humanity [in 1829]

p.1419 1562. Stele listing contributions by the Wei surname group to the building of the [Meilin] Temple of the Empress of Heaven [in 1829]

p.1420 1563. Stele on [the recopying of] the Goulou [inscription attributed to the Great Sage King Yu] [in 1830]

p.1421 1564. Stele list the names of those who contributed funds for sacrifices at the Hall of Extending Virtue [in 1834]

p.1421 1565. Stele record of joyous contributions to the Temple of Merciful Wisdom [in 1835]

p.1422 1566. Stele record of the decisions reached at the Wang surname group [in 1836]

p.1423 1567. Stele record of the Tower of Flourishing Literature (2) [in 1836]

p.1424 1568. Stele record of three contributions of funds for sacrifices by the Liu surname descendants in Taiwan [in 1836]

p.1424 1569. Stele record of the Eternal Peace Bridge [in 1837]

p.1425 1570. Stele listing public decisions at the Han surname group Lineage Hall [in 1838]

p.1425 1571. Plaque record of contributions to the Hall of the Peace and Goodness [in 1838]

p.1426 1572. Stele record of the repair of the South Thriving Temple [in 1839]

p.1427 1573. Stele record of the repair of the Temple of Riverside Wilderness [in 1840]

p.1428 1574. Stele record of contributions of lands to the Shuichao Temple [in 1840]

p.1429 1575. Stele officially prohibiting kidnapping for extorting money [in 1842]

p.1429 1576. Stele listing official prohibitions to drive out heads of beggars from Eighteen Household [village] [in 1842]
p.1430 1577. Stele listing official prohibitions to drive out heads of beggars from Lower Hut [village] [in 1842]
p.1431 1578. Stele record of the sacrificial lands of Phoenix Ridge Temple [in 1844]
p.1431 1579. Stele record of the extension to the Lin surname group Lineage Hall at Jingli [in 1844]
p.1432 1580. Record of the repair of the Temple of Nanjing District Confucian School [in 1844]
p.1432 1581. Stele listing contributions to the repair of the Nanjing District Confucian School [in 1844]
p.1435 1582. Stele record of the sacrificial lands donated by Lai surname descendants in Taiwan [in 1846]
p.1435 1583. Stele extending prohibitions at the Lu surname group ancestral mountain [in 1847]
p.1436 1584. Stele declaring prohibitions on [preserving] geomantic woods of Baiyan village [in 1850]
p.1436 1585. Stele officially prohibiting extortions by sedan-chair carriers and heads of beggars [in 1851]
p.1437 1586. Stele listing an official notice persuading people to pay grain taxes on time [after the strike of bandits] [in 1854]
p.1438 1587. Stele record of the repair of the Official Vitalizing Temple [in 1856]
p.1438 1588. Stele listing joyous contributions to the Pukou Temple [in 1857]
p.1439 1589. Stele record of the repair of the Founding Ancestor Temple [in 1859]
p.1440 1590. Stele record of the repeated construction of the Jintang Bridge at Jinshan [in 1859]
p.1441 1591. Stele record of contributions towards the Middle Prime Festival [,rites of universal deliverance of the Hungry Ghosts,] at the Heavenly Court Temple [in 1860]

p.1442 1592. Stele record of the repair of the Temple for Repaying Ancestors [of the Lu surname group] [in 1860]
p.1443 1593. Stele on the Aroused Dragon Temple [in 1863]
p.1444 1594. Stele record of the reconstruction of the Pukou Temple (2) [in 1864]
p.1445 1595. Stele record of the repair of the Long Flourishing Hall [in 1864]
p.1448 1596. Stele record of the virtuous governance of Provincial Administrator Wang [in 1865]
p.1448 1597. Stele record of the restoration to the roads of Chuanchang [in 1869]
p.1449 1598. Stele record of the repair of the Chaoyang Temple in Shancheng [in 1870]
p.1450 1599. Stele listing contributions to the repair of the Great House Nunnery [in 1870]
p.1451 1600. Stele listing contributions to the revival of the Qianyuan [Lineage] Shrine [of the Xiao surname group] [in 1872]
p.1452 1601. Stele listing prohibitions [and regulations] for the Shancheng Bazaar [in 1873]
p.1453 1602. Stele record of the sacrificial lands of the Heavenly Court Temple [in 1873]
p.1453 1603. Stele officially prohibiting beggar groups from attempting extortion [in 1877]
p.1454 1604. Stele officially proclaiming the boundaries of Mount Dabei [in 1877]
p.1455 1605. Stele repeating regulations at Zhangjiao Bazaar [in 1878]
p.1456 1606. Stele record of the repair of the Jade Stream Temple of Merciful Salvation [in 1879]
p.1457 1607. Stele listing contributions to the repair of the Jade Stream Temple of Merciful Salvation [in 1879]
p.1459 1608. Preface to [the repair of] the Moon Eyebrow Bridge [in 1882]
p.1460 1609. Stele listing contributions to the minor deliverance rituals for celebrating the Middle Prime Festival at the Heavenly Court Temple [in 1882]
p.1461 1610. Plaque record of the Ladder-to-the-Clouds village [in 1886]

p.1461 1611. Stele record of the Li surname group Lineage Hall of Jingmei [in 1890]
p.1462 1612. Stele record of the Temple that Guards the South [in 1898]
p.1463 1613. Plaque record of the repair of the roads inside and out of the firs [along the] foot [of the mountain] [in 1899]
p.1464 1614. Stele listing contributions to the repair of the Qianban Temple [in 1901]
p.1465 1615. Stele listing contributions by the Wei surname group to the repair of the Martial Temple [in 1905]
p.1466 1616. Stele declaring ethics and rituals at Zhangjiao Zone [in 1905]
p.1467 1617. Stele listing contributions by the Wei surname group to the repair of the Martial Temple and to the costs for oil and paint [in 1906]
p.1467 1618. Stele declaring ethics and rituals erected by the Nanjing District [Magistrate] [in 1907]
p.1468 1619. Stele record of the repair of the road from Boundary Stele Ridge to Liukeng [Ridge] [in 1908]
p.1469 1620. Stele record of the repair of the roads in Zhaxizai and Small Ridge [in 1911]
p.1470 1621. Stele record of the repair of the Sunglow Peak Nunnery [in 1644~1911]
p.1471 1622. Antithetical couplets inscribed on stone pillars at the Sunglow Peak Nunnery
p.1471 1623. Stele record of the repair of dikes in Nanjing [in 1913]
p.1472 1624. Overall chart showing the clear amounts contributed towards flood relief by each wharf [in 1913]
p.1474 1625. Stele listing contributions by the Wei surname group to the rebuilding of the [Meilin] Temple of the Empress of Heaven [in 1916]
p.1475 1626. Stele record of the reconstruction of the Wu surname group Main Lineage Hall [in 1917]

p.1476 1627. Stele record of the moving-to-virtue of [prisoners in] the District Jail [in 1919]

p.1477 1628. Stele record of the revival of the Eunuch Pavilion [in 1920]

p.1477 1629. Stele listing contributions to the rebuilding of the Shrine to Master Zhu [in 1922]

p.1478 1630. Stele record of the repair of the Chaoyang Temple in Shancheng (2) [in 1924]

p.1479 1631. Stone stele on the repair of the Jian surname group Main Lineage Temple [in 1924]

p.1481 1632. Stele of the Reflection on Virtue [Pavilion] in memory of the relocating of the [Nanjing] District government building [in 1926]

p.1481 1633. Stele record of the reconstruction of the Temple of the Thousand Households [in 1928]

p.1482 1634. Stele record of public decisions at the Zhuilai Lineage Hall [of the Wu surname group] [in 1929]

p.1483 1635. Stele presenting announcements at the Jingnan Bridge [in 1930]

p.1483 1636. Stele on the repair of the Shanshui Pavilion [in 1931]

p.1484 1637. Stele with a preface written on [sacrifices to] deceased parents of the Zhuang surname group [in 1931]

p.1485 1638. Stele record of the repair of the Great [Martial] Temple and the [Guanyin] Buddha Pavilion [in 1935]

p.1487 1639. Historical account of the Shancheng Christian School [in 1939]

p.1487 1640. Inscription on an old well at the Zhengfeng Monastery

p.1487 1641. Inscription on a stone trough at the Peace and Welfare Monastery

p.1488 1642. Stone inscription on the construction of the bridge in New village

p.1488 1643. Stele exhibiting prohibitions at the Climbing-Clouds Monastery

Vol. 8 : Pinghe District

p.1491 1644. Stele with an inscription and a preface on the Great Sanping Master in Zhangzhou [in 872]

p.1492 1645. Cliff inscription at Shuikou [in 960~1279]

p.1492 1646. Inscription at the Hall of Exalted Blessings [in 1371]

p.1492 1647. Stele on the reconstruction of the Pinghe Confucian School [in 1552]

p.1493 1648. Stele record of the lands donated to the Pinghe City God Temple [in 1563]

p.1494 1649. Stele record of the newly built Literature[-Promoting] Peak [in 1569]

p.1496 1650. Stele record of the Literature[-Promoting] Peak [in 1569]

p.1497 1651. Inscription at the Sanping Monastery [in 1574]

p.1497 1652. Stele record of the Archery Field [in 1575]

p.1498 1653. Stele record of the establishment of education supporting lands for the Confucian School of Pinghe [in 1578]

p.1499 1654. Record of the renovation of the Pinghe District Confucian School [in 1594]

p.1501 1655. Stele record of the new construction of towers on the geomantic peak, the Cloud-Dragon Meditation Hall, and the Pavilion of Flourishing Literature in Pinghe [in 1594]

p.1502 1656. Record of the repair of the Confucian School of Pinghe District and the first building of the Pavilion for Revering the Confucian Classics [in 1594]

p.1503 1657. Record of the establishment of the Shrine to Master Rao Yanxi [in 1596]

p.1505 1658. Inscription on a bell at the Hall of Dragon Peace [in 1596]

p.1505 1659. Stele re-erected with a brief biography of the Great Sanping Master of Broad Salvation [in 1607]

p.1508 1660. Stele listing prohibitions at Xiaping [in 1609]

p.1508 1661. Stele record of the permission of the provincial office to divide the land rent of Sanping Monastery into 4 to 6 for separate levy [, 4 for monks and 6 for tax] [in 1618]

p.1510 1662. Stele record of the repair of the Pinghe District Confucian School Temple [in 1618]

p.1510 1663. Stele record of lands and houses donated to the Temple of Merciful Behest [in 1621]

p.1512 1664. Record of sacrificial lands of the Pinghe District City God Temple [in 1623]

p.1513 1665. Record of the supplemental sacrifices dedicated to Master Yiyi [in 1632]

p.1513 1666. Stele record of the construction of the Shrine to Wang Wencheng in Pinghe District [in 1633]

p.1515 1667. Stele record of the shrine dedicated to the virtuous governance of Marquis Zhu, the third-ranking Prefect of Zhangzhou and the acting Magistrate of Pinghe [in 1637]

p.1515 1668. Record of the repair of the Pavilion for Revering the Confucian Classics [in 1652]

p.1516 1669. Stele record of the repair of the Pinghe District Confucian School [in 1662]

p.1518 1670. Stele record of the Shrine of Flourishing Literature [in 1664]

p.1519 1671. Stele record of the revival of the Sanping Monastery [in 1689]

p.1520 1672. Record of [the relocating of] the former District Shrine to Master of Literature [Zhu Xi] [in 1698]

p.1521 1673. Stone stele record of the Monastery of Noble Hermits [in 1716]

p.1522 1674. Stele record of the lands donated to the Hall of Endless Longevity [in 1717]

p.1522 1675. Stele record of the Western Inscription [in 1722] p.1523 1676. Plaque record of the fundraising by the Plucking Lotus Hall of Zhangzhou for the repair of the stone-paved roadway leading to the Sanping Monastery [in 1732]

p.1525 1677. Record of the repair of the Li surname group Ancestral Temple [in 1751]

p.1526 1678. Stele record of the revival of the Sanping Monastery (2) [in 1758]

p.1527 1679. Record of the Anhou Academy of Pinghe [in 1758]

p.1529 1680. Stele proclaiming thoughts of respect [for ancestors] by the Lin surname group [in 1769]

p.1530 1681. Stele record of the construction of the Wudang Temple [in 1772]

p.1531 1682. Stele announcing prohibitions on the Lin surname group ancestral mountain [in 1774]

p.1532 1683. Plaque record of the revival of the central hall of the Sanping Monastery [in 1777]

p.1534 1684. Stele listing prohibitions and agreements at the Zhuang surname group Ancestral Hall [in 1779]

p.1535 1685. Stele listing prohibitions and agreements at the Yang surname group Lineage Hall [in 1782]

p.1535 1686. Stele listing contributions to the reconstruction of the Temple of Merciful Behest [in 1783]

p.1536 1687. Plaque record on the repair of the Sanping Monastery [in 1784]

p.1538 1688. Stele record of the Altar of Myriad Good Deeds [offering sacrifices to orphan ghosts] [in 1792]

p.1539 1689. Stele record of the repair of the [Zeng surname group] Family Temple at Upper Lake [in 1793]

p.1540 1690. Stele with prohibitions publicly discussed [by the lineage branch] at Upper Wei [in 1799]

p.1541 1691. Stele record of the reconstruction of the Pinghe City God Temple [in 1802]

p.1543 1692. Stele record of the reconstruction of the Pinghe City God Temple (2) [in 1802]

p.1544 1693. Stele record of the reconstruction of the Pinghe City God Temple (3) [in 1802]
p.1546 1694. Stele listing contributions to the repair of the Monastery of Noble Hermits [in 1804]
p.1547 1695. Stele record of the repair of the Sanping Monastery [in 1806]
p.1549 1696. Stele record of the construction of the Spirit Assisted Shrine [in 1809]
p.1550 1697. List of names of contributors to the fund for Confucian schooling [of Lai surname youngsters] [in 1811]
p.1551 1698. Stele record of the Pinghe Martial Temple [in 1811]
p.1552 1699. Plaque record of posthumous sacrifices to the meritorious Aunt Bangji [in 1813]
p.1552 1700. Plaque record of virtuous merits in [contributions to] the repair of the pagoda, the hall and the charitable [sacrificial] altar [in 1818]
p.1554 1701. Stele record of the repair of the Hall of Exalted Blessings [in 1820]
p.1555 1702. Stele record of the repair of the Hall of Exalted Blessings (2) [in 1820]
p.1556 1703. Stele record of the repair of the Hall of Endless Longevity [in 1821]
p.1557 1704. Stele listing sacrificial lands of the Sanping Monastery [in 1826]
p.1558 1705. Stele listing sacrificial lands of the Sanping Monastery (2) [in 1826]
p.1558 1706. Stele record of the repair of the Pinghe City God Temple [in 1827]
p.1560 1707. Stele record of the repair of the Pinghe City God Temple (2) [in 1827]
p.1561 1708. Stele record on the repair of the Heavenly Lake Hall [in 1828]
p.1564 1709. Stele record of the repair of the Hall of Endless Longevity (2) [in 1829]

p.1565 1710. Stele displaying prohibitions from grazing within the charitable cemetery on the public hills [in 1830]
p.1566 1711. Stele record of the revival of the Heart Field Temple [in 1841]
p.1567 1712. Stele record of the repair of the Wudang Temple [in 1843]
p.1568 1713. Stele record of the sacrificial lands of the Pinghe City God Temple [in 1850]
p.1569 1714. Plaque record of the repair of the stone bridge leading to Sanping Monastery [in 1853]
p.1569 1715. Stele record of the repair of the Pinghe City God Temple (3) [in 1860]
p.1571 1716. Record of the repair of the Hall of Rising Welfare [in 1867]
p.1572 1717. Stele listing sacrificial lands of the Sanping Monastery (3) [in 1870]
p.1572 1718. Plaque record listing funds contributed to the Hall of Endless Longevity [in 1871]
p.1574 1719. Stele record of the reconstruction of the Hall of Endless Longevity [in 1872]
p.1575 1720. Stele record of the reconstruction of the East Mountain Monastery [in 1873]
p.1576 1721. Stele record of the reconstruction of the East Mountain Monastery (2) [in 1873]
p.1577 1722. Stele record of the reconstruction of the East Mountain Monastery (3) [in 1873]
p.1578 1723. Stele record of the contract between the Zeng and Yang surname groups [in 1875]
p.1579 1724. Stele record of the contract agreed upon at the [Zhu surname group Lineage] Shrine for Assembling Literati [in 1876]
p.1580 1725. Stele record on the repair of the Heavenly Lake Hall (2) [in 1876]
p.1584 1726. Stele record of the Hall of Rising Welfare [in 1877]
p.1584 1727. Stele record of the Pinghe District Public Granary [in 1881]
p.1586 1728. Stele record of the Pinghe District Public Granary (2) [in 1881]

p.1587 1729. Stele listing prohibitions on [preserving the woods sheltering] the ancestral tombs of the Yang surname group [in 1887]

p.1588 1730. [Stele showing] the officially permitted and recorded regulations upon the establishment of sacrificial lands to support sacrificial offerings dedicated to Master Qi'ang [in 1893]

p.1588 1731. Stele record of the establishment and receiving and dedicating of [sacrificial] properties and interest to the saintly appearance [of Grant Preceptor Lin Xiechun] [in 1896]

p.1589 1732. Stele record of the repair of the Temple of Stone Grace [in 1875~1908]

p.1590 1733. Stele record of the reconstruction of the Clear Water Temple [in 1875~1908]

p.1591 1734. Stele record of the repair of the Eastern Temple of Powerful Kindness [in 1644~1911]

p.1592 1735. Stele record of the repair of the Eastern Temple of Powerful Kindness (2) [in 1644~1911]

p.1594 1736. Stele listing contributions to the Shrine of Flourishing Literature [in 1644~1911]

p.1596 1737. Stele record of the West River Temple

p.1597 1738. Stele record of the Cliff [Monastery] of Comprehensive Response [in 1912]

p.1598 1739. Plaque record of the repair of the Hall of Endless Longevity [in 1914]

p.1598 1740. Stele listing contributions to the restoration of the Temple of Received Grace [in 1919]

p.1599 1741. Stele record of the repair of the Hall of Rising Welfare [in 1921]

p.1600 1742. Stele record on the repair of the graves [in 1926]

p.1601 1743. Stele record on the repair of the Heavenly Lake Hall (3) [in 1934]

p.1606 1744. Stele listing prohibitions and agreements on the grain [transporting] canal between the Zeng and Yang surname groups

Vol. 9 : Hua'an District

p.1609 1745. Inscription on the Number-One-Scholar Bridge [in 1349]
p.1609 1746. Inscription on a bell at the Cixi Nunnery [in 1411]
p.1609 1747. Inscription on a wooden god case at the Temple of Powerful Kindness [in 1506]
p.1609 1748. Stele with a contract regarding Bangdu Mountain [in 1557]
p.1612 1749. Inscription on a bell at the Hall of Kind Vision [in 1591]
p.1612 1750. Stele in memory of the thanksgiving rain prayed by the Vice-Prefect Luo Yiwo [in 1602]
p.1613 1751. Inscription on a censor at the Temple of Powerful Kindness [in 1636]
p.1613 1752. Record of the charitable lands given by Master Liu Weixuan [in 1644]
p.1614 1753. Record of the Broad Charity Shrine to the Grand Preceptor, Civilized Earl, Loyal and Staunch Master Huang [Daozhou], the patron of virtuous merit who has given out mountain lands [in 1701]
p.1615 1754. Stele record of construction of the Pavilion of the Dark Heaven [Emperor] [in 1737]
p.1616 1755. Record of the Tingzong Lineage Hall of the Jiang surname group of Dadi [in 1738]
p.1617 1756. Record of the Azure Cloud Temple [in 1757]
p.1618 1757. Record of the Pavilion of Endless Peace [in 1766]
p.1619 1758. Record of [the repair of] the East Pavilion and the Blessed Bridge [in 1767]
p.1619 1759. Stele record of the revival of the Cixi Nunnery [in 1782]
p.1620 1760. Record of the repair of the Tingzong Lineage Hall of the Jiang surname group of Dadi [in 1802]

p.1621 1761. Stele record on donated lands of the Temple of Powerful Kindness [in 1810]
p.1621 1762. Stele record of contributions by many devotees to the renovation of the Five Thunder Temple [in 1813]
p.1622 1763. Record of the repair of the temple grounds of the Temple of Powerful Kindness [in 1865]
p.1622 1764. Inscription on a flag base and a geomantic barrier stone [in 1871]
p.1622 1765. Record of the repair of the Tingzong Lineage Hall of the Jiang surname group [in 1890]
p.1623 1766. Stele listing contributions to the Cixi Nunnery [in 1896]
p.1624 1767. Inscription on the South Mountain Temple [in 1905]
p.1624 1768. Inscription on a commemorative archway for a centenarian in Celery Ridge [in 1908]
p.1625 1769. Inscription on a bell at the South Mountain Temple [in 1932]
p.1625 1770. Inscription on the Five Thunder Temple
p.1625 1771. Inscription on the Pavilion of the Dark Heaven [Emperor]

福建宗教碑銘彙編

漳州府分册

四

[中]鄭振滿
[美]丁荷生
編纂

海峡出版发行集团
THE STRAITS PUBLISHING & DISTRIBUTING GROUP
福建人民出版社

一四五五　重修兆豐橋碑記

中埔橋爲靖邑孔道，上達汀、贛，下通漳郡。其舊有石梁，當水勢衝擊之處，年久傾圮，病涉者衆，而人力不齊，修葺維艱。壬戌之冬，予履任斯邑，過其地，目擊行人褰裳以往，天寒水冷，心焉惻之，計圖更易創建，而經費不給。偶檢舊卷，有歸公田産，應追遞年租穀八十六石，可易白銀五十兩。乃爲請於列憲，撥充橋工，幸得報可，更捐薄俸，以圖濟厥事。越明年，時和歲稔，民歌大有。僉議□以人工，踴躍趨事者如鶩。度地經營，去舊址稍遠，俾無衝擊之患，刻期而竣工。又其近地兩小溪，概爲葺以徒杠。一時而三橋聿觀厥成，民之力也，時之豐也。爰嘉其名曰『兆豐』。

乾隆八年，南靖縣知縣姚循義撰。

按：此碑原在龍山鎮南坪村，已佚，碑文見於南靖石刻集第三六七頁。姚循義於乾隆七至九年在任。

一四五六　重建崇聖祠記

昔吾夫子志在春秋，行在孝經。孝者畜也，畜者聚也。聚百順以事其親，故上格乎天祖，而下保其子孫臣庶，仁及昆蟲草木，合萬國之歡心，以報本追遠，義極廣大精微。伏惟聖朝以孝治天下，尊經重道，追封素王五代皆王號，改啓聖公祠爲崇聖王祠。是大孝尊親之隆禮也，是展親錫類之至意也。曠代特典，恩明誼美，洵孝思維則矣。

靖邑舊啓聖祠在大成殿後，湫隘卑陋，自奉文冊封而後，未經改建。邑侯斐園姚老先生來莅斯任，每謁文武廟，見五王三代妥侑非所，常惕然有不自安之意。值今年豐民和，倡捐鼎建崇聖五王祠，飭材鳩工，大興土木。邑之紳士，輸將相赴，不日成之。棟宇崇隆，堂階軒爽，黝堊丹雘，質有其文。於是前殿後寢，規模盡善，深合古人宮廟堂室之制。

夫天下事由乎人，苟非其人莫能爲其事，故必有仁孝之真誠，乃有仁孝之事功。侯嘗言，昔於其鄉承尊人意，倡首捐輸修治文廟，身自經營，措注細密周匝，必求無憾而後乃安。豈非永言孝思，興寐無忝者乎？自莅靖以來，仁心爲質，德澤及民，聽斷之下不執成心，而一片真誠，勤勤懇懇，溢於言表，周於事外。其廉明幹濟，綜練精核，又餘事耳。即今剞劂志書、營造奎光閣、重建五王祠，三事並舉，不三月而皆告竣。非其誠意懇到，精詳愷摯，詎能如此！夫唯仁人君子之用心，誠實有本，所以本立道生，克副孝經至德、要道、順民之大旨也。曜幸藉光，竊從諸君子後，于王祠落成之日，爰執筆而爲記云。

侯諱循義，字若卿，號斐園，江右浮梁人，雍正己酉科選貢士。

按：此碑未見，碑文見於乾隆南靖縣志卷九。作者李正曜，南靖感化里人，雍正二年舉人，時爲縣學教諭。

一四五七　新建奎光閣記

邑舊有龍文閣，在南河石壁峰上，壘石爲山，凌空架閣，層樓聳翠，與東塔對峙，爲縣治水口鎖鑰，規制雄壯，甚鉅觀也。滄桑變更而後，不知頽廢何時，今乃基址亦並汩没，談者惜焉。浮梁姚明府莅靖以來，百廢俱舉，議建奎光閣於儒學泮水之上。都人士聞之，咸歡欣鼓舞，謂文明之兆將啟也。

按天官書，上庫樓爲文章之府，故歷代五星同躔奎宿，史奏賢人聚。蓋天光下臨，地液上載，其鍾靈毓秀，苞育英豪，感應不爽。是以申吕嶽降，傅説騎箕，古今所傳，不可誣也。今天下府州縣皆建奎光閣，以應天文人文之瑞，况乃靖邑學宫，榜山前列，雙水環帶，馬蹄上御街，巽峰文筆侵雲礽之廕。所以及第元魁、閣部名臣，間世而生。但術者謂城垣逼近，内局狹窄，宜高建樓閣以收遠朝，納外秀，渾而爲一，則莫以匹其休矣。

兹幸賢父母先後提挈，而闔邑紳士尤喜輸將，經之營之，不日成之。登臨憑眺，包羅萬象，視昔之『龍文閣』更有加焉。繼自今，人文之盛，應乎天文。都人士之接武而起者，不且後先輝映，長爲歐寮生色也哉！謹書數言，

以紀盛事。

按：此碑未見，碑文見於乾隆南靖縣志卷九。作者許元瑛，南靖人，乾隆四年進士，時任興化府學教授。

一四五八　正峰寺盗賣田蔭示禁碑

漳州府南靖縣正堂加三級姚，爲懇恩勒石示禁以垂不朽事：

據生員高戴邦具呈，詞稱：『本總内有正峰寺，自宋代列漳九禪，靖誌昭彰。前僧穎桃募化總内士庶，置有緣田四石八斗種，左右界园不等。緣穎桃没後，生□衆請僧薰柱承祀三十餘載，傳之徒孫僧自印，於雍正十三年奉文勸墾，丈報山园十七畝五分在冊。迨乾隆五年，僧德良與僧謂德互控争租，着伊徒應修暫住。詎應仍與德良盗賣寺田，令伊俗兄楊玉看守，变賣寺蔭。』等情到縣。據此，合行示禁：『爲此示仰該寺僧人并士庶人等知悉：嗣後寺田、寺蔭永充香火，不許僧俗盗賣，亦不許士庶人等私相受授。如敢故違，許該生稟究。各宜凛遵毋違！特示。』

乾隆玖年二月　日立。

按：此碑現存靖城鎮廊前村正峰寺。碑額『南靖縣老爺姚勒石示禁』，碑名爲編者加擬。

一四五九　五雲寺施田碑記

諸佛菩僧賴昔善信施田共計式拾壹畝，以爲香火之資，付住持僧世世徒孫承接掌管。第恐世遠賢愚不一，有不肖徒孫將田竊賣盗典、私相受授者，宜衆譴神誅，是爲誌。

謹將施田姓名畝数開列：

二代清勤和尚自買田種壹石五斗，坐落糞箕盂，全年稅粟式拾石，完粮捌畝五分。又壹段田，種五斗，坐落下山洋，全年稅粟拾陸石，完粮五畝。

王三舍施田五斗種，坐落金山考墘，全年税粟拾弍石弍斗，完粮五畝。

信士嚴暖官施田壹段，坐落青寮，全年税粟五石五斗，完粮弍畝五分。

信士嚴檀官兄弟四人、林僯官、吴禄官、梁默官、陳僯官，共施田壹段，坐落岩脚荒坑，全年税粟弍石。

岩脚荒田一片，坵数不等。

乾隆玖年叁月，水朝衆等仝住持僧奕紅立。

按：此碑現存金山鎮河墘村五雲寺，碑名爲編者加擬。

一四六〇　徑裡林氏建祠入主碑記

人非生於空桑，孰能無水源木本之思？培其源本，則流派既長，樓宫自茂。所以君子將營宫室，寢廟爲先。我朝定鼎以來，太平日盛，四鄰鄉社各建祠宇，獨吾宗有志未逮，顧祖興思，心增□□。兹幸族内神祚，用銀明買過蔡蒙地園一所，山水環抱，可以作廟翼翼。於是捐銀六十兩，付神祚收入，買出横堂，而神祚亦欣欣然樂成此舉，而無推委之辭。廟成之日，迎鼻祖妣入祠。各房人等願請神祚嚴慈二位神主，從祀於鼻祖妣中堂龕内，春秋配享福食，與祠宇同其悠遠，亦聊酬神祚割愛地園之思。其祠宇兩邊各留壙地一丈，以爲祠宇公巷；一丈以外，聽神祚自築小厝成行，護衛祠宇；其餘閒壙無岸之處，任神祚私植果木雜樹，以爲祠宇之蔭。祭祀之晨，合宗燕飲，十六以上成丁者許其坐席。昭穆有序，燕毛序齒，雍雍在宫，肅肅在廟，詩禮之興，不愧雙桂遺風移德。族内若有能光昭大德，私置產業充入祠祀，及有爵成名者，□□神主入祠，不然毋濫。此皆永嘗孝思，爲祖報功，各無抑勒，□石爲記。

旹乾隆九年歲在甲子孟冬榖旦。各房裔孫：振貴、景裕、心啟、愈梅、神祚同勒石。

按：此碑現存靖城鎮徑裡村林氏宗祠，碑名爲編者加擬。

一四六一　嚴禁鋤岸碑記

先田園所耕，人皆有之，而修岸鋤草，亦園宜然。長厚者憑心合理，除草而已，何傷之有？一二心徒不軌者，侵掘過界，利己損人，最可思也。吾鄉欲存敦厚之風，豈□是□？第恐各□叵測，以貪行私者，有垂年睦族和鄉之□□也。於是鳩衆和議□□□□□□以興仁讓。竊傚古之耕者□□□□□□□岸中，乞再勒禁規，謹陳於左：

凡社衆所耕田園，所接左右衆岸，不許鋤掘。有生草，用刀割除之。如鋤片土者罰錢。衆有禁石爲限者，不許擅自移□□□□茲限用則可，不然重罰兩陸。各照禁規遵行勿毀，永以此條文爲例。

乾隆九年甲子冬，闔社同立嚴禁。

按： 此碑現存山城鎮東田村。

一四六二　厦寨威德廟緣田碑記

緣主歲進士吴□昔年曾捨銀四拾兩，典田入廟，以供大帝香火之資。用餘生息，累積佰餘金，已經唱始重興，廟貌焕然聿新矣。但所典之田授受不明，累被同人致訟於官，蒙本縣主姚將捐銀追繳，給緣主領回別置。茲將捐銀買田二斗種，坐落厦寨大壠洋，年科税粟伍石大。另租粟二斗大，早允二冬照樣例完納，配地畝二畝，帶吴善長户内，佃□□□耕作。此田□同本廟諸福户逐年輪流，當事者取税完粮，永作廟中資用，毋須□，毋變遷，以光俎豆，以垂不朽。第恐歷年久湮没不□□□自也，故勒石以誌之。

旹乾隆乙丑年孟冬穀旦立。

按： 此碑現存龍山鎮東愛村威德廟。

一四六三　興牌廟造像碑

天上列位衆神仙，天馬洞佛聖神明，本山龍神土地大王。

奉令仙師造石佛三身答謝恩。

大清乾隆戊辰年三春開牙，拜旦洞府内佛聖神明仙師興牌廟，源湖香子董纘文一旦朝見。

按：此碑現存山城鎮坎仔頭村仙師興牌廟。

一四六四　募題茶水租額牌

靖西多峻嶺，而船場店後嶺之巉巖尤插天焉。汀漳往來，下上其間，苦無休息處。乾隆九年，迺募築亭於半嶺。功竣日，縣主姚給示勿毀，前學博李書其亭名曰『向止』。近又倡義題粟，俾烹茶湯，以惠往來者。猗歟！行人息肩，喜披清風、吸甘露也。余承乏司鐸，欣聞是舉，爰爲記。

鄉進士、南靖縣學教諭、杭川葛奏凱撰。

簡永山公叁石。簡宗鑒公壹石。簡東渠公壹石。簡君遴公壹石。簡善長公壹石。簡鳳登公壹石。簡廷賓公壹石。簡宜斌公壹石。簡欽文租壹石。王永興户壹石。簡章參公伍斗。簡巨勳公伍斗。簡悦千公伍斗。盧乾俊公肆斗。簡搢三租三斗。簡子才租弍斗。鄒月溪公弍斗。鄭啟賢公壹斗。許光盛公三斗大。

逐年用茶水□湯工資十弍石，鋤蕟樹蔭、剗茶山壹石，祀香油、中秋作緼壹石，修砌嶺路并整理□□壹石，共十五石。

乾隆庚午年季春吉旦，募緣首事簡時先、雲芝、姪振輝仝勒石。

按：此碑現存船場鎮店後嶺古道邊。

一四六五　魏氏宗祠議約碑

蓋聞：崇祀祖先，乃子孫之職分。文等一族聚處於斯，分作三房。茲癸酉年秋，建置宗祠，擇在敏等三世祖諱定公私創之業。衆等公議，長房敏等三世祖考妣入祠，春秋二祭自行辦理。又議，出銀六十兩，付敏等別置一業。此係各房家長議定，立有合約爲記。第恐世代久遠，合約破毀，永立碑以誌不忘耳。

乾隆十八年八月　日吉旦，長房士敏、次房以文、三房其成等仝勒石。

按：此碑現存靖城鎮下魏村魏氏宗祠，碑名爲編者加擬。

一四六六　西河堤碑記

蓋聞：非常之業，必待非常之人。興廢墜，捍患禦災，非苟然已也。靖邑處漳郡之西，臨溪而城，地勢窪下，平和、龍岩二水繞城而東，故歲多水患。昔邑侯邱公倡築土壩，彭公增修之，稍賴以安。顧堤身低薄，長不數尋，僅捍城西一隅耳。甲戌夏，連月淫雨，溪流暴漲，决壩衝城，居屋泊舟，士女棲梁。决口更從西北流，湮及墨坊等六保，勢瀰漫不可當。昔邑侯何公具申上游觀察楊公，偕郡侯奇公溯流按視，備悉要害。觀察首先議築長堤，易土以石若干丈，土堤若干丈，自西河至龍眼樹、至定水橋、至塔仔渡。其水勢緩急繪諸圖，上之中丞公。中丞首肯，謂：『茲非常事，非君其誰以肩也？』於是諏日興工，紳衿士庶莫不踴躍樂輸，不費公帑，不假吏胥，越四月而告成。此兩邑士民之福，而實觀察公百世之澤也。

衆請記於予。詢何名，曰：『堤長六百餘丈，自西至東環城若帶，當名「護城堤」。』予曰：『其如溪邑六保何？是顧此而遺彼也。利舟載者樂江湖，食祖德者念高、曾。微楊公，茲之害其誰與紓也？昔蘇公治堤西湖，至今稱之。楊公悉心經畫，拯吾民而登諸衽席，獲百世之安，厥功偉矣，其可志耶！即名「楊公堤」，若何？』僉曰然。遂勒石以記。

賜進士許元鍈撰。乾隆十九年甲戌臘月吉旦立。

按：此碑未見，碑文見於南靖石刻集第八六頁。

一四六七　龍興壇會份碑

□□秋□□年豐物和，□□□歲□□之爲靈也，□□□□□□□□□□建立壇□□大社□□銀再捐吉金，興石宇□□□□□□敞龍興□□□神人共□□□□吉矣。□□□□□□□□名於石，以垂不朽云。

二月二老會八大股：簡悦千、以權、榮光、達元、秀先、悦光、明三、□□德。

三月三、八月十會十九股：簡子達、□乾、悦千、以桔、德俊、梅干、榮先、逵先、□先、秀先、達先、悦先、秀仁、□先、次儒、次□、蕭世德、盧麗秀（老二月二會共一股）。

六月會三十股：簡宗和、□□、子桂、子□、□□、梅□、帶口、□□、良先、升元、在老、秀先、悦先、□□、秀光、□□、光充、悦□、次寬、□□、□□、次〈下缺〉。

已上四會，每會錢一錢八。

乾隆二十年乙亥歲桂月吉旦，首事簡廷先、簡秀先、□□□、□□□、□□□同立石。

按：此碑現存船場鎮龍水村龍興壇，碑名爲編者加擬。

一四六八　湧江會文樂輸碑記

龍山上下多吴姓，而湧口房爲最。丁衍数千，家饒蓄積，既庶且富，厥教用興。夫十室之邑，必有忠信；三人竝行，亦有我師。況宗族蕃盛，賦泮水，歌鹿鳴，既彰聞於前，豈無磊落英多之彦接踵於其後？顧位券何如耳！且人以有感而興，文以相觀而善。子弟之中而才，賴父兄有以養之；父兄之教不先，而望子弟之中而才，不可得也。

近湧口房尊長，鳩族中已進泮、未進泮，凡能文者，每月兩次會課於宗祠，囑余品評其高下，而期間用費必取之公帑，乃可垂之永久。於是僉謀捐資備用，有捐田者，有捐金仍以置田者。不匝旬而樂輸之数，年約租稅六十餘石。此以見東彝公好父兄之樂育子弟，人人同心矣。然余聞教育之責在父兄，而切磋之功又在子弟。誠能立志好學，券其根而竢其實，加其膏而希其光，勿廢於半途，勿亟於助長，優而游之，饜而飫之；行見日積月累，子弟不負父兄之栽培，父兄獲覩子弟之進益。而余品評其間，亦得以觀教化之成，而信龍山人文之萃于湧口也，豈僅『既庶且富』已哉！是舉也，諸好義樂輸者皆列名於後，而倡其議者某翁也。翁諱文俊，號琢園，捐租十二石有奇，捐金四十大員。予欽其盛舉，乃欣然而樂爲之記。

江邨開業撰。

謹將樂輸名次開列於左：

十一世孫：瑩壤銀拾大員。

十二世孫：國柱銀貳大員。國昌銀叁拾大員。

十三世孫：世錦實稅貳石肆斗大。時賢銀肆大員。有慶銀捌大員。世銅銀貳大員。玉振銀肆大員。永賀銀拾大員。錫握銀貳大員。萬春銀拾大員。春芳銀肆大員。玉山銀拾大員。天瑞銀陸大員。玉培實稅拾石大。

十四世孫：子永銀拾大員。廷聯銀陸大員。志宰實稅叁石大。廷葵銀拾大員。鳴珂銀拾大員。尚湘銀肆大員。德儀銀拾大員。仕偉公稅拾石大。志達實稅貳石大。仕德實稅叁石大。聯香銀肆大員。永泉銀肆大員。德佐實稅叁石貳斗大。光世銀拾大員。睿修銀肆大員。君輔銀肆大員。濟川銀陸大員。

十五世孫：以順銀肆大員。聯登銀拾大員。長柱銀拾大員。長樞銀拾大員。瑞錦銀陸大員。樹榮銀肆大員。

十六世孫：元澤銀貳大員。景修實稅貳石貳斗大。

上捐稅肆拾捌石壹斗，捐銀貳百柒拾大員、置稅壹拾肆石柒斗捌升，總計稅陸拾貳石捌斗捌升大。配糧拾玖畝

柒分伍釐，載在文昌户内。逐年課期用費給賞外，所剩之錢爲科、歲、鄉、會之資，隨時酌議多寡開發。

乾隆貳拾年歲次乙亥孟冬穀旦立。

按：此碑現存龍山鎮湧口村吴氏崇本堂。

一四六九　湧江會文樂輸碑記（二）

竊惟尊祖敬宗，期春秋之匪懈；溯源報本，必祀事之孔明。蓋霜降露濡，凡爲人孫子莫不同有是孝思者也。我族築祠道山，崇祀始祖暨二、三世列祖，由來舊矣。惟我二世祖元清公祀田未豐。故合而荐馨於廟中者，恆見有餘；分而掃松於冢上者，每嘆不足。我族人言念及此，未嘗不怵惕悽愴，謀所以充之，而有志未逮也。幸祖靈之赫濯，産亢宗之孫子。有雲孫士超字濟文者，苾芬念切，遂慨然捐租十二石，永爲二世祖五年掃墳之資。乃其孝思無窮，又倡修翠峰楼小宗，展族人欲展之悖心，廣前人未廣之恩意。噫！敬宗收族如濟文者，洵足光前緒而啓後昆歟？且夫善之積也，慶有餘。今濟文逝矣，而此年修葺大宗，用費頗繁，長房一、長房二孫子按其數而均輸之，餘各房亦隨量共成。興工春初，告竣秋末。要實濟文男天培者建議於始，而鳴珂相與募衆捐修也。祖德宗功，於兹永紹；水源木本，用是綿長。至於擴孝念而振家聲，更望後起者樂義向前，而行且光大其間也。是爲誌。

謹將樂輸名次開列於左：

十一世孫：瑩壤銀拾員。遂芳銀肆拾員。鎮銀拾陸員。高義銀肆員。奇智銀肆員。

十二世孫：國珍銀拾員。國舜銀肆員。國柱銀壹員。時英銀拾貳員。國昌銀貳拾員。時凰銀貳員。時珍銀壹員。洊銀肆員。標銀陸員。喜銀陸員。奇銀壹員。齊銀壹員。

十三世孫：世錦銀貳拾貳員。大業銀肆員。子禄銀貳員。珍盛銀貳員。時賢銀拾員。有慶銀拾貳員。世艾銀貳員。殿春銀壹員。殿元銀壹員。世銅銀貳員。茂春銀壹員。春芳銀肆員。胖銀壹員。世鋼銀肆員。騰銀壹員。天培

銀叁百員。日健銀陸拾員。殿傑銀壹員。

十四世孫：子永銀拾員。漢成銀拾員。志宰銀拾陸員。邦昭銀貳員。鳴珂銀肆員。尚湘銀肆員。德儀銀貳拾貳員。志通銀貳員。志達銀拾肆員。仕德銀叁拾貳員。廷築銀拾員。世榮銀肆員。盛權銀壹員。聯香銀拾貳員。德祐銀叁拾員。廷彩銀拾員。永泉銀拾員。築銀叁員。世科銀貳員。鳴琚銀拾貳員。光世銀肆拾貳員。世盆銀貳員。光宇銀捌員。世茂銀貳員。邦榮銀貳員。光劉銀陸員。睿修銀拾員。天鋼銀壹員。君輔銀陸員。永川銀陸員。

十五世孫：長松銀拾貳員。以順銀肆員。聯登銀拾員。名通銀肆員。增祥銀陸員。珠舉銀貳拾員。長樞銀貳拾員。四孟銀肆員。青雲銀肆員。志弘銀陸員。爆銀貳員。緑樹銀貳員。

十六世孫：元澤銀肆員。景爵銀拾員。昌吉銀貳員。藉維銀拾貳員。

乾隆二十一丙子歲季冬，闔族立。

按：此碑現存龍山鎮湧口村吴氏崇本堂。

一四七〇　錫慶堂碑記

祀田、書田之設，所以崇祀祖考、培養子弟，神人賴之。捐金三十以下，書諸版；三十以上，刻著於石，冬祭胙一方；捐六十者，加倍；百兩者，秋、冬與祭，燕胙同六十。身有頂帶，加及其子，昭垂奕世。經好義樂施，二田兼設，光雲峰俎豆，振中興文風，不惟俊秀子弟實受其貺，其自始祖鎮巖將軍、武翊大夫以下實寵嘉之。好義之施，其利溥哉！勒石祠左，用志不忘。尚留名行，以俟後捐。

儒林郎、州左堂有熊捐銀一百四十員。國學生元順捐銀三十兩。國學生思遠捐銀三十兩。國學生元豐捐銀三十兩。

前年建祠，房長儘有大功，今皆祔祖配祭，不遺懋賞。現在房長須方正急公，族房中推許名望克理房族之事，方稱房長之實，家風、鄉俗賴以表率。宜隨時黜陟，五年一换，不得世襲。庶房長得人，家教振興，配祭房長得安

其位，以從列祖考於九京也。歲癸酉，臨月音觴，新舉房長年滿，房各備席，再議黜陟，有堪復任者留之。而僉舉族正亦依此爲例。

乾隆二十二年丁丑孟秋，族正企元誌。（印）

按：此碑現存龍山鎮太保村陳氏宗祠，碑名爲編者加擬。

一四七一　新建魁寮第一溪兩橋碑

碑所以記功也，功不可不效其尤，碑不可不傳其實。靖邑之西南春雅保，有曰魁寮溪、曰第一溪，地勢盤曲，水石淺蕩，遇雨暴漲。居民識其淺深，恒苦厲揭；而行旅病涉，抑又甚焉。是溪也，凡漳郡、龍巖、平和往來之汛道。余莅任甫三日，詣春雅，雨大集，阻不得旋。于是相其地而圖度之，會吾民而詰詢之，蓋將有橋梁土木之役。維時劉生憲玉謁余曰：『玉有老母，嘗命生營橋於溪上。玉未敢遽起鳩工，慮功不易竟，而力有所限也。』余曰：『然。余首分廉俸，鼓舞衿士，共勷是役，可乎？』劉生慨諾而退。余既諭，任約劉必志給示董勸，樂輸將者甚眾。又仲夏，劉生進曰：『橋成矣，請立石以記功。』

噫嘻！余何功之有，而顧可勒碑乎哉？然余拂其請，而劉生必不能違衆人以寢其議；倘鋪張于『蓋碑不足以傳信琦』，余之自誣也。且夫一鄉有善士行誼之彰於時，其大者則上達朝廷，其次則例請列憲，其次則族門表閭，不使淹没，皆邑宰之責也。兹劉生身戢功勞，功歸利濟；稱母命，善則歸親也；不擅各善，與人同也。

經始於三月之二十七，落成於五月朔。兩橋共長二十餘丈，廣皆近五尺。爲久計，定以六甲輪修，人謹如約。劉生寧第之重於宗族、鄉黨已哉！余因是論其功之尤，而著其實。若夫樂善之眾赴義踴躍，如劉生明彰等，余更勒一石，以志載其姓名、捐資，俾過魁寮溪、第一溪而覽題名之碑者，較然于靖邑民風焉。

乾隆二十四年五月　日，知南靖縣事山陰李浚原撰并書。

按：此碑現存南坑鎮村雅村魁寮社。

一四七二　重修草坂帝君廟碑記

本廟建自前明。其地蓋田墘祖捨之，但前人尚朴，去茅茨未遠。越康熙庚子歲，易土而磚，翬革較前不侔矣。然多歷年所，棟宇不無損壞，迫於治理。社長偕住僧不敢憚煩，奉帝君靈力，募緣於眾，得千金有奇。乃乾隆庚辰年桂月興工，臘月告竣，而廟貌已可人矣。於是鐫石列序，以共誌不朽云。

太學生陳天弼助銀弍拾伍員。太學生陳紹廷助銀弍拾弍員。太學生陳啟祥助銀拾柒員。信士陳烈覌助銀拾陸員。太學生陳元璋助銀拾叁員。信士陳大本、陳光訓、陳允師、陳尚義、陳存仁各助銀拾弍員。信士陳韜覌、陳初覌各助銀玖大員。信士陳秋覌助銀捌員半。鄉進士陳拔山、信士陳接覌、陳鋭進、陳鋭發、鄉進士陳炳南、信士陳權覌、陳瑾覌、陳均覌、太學生陳德輿、信士陳文推各助銀捌大員。太學生陳欽禮、信士陳菊覌、陳起覌各助銀柒員。太學生陳國珍助銀柒大員。信士陳天覌、陳定覌、陳月成、陳料覌、陳喬覌、陳臣覌、陳天送、太學生陳崇仁各助銀陸員。信士陳剪覌助銀伍元半。信士陳房覌、陳建覌、陳□覌、陳固覌、陳檀覌、陳軒覌、陳變成、陳濟潔各助銀伍大員。信士陳長盛、陳君策各助銀肆員半。鄉大賓陳匡時、信士陳溪覌、陳邊覌、陳葛覌、庠生陳甸南、信士陳掉覌、陳鋭志、陳天覌、庠生陳天祈、信士陳吝覌、陳宣覌、陳甘覌、陳詣覌、陳其淵、陳開邵、陳紗覌、陳麟祥、陳程覌、陳頗能、陳坤六、陳鋭祥各助銀肆員。信士陳度覌助銀叁員半。陳允中、陳舜覌、陳羅覌、陳桂覌、陳民覌、陳明覌、陳廉覌、陳養覌、陳泰覌、陳品覌、陳獅覌、陳□覌、陳開郯各助銀叁員。信士陳芳覌、陳欣覌、陳□覌、信士陳藕覌各助銀弍員半。信士陳啟盛助銀壹兩八錢。信士陳養覌、陳日覌、陳炎覌、陳壘覌、陳挑覌、陳健覌、陳嘮覌、陳丙覌、陳應覌、陳賢覌、陳崇寧、陳盛覌、陳斟覌、陳科覌、陳銓覌、庠生陳德輝、信士陳灘覌、陳潛覌、陳剡覌、陳旺覌、陳戀覌、陳鍊覌、陳政覌、陳詩覌、陳約覌、陳洗覌、陳珗覌、陳迓覌、陳盾覌、庠生

陳雲龍、信士陳在观、陳機观、陳午观、陳古观、陳月观、陳帝观、陳成功、陳契观、庠生陳彪、信士陳道观各助銀弍員。陳佳观、信士陳崑山、陳奮观各助銀壹兩四錢。陳結老、信士陳喜观、陳長漢、陳羨观、陳倪观、陳杞观、陳完观、陳靖观、陳麟观、陳罕使各捐銀壹元半。信士陳燕观、陳衆观、陳魁观、陳超观、陳中观各捐銀壹兩。信士陳山观、陳歉观、陳近观、陳瑶观、陳老观、陳溪观、陳元观、陳焕观、陳智观、陳沓观、陳洛观、陳然观、陳混观、陳炙观、陳譽观、陳禄观、陳膽观、陳猜观、陳三仲、陳滸观、陳藤观、陳跳观、陳述观、陳逞观、陳景观、陳勅观、陳決观、陳像观、陳習观、陳禧观、陳必观、陳儒观、陳騰观、陳吻观、陳上公、陳石观、陳蠶观、陳香观、陳孫观、陳援观、陳顯观、陳允观、陳務观、陳梗观、陳薇观、陳均观、陳漢观、陳昂观、陳茂盛、陳括观、陳玉田、陳慶观、陳木观、陳梅观、陳京观、陳熙观、陳舉观、陳信观、陳聖观、陳好观、陳話观、陳東牆、陳讓观、陳闖观、陳罕观、陳萍观各助銀壹大員。

節婦林氏助銀拾弍兩。信婦王氏助銀肆員半。

董事：太學生陳天弼、陳汴观、庠生陳天祈、陳允師、陳那观、陳房观、陳余观、陳紹观、太學生陳啟祥、陳岱观、庠生陳大观。

協事僧藴和、徒永茂仝助銀陸大員。

大清乾隆弍拾伍年歲次庚辰臘月穀旦立。

按：此碑現存靖城鎮草坂村帝君廟，碑名爲編者加擬。

一四七三　唐趙將軍廟碑記

蓋聞：以死勤事則祀之，能禦災捍患則祀之。若乃生勤事於民，而殁又禦災捍患於民，如顯化趙將軍者，其廟食不替，又何疑哉！將軍浜州人，諱渊，偕其大父諱棠，隨陳聖王入閩平賊，柳斜血戰，陷陣而亡，餘勇能尸走數

十里，駭人見聞，世未曾有。荆美居民義而祀之，水旱疾疫有禱輒應焉。荆美當漳、汀孔道之衝，寇患頻仍，而神尤卯翼備至，間出陰兵護堡，俾羣醜宄謀難肆，望風遠竄。荆美，荒僻壤耳，而盈寧無恙，雞犬皆安，賴神靈力也。所謂『生勤事於民，而殁又禦災捍患於民』者，非乎世隆蘋萙，詎垂古典？

康熙七年上元失火，蕩燬無餘，鄉之庠士吴榮宗偕衆重建。迄今未久，凬雨飄零，圮毁又將至矣。其姪庠士遂芳，暨鄉耆李廷桂、何志遏，倡議重興，衆力佐之，踰月而成。雖諸善信沐庥輸誠，樂事劝功，要亦神明之福祚綿長，血食未已也。適際落成，爰誌不朽。

賜進士、吏部觀政、福建解元藍彩琳拜撰文。

計開捐題：

庠士吴遂芳捐銀柒拾員。鄉賓李廷桂捐銀陸拾員。鄉賓何志遏捐銀叁拾員。信士李廷林捐銀弍拾員。信士李廷材捐銀拾肆員。信士李国炳捐銀拾肆員。吴文鈇、李見璋、何志偉、何廷珠、張弘猷，上五人各捐銀拾弍員。蔡元貞、吴高義、吴元標、吴日進、吴福昶、吴士煌、吴日峙、何廷琵、吴日曜、柯廷相、何瑞起、吴文璨，上拾弍人各捐銀拾員。李見陽、何志傑、吴高智、李大猷、吴国盛、蔡本填、李国熾，上柒人各捐銀陸員。李廷相、廖維峙、李廷檀、李廷爵、吴有容、吴篤文、李晉圭，上柒人各捐銀伍員。李見達、何廷運、蔡元理、吴世藻、吴世涔、蔡元徵、何廷玕、李廷器、柯廷綸，上九人各捐銀肆員。何志玳、吴国錡、柯志逵、吴国鈥、何瑞韷、何廷璥、何瑞標、蔡本蔭、蔡本恩，上九人各捐銀叁員。李見文、盧廷輔、蔡元福、何志佩、李見頗、宋捷江、盧廷翊、何廷璞、蔡長烱、李廷椿、廖維隆、黄大因、何廷琳、何瑞盛、柯廷助、吴国銔、吴国鋭、李烈懷、柯廷蓋、何項珀、吴国銘、盧日惠、何廷基、吴篤材，上弍拾肆人各捐銀弍員。李志德、李廷懷、何廷佑、李超仕、李廷標、王子元、吴国魁、吴国鏢、李張焕、柯廷彩、柯廷璿、何廷鍗、蔡本堤、蔡長美、柯志遠、蔡本堨、何瑞長、吴日長、蔡幸譽、吴国銑、吴文淑、吴文浩、何瑞聰，上廿三人各捐銀叁中員。黄大俊、柯志廷、黄大才、吴元輝、柯天篤、柯志飛、

何志東、王子美、柯登科、柯廷璣、何志遷、柯志彩、黄高僯、何廷班、何瑞鳳、高志元、何廷瑞、何廷□、何瑞凰、柯成章、盧日新、何廷瑾、廖維榮、蔡長鍊、何廷琅、何廷錦、宋文昌、宋大全、何廷錢、何瑞隆、蔡長渊、何廷球、何廷玟、宋廷佐、何廷玉、何廷銀、何廷璉、何瑞顕、何廷珉、何廷琨、何廷瑗、蔡長炫、廖天跡、何仲雲、吴亨恭、何瑞清，上肆拾陸人各捐銀弍員。

上總共捐銀陸百伍拾陸員零弍中員。

乾隆弍拾陸年辛巳歲蒲月穀旦，合社仝立。

按：此碑現存金山鎮荆美村顯應廟。

一四七四　重建靖城天后宫碑記

〈上缺〉驚濤駭浪之中，悉賴〈下缺〉益著。濱海之人，處處廟祀，盖数百年如此矣。靖，漳南下邑也，瀕溪爲家，地勢窪下。每值淋雨，河水漲溢，陸者爲川，寧者爲□，耕者不粒食〈下缺〉今成都彭公，於西門一帶築沙壩，以障溪流。乾隆十九年，鎮遠何公詳審水勢，築石隄繼土隄，自西而南六百餘丈，靖之民得藉以安。然因〈下缺〉障蔽，而湍激更烈，偶然失備，全城魚鱉。則靖雖不同於海，而時防水患，與萬里梯航、朝夕舟處者無以異。其尊崇建〈下缺〉於南教場，神弗顧享，兩次被水沖壞。嗣奉神位於陰陽館，湫隘囂塵，僅蔽風雨。

予自己卯仲春莅任兹土，即欲恢宏基址，而靖治得地甚難〈下缺〉息。是歲閏六月八日，雨水匯集，溪流驟漲。予與同事諸君子，露處盲風淫雨中，督率堵禦，自辰至酉，幸而獲全，愈思興建。正在商議間，未〈下缺〉歲相符合。吁！此豈江潮之有信乎？何先後竟出一轍也？方河水之復漲也，予與諸君子督率益勤，堵禦益力。而三肖堂、張倉社兩處，竟遭沖〈下缺〉涯，茫無畔岸。私心竊計，陸而川者凡幾，寧而□者凡幾，耕者□□□者而巢居，當不知凡幾。身膺長民之任，民遭沉溺之慘，搔首籲天，搶救〈下缺〉爰從城樓上與集小艇□□□□□□□□設香，

水中□□□□折而東注，不崇朝而水已全涸，沖折者止近隄十餘家，餘皆無恙。□□后之垂庥於海者多，而福佑□□亦不少也。

闔邑紳士感神之靈爽，呈請改建新宮，予曰：『吾夙志也。』卜地於縣治東北隅前□□道公館故址，嫌其隘，購小屋十餘間而推拓之，建行宮三棟，棟各二楹。紳衿士庶，咸樂輸將，共費朱提二千有奇。於庚辰臘月五日經始，辛巳中和六日落成。予喜神靈之默佑我民，廟貌維新，而又喜紳士踴躍勸功，不日告成，因勒始末及董事樂捐之尤者姓名於石，以誌厥美，而繫以詩，俾我民詠歌以祀焉。其辭曰：

悠悠南土兮漳之濱，雙流瀰漫兮浩蕩無垠。轉危爲安兮我后之神，馮夷聽命兮保護斯民。保護斯民兮何以報？構楹畫棟兮修明禋。朝靄龍涎兮荐新，春秋匪懈兮福祉駢臻。歐山蒼蒼兮雙水潾潾，千秋萬歲兮若依慈親。我民報德兮逾於海津，自今以始兮祀事永遵。

文林郎、知漳州府南靖縣事加三級紀録四次、山陰李浚原薰沐頓首拜撰并書。

董事：生員黃天華、監生石廷耀、監生王紹仁、監生王長培、生員王得安、生員戴珍席、衛千陳秀茂、監生吴宗盛。

監生吴鋭捐銀叁佰大員。監生蔡時煖捐銀壹佰大員。

乾隆二十六年仲春吉旦立。

按：此碑現存靖城鎮中華路南靖城隍廟，殘缺不全，碑名爲編者加擬。

一四七五　麟山振路碑記

我族聚居於麟山之麓，離縣治約有五里。厥土維□途，其通衢若遇雨輒濘，跋涉甚艱，由來有三百餘年於茲矣。迄今年春，始欲易以石，謀之伯叔弟姪，皆抃舞樂捐，不數月而石路成焉。由是熙熙而往，攘攘而來，頌如砥，頌如矢，於國朝大有歌衢擊壤風焉。振斯路之興，唱始者叔宏信，董事者弟若三，鼎力濟成者弟監生振宙。是数人者，

尤有功於斯路。其捐数開列於左，以爲後來者勸。是爲記。

禮部會試揀選縣正堂吴選銎譔。

董事：克己、聯茂、晃、仕料、宏智、仲昇、宏信、偕策、遜有、增美、振斗、利民。

鄉進士選鑑捐銀貳員。鄉進士起龍捐銀貳員。監生□□捐銀廿四員。監生吴捐銀廿四員。監生宏達捐銀廿四員。監生增等捐銀貳拾員。元福捐銀拾員。生員振然捐銀九員。仕禮捐銀六員。監生義捐銀六員。監生宏德捐銀六員。監生宗盛捐銀六員。仕光捐銀五員。宏智捐銀五員。監生宏信捐銀四員。鋭捐銀四員。芳前捐銀四員。生員錫爵捐銀四員。錫朋捐銀四員。宏池捐銀貳員半。

聯茂、旻、仕道、宏禮、元芳、榮宗、生員增傑，以上各捐銀貳員。聖賢、漁老、□□、徐濟達、監生仕禧、仲升、臣老、聖章、德平、又德、必壽、誥郎、□□、景公、近廉、隆公、元尊、芳達、增芷、錦郎、柑公、增連、□峨、回老、仁和、朓老、增耀、志珍、利民、樹陞，以上各捐銀壹員。

文珍、仲旦、虎鼇、本老各捐銀六錢。克己、松老、宏嗣、煌老、志聰、進金，以上各捐銀五錢。延祥、成七、蚌郎、乞老、振策、有年、崇老、前公、柱茂、廷居、記郎、名溪、顯郎、檀老、三元、琛老、壤公、諧老、廷□、偕老、涉世、尚老、欽老、固老、填公、腆公、切老，以上各捐銀壹中員。宏文、昭老、皎老、作老、務郎各捐貳錢。太祐、字郎、瑶郎、真郎、磋老、信老、聰明、貴郎、肴老各捐錢捌。

通社出工共濟，難以盡載。

乾隆貳拾柒年歲次辛巳葭月穀旦仝立。

按：此碑現存靖城鎮中華路南靖城隍廟。

一四七六　聯橋劉氏書香碑

凡名門巨族，莫不有書田之建，所以勵學業、育英才也。吾家子姓蕃衍，而科名未盛，其或有待於鼓舞而作興歟？謹鳩族之好義者共捐銀兩，議置田，收其租以爲會文之費。費之餘，粒積以俟後之增多而拓建焉。入泮有慶，登賢書有慶，捷南宮有慶，赴秋闈、春闈有贐，酌重輕而勒其例於碑陰。其得與於斯文者，養根加膏，蘊之爲德行，發之爲文章，庶幾哉祖宗之光、族黨之榮乎？是所望於有志者。

世寬公捐銀三十員。興元公捐銀二十員。鄉賓爾福公捐銀十三員。監生廷璣公捐銀十二員。鄉賓賚周公捐銀二員。鄉賓仲傳公捐銀十二員。鄉賓鳴球公捐銀十員。鬱宇公捐銀十員。友恭公捐銀七員。守容公捐銀六員。姬長公捐銀六員。鄉賓維助公捐銀五員。荊璧公捐銀五員。世榮公捐銀四員。綿斯公捐銀四員。時茂公捐銀四員。恂正公捐銀三員。有材公捐銀三員。岩田公捐銀二員。福元公捐銀二員。欽勝公捐銀二員。珠山公捐銀二員。希相公捐銀二員。延瞻公捐銀二員。位俊公捐銀二員。國章公捐銀二員。徹精公捐銀二員。可言公捐銀二員。心如公捐銀二員。用光公捐銀二員。耀持公捐銀三員。爾信公捐銀二員。貢生國安捐銀二員。監生邦俊捐銀二員。監生振德捐銀二員。監生振義捐銀二員。監生宗芳捐銀二員。監生鳳池捐銀二員。監生朝瑞捐銀二員。監生天駸捐銀二員。監生國宏捐銀二員。庠生煥彩捐銀二員。庠生彥公捐銀一員。庠生開山捐銀一員。庠生柱峰公捐銀一員。鄉賓伯任公捐銀一員。梅軒公捐銀一員。挺秀公捐銀一員。甫田公捐銀一員。荊山公捐銀一員。篤卿公捐銀一員。

旹乾隆二十八年歲次癸未孟春月吉旦。

按：此碑現存和溪鎮聯橋村劉氏宗祠。

一四七七　上湧蕭氏小宗記

上湧蕭氏六房二端質公小宗，坐艮向坤，兼辛丑、辛未分金。其創建也，始於大清康熙貳拾叁年甲子；其重興也，繼於伍拾玖年庚子。皆由于曾孫諱士澧、士泓戮力作倡，以成厥事。而其所以置祭田、備宗器者，亦猶是二人積纍之功，以濟衆等孝思之念耳。然其所以定常規、設法矩，一又可人意者，亦莫不出其妙制，而爲衆所率由者也。今既落成，又已苟合，故特志之。如其致身於士林、光耀其祖先者，惟後賢勉之。

旹乾隆貳拾捌年癸未仲冬穀旦，玄孫國桓、國便、邦焲、邦鷹、邦煉，眾等仝立石。

按：此碑現存金山鎮霞湧村上湧社蕭氏宗祠。

一四七八　鳳尾壇樂施碑

蕉社菁葉萃，明神欣奠居。凰壇開往代，龍宇建斯期。衆信推誠隱，千家喜樂施。資捐隨力量，緣助任情怡。刻石興宫廟，鏤金耀姓匜。奂輪詠比美，文質两相宜。靈爽妥更侑，薦馨歲以時。三多衍梓里，五福錫鄉閭。功力今方竣，敬歌落成詩。謹將樂助士，姓字石中書。足徵神德普，後慶罔差移。

邱世標捐銀四大員。邱衍祥公捐銀三大員。邱友才捐銀三大員。邱世源捐銀三大員。邱世桂捐銀二大員。邱世富捐銀二大員。邱謂勳捐銀二大員。邱世茂捐銀一兩。邱子綢捐銀一兩。邱子秀捐銀一兩。邱謂求捐銀一兩。邱元章捐銀一大員。邱璋麟公捐銀一大員。蕭全伍捐銀一大員。邱樂子捐銀一大員。邱淑安捐銀一大員。邱淑歡捐銀一大員。邱淑容捐銀一大員。邱淑徐捐銀一大員。邱子勇捐銀一大員。邱子貞捐銀一大員。邱如明捐銀一大員。邱元西捐銀一大員。蕭成璋捐銀三錢六。邱淑輝捐銀三錢六。邱世榮捐銀三錢六。邱榮顯捐銀三錢六。邱聖茂捐銀三錢六。邱輝彩捐銀三錢六。邱如専捐銀三錢六。邱子新捐銀三錢六。邱觀彭捐銀三錢六。邱思迎捐銀二錢。邱有明捐

銀二錢。邱世甯捐銀二錢。邱瑞生捐銀二錢。侯清尚捐銀錢八。邱君度捐銀錢八。邱亦親捐銀錢八。邱元胡捐銀錢八。邱老三捐銀一錢。

乾隆甲申年孟春月吉旦立。

按：此碑現存書洋鎮赤州村蕉坑社鳳尾壇。

一四七九　下店溪列憲廉明碑記

南靖縣主李侯訊詳、廉明漳州府憲大老爺劉侯檄看申詳、臬憲大人徐侯明斷歸管鐵讞碑記。

船場下店溪仔口以及東林雷打石等處，原係余氏所屬山地。皇明萬曆四十三年，余經變賣蔣鄉紳爲業。至天啓二年，里民張墀策同生員余京策等募銀三十兩，向蔣贖回原契三紙及契後蔣宅的筆親批四園界至，載明地址，充爲溪尾庵掌管收税以及香資也，由來久矣。前經里民呈請漳南道程侯、南靖縣楊侯，蒙詳允立石，刻記事實，以垂不朽，□今百四十有餘載。

近緣下店溪邊原有沙埔，人民陸續蓋築店屋間，照年納租税、香資。乾隆二十七年，突有地棍王振等私宰、賭博，忿張子超稟報枷責，挾嫌抗租不納，被耆民陳邱山、張元仲、王瑞珍、蕭又聞等告追。王振等胆串惡衿簡徵穆等，恃符越佔。經縣主李明審，断歸照舊管業收租。簡徵穆等胆敢怙衿赴府僉翻。續蒙按察大人徐行縣核案詳報，縣詣勘訊詳，蒙廉明府憲劉檄：

『看得南靖縣民陳邱山等控王振等串通生員簡徵穆等控佔地租一案，緣南靖縣船塲総下店溪邊原有沙埔一片，民人陸續盖築店屋十二間居住生理，每間年納租銀一錢，爲溪尾庵香資。乾隆二十六年，耆民王瑞珍等同鄉約張子超因鄉衆欲增地租，恐致滋事，曾經呈縣示禁。二十七年，住店之王振等私宰、賭博，被張子超稟報，經縣拘究枷責，隨挾嫌抗不納租。張子超稟縣飭追，王振等遂串生員簡徵穆等，稱「溪仔口地係上店社民地方、向納上店武廟地租」

出而控争。經該縣訊明，上店簡徵穆等並無管業確據，僅繳賬簿一本，殊不足憑；下店王瑞珍等有契、碑、告示，載明四至，確鑿可據。断歸王瑞珍等照舊管業收租。

『簡徵穆等赴府蔣吊卷查核，以張子超前明文契難以憑信、簡徵穆等現有賬簿可據，將該處店房地租断歸簡徵穆等，收充関帝廟香資，行縣在案。陳邱山等不甘，上控憲轅，批府飭縣查案核断。茲行據南靖知縣李勘訊議詳前來，卑署府查陳邱山等所繳契紙，雖係前明所立，但細驗紙墨，似非假造，况碑記、印示明載溪仔口四至確鑿。再據該縣勘繪圖形，上店、下店中隔一溪，上店社在于溪西，下店社及所争沙埔在于溪東，本與上店無涉，且與契、碑「西至溪仔口」相符。生員簡徵穆别無憑據，惟執收租帳簿出争，而所呈簿間載各年應納租錢及登註完字，均係一筆謄寫，捏造顯然。明因王振等在店賭博、私宰，被張子超禀縣拘究，隨率同各店户抗不納租，串仝簡徵穆等出頭混告。再查簡徵穆、劉成業、簡俣魏、簡文、劉国芳、蕭懷珠、劉国均，各住俱離上店四五十里、三十里不等，並非該處士民，恃以生監，越保妄争，更爲荒謬。該縣所請店屋地租給二人各半分取，殊属兩岐□該處尚有餘地，必致日漸争執，滋訟無已。應請仍照該縣原断，歸下店社民陳邱山照舊管業收租，以充溪尾庵香資之用。是否有當？理合將圖說、古契、碑摹、告示、帳簿詳送察核□遵。所有王振等私宰、跌錢賭博一案，先經該縣照例枷責在案，無庸再訊，合併聲明。』等由。

詳蒙署按察使司徐批：『如詳，飭將沙埔各店屋歸還下店社民陳邱山照舊掌業收租，以充溪尾庵香資。至王振等始而違禁賭博、私宰，继則挟嫌抗租，後又串衿控争，殊属刁詐。簡徵穆等身列宫牆，不知碑禁，輒敢越保出頭興訟，亦属有玷士林，均難寬縱。仰飭將王振、簡勇、刘郭各予杖儆，生監簡徵穆、劉成業、簡俣魏、簡文、蕭正樂、劉国芳、劉国均、蕭懷珠、魏国棟、□玉振等發學戒飭。倘再恃符滋事，即行詳革嚴究。餘已悉，繳。』契示、碑摹、帳簿發回圖存。

詎惡簡徵穆等復敢抗越圖翻，又蒙欽按大人裘批：『飭查問抄詳。現稱該生等住居遠隔四五十里，並非該處人民，

其爲依恃生監、越界妄争可知。業經司批戒飭結案，毋再揑詞越聳，致干重咎。』

屢蒙批飭，毫不知儆，□復串棍簡俊明，糾惡蕭家典、盧西常，在省夤求打點，圖翻案卷。蒙巡撫大人定諭府查拏究治，研訊情真。將蕭家典、盧西常分別枷責、追贓入官外，仍將簡俊明問發遞解，赴縣查收，枷號一個月滿日，重責三十板，備文申覆，各在案據。

此等地棍□□鱷衿扛帮覇佔，擾官害民；幸蒙列憲廉明剖斷，究治垂安。山等里民仰沐鴻仁，直頂二天，合將繳看断歸管業鐵讞勒石長垂，以誌憲明、杜後佔云爾。

董事人：張瑞圖、張墨苑、張傑夫、張聖謙、張位南。

皇清乾隆三十年十一月　日，鄉老：張攀、張伯宇、張子勇、陳子玉、嚴光輝、劉又加、張楚玉、李子成、李元恭、余士元、鄭元珍、賴俊賢、張有泉、張克銘、劉忠開、張卿、四甲衆等同立。

按：此碑現存船場鎮世禄村新溪尾寺（安善堂）。

一四八〇　嚴禁縱牛毁堤憲示碑

特調福建漳州府正堂、軍功加一級隨帶又加四級紀録十五次張，爲近鑒有憂、一筆砥柱事：

乾隆三十年□月二十二日，據南靖縣民黄景山、黄世勇、黄渊觀等呈稱：『世居靖地低處，所有歷築蔽固長堤，慘被溪棍戴猷等縱牛殘害，毆奪混佔。溪主吳會訊不察，断爲官堤。幸逢包莅，上年九月以懇憐疾痛事呈，蒙查案加批：「該處堤岸坐址靖地，由來久矣。閱圖又靖田多而溪田少，則該堤決非溪民所築，顯而易見。至称係尔黄姓所築，已無確據，亦未便断歸滋訟。是以前據溪、靖兩邑詣勘會詳□□官堤定断，不許戴、黄二姓縱牛踐踏，以杜争端，亦属平允。著遵前断，自行保護。如溪民敢藉爲官堤，故縱殘毁，許即指名稟縣嚴拏，從重究處可也。」

『十二月，以既蒙明察事再呈，蒙批：「此堤在靖地，則属靖邑之堤，原與溪民無涉；前縣亦止示禁，不許尔等兩

姓放牛踐踏，並無飭令合管之議。今尔等既因堤内田多，恐無耑責，情願填築保護田疇，未爲不可。」赴縣呈明立案，感沐鴻仁，閭社歡呼。遵即赴縣呈，蒙批准立案護田。隨於開春沿田鳩工，力補完固。近來洪水，幸保無虞。此皆憲波之恩賜、再造之禔福也。

『經于二月以既沐鴻仁事呈乞示諭，以垂永久，蒙批：「已經縣批立案，尔等永遠填管保固，可無遠慮也。」天批明察，已成鉄讞，但小民忽耳信目，近來堤草發生，現有溪民戴猷等累次縱牛肆其殘食，阻之則藉爲官堤，較之則恐防滋事，聽之則要害遭殃。覩現在之洪水，各處崩裂，深爲悚惧。苟不呈明設法示禁，萬一被縱殘毁，則山等近堤課田獨受其害，有不可勝言者矣。合再呈叩，一筆砥柱，恩賜示禁，以保無虞垂永□則山等感沐鴻恩，直頂生生世世矣。』等情詞到府。

除批示外，合就示禁：『爲此示仰該處附近居民人等知悉：嗣後不許戴姓仍前故縱牛隻殘毁堤岸，致滋釁端。如敢故違，許即指名扭稟，嚴拏重究。毋違！特示，均毋違忽。』

乾隆三十年八月　日給。

按：此碑現存靖城鎮中華路南靖城隍廟。碑額『漳州府正堂張示禁碑』，碑名爲編者加擬。

一四八一　樹德橋碑記

古者橋梁之設，所以通往來、資出入也。此地崇山峻嶺，近接李坑，遠通歸德總，因民夷之行，遂成孔道。但中隔一溪，且多巨石，每逢春夏之交，洪水暴漲，洪波衝激，居民心甚苦之。幸吾宗二姪子恭、文領家居附近，目擊望洋之苦，謀爲廣濟之方。方圓數里及遠近經商之眾，各捐己橐，召匠興工，建立長橋數丈，俾通彼岸，以濟阽危。經□□于子月、末秋。從兹橋梁永固，雖隔関津，無憂跋涉，功豈不偉哉！予樂是橋之成也，列舉諸士之好善樂施，不得不表而章之，以爲好義者勸。

募緣：子恭、文領。各鄉親捨緣：崇馨吴公出銀四員。吴元碩出銀四員。亨洗出銀四員。董事亨獲出銀三員。太學生國球出銀二員半。元容出銀二員半。古心吴公出銀二員。寬濟吴公銀一員。宗德吴公銀二員。鄉賓元光二員。元脱二員。元榜二員。太學生□□一員。太學生□□一員。吴慶堅、元片、元彪、元陶、元深、元□、文春、□相、文愷、文再、文安，以上各出銀一員。羅奮觀錢四百。太學生王國燦、歲進士吴德玲、鄧子西、李仰觀、吴門羅氏、吴元埜、元□、元花〈下缺〉。

乾隆三十二年五月，里人吴□□撰文，吴岩石書丹。

按：此橋現存金山鎮荆都村浮竹隔社，此碑現存該社集體倉庫舊址。

一四八二　十一層岩重興牌記

國學柯雲青捐銀五十二兩。國學柯雲章廿一員。國學柯雲龍三十員。庠生吴秉忠十員。信士吴錫祚十員。蔡崇居八員。柯廷彩八員。柯光樞七員。柯仕誠七員。吴志通六員。蔡登科五員。柯宏昭、柯啟運、柯啟謨、柯啟清、王振謨、柯承業、柯廷清、吴錫義、柯啓猷、王士志、王長春各五員。王朝益、蔡登第、王朝輝、王朝盛、王朝信、柯廷友、柯文炳、柯廷終、柯永澤、吴文昭各三員。信女王門蔡氏捐銀二員。柯□超、柯廷貴各二員。

吴秉心、吴逢春、吴文輝、蔡登標、王德俊、方正威、柯肇普、柯長富、柯啟隆各一員。柯廷霞、柯肇鼇、柯宗英、王德謙、王振忠、王元深、柯居凱、王振法、王元珀、王行端各一員。蔡崇仁、吴玉珍、蔡登貴、吴秉權、吴玉珀、吴文科、蔡崇曹、王元旦、王邦章、王嗣義各一員。柯永□、王元茂、方兆吉、黄□□、柯崇欽、黄光昚、蔡登祥各一員。

董事：鄉大賓王唐彦、太學生柯雲龍、王德立、吴錫祚、柯廷懋、王長春、蔡崇居、蔡登仁。住僧俊華。

大清乾隆三十三年歲在戊子三秋穀旦立石。

按：此碑現存山城鎮翠眉村十一層岩寺。

一四八三　鄭氏宗祠嘗田碑記

鳳林祖祠派下孫子所充嘗田税額仝開列：

長房長：四世孫東川公充嘗田税叁石，址羅墘大路邊。八世孫愷仁公充嘗田税叁石。十世孫輸伯公充嘗田税壹石。

長房三：四世孫慎獨公充嘗田税壹石。五世孫達尊公充嘗田税壹石。六世孫醇儒公充嘗田税壹石。七世孫正献公充嘗田税壹石。八世孫貞敏公充嘗田鋪下□□太人坑叁石、后林吊梘下壹石六斗。八世孫貞惠公充嘗田税壹石，址西坪。九世孫孝肅公充嘗田下□大坂圳、大灌尾、鋪下，内分等□，共税拾八石。十世孫惠襄公充嘗田税叁石。十世孫孝翼公充嘗田税叁石，址□□□豐坵。十世孫惠朴公充嘗田税叁石。十世孫正惠公充嘗田税五石。十世孫□孝公充嘗田税叁石。十世孫温敏公充嘗田税壹石。

長房四：七世孫任廷公充嘗田税壹石。

大次六：八世孫福公充嘗田税壹石弍斗。

乾隆三十六年辛卯孟秋月吉旦立。

按：此碑現存和溪鎮和溪村鄭氏宗祠，碑名爲編者加擬。

一四八四　廟兜郭氏重修大宗祠堂記

此堂建自康熙年間，越五十餘載。崇祀始祖藝庵公以外，未有從而入主者。以族譜失落，無從稽查，又值風雨損壞，基址雖存，而棟宇垣牆不無傾頽之虞。春雨秋霜之際，目擊心傷，余蓋有志重修，而力未之逮也。乃者家長文選苦心經營，尋獲族譜，列祖之生卒、謚諱章章可考，因此議修。爰集各房長等商量：以入主之銀爲費用；有功

於祖者，奉其主以酬之，餘皆出自己力；定十五世爲準。族皆喜悦，以爲至公無私，而重修之事成矣。然費用浩繁，興工之日即爲用財之秋，且慮入主之銀或有未敷，而功虧一簣，將若之何？議者因僉舉十餘人，名爲『柱股』，各先出銀，以爲登時應用。厥後入主銀数敷額，土木之費並無欠缺，竊喜族間向義者之多也。當日課工則有心遠、希閔等，而總其数者文選之子滿林也。滿林能服父勞，矢公矢慎，族咸稱焉。興工壬辰正月，告竣壬辰十二月，計費金錢五百餘千，而祠堂两進棟宇垣墻焕然一新。詩所謂『卜云其吉，終焉允臧』，其在是與？夫物以時興，事因人成。我祖開基数百年，至今日而祀事孔明，無非我祖貽謀燕翼所致。然則建斯堂者，其亦知有今日也乎？是爲記。

柱股：宗衡、錫水、錫淵、錫健、元莪、其碧、文奂、無歡、文輝、文選、錫華、桂芳、其不、文錫、佳顯、繼昌、錫寬、錫陳、其茂、其帖。董事：心遠、希閔、渭南、滿林。

十五世孫庠生元莪敬撰并書。乾隆叁拾柒年臘月穀旦立。

按：此碑現存龍山鎮湧口村廟兜郭氏宗祠。

一四八五　廟兜郭氏書租碑記

紫陽朱子云：『子孫雖愚，詩書不可不讀。』言書之有益於人也。矧聰明勵志之士，窮經致用，又烏能測其所至哉！第焚膏継晷，功苦維艱；選秀登雲，道途漸遠；其必有所資者，宜豫謀也。我族聚於斯数百年矣，凡所以尊祖而敬宗者，俱略創有規模，惟書租一道未曾建立。今歲族間捐金置産，俾讀書人延師會課，由童子試以及鄉、會，一切取資於此，有志者亦可以知所自立矣。夫科名，先人之澤；經史，吾家之田。異日聯鑣競起，竊有厚望焉。爰將捐題銀数勒諸石，以爲共勵。

十五世孫庠生于初敬撰，庠生元莪敬書。

計開長房貳捐題銀数：

文選銀捌拾員。錫寬銀陸拾貳員。桂芳銀陸拾貳員。希閔等銀肆拾貳員。其亞等銀叁拾柒員。庠生于初銀叁拾員。崇衡銀式拾肆員。錫述銀貳拾叁員。錫劇銀拾捌員。國學錫放銀拾陸員。其壹等銀拾貳員。國學元芳銀拾貳員。元祐銀拾貳員。其茂等銀拾員。錫寅等銀陸員。庠生元莪銀陸員。元躋銀陸員。錫長銀肆員。其宴銀肆員。文苑銀肆員。心遠銀叁員。火爐銀叁員。明智銀叁員。天歡銀貳員。天健銀貳員。錫運銀貳員。錫水銀貳員。錫華銀貳員。錫含銀貳員。錫買銀貳員。錫鍾銀貳員。錫考銀貳員。其溪銀貳員。庠生有輝銀貳員。其不銀貳員。其英銀貳員。其碧銀貳員。其清銀貳員。其羗銀貳員。

乾隆叁拾捌年陽月穀旦立。

按：此碑現存龍山鎮湧口村廟兜郭氏宗祠。

一四八六　五雲寺施田碑記（二）

信士鄭忍性、忍惠、公畏、公養兄弟施田壹段，址在山豐坑社，受種子弍斗五升，年税四石八斗，帶田畝二分。

乾隆四十年正月　日立。

按：此碑現存金山鎮河墘村五雲寺，碑名爲編者加擬。

一四八七　董氏祖厝重修碑記

皇清乹隆乙未年利修祖厝，正明公道。

敬天地，開張日吉時良，陰功香子三聲董纘文、太和、宗賓，拜請大廟府内関帝聖君爲師，出照光道，大進華源亭神。祖貴府后土石獅山靈神董將軍，傳唐慜祖董其昌狀元石碑諭，再立住源湖本宅祖厝，后壁中正，重興坐位。被祐董宅合族平安，添丁進財，子孫茂盛，代代傳知，春秋二祭奉祀，富貴永長，福禄壽全。

祖貴府董衆房子孫仝奉祀。

左宜神將在此，獅，招財進寶；右有神將在此，龍，朱書合吉。四方明現！

按：此碑現存梅林鎮磜頭村董氏湖洋宗祠，碑名爲編者加擬。

一四八八　重修金璧慈濟宫碑記

慈濟宫者，金璧里中之鎮境也。崇祀保生大帝及関聖帝君諸神，自明萬曆四十六年已鼎建於斯矣。里人歲時伏臘，春秋祈報，咸告虔焉。但歷時久遠，風雨侵蝕，而榱桷陳朽者有之，非所以表敬於神。夫民，神之主也；神既爲民禦災捍患，而民和年豐，忍聽其棟宇之傾圮而莫之葺乎？

癸巳夏，里人會衆僉舉董事太學生吴國瑞、吴自罕等，擇吉重興。四甲衆福户充出銀三百餘大員外，併先世迄今紳衿士庶捐貲樂助，或題柱石，或捐杉木，而陳者新之，缺者補之。非敢更前人之舊制也，惟使廟宇焕然一新，群瞻仰焉。今者事已告竣，議立石碑。其經鐫柱石者無容再及，餘捐資諸人各隨其量，俾勒於碑，以垂不朽。而心田福地無不相因，而至此亦足以見神之慈仁普濟於民者深，而民之崇祀以報之者無不竭誠耳。慎也！是爲序。

廪生吴哲謨拜撰。

鄉賓吴石泉捨銀肆大員。鄉賓吴碧香捨銀肆大員。儒士吴敬峰捨銀叁大員。署江西奉新縣吴世澤捨銀叁大員。鄉賓吴存鰲捨杉壹大株。弟子吴明舒、吴佐明、吴士亨、吴本源、鄉賓吴茂材、吴質德、鄉賓吴邦柄、馬廣育，以上各捨銀貳大員。弟子吴伯玫、吴士臣、吴文藻、吴廷士、庠生吴秀堅、吴士俊、太學生吴廷揚、吴致朗、歲進士吴鴻謨、吴國燁、吴文翰、吴國煒、吴天祐、童我益、吴邦臻、董事鄉賓吴振玉、署磁頭鎮總兵官吴金龍，以上各捨銀壹大員。

庠生吴德敷捨銀拾貳大員。庠生吴彩、增生吴士芳、增生吴元沃、庠生吴應三、庠生吴秉均、庠生吴聖謨、太

學生吴國榮、太學生吴文俊、庠生吴青黎、庠生吴化龍、太學生吴文韜，以上捨銀肆大員。弟子吴養觀捨銀貳員。吴國棟捨銀貳員。吴士昌、弟子吴國璨、吴斟觀、吴志禮、吴廷畏、吴玉色、鄉賓吴文雯、吴冬觀、鄉賓吴文煜、吴天昌、鄉賓吴國柱、吴國柄、董事吴國燎、吴制方、董事吴初喜，以上各捨銀壹大員。董事吴粵觀、弟子吴漯觀、弟子吴志桯、吴邦柱、吴世芳、吴璉觀、吴崙觀、吴包觀、吴妙觀、吴治觀、吴盆觀、吴嚴觀、吴廷勳、童士升，以上各捨銀壹中員。弟子吴郡觀捐通梁壹枝。

乾隆乙未年臘月重脩。

按：此碑現存金山鎮馬公村慈濟宫，碑名爲編者加擬。

一四八九　武林顯應宫碑記

我族武林建斯宫崇祀尊神，世荷神庥，自明初迄本朝，更新屢矣。兹則歲月幾經，廟貌非昔，於誠敬有歉也。鄉賓高瑞熊、國學生高敬持順闔族重興之議，並董厥事，派丁外捐施爲費，不數日告竣。自是我族可以益致誠敬，而神庥永荷矣。其諸捐施，爰誌於後。

董事：鄉賓高瑞熊捐銀拾弍員。國學高敬持捐銀廿肆員。

國學高執道捐銀拾二員。廷球捐銀拾二員。長濟捐銀拾二員。成就捐銀拾二員。其錦捐銀陸大員。宗其捐銀陸大員。執寬捐銀陸大員。必進捐銀陸大員。其焕捐銀伍大員。執矩捐銀伍大員。開文捐銀肆大員。正旺捐銀肆大員。庠生壹枝捐銀肆大員。孟言捐銀肆大員。世光捐銀肆大員。文美捐銀肆大員。日長捐銀叁大員。邑都捐銀叁大員。鳳鳴捐銀叁大員。永明捐銀叁大員。石水捐銀弍大員。鄉大賓上昇捐銀弍大員。安仁捐銀弍大員。完球捐銀弍大員。其魁捐銀弍大員。有位捐銀弍大員。開成捐銀弍大員。獻其捐銀弍大員。□文捐銀弍大員。正茂捐銀弍大員。完燦捐銀弍大員。開賢捐銀壹大員。日彭捐銀壹大員。嵌观捐銀壹大員。

福户：鄉大賔瑞羆捐銀拾員，又粧顯化將軍寶像捐銀伍大員。執圭捐銀捌大員。國學執恭捐銀捌大員。開瑞捐銀陸大員。鄉賓敬承捐銀伍大員。瑞鯨捐銀肆大員。上晃捐銀肆大員。其桓捐銀肆大員。邱家長福捐銀肆大員。升峨捐銀肆大員。日新捐銀肆大員。長生捐銀肆大員。世宏捐銀肆大員。永仁捐銀肆大員。執志捐銀肆大員。國學執佐捐銀肆大員。興樂捐銀叁大員。國學瑞喜捐銀叁大員。鄉賓敬修捐銀叁大員。安詩捐銀三大員。其龍捐銀三大員。學海捐銀三大員。世儀捐銀三大員。伯達捐銀三大員。時中捐銀三大員。

英元、興禮、國學瑞鳳、文炳、瑞鷗、瑞鵬、成周、其耀、冰月、夢苑、日朗、廷輝、其志、士騁、疊水、康德、文彩、執溢、自強、應和、執極、曹生、登榜、執業、執玉、正元、庠生桂五、克範、甯观、弁观、如崑、經邦、正規、守謙、如崧、如福、玉秀，以上各捐銀式大員。

升峻、問观、維楚、金观、金釧、練观，以上各捐銀壹員半。

文輝、士標、上嶂、成德、安禮、完重、其輝、上輝、安華、其暄、成美、士□、清歡、士顯、克元、廷瓊、攘夷、最观、士鳳、山观、中科、傳義、升嶽、伯益、世瀨、張观、乙□、鄉賓文煥、滿观、文繡、其爵、光潤、庠生康芳、陳观、應宣、趾观、馬观、自來、其位、選观、鍾生、正位、永俊、元河、世澤、光亮、興观、天生、煌观、蔡观、元舜、碑观、天观、彼观、日賢、執沃、泰观、安静、□观、和生、馬良、元誨、印观、兵郎、塹观、正春、長□、湧水、世春、正藹、長進、啟明、正位、蟬观、長春、永耀、六二、永紹、新民、呀观、如崗、有表、文鳳、水观、茅观、訖观、信寧、商观、其瑞，以上各捐銀壹大員。

雲观、養观、完璧、安世、齊聖、傳詣、完瑞、種生、其括、汝漢、其俊、秀顒、天定、薄观、雲郡、應良、弘量、其仲、正隆、受爵、文表、羨观、格郎、文彩、世俊、鳳美、日明、世仁、或生、壽社、鳳□、蚕观、珠寧、世貴、必順、日新、玉隆、璉生、世崇、世德、邏老、光洗、其芳、壇观、日就、瀾水、魏微、少連、珀观、長吟、捷報、沛興、天圭、爾維、壹观、珩观、以智、永發、桂祥、柵观、永奮、玉麟、志賢、進生、有信、印观、文耀、

夷观、願观、慶生、水連、吴龍生、韓龍观、洪寄观，以上各捐銀壹中員。

以上総共捐銀伍百壹大員。

庠生高壹枝薰沐敬書。旹乾隆歲次丙申仲秋穀旦。

按：此碑現存靖城鎮武林村顯應宫。

一四九〇　重修顯應宫外戚題捐碑

武林於龜山下建顯應宫，由來舊矣。年久傾頽，爰僉董事，鳩聚族衆，募建鼎新，告成在即矣。其廟貌森然，足壯神威，無庸備述也。忝在外戚者，各願捐貲以落之，因録其名於石，以垂永久云。

生員王衷一敬序，生員李捷升敬書。

邑庠生李捷升銀十八員。樂庠生黄長泰銀十二員。太學生陳應錡銀六大員。樂庠生徐志通銀四大員。蔡冰观銀四大員。陳固观、太學生徐玉液、太學生陳福全、太學生陳大璋、王羆观、戴宅观、太學生蔡國訓、林談观、韓漪观、楊祥观、陳大璜、庠生陳國樑、庠生王澳、柯豁观、柯恨观、太學生洪兆祥、陳剪观、庠生王衷一、游君观、游肯观、太學生陳蟾观、韓徐鵬、王竈观、庠生陳瑋、顔長生、陳烈观、太學生許登鍾、戴化观、陳呈观、王旺盛、庠生胡嘉桂、余拱观、謝鐵观、韓達观、柯讀观、劉日新、王甚然、韓衷观，以上各喜銀二大員。

吕強观（銀一員）、沈班观、魏係观、陳雄观、吴天祐、鄭會秋、陳適观、張玉衡、陳叔夏、韓鴈观、韓道观、郭振观、楊耽观、莊戟观、陳靖观、陳褒观、林孫观、庠生韓附龍、太學生張儒观（銀一中）、劉傍观、許添观、戴填观、陳典观、劉蘭观、顔山观、黎學參、龔孟宗、蔡文滔、韓晃观、沈笪观、劉填观、陳庇观、陳海观、柯旺观、方拔观、林天助、黄金木、王宗观、楊漢观、胡腆观、戴潤观、李照观、王從观、沈象观、鄭豹观、陳瑞龍、林岱观、沈沛观、陳照观、林鵬观、蔣幸观、徐忠圭、陳流水、魏列观、蔡落观、鄭兜观、陳忠观、黄岱观、李滔观、

謝塘观、陳訝观、王就观、陳伴观、沈海观、余丹观、鄭振祖、張百祥、詹江观、徐雁观、陳粟观、吴淡观、陳改观、陳全观、蔡玉文、蔡運观、胡詩观、徐清鸞、王悦观、陳哲观、沈彪观、謝裕观、蔡篆观、戴礁观、韓登犀、戴改观、陳明德、林水观、黄井观、沈羌观、陳序观、王劑观、陳管观、楊泉观、吴芳生、鄭鍪观、戴鍾观、吴水观、蕭惠观、陳籛观、張仍观、陳繆观、韓鐵观、陳沛观、楊朗观、陳党观、劉波观、黄湖观、陳俊观、蔡眼观、陳希观、翁健观、沈竭观、楊忠观、陳戊申、吴秋观、鄭錦观、林溪观、陳盛观、吴與讓、陳光輝、楊扁观、韓豁然、郭水观、韓武夷、徐戴观、余嬰观、陳熬、陳泉观、陳金观、陳結观、蔡輕观、鄭添观、王溪观、林溪观、蔡悻观、李珍观、陳炉观、韓玉詩、吴長盛、劉專观，以上各喜銀一大員。

陳德观（五錢二分）、徐孟孫、鄭標观、鄭嵩观、顔曙观、王務观、王巧观、陳魁观、張任观、鄭壇观、陳業观、陳場观、余漢龍、陳珍观、劉牙观、謝字观、黄正琚、謝前观、許實观、王六舍、林遠西、王敦观、蔡彬观、王渭观、謝龍观、陳如竹、許角观、張夏观、黄周观、韓鍬观、李高观、劉肯观、胡正观、陳忖观、陳計观、陳鶴观、陳強观、張德观、陳渭濱、鄭廣观、柯爵观、沈福观、張武观、韓威观、陳群观、戴孔观、盧占观、徐潹观、林星观、劉炎观、張忽观、陳奢观、王珍观、黄州陳、宋千观、楊石观、林如观、張講观、陳霸观、李夏观、鄭呈观、吴築观、陳振观、吴菊观、張縦观、林現观、魏陰观、黄寧观、王岳观、楊幸观、陳瑱观、許妙观、吴培观、王麗光、楊鐵观、陳剪观、余淘观、王齊观、林輔观、蔣醇观、陳挨观、楊冉观、蔡蘭观、林建观、陳簡观、柯茬观、陳其好、林聰观、吴玉观、陳邊观、徐井观、宋羽观、徐實观、柯康观、劉旺观、余博观、游好观、陳高观、李沈观、陳葉观、張鍊观、陳勇观、鄭蔭观、張吉观、陳永山、李賓观、陳和观、陳諧观、吴漢观、朱紅观、鄭實观、楊聳观、林保观、楊第观、陳草观、陳桃观、林開观、蔣丕观、王五然、楊其观、陳羽观、莊末观、柯然观、陳正观、林受观、范魏观、李檀观、戴三奇、余仲观、韓仕观、王陶观、李江观、宋邹观、許厚观、謝忠陽、鄭江观、柯端观、張胆观、王永盛、陳添观、楊褔观、楊攀观、黄胡观、陳月观、陳旋观、游智观、鄭嶺观、陳碧观、

陳興观、徐致观、蘇明观、汪泰山、梁賀观、李沃观、楊海观、楊嘗观、謝奢观、蔡美观、李交观、吴養观、林兵观、陳猜观、韓澤观、陳長观、王廉观、陳波观、佘這观、黄兩观、游榮观、柯淵观、鄭監观、胡綽观、林長观、李沛观、蔡陟观、王孔观、陳鶴观、柯水观、林岱观、蔡院观、陳春观、卓錦观、黄放观、楊挺观、徐不观，以上各喜銀一中員。邑庠生李捷升銀一中員。

旹乾隆四十一年丙申葭月吉旦立。

按：此碑現存靖城鎮武林村顯應宫，碑名爲編者加擬。

一四九一　龍興壇規約碑記

古者廟食永世，禮田□其始□□□龍磜頭，而元神祀有四時之祀典，祀典必當有産業之所出入也。龍興壇民主公王赫奕，有由來矣。前年達先、秀先、次賓三人，偕鄉衆共立有址圳頭崎、牛混堀、凹堀、横路上継至大寮、寧頭、尖山凹，遞年四季，首事同剗火路。辛卯年賣銀，充爲砌路之用。又至丙申春，達三人議將有些少之貲，買松膜食費，衆等復栽松木。公議：庶後森森發賣，將銀爲四季福期，不得有違。其此山前衆等之人，不得私商授受变賣，偕衆等共立成規。

山股名次開列：

簡西周、賓興、視三、位遠、蕭賓恭、蘇耀輝、鄒希玉、琛遠、能遠、接民、郡民、位尊、道輝、劉調正、恭三、照遠、兆興、殿遠、植友、徐懷祥、王□□、忠遠、次南、學陶、修民、□□、列三、愧清、蒼遠、致遠、述遠、彬遠、鎮遠、英遠、惠民、時申、澤民、學荆、熙元、次命、麟遠、冠民。

福内分居充銀錢捌，新來入福充銀壹員。

首事簡達先、秀先，乾隆丙申立。

按：此碑現存船場鎮龍水村龍興壇，碑名爲編者加擬。

一四九二　重修千家宮碑記

神明所居，宜枚寔閎耀。千家宮之建，肇自前朝，爲日已久，其間殿堂門廡不無傾頽。時有庠生吴士華、信士吴元輝、太學吴黄山等，好義清高，首唱重修。鳩衆會議，有向福户而漗施，有就好善而捐助，合公營築，始於孟秋，成於季冬。鼎新之象，較前而加麗焉。厥功既竣，謹將捐助勒石題名。

吴文修書。吴文潮、吴文井。

國學吴元來捐銀八大員。信士吴文雄捐銀八大員。國學吴德琩捐銀六大員。庠生吴士華捐銀三大員。歲進士吴德玲、信士鄭天英、吴元那、吴元炳、吴元尊、吴元逸、陳若燕、吴元蔭、鄭弘樵、鄭弘隆、吴亨登、吴文暉，以上各出銀二大員。吴光敲銀一兩。吴元赫、吴元布、吴元綽、陳若水、吴元禁、吴元堃、吴元孕、吴元玲、吴元棧、吴亨阮、太學吴黄鐘、吴文霓、吴亨買、鄭弘春、鄭弘添、陳志混、吴文霄、吴啟耀、吴利桂，以上各出銀一大員。吴文露七百文。黄集、吴元櫝、吴元禄、鄭弘朴、吴元擁、吴元向、吴元限、吴元滿、黄文皆、陳志借、陳志居、陳光耀、吴文霓、鄭弘清，以上各出銀一中。

吴祥雲喜充田税六石官。

首事：吴黄山、吴元蔭、吴元禁。董事：吴元尊、吴元綽、鄭弘杷。

乾隆四十一年丙申季冬吉旦立。

按：此碑現存金山鎮金山村千家宮，碑名爲編者加擬。

一四九三　顯應宫會禁碑記

設禁通知，原非私舉；事有明徵，情難寬恕。本宫剏建工資、慶成，共銀一千一百零四拾員；□□□及科□□□□銀項，合数一千零八十大員，尚不敷用金。董事太學生高敬持再捐銀七大員，文山公再捐銀三員半，□□再捐銀一中員，田观再捐銀一中員，其錦再捐銀一大員，光昔再捐銀二大員，法观再捐銀一中員，太學生□□再捐銀三大員，琛观再捐銀一中員，廷珠再捐銀三大員，長濟再捐銀三大員，成就再捐銀一大員。錢充實費，創造誠維難矣。崇祀神明，理宜清潔，存誠儼格。自廟公之法席廢，擅便而□□，或□□□爲□□，或運穀以爲農家，紛分不一，素無規矩。本會衆誠立禁條，鐫石以儆。此后如有故侮違紀，一併處示並□重罰。務傾心而敬奉，各觸目而警心。庶廟宇焕然，不至汙穢，而尊神靈光默庇，原福無疆矣。所約禁條，開列於后：

一禁，不許哄誘開塲賭博，犯者呈官究治。

一禁，不許雜進工薹架貯穀物，違者罰戲一臺。

一禁，不許住持容留閒散歹人。或隱情任乱規條，會衆抉論，决不寬諒。

一禁，不許家户刻斂□□錢並早允升米，吝者住持首事□理。

乾隆四十二年十二月　日，本社會禁立石。

按：此碑現存靖城鎮武林村顯應宫。

一四九四　重建注生宫碑記

漳之西六十里有山城者，素號靖邑名區。民居稠密，凨習醇厚，而其日中爲市之処，舊建注生宫，禋祀註生娘娘，久著靈異。迨歲乙酉臘月中旬，偶商人不慎，竟致回禄之災。意者神喜庙貌之更新，故掃除其旧跡乎？当是時，

里中父老即議建之，奈工程浩大，司役蔑主，遂寢其議，□來已十有五年矣。夫礼『有其舉之，莫敢廢也』，況茲神之樂育群生，婆心一片，爲衆人之母也哉！茲当孟秋既望，有鄉賓蔣翁機偕僧偉揚携其□義募緣兴建。一鄉士庶、遠近商旅，樂捐儲積，共襄資費。越季冬而厥工告竣，囑記于余，以紹開來。余曰：『此善事也，子其壯哉！夫宫之建也，幾何□矣。一旦而圮，□心凄然；一旦而兴，神明其慰。自是慈恩普被，降福孔偕，既不替於歷年，夫何間于遠近？』是爲記。

賜進士出身、前総理全閩塘務府黄騰鳳拜撰。

鄉進士阮耀舟捐銀十員。

鄉進士陳步月、鄉進士黄加賢、庠生陳玉樞、吏員黄宗岳、太斈生韓國匡、太斈生王廷桂、太斈生王夢賚、太斈生蔡宗仁、太斈生王長榮、太斈生張元礼、太斈生劉廷選、太斈生張廷傑、太斈生柯雲章、太斈生林夢魁、太斈生王文九、太斈生王秉正、太斈生張大倫、太斈生林啟祥、太斈生曾朝凰、太斈生陳天七、太斈生石志重、太斈生黄雲山、鄉大賓郭士榮、黄士弘、協益行、王振行、瑞應行、王長俊、王金玉、王儀观、林詔观、王赤观、陳長水、林朝观、高振利、李長寧、莊朝儀、莊步青、黄權生、王迓观、高智观、王謹捷、楊博观、黄永貞、陳坑观、張倉观、陳好观、成章号、張慶观、王溪观、富春館、戴永观各二元。

太斈生張天珍、太斈生戴搢義、太斈生柯雲龍、太斈生韓位南、太斈生黄時芳、太斈生黄元乾、太斈生楊超宗、太斈生張成德、太斈生張元本、太斈生王廷標、太斈生張錫藩、太斈生韓雲成、太斈生韓元宝、鄉大賓張永昱、鄉大賓柯光樞、吏員吴光周、黄串合、柯祝观、柯实观、陳這观、豐茂号、王蔭舍、莊遠使、黄屎舍、石忽观、林貌观、鄭蜂观、林協木、黄良球、張召魁、鄭敬观、王碩舍、元盛行、江金泉、黄海舍、林登观、陳克明、峰盛号、劉儒观、張海观、柯雲衢、盧尚观、肖尚观、李振南、王鷹观、陳芳观、陳登元、陳炎观、陳廉观、黄詞观、徐□观、馮騫观、張石观、吴江观、李送喜、楊倪观、林斗观、振昇号、張漂观、王雅舍、王葱舍、黄□舍、黄六观、

王通观、戴大爲、庄弄舍、賴泉舍、黄隆源、陳荆溪、李在田、吴杞观、陳元良、陳文讚、黄閩观、黄瀠舍、陳玉憐、范天水、林嚴生、林艮生、楊聖光、李新吉、黄三己、李旺观、蘇以桊、陳公興、莊茂才、沈弘位、陳桑观、劉雙波、黄綱舍、鄭邪观、同興行、穎陞号、韓三□、韓三彪、萬勝行、文茂行、王新儒、韓景观、馮貪观、劉遠观、劉位观、黄者观、黄秀郎、張度观、郭光观、郭將观、李天生、李永昌、盧登麟、賴庵观、邱如天、賴廠观、曹子敘、林六观、曾田观、黄營观、馮捧观等各一中元。

乾隆四十四年歲次乙亥仲冬吉旦。

按：此碑現存山城鎮大廟口注生宫。

一四九五　重建注生宫碑記（二）

永豐分司李資泮、漳鎮中營左部陳世傑各捐銀四兩。歲進士高攀龍捐銀四十兩。鄉大賓康振貴捐銀廿四員。春山行、吴惠光各銀十二員。太學生馮繞澤、太學生馮宗緒、林找观、刘廣观各銀六員。蔡叔斉、謝辛夷各五員。太學生蔡名澳、蔡日勳、太學生蔡日華、太學生蔡日煒、蔡長清、蔡金声各捐瓦一千。

鄉賓洪喬臻、鄉賓蔣維仁、王邦彦、王德興、林陶观、柯是观、林翁观、黄奇舍、卓塲观、鄭惠观、柯春观、王杖观、曾士玉、陳玉观、張長水、太學柯維縷各四大員。隆興行、王深观、柯献观、柯串观、黄狀舍、鄭崇观、刘大本、刘是观、刘仕琦、蔡鶴观各三員。

黄描观、鄭衍观、王嶺观、王公□、黄良民、柯衛观、義興舖、源合舖、李文旺、楊群观、吴全观、吴仁癸、王森观、王醮观、陳弁观、石双观、卓典观、陳言观、吴定观、余辛林、沈奢观、林養观、李信观、刘淮泗、黄壬癸、源成舖、王文斉各二員。

注生娘娘金身，康炎观喜粧。花公媽金身，黄映舍、沈永元仝粧。

鼎新會捐鸞鳳一對。陳這观捐注生宮牌。陳水養捐献篭一頂。張廷傑、太學陳元順、肖正森、鄭奇清、張元本、張元崙、陳元誠、蔡院观、王儀观、林詔观、黄佐□、黄□□、王森观各喜謝婆姐金身。

庠生吴和、鄉賓韓昌調、王道观、王貢观、韓猛观、余天助、鄭欽观、林華观、賴俊舍、林民观、馮朱观、黄翰观、陳同观、黄岐山、蔡崇廕、陳養观、黄台观、魏傍观、王石观、王音俊、林雅观、陳良观、徐丙观、翁崖明、黄旺观、廖嵩元、高元生、吴坑观、歐榮观、蔡石爲、黄夙夜、黄清河、盧結观、戴來观、陳苗观、黄有金、温印观、楊日章、陳寬观、韓謀观、鄭后观、刘金釵、林茂观、鄭元观、吴順观、□炎观、賴懷观、蔡治观、黄如松、刘彭观、陳直观、陳俊观、王強观、康爵观、王歲增、黄聖观、鄭來观、蔡淡观、陳景观、陳田观、黄永观、刘石观、康俊观、徐鄭观、陳硿观、李江观、黄言观、魏契观、黄禮观、黄清观、陳壬苑、韓保㒷、王既瑞、黄双全、黄江金、黄首观、康振貴、蔣□仁、王邦彦、鄭克品、楊宗居、鄭爐观、馮四观、馮□观、蔣長观、黄明遠、謝茶观、張江海、盧金观、韓銘㒷、馮貢观、莊二观、謝楓观、陳公观、黄燥观、李文观、鄭賓观、李必观、卓訊观、林陶观、王德观、王文賢、住僧修提、黄知观、陳森观、吴剛毅、阮西河、盧陸观、韓吻观、張松观、蔣健观、徐□观、張源观、黄鞏观、康祥观、陳起观、陳桃观、黄大观、馮巢观、馮王氏、柯春观、吴惠光、張長水、陳智观、鄧雲观、林厚观、黄最观、周節观、蔡紅观、張竹創、張國观、張石观、張全观、簡宗观、簡崇观、簡斐观、簡□观、簡騰观、莊明使，以上各一員。

乾隆四十四年歲次乙亥臘月吉日，同鼎建。

按：此碑現存山城鎮大廟口注生宮。

一四九六　注生宮公議禁碑

嘗聞庙宇肅清，神靈赫濯。我社衆重建注生娘宮，因欲恢宏式曠，買左側静室地一所，價銀三十六兩。其庙后

左右巷路，上下埕址，俱係本庙舊地界。玆公議会禁，不許各色人等霸佔私肥、堆積穢糞、排列便桶及物件。寮仔地不許永佃、築造廠舖、連夜住宿庙内。不許匪類聚集、開設賭場。以上禁約，違者不吉不昌。

乾隆己亥歲季冬勒石。

按：此碑現存山城鎮大廟口注生宮。

一四九七　寧沄橋記

橋之建於玆已古也。我族世居麟山之麓，離縣治三里許，往來道路必由玆橋而過。橋以下則爲埤，上通西堤磠圳之水以資灌漑，下由汪厝坡、謝浦橋疏洩而出于溪通洋，水利概有攸関。乾隆二十六年，闔族捐築石路，修補如故。不意三十五年洪水爲災，溪河氾漲，海埜堤崩百餘丈。水從上頭衝决而下，橋没埤壞，沄溝圳港悉與洋田覆壓成邱，上不得通，下不得洩，爲害匪淺，越有九載於玆矣。雖漸次開復埤圳，得由故道，尚未仍前寛闊；而此處已無橋梁可通，行人過客涉履殊艱。今幸衛户侯、錫侯好善樂施，不惜重貲，捐濟興築，增其舊制，加以灰石，上橋下埤，廓然大觀。由是而往，由是而來，恍乎周行之坦履；從玆以沾，從玆以漑，悠然蓄洩之咸宜。猗歟休哉！里途田功，胥攸賴焉；其功其德，夫豈微哉！我族咸樂利濟、沐恩波，且喜旱澇之永無患也。因而名其橋曰『寧沄』，且書于石，以著美焉，于是乎記。

旹乾隆肆拾肆年花月穀旦，叔祖宗盛立。

按：此碑現存靖城鎮中華路南靖城隍廟。

一四九八　陳氏墳山示禁碑

漳州府南靖縣正堂加三級記功一次徐，爲隅棍侵碍、懇恩示禁以保坟骸事：

據監生陳世奇、陳世授，生員陳撰、陳爲霖，房長陳義、陳世鄉、陳世福、陳椿、陳士英等具呈前事，詞稱：『生等世掌祖山一所，址中埔総，土名溪朴等處，旗石、界址昭然。内塟高祖郡庠生、誥贈奉直大夫映宸公，左邊附塟伯祖康熙丁酉副舉人、授邵武訓導如來公，右邊附塟堂兄雍正乙卯拔貢生、授雲南恍州知州湛公，並塟奉直大夫男隋公、生員清公暨祖考妣宜公、貞勤及堂弟婦等，坟茔共玖首。前遭嵎棍在生等祖山界内開厠，冲傷祖茔，経姪陳義桒蒙前縣王批，着差約□□□□在案。誠恐嵎棍復有效尤爲害，傷碍祖坟，合亟相率□呈，叩乞俯憐愚弱，恩准示禁，俾附近嵎強知止，祖茔得以永固，生鄉死結。切具。』等情。

據此，除呈批示外，合行示禁：『爲此示仰該處人民知悉：尓等各有祖茔，均知保守，豈有將他人坟墓不顧有無傷碍，混行圖築，致有冲傷？今查溪朴山内有陳姓祖坟玖首，歷塟多年，理宜加意保護。嗣後不得于陳姓山界近處復行築屋開堀，傷碍坟墓。倘敢復蹈前轍，滋生事端，致被告發，定行從嚴勘究。該生等亦不得藉此示禁影佔，滋事干咎。各宜凛遵毋違！特示。』右仰知悉。

乾隆肆拾肆年正月廿九日給。

按： 此碑現存豐田鎮頂州村，碑名爲編者加擬。

一四九九　黄氏祖祠會禁碑記

築祠原以敬祖，最要潔凈。茲我五房會禁：嗣後各子孫人等，俱不許其前後廳、兩廊、門前大路私貯雜物，穢瀆先靈，致干禁令。如違，男即責懲叁拾，女即罰銀壹兩，後不得懲□□□。謹□白。

大清乾隆庚子年正月會禁立碑。

按： 此碑現存山城鎮六安村大厝裡黄社黄氏崇德堂，碑名爲編者加擬。

一五〇〇 重修向止亭記

斯亭也，胡爲乎作？盍汀、漳通衢大路，往來者甚衆，但嶺峻山童，上下其間而無休息處，故是前年簡振輝募築此亭，懇老師李葛作記，扁曰『向止』。後爰見十里松蔭中有憩息所，亭之内敬祀福神，旁搆茅店，得一人主茶水，以供往來，既立碑不朽矣。第越今卅餘載，亭宇漸以頹壞，風景因以固殊。□明、□陰等志切重修，乃出募捐，而好善樂施者比比，復從而併新之。亭宇、神座命石工琢竣外，更砌嶺路，培加松蔭，以使往來向止是亭而休憩息者多矣。應將捐金姓名勒石，以爲好義者勸。謹誌。

庠生簡徵穆書，公存松木兩處，銀十四大員。簡永山公銀十二大員。魏姓長源會、魏以錦公、簡義賢公各六大員。魏悦錦公、魏以華公、貢生魏德尊各四大員。魏映雲公、簡善長公各三大員。

龍潔頭公王、雷藤坑公王、魏濟萬公、魏德隆公、魏萬修公、魏祉千公、魏秋先公、魏子容公、□睿吏公、張初陽公、李志清公、□山烟行、盧乾俊公、簡宗鑑公、楓樹坪上下鄉、簡萬通公、簡孟德公、簡東渠公、簡君遴公、簡彦超公、簡凰登公、簡廷賓公、簡孟禮公、簡祚遠公各二大員。王永興一兩。黄坑莊公王、赤坑公王、高畲公王、陳登師、張福榮公、張德聰公、張恩光、盧乾耀公、盧元昌公、盧肯堂公、簡惟全公、簡福卿公、簡世鐏公、奎文祠、簡彰參公、簡鉅勳公、簡際泰公、簡宜弘公、簡宜斌公、簡俊登公、簡悦千公、簡以捷公、簡欽文公、簡汝革公、簡次寬公、簡達先、簡必崙、簡賡錫、簡子才、簡鴨九、簡晉三公、簡淬伯公、簡愧勳各一大員。上、下嶺公王五百廿文。陳任事四百六十。池坑公王、太崮公王、欄埔公王、蕭懷德公、鄒邦泰公、盧貽堂公、余盛俊、張友政、張賢玉、張汝騰、張三使、張文德、張文秀、黄廷楓、簡維玉公、簡炳倉公、簡和先公、簡鴻先公、簡悦先公、簡有調、簡惠三、簡茂奇、簡行遠、簡忠遠、簡可大、簡非潛、簡永茂、簡瑞伯、簡企馨、簡濟寬、簡永福、簡斯貞、簡秀萬、簡核老、簡際隆、簡際傑、簡際強各中員。簡秉元二石。蘇乾章、蘇中健、蘇等秋、李鳳攀、謝騰光、

魏彩茂、陳日彩、張遠斌、簡汝當、簡亮司、簡少弘、簡郡民、簡良美各兩錢。張□□、李文耿、李若明、簡俊崇、簡秉順、簡超侯各百廿。陳朝東、陳生觀、魏陞攀、魏真佐、魏乃傳、魏文慶、魏国瑞、□□、□□、□□、首孫、德生、遜瞻、士志、郁海、瑞興、莊時生、林潭生、李尚生、李悦夫、李端元、□□、□□、□□、□□、□□、秉奇、維爵、虱昭輝、巫三林、王朝宇、鄭習章、簡子□、簡以□、簡□□、□□、□□、□□、□□、□□、清遠、朝遠、良遠、少章、熙元、致遠、〈下缺〉、少永、重昌、接汝、民五、法定、章六、口河、瓊榮、協愧、淵居、科連各一百。董士振、王愧萬、□孟徵、簡秀先、簡德洪、簡以加、簡汝文、簡汝清、簡盛遠、簡仁遠、簡新遠、簡仕遠、簡福遠、簡欣遠、簡照遠、簡馨茲、簡思芳、簡宗革、簡汝忠、簡福民、簡英民、簡學司、簡信□、簡涵伯、簡秀宮、簡信亨、簡□□、簡瑞環、簡瑞群、簡際萬、簡□□、簡如繩、簡中五、簡瑞蘭各錢八。蘇桂養、莊銀生、簡寧民、□英使各一星。

乾隆四十六年辛丑歲蒲月重修。

首事：簡潀隆、太學生簡永明、簡秀萬、魏德全；十兩首事：簡秀九、簡仁遠、簡才遠、簡孛陶；仝立石。

按：此碑現存船場鎮店後嶺古道邊。

一五〇一 版寮社流丐示禁碑

福建漳州鎮標中營駐防山城汛右廳守府加一級楊，爲嚴禁惡丐、流棍以靖地方、以安良民事：案拠梅壠總版寮社黄姓合族等以聚擾莫堪、懇差逐究事具稟。據此，除飭差驅逐外，合行出示嚴禁，不許流棍佔宿、夥聚群賭及惡丐強乞等情。尔等務須痛改前非，毋得仍前集処祠内，聚賭強乞，擾害良民。倘敢故違，定將惡丐、流棍併丐首一同嚴挐，解縣究治，決不姑容。各宜凛遵毋違！特示。

乾隆四十六年十月初八日，示發版寮社掛曉。

按：此碑現存書洋鎮上版寮村，碑名爲編者加擬。

一五〇二　造峰樂輸碑記

三吉六秀之説，形家所尚，然不可謂其無也。我祖祠奠址平岡，総攬龍山勝勢，何文運之興未愜所望？意者巽峰更須聳起乎？共擬一簣之增，旋致千金之助。數月之際，巍然改觀矣。爲山之功既成，登雲之路伊邇。勒石題名，用昭左券。

十一世：高智銀二員。

十二世：國楝銀一員。國盛銀二員。國瑞銀十員。國球銀四員。德勳銀二員。次宗銀一員。

十三世：登進銀一員。德化銀一員。鍾貴銀一員。登台銀一員。天成銀一員。世鋼銀四員。閩观銀一員。黎先銀一員。天山銀二員。登甲銀一員。天瑞銀二員。登庸銀二員。天茂銀一員。宗观銀一員。伯黄銀二員。日健銀四員。鍾華銀二員。攀桂銀二員。天春銀四員。文欽銀二員。培員銀二員。文修銀二員。鍾英銀二員。

十四世：廷孚銀一員。淑溶銀十二員。恩梓銀一員。玉潤銀一員。嘉勳銀一員。日躋銀一員。廷寶銀一員。火观銀一員。光焕銀一員。維翰銀二員。剛中銀一員。光睿銀五員。廷樞銀三員。廷科銀四員。坑观銀一員。員祥銀一員。睍观銀一員。光智銀二員。廷光銀一員。君輔銀一員。廷輝銀一員。漢隆銀二員。柱中銀二員。又新銀一員。古賢銀一員。大淡銀一員。廷渭銀一員。長柏銀一員。履生銀二員。履中銀一員。鹽山銀一員。登和銀一員。登愷銀二員。履祥銀二員。天民銀一員。應興銀一員。若潮銀二員。淑禧銀一員。尚漣銀一員。琴材銀一員。履素銀四員。命爵銀二員。若瀚銀二員。光亮銀百二十員。占務銀一員。

十五世：長松銀一員。瑞珍銀一員。長機銀一員。瑞鵲銀一員。長樞銀二員。抹观銀一員。上達銀三員。登瀛銀一員。瑞楠銀一員。見章銀十員。時新銀一員。達观銀一員。聯魁銀一員。長桓銀一員。唯人銀一員。執其銀二

十員。瑞錦銀二員。瑞龍銀一員。作□銀一員。千观銀一員。讓德銀一員。維石銀二員。敏夫銀二員。膠观銀一員。尚观銀一員。粹观銀二員。時榮銀一員。瑞鰲銀二員。孟春銀二員。長標銀十員。恩观銀三員。瑞玉銀二員。長林銀四員。祖龍銀四員。作松銀一員。作模銀一員。戴观銀一員。世耀銀一員。木观銀一員。樹富銀十員。□廉銀二員。天葉銀四員。長芳銀一員。護□銀八員。尚言銀四員。天爵銀四員。作桑銀一員。尚智銀四員。長椿銀四員。長搡銀一員。長榜銀三員。琛銀二員。燕賓銀一員。長振銀四員。賜振銀一員。登花銀二員。深观銀一員。康寧銀一員。江銀二員。障川銀四員。尚惠銀四員。增球銀一員。增□銀二員。天□銀一員。紅桃銀一員。志高銀四員。谷香銀一員。登翰銀一員。

十六世：元澤銀一員。助宗銀一員。瑞凰銀一員。員浚銀一員。天培銀二員。剪观銀一員。昌吉銀二員。秉權銀八員。白□銀一員。□雄銀一員。頂房銀二員。國光銀六員。定光銀四員。國禎銀一員。大建銀三員。離拱銀一員。天寿銀二員。揚茂銀一員。梓观銀一員。仲念銀一員。秉桓銀八員。三品銀一員。瓊玉銀四員。甫珍銀一員。辛壬銀一員。員派銀一員。陟郎銀一員。高深銀四員。三朝銀一員。振森銀一員。白盛銀三員。國香銀四員。掄員銀四員。平甫銀四員。拔夫銀一員。水深銀二員。企曾銀三員。茂林銀一員。次生銀二員。學生銀一員。琢生銀一員。國攀銀二員。榮昌銀三員。三轉銀二員。成光銀一員。天德銀四員。白西銀四員。

十七世：方苞銀二員。殿魁銀一員。廷□銀一員。齋澤銀一員。殿登銀一員。廷槐銀二員。

十八世：□江銀一員。

董事：天瑞、培元、漢隆、履中、履祥、敏起、時榮、發琛、昌吉、秉權、國安、國楨各二元，祥、德廉。

乾隆辛丑年臘月穀旦立。

按：此碑現存龍山鎮湧口村吴氏崇本堂。

一五〇三 吴氏賓興田樂輸碑記

禮載賓興，典至重也。我族年來既置書租，又造文峰，俱有成績，而鄉、會試之費未經設立。曩十四世諱聯香有志未逮，茲其男諱執其等善承先志，捐租貳拾石大有奇，以爲鄉、會之費。從此每逢大比之年，咸遂觀光之志，行見歌鹿鳴、宴瓊林者且翩翩接踵而起也，則其造就斯文，功良偉哉！僉謀勒石，以彰盛舉。

一，田叁段，受種三斗四升，址在大田社嚴家厝前厝後，全年實稅粟玖石四斗大，配地畝弍畝肆分正。

一，田壹段，受種一斗，併帶田根在内，址在蔡蒼坂大路墘，全年實稅粟伍石弍斗大，配地畝壹畝正。

一，田弍段，受種三斗八升四合，址在金山東洋，全年實稅粟拾石官，配地畝壹畝捌分正。

乾隆肆拾陸年臘月穀旦立。

按：此碑現存龍山鎮湧口村吴氏崇本堂，碑名爲編者加擬。

一五〇四 阮氏墳山示禁碑

特調漳州府龍溪縣正堂加四級紀録八次記功三次聶，爲恩准示禁等事：

據阮企三先後稟稱：『伊買劉家墳山二崙，址圓山鼓仔寨脚，坐西向東，上至崙平頂分水之處陳壙爲界，下至田，左、右至林、柯二家山，在於契。界内開做妻域一首，屢被嵎棍侵混，或藉界掘毁，或任意遷挖移培，或藉原賣房親不時擾害，實無休息。三隔窵遠，甚難保護，亟請示禁，以杜後患。』等情詞到縣。據此，除批示外，合行示禁：『爲此示仰該地居民及劉姓人等知悉：嗣後阮企三山界内所培妻域等處，不許再行藉端索掘，任意遷挖移培，並藉原賣親族滋擾。如敢抗違不遵，許阮企三指名赴縣具稟，以憑拘究，决不恕寬。各宜凛遵毋違！特示。』

乾隆四十六年九月十八日給。

按：此碑原在靖城鎮滄溪村三道亭，已佚，碑文見於南靖石刻集第六三頁，碑名爲編者加擬。

一五〇五　阮氏墳山示禁碑（二）

漳州府南靖縣正堂加三級袁，爲恩准示禁以杜滋擾事：

據龍溪縣民阮書三、阮企三具禀，詞稱：『三契買劉家山二崙，址基轄圓山鼓仔寨脚，坐西向東，上至崙平頂外分水之處陳墳爲界，下至田，左、右至林、柯二家山，在於契。契界開採妻域一首，屢被嵎棍混侵，或藉界殘毁，或任意遷挖移培，或藉原賣房親不時擾害，實無休息。三隔寫遠，巡視不周，保護甚難，亟請示禁，以杜後患。』等情詞到縣。據此，除批示外，合行示禁：『爲此示仰該地居民及劉姓人等知悉：嗣後阮企三山界内所培妻域等處，毋許再行藉端嵎棍任意遷挖移培，並藉原賣親族滋擾。如敢抗違不遵，許阮企三指名赴縣具禀，以憑究治，决不恕寬。各宜凛遵毋違！特示。』

乾隆四十七年五月　日給。

道光八年六月　日重修。

按：此碑原在靖城鎮滄溪村三道亭，已佚，碑文見於南靖石刻集第六四頁。

一五〇六　運木水道示禁碑

特授漳州府南靖縣正堂隨帶加一級張，爲呈明分立嚴禁恪遵事：

據監生莊暫觀，生員張天衢、謝詠观、劉參观、莊平秋、張先观，鄉約船塲□有簡等僉禀，詞称：『緣黽洋、船塲、南坑等総，山多田少，居民盡頼山塲培植杉木，砍製運放山城發賣，必由水道經過。前因溪道大姓索抽溪税，屢經訐控堂前，立蒙嚴究，詳奉縣大憲勒石署前，嚴禁在案，錮弊遂除。但立石已久，窃弊叢生。近因上年二月，

商民莊出青等運放水杉，適逢雨水泛漲，附近雖不敢勒索，乃藉雨水泛濫，仍復攘掊互争，以致呈控。經生員李翰坤等念属姻鄉，鳩集兩造，議定嗣後拾取酌給工資規條，呈蒙准息。窃恐四方鄉民未得同知，是以暫等以前憲勒石有案，並請分立各鄉，蒙准示禁勒碑。緣呈息詞内，兩造雖議定有規，但未開明。暫恐後來致啓衅端，謹將原議詳規開明載敘，懇叩父母愛民，恩即給示，勒碑各鄉，俾赴集之人時時触目，恪守良法。』等情到縣。

據此，案查靖邑自梅壠以至南坑等處，山林遼闊，多産杉、松，商民尽賴爲活。每被沿溪居民胆藉魚梁、水碓横索強搶。先以商民具控，案經前縣詳奉各憲檄飭勒石署前嚴禁，確鑿有案。兹復批，莊暫观等以勒石年久，鄉民窃弊叢生，復藉雨水泛漲，索截強搶，致生訟端。連名僉稟前來。除被憲批示外，合行給示，分立嚴禁：『爲此示仰沿溪居民及赴集人等知悉：嗣後商民水放杉、松、雜木，遵照僉議量給工資條規，毋許藏匿□碎、私行發賣以及横索重贖等弊。自示之後，爾等沿社族約務遵，触目驚心，約束子侄，恪遵良法，世世遵守，永爲定例。如有違犯，定即立拏，按律詳究治罪。該族約管束不嚴，並拏究治，决不寬貸。凛之慎之！』特此立石爲記。遵。

計開：

一禁，商民運放杉、松，若遇雨水流掛船場総浮墩，悉聽杉主認號取回，不得藏匿、横索等弊。如流浮坵廳以上，拾取每枝定錢工資錢二十文；中洲浮墩以下，拾取每枝定價給半工資，均聽商民贖回。不許勒索、重贖等弊，違者立稟拏究。

一禁，梅壠等総水碓、魚梁，前經拆毁，今鄉民復作，亦賴此爲活。念属隣鄉，公議暫留，但遇商民水放杉、松、雜木，不許仍前私抽、勒索等弊。違者立稟拆毁還地，並拏重究。

乾隆四十九年閏三月十八日，給發船場汛防處，听立石。

按：此碑原在船場汛防處遺址，後被船場村丘廳社村民搬去鋪路，碑文外露，碑額爲『邑侯張公立碑指示』，碑名爲編者加擬。

一五〇七　重興大房庵碑記

御前行走一等公府、福建全省水師提督軍門黄諱仕簡公捐銀壹百両。賜進士出身、廣東瓊州海口參府陳諱大鉞捐銀壹拾両。郡庠生謝子香捐銀弍拾肆大員。庠生謝國慶捐銀弍拾大員。信士楊秉德捐銀弍拾大員。信士陳芳榜捐銀拾弍大員。信士吴明樂捐銀捌大員。信士王和仲捐銀捌大員。候選分府施鴻緒捐銀捌大員。内閣中書黄府吴孺人捐銀拾肆大員。

倪廷圭、林日章、吴文湘、林國瓚、許鍾深、謝廷秀、許天洽、黄耀祖各助銀陸大員。陳玉琳、王光國、蔡仕禄、陳開紹、吴日新、沈碑观、錢胡观、韓位南、羅興观、曾志仁、吴山观、吴兆洲各助銀肆大員。蕭玉观、温朝瑢、覃用楠、瑞興號、趙順昌、莊世瑾各助銀叁大員。

王大經、陳日泰、林光陞、商其昌、邱廷耀、李正晃、高澆澤、林玉成、錢楊氏、周玉山、諶武观、施倫翰、柯元長、劉明秀、高州合、黄嘉憲、茂元號、李根隆、蘇鳴夏、戴國璉、謝萬禄、鄭紹徽、林鉄观、鄭文燧、王夢賚、高攀龍、陳作霖、嚴國昌、高鍾茂、萃成號、蔡仕观、陳宗哲、王碩文、謝興肇、吴永信、戴夏观、江登探、謝恩帥、陳玉潤、李瑞芝、蔡紹容、蘇逢世、王登翰、黄振量、潘廷桂、萬江水、高振禧、蔡日璋、鄭長卿、陳達人、陳存仁、高大猶、王逢春、戴國圭、戴國璋、王元斌、王謹捷、陳國選、陳尚義、劉世琳、諶元愷、王大林、王六吉各助銀弍大員。蔡源淳、毛汝茂、陳金鑾、吴惠观、柯崇寧、洪天柱、黄元振、林應春、振升號、逢源店、蔡世芳、松茂號、蕭廷烈、陳以玉、洪正紳、陳時昕、王藿傳、楊紹基、楊永茂、謝雲錦、徐將观、吴擁观、唐天鑒、李邦珍、吴芳材、汪克明、張元禮、謝南井、陳鋭祥、李文旺、朱永观、徐紹驤、長興號、陳開成、林炎观、黄溪观、莊五爺、王瑞圖、德茂號、陳柱海、陳其獻、周傳洛、楊宗信、余德亨、徐郁芹、聯德號、蔡源海、長豐號、周茂號、李集茂、曾洪才、吴林招、鍾登清、陳兆勳、楊文炳、余款观、王應選、謝雲集、薛仕炳、震亨號、

許承職、林文傑、廣泰號、蔡宗仁、蔡明曲、劉國芳、謝萬億、謝億珠、沈山观、蔡皆忠、謝三變、林潤观、胡基观、韓三元、謝萬燦、柯鏘观、柯義鑒、仁和號、施倫紳、鄭棣華、楊廷椋、楊晃江、楊佑观各助銀弍大員。

王起鳳、林犀观、陳祖善、黄中桂、陳清煒、邱士智、黄春尉、得隆號、陳日昉、許興观、孫世傑、林廷桂、陳福全、郭志義、盧潛观、余中观、蔡民观、謝雲騰、鄭放观、胡世欽、謝鐵观、鄭光瑶、黄世懌、王三魁、王采濱、錢元搢、謝□天、謝萬義、戴金墉、王傳春、謝天送、陳開宗、王純香、盧光鉞、鄭宗炯、陳大元、張文元、唐昌言、史文茂、洪永光、陳元魁、蕭夢源、吴耀德、李振耀、蔡妙观、得源號、德源號、周傳碧、瑞蘭號、林鴻猷、昆隆號、黄國彩、吴克振、義興號、陳作梁、鄭天澤、唐國秉、琚尊德、林光陞、黄折观、恒發號、陳存智、楊扯观、楊永芳、趙由寬、謝雲龍、謝雲彩、徐串观、徐武观、謝海观、陳添生、林廷观、劉啓晴、盧尚吉、陳宏敢、王桂葉、韓特秀、温世傑、陳金鐘、謝良观、謝帝观、柯儀鑑、謝長富、謝興福、謝興業、謝億璣、盧仕鍾、王金鐘、王元開、謝爆观、謝釀观、陳光遂、陳元起、張永臧、劉正观、陳淡郎各助銀壹大員。

乾隆乙巳年臘月穀旦。

按：此碑現存靖城鎮大房村岱房庵。

一五〇八　十一層岩重興牌記（二）

吏員柯文苑捐銀廿五員。王□□廿一員。信士吴宗派廿一員。柯永琦十三員。柯文郁十一員。王德立十一員。蔡文炳十一員。蔡良宗七員。柯啓心七員。王朝礼、柯□老各五員。柯廷魁、柯啓璞、柯承烈各五員。

柯廷魁、柯啓吉、柯肇朴、柯肇哲、柯奕仁、柯應起、柯時盛、柯萬選、蔡登仕、王士奇、王元□、吴志□、王潤業、吴志寬、王振綱、吴志考、柯啓元、蔡敏欣、吴文炳各二員。王明橋、王日昇、王開漳、王元隆各一員半。

王文英、方玉儀、陳啓恩各錢六百。陳豐善錢七百。

柯向茂、柯長謹各一員。柯□□、柯□□、柯長茂、柯□□、柯香玉、柯□圭、柯天若、柯天賜、柯光□、柯□□、柯向□各一員。蔡良俊、柯天柱、柯□□、柯□□、柯□□、柯□□、柯□□、柯士達、柯啟明、柯長培、蔡光明各一員。柯□□、吴□德、王邦□、蔡□□、柯□□、王德决、蔡登俟、柯永元各一員。

董事：柯光樞、蔡登科、柯肇宏、王朝正、吴志道、柯廷玉、柯啓心。

大清乾隆五十三年歲在戊子立秋穀旦立。

按：此碑現存山城鎮翠眉村十一層岩寺。

一五〇九　重修南靖縣學記

靖邑學宫建始於元至正十六年。明萬曆年間，前大尹宗愈陳公重建，規制修美。自明迄今二百餘載間，亦以時修葺之。至乾隆三十五年庚寅，前尹冷公震金，學博黄公光中、李公鳴珂，因舊址而增建焉。越明年，大成殿始竣，而冷公以事去，諸務未能完成。乾隆戊申，歲舉人許元魁，茂才戴廷瑞、王堤、陳旭，建成文昌閣，求諸施者。是歲八月，予奉命莅兹土，遍閲宫牆，以爲有其始之而不克有以成之，伊誰之責哉？爰集紳士，鳩工庀材，不越数月，諸事畢成。夫事猶學也。學有始而無成，則棄其學；事有始而無成，則廢厥事。况學宫爲朝廷育材之地，可令其有始而不克底於成也哉？予亦與邑中紳士樂觀終事，以共勉於有成焉耳。

董其事者，舉人許元魁、陳春甲，生員王忠、戴廷瑞、王堤、陳章元、陳旭、李翰沖。

勅授文林郎、南靖縣正堂加三級旌德吕憬蒙撰。

修職郎、南靖縣儒學正堂教諭南安洪紹懷書。修職郎、南靖縣儒學左堂訓導連城周登瀛。

湧口貢生吴尚標捐銀壹佰陸拾元。田墩生員吴文湘捐銀壹佰伍拾弍元。龍山魏天材捐銀壹佰弍拾元。春雅劉英質派下捐銀壹佰弍拾元。吴宅潘萇芝派下捐銀壹佰弍拾元。竹員監生陳利民捐銀壹佰元。馬坪中社許姓捐銀陸拾元。

龜洋莊三郎派下捐銀陸拾元。墨埸戴墨捐銀肆拾元。緱街王姓捐銀肆拾元。天監戴世春派下捐銀肆拾元。春雅劉成訓派下捐銀肆拾元。山城張志甲派下捐銀肆拾元。湧口生員吴掄元捐銀肆拾元。山城黄萬盛捐銀肆拾元。山城張聞光捐銀肆拾元。南坑張陽壽派下捐銀肆拾元。山城貢生高攀龍捐銀肆拾元。水潮盧國捐銀肆拾元。南坑張聯馥派下捐銀叁拾肆元。竹員陳姓捐銀叁拾元。梅林魏萬松捐銀叁拾元。長教簡敦朴捐銀叁拾元。和溪劉均保捐銀貳拾元。鴻田童生馮繼登捐銀貳拾肆元。竹員生員陳步文捐銀貳拾元。和溪林華新捐銀貳拾肆元。和溪鄭日新捐銀貳拾元。金山王世科捐銀拾陸元。金山吴元來捐銀拾伍元。和溪黄紳捐銀拾貳元。和溪徐永福捐銀拾貳元。和溪陳高盛捐銀拾貳元。梅林張永遠捐銀拾貳元。山城監生張大本捐銀拾貳元。湧口生員吴克光捐銀拾貳元。梅林劉寶溪捐銀拾元。湧口生員吴復之捐銀拾元。湧口生員吴光國捐銀捌元。

春雅劉琦珊捐銀叁拾元。郡城徐子旺捐銀貳拾元。

乾隆伍拾肆年肆月　日穀旦立石。

按：此碑現存靖城鎮中華路南靖城隍廟。

一五一〇　肅清廟前碑記

本墟建立帝君廟宇，夙稱吉地，靈感甲於各鄉□□空□山□□□□□□人□□廟埕務爲寛長，方無迫碍。上下石埕，兩旁各以□□□□□□□□□址昭然。前因射利之徒圖私侵佔，張設棚欄，蓋築篷寮。經乾隆四十二年，庠生韓顒、馮岱宗、職員黄崇岳等呈請司主李，申詳縣主王□□肅清□□□□□□不謂無恥之輩弗思禁示煌煌，仍然盖築，越愈侵佔，其害□□□□□□□□董事庠生黄中桂募衆，邀請司主戚、司主管部立照，會議肅清□□□□□□大觀猶如故也。神光普照，闔墟賴呵護焉。第恐日久□生，□蒙恩示禁，今刻碑以垂世永久云。

一，不許大廟日月窓前砼脚建盖□□□□□□□□□上設棚，陽溝鋪塞，築屋增高，上下埕傘位竪柱盖

蓬，照墻後兩□□□□□。

一，不許公店五間上下埕傘位之所私相轉脱踞佔，憑逐年首事出照。

一，不許在觀音亭前埕界搭盖篷寮。

董事：鄉大賓黄士弘、歲進士張長勳、韓集丹、吴士榮、王碩觀、□□□、馮同興、□□□、馮□□、黄天福、韓浦觀、嚴永秀、韓叶祥、國學石志豪，馮□觀。

乾隆伍拾肆年歲次乙酉腊月吉旦仝立石。

按：此碑現存山城鎮大廟口南靖武廟。

一五一一　王公捐題碑記

磨峰之下一里，中有巨石，先人因此石建爲神壇，名曰『古石王公』，由來尚矣。鄉之人相與飲蜡吹豳，祈年報賽，食旧德、沐新恩者莫不曰此皆王公之垂澤無窮也。衆等欲建置石室，爰募捐資，而室告成焉。從而歌曰：『双山之精，古石鍾靈。巍巍在望，赫赫厥聲。神光普照，物類蕃盈。四時福祀，明德薦馨。』謹將題捐名次開列于左。

信士：邱秀春出銀十二元。邱君捷出銀四大元。邱耀明出銀四大元。邱讓榮出銀四大元。邱沐水出銀二大元。邱正南出銀二大元。邱亦先出銀二大元。邱如光出銀二大元。邱齊雲出銀二大元。邱朝宗出銀二大元。邱芬宜出銀二大元。邱位民出銀二大元。邱用聚出銀二大元。邱信傳出銀二大元。邱孔佳出銀二大元。邱維良出銀一元半。邱源深出銀一元半。邱若重出銀一大元。邱若泉出銀一大元。邱友升出銀一大元。邱能英出銀一大元。邱国承出銀一大元。邱布周出銀一大元。邱元顯出銀一大元。邱其賢出銀一大元。邱位天出銀一大元。邱懷恩出銀一大元。邱□徵出銀一大元。邱振文出銀一大元。邱兼三出銀一大元。邱平遠出銀一大元。邱克承出銀一大元。邱餘淑出銀一大元。邱元功出銀一大元。邱奪元出銀一大元。邱元圭出銀一大元。邱建統出銀一大元。邱元礼出銀一大元。邱位辰

出銀一大元。邱兼文出銀一大元。邱若採出銀一大元。張献槐出銀一中元。邱灵山出銀一中元。邱維茂出銀一中元。邱步月出銀一中元。邱次賢出銀一中元。邱色言出銀一中元。邱必行出銀一中元。邱首登出銀一中元。邱秀寛出銀一中元。邱元信出銀一中元。邱在賢出銀一中元。邱心勉出銀一中。邱得時出銀一中。邱汝恭出銀一中。邱元拔出銀一中。邱若端出銀一中。邱源清出銀一中。邱全德出銀一中。

邱汝拱出銀四錢。邱明光出銀四錢。邱密夫出銀四錢。張遠文出銀三錢六分。邱蔡衡出銀三錢。邱子勇出銀三錢。邱耀三出銀三錢。邱以聖出銀三錢。邱耀□出銀三錢。邱遜列出銀二錢。邱汝賢出銀二錢。邱在邦出銀二錢。邱能芳出銀二錢。邱貴三出銀二錢。邱永元出銀二錢。邱克迎出銀二錢。邱如親出銀二錢。邱右前出銀二錢。邱子新出銀二錢。邱位南出銀二錢。邱以宗出銀二錢。邱次淑出銀二錢。邱献瑞出銀二錢。邱榮士出銀二錢。邱次默出銀二錢。邱經国出銀二錢。邱世岩出銀二錢。邱曜文出銀二錢。邱顯徵出銀二錢。邱達從出銀二錢。邱揖姜出銀二錢。邱建邦出銀二錢。邱木老出銀二錢。邱汝佳出銀二錢。邱元山出銀二錢。邱得意出銀二錢。邱□文出銀二錢。邱观炉出銀二錢。邱振成出銀錢六。邱□□出銀錢六。邱以謨出銀錢六。邱爽元出銀錢五。邱奪可出銀錢五。邱則飛出銀錢五。邱色悦出銀錢五。邱□于出銀錢五。邱歸海出銀錢五。邱色茲出銀錢五。邱墨林出銀錢五。邱若輝出銀錢五。邱原流出銀錢五。邱達士出銀錢五。邱達三出銀錢五。邱曜川出銀錢五。邱汝恩出銀錢五。邱位烈出銀錢五。邱三元出銀錢五。邱心清出銀錢五。邱東海出銀錢五。邱飽老出銀錢五。邱若仁出銀錢五。邱□老出銀錢五。邱天机出銀錢五。邱振昌出銀錢五。邱振興出銀錢五。邱其光出銀錢五。邱爲雲出銀錢五。邱天生出銀錢五。邱天文出銀錢五。邱用金出銀錢五。邱活水出銀錢五。邱□□出銀錢五。邱佳章出銀錢五。邱□郎出銀錢五。邱周郎出銀錢五。邱重采出銀錢五。邱榮老出銀錢五。邱文葱出銀錢五。邱大成出銀錢五。邱天送出銀錢五。邱士元出銀三錢六分。

清乾隆五十四年歲在己酉孟秋月穀旦，衆信士仝立石。

按：此碑現存書洋鎮雙峰村。

一五一二　高樹門風水林示禁碑

欽命福建分巡巡海汀漳龍等處地方驛傳兵備道加五級紀録十次特，爲全恩示禁事：

據南靖縣民盧成、盧琚、盧香等連名赴轅呈称：『成等高樹門社舊植柯木，遮蔽風缺，干係通社風水，大関居民命脈，培滋十八世，通邑周知。詎櫓椗户謝嵩寿因軍工急需，將柯木砍製一株。成等情極轅控，既蒙提訊，始據公親吴西等理處，勸成等已砍柯木應付厰用，未砍听從留蔭，諭寿將價別買充用，相率具遵。蒙鈞批：「此案顯係謝嵩寿藉冒軍工名色，混砍致訟，本應嚴究，姑念爾等已經處明，且該户尚有承辦櫓椗等項，從寬免究，依結附卷。」仰見仁明，足寒藉冒心胆，聞者頌德。但恐事久变生，貪暴之徒見聞未悉，仍蹈故轍，致妨命脈，殊辜□憲帡幪之恩。查藉冒軍工弊竇時有，然歷蒙前憲准請給示嚴禁，杜弊衛民，歷歷可指。茲成等實以柯木爲社民命脈，所関干係匪小；既蒙據處恩准留蔭，合應循例仰懇叩乞准給示禁。俾藉冒可杜，而民生有衛，陰騭齊天，生生世世感德。切具。』等情到道。

據此，除呈批准外，查高樹門社柯木既関通社風水，自應留植，差保人等不得影藉索砍擾累，合行示禁：『爲此示仰該處差保人等知悉：嗣後毋許藉冒軍工，到山混封藉索，強行砍伐。倘敢不遵，許該樹主指名赴轅具稟，以凴嚴究。其各凛遵毋忽！此示。』

乾隆五十五年十月　日，發高樹門立石曉諭。

按： 此碑現存船場鎮高聯村盧氏宗祠，碑名爲編者加擬。

一五一三　登雲寺題捐碑記

董事募衆捐題紳衿士庶開列：

永豐分司周捐銀壹大元。蘇老爺捐銀壹中元。文峰林其振捐銀三元。
漳鎮中營左廳加三級帶功加一級軍功紀録五次郭攀龍捐銀六大元。鄉賓張志耀捐銀壹元。
漳鎮中營山城左聽守府卓異加一級尋常加二級沈大信捐銀肆大元。
山城汛右部趙捐錢壹千二百文。洪瀨汛陳捐錢柒百文。卓岸水捐棹圍壹条。
賜進士第黄騰鳳捐銀肆元。歲進士高攀龍捐銀陸拾元。國學生蔡明腆捐銀拾弍元。國斈生黄元振捐銀拾弍元。
鄉大賓吴仕恭捐銀拾弍元。鄉大賓卓秉舍捐銀拾弍元。鄉大賓王正芳捐銀拾弍元。
國斈生：馮繞澤、蔡長源、楊超宗、張繼祖各八元。
庠生黄振南、庠生黄景陽、捷春舖、康振㒷各七元。
國斈生李廷芳捐銀六元。國斈生石宗豪捐銀六元。鄉賓王邦礼捐石壹条。
萬盛行、聯盛行、瑞應行、鼎㒷行、協盛行、怡成行、山盛舖、大有舖各六元。劉國英捐銀五元。
歲進士張廷傑、國斈生蔡宗仁、國斈生林振賢、國斈生張大倫、國斈生林宗英、國斈生盧昆輝、鄉賓韓美官、鄉賓石名我、黄格舍、黄池舍、黄永茂、韓元湖、鄭崇官、卓建舍、陳徐官、協春行、協茂行、萬勝行、聚芳行、聯㒷行、集芳号、隆盛舖、春山舖、集成舖、元利舖、茂盛舖、黄美舍、協盛号、恆茂号、劉逸官、楊哲官、王吾台、林開山、李振隆、張心一、江金泉、劉好官、黄亦碩各四元。國斈生陳元榮、鄉賓黄仕宏、韓三彪、李瑶官、王岳官、蔡焕官、黄德旺、鄭榮華、文茂行、瑞㒷行、崇盛舖、吉春舖各三元。

乾隆伍拾柒年。

按：此碑現存山城鎮六安村紫荆山登雲寺，碑名爲編者加擬。

一五一四　和溪墟府憲示禁碑

特授福建漳州府正堂加七級紀録三十一次全，爲恩給加示俾得遍諭事：

據南靖縣武舉林丹桂等具呈『叩憲蒙批，以杜禍端』等情到府。據此，查此案先據該生等呈請給示在案，兹據前情，除批示外，合再示禁：『爲此示仰和溪總闔鄉人等知悉：嗣後凡有棍徒蠹役仍敢設館墟中，開賭、包娼、窩盜、宰牛以及横抽貨物、嚇詐鄉民等項滋事，許爾等協仝地保立即拏稟本府，以憑盡法究辦，决不寬貸。各宜凛遵毋違！特示。』

乾隆伍拾柒年拾月　日給。

按：此碑現存和溪鎮和溪村，碑名爲編者加擬。

一五一五　嚴禁差保截船勒索憲示碑

欽命福建分廵廵海汀漳龍等處地方驛傳兵備道、軍功加二級隨帶加二級又加二級軍功記録二次又記録九次史，爲憲禁頽壞等事：

據南靖縣民陳碧、李貴、張怡等赴轅呈稱：『碧等住中埔溪仔内，造小船載柴草，抵城南河换買糞水灌田，屡被差保藉編號勒索。經前林鎬等呈叩前陞憲楊，蒙批録式，議勒石永遵，幸安三十餘年。迨五十三年，有塩差林標等，復藉編号截索，不從封載官塩。碧等瀝叩前陞憲伊，批：「内河小船，原係農民裝載柴草，往來城鄉，豈能載塩海運？是此等小船，概免編号。縣差、船総藉端勒索，殊属不法，仰出示申禁。」並即行縣遵照，各在案。標等伺於前後憲禁俱經坍壞，隻字無存，跡串棍惡仍藉編号封載官塩，各處把截横索。竊思官塩原有定額船八十六隻，運載有餘。况碧等農家，不過農工暇時載柴草來城换買糞水，並非水潮棧工在河運載，莫堪海運。遭此棍惡藉索阻害，非

蒙嚴禁，使柴水不能相濟，不但農工遭毒，城中居民均有被害。合亟瀝情哀叩俯憐民艱，恩查前憲禁索，乞再勒石嚴禁。』等情到道。

查内河小船，概免編号載塩，經前陞道伊于乾隆五十三年示禁，並行縣飭知在案。乃歷年未久，塩差林標等膽復仍藉運塩封載，把截横索，殊屬抗違。本應拏究，蒙念尚無實據，姑從寬免，合行出示勒石永禁：『爲此示仰縣差、塩總、地保人等知悉：嗣後不許藉稱載塩，勒索混封，擾累鄉民。如敢抗違，一經訪聞，或被呈控，定即嚴拏重究不貸。各宜凛遵！特示。』

乾隆五十七年十一月　日給。

按：此碑現存豐田鎮豐田村溪口社張家大厝，碑名爲編者加擬。

一五一六　重修陳氏家廟碑記

祖祠之設，由來舊矣。自希長公起而增修，迄今四十餘年。僉謀仍舊制而更新之，憑丁出錢，更就殷實者勸捐，仿依前例，刻著於石。春祀，五十金以上錫胙一方，百金以上併許與祭，以優獎之。一時向義樂捐，踴躍赴事。雖水源木本出於性天，實祖宗世澤孔長留貽於勿替也。夫謹將捐題名次開列於左，以示不忘。

又彬公捐銀壹佰肆拾大元。英毅公捐銀壹佰拾大元。國學生例贈文林郎季仁公捐銀陸拾大元。王修公捐銀壹佰大元。利賓公捐銀壹佰拾大元。思源公捐銀壹佰大元。聖法公捐銀伍拾大元。國學生思遠捐銀壹佰大元。國學生亨忠捐銀壹佰大元。國學生利民捐銀壹佰拾大元。鄉賓聖明捐銀壹佰大元。思鄉捐銀壹佰大元。九觀捐銀陸拾大元。甲寅國學生利涉捐銀陸拾大元。貢生芳智捐銀陸拾大元。鄉賓亨再捐銀伍拾大元。殿觀捐銀伍拾大元。賤觀捐銀伍拾大元。國學生瑞觀捐銀伍拾大元。國學生從龍捐銀伍拾大元。熊觀捐銀伍拾大元。齊觀捐銀伍拾肆大元。

乾隆壬子孟冬穀旦，族長思遠、亨忠仝誌。

按：此碑現存龍山鎮太保村雲峰樓陳氏錫慶堂，碑名爲編者加擬。

一五一七　重修朝古嶺碑記

距山城西北隅十五里，有石砌古道朝古嶺，爲本縣經永定出梅州交通要道。一路崇山峻嶺，密林深谷，時有盜匪出没其間，往來商旅視爲畏途也。明初，鄉民乃在嶺上古榕樹後建廟，供土地公及文武將軍神像。自此神屢顯靈異，示警緝兇，一方賴安。而行人過此，亦多在榕樹蔭下路亭休憩，進廟参香，展誠祈佑。斯廟歷經滄桑，屢有興廢，今又瓦漏楹朽，圮塌堪虞；古嶺道石級亦多崩毀。鄉前輩乃謀諸居民及商户，捐資重修。一時應募輸將者相继，不數月嶺道石級重砌及古廟重修同時告成。廟門石鎸『博厚配地』横額，較前修尤壯麗。自兹以後，托賴神靈默護，變險徑爲康途，行者、居者各安生計，則神之錫福且無疆矣。是爲記。

　　旹乾隆伍拾捌年陽月穀旦，衆弟子敬置。

按：此碑現存山城鎮溪邊村朝古嶺土地廟。

一五一八　重修長慶橋碑記

富里通道，往年架築石橋方成，里之人議其未洽，以木易石，水屢侵壞〈下缺〉此津梁要害耳，衍慶洪瀾，非石磴不爲功。募衆捐〈下缺〉爰名爲『長慶橋』。銘曰：『長慶□□，波濤不驚，中流砥柱。』

□□游瑞聽捐銀三大員。游達定捐銀二大員。太學生游青雲捐銀二大員。游瑞絺捐銀二大員。

鄉大賓游顯琛捐銀一大員。游鳳苑捐銀一大員。鄉大賓游達韓捐銀一大員。太學生游鳳林捐銀一大員。太學生游大錫捐銀一大員。游清甫捐銀一大員。游達齊捐銀一大員。游達换捐銀一大員。游志□捐銀一大員。游文長捐銀一大員。游文赫捐銀一大員。游端井捐銀一大員。游文奇捐銀一大員。游連生捐銀一大員。游端茶捐銀一大員。游

文勳捐銀一大員。游士碓捐銀一大員。游士充捐銀一大員。游洪廉捐銀一大員。游洪東捐銀一大員。游達□捐錢六百文。游文蟾捐錢六百文。游元鮮捐錢五百文。游達□捐錢五百文。游顯齋捐銀一中員。游顯含捐銀一中員。游達送捐銀一中員。游達龍捐銀一中員。游達寵捐銀一中員。游達賽捐銀一中員。游達湛捐銀一中員。游達□捐銀一中員。游達宙捐銀一中員。游達秉捐銀一中員。

乾隆五十九年葭月。

按：此碑現存和溪鎮迎富村長興堂。

一五一九　嚴禁丐首索擾碑記

爲嚴禁丐首索擾生事並壯年丐匪強乞、以除民害事：

照得四民各有執業，傭僱皆可營生，至年力強壯之人，正當自食其力，豈容游惰自甘？乃閩省各属乞丐，強壯者甚多，動輒三五成群，呼朋引類，散布於荒村圩市，聚處於岩洞廟亭。其中強横無賴之徒，又串通地保，舉充丐首，各分地段，名爲管束衆丐，其寔朋比爲奸。遇有嫁娶慶弔等事，率衆索取花紅酒食，稍不遂慾，即恣意強搶，甚至謀害丐夥以圖財、移取屍骸而嚇詐，無惡不作，难以枚舉，寔爲地方之害。兹將丐首名色□□□□革除在案，並札諭軍民人等知悉：爾等遇有強横不法棍徒，仍自稱丐首名目，聚外来丐匪，敢于強乞、藉端滋事者，該地人民協同地保、汛兵，立即解送到官稟究。該地保、汛兵如敢有意縱容，查出並干重處。爾乞丐當自食其力，共爲良民，毋自取死。凛之慎之！特示。

嘉慶元年五月　日給。

按：此碑現存船場鎮西坑村，碑名爲編者加擬。

一五二〇　山根兜石牌記

特調南靖縣正堂加三級沈，爲嚴飭查拿丐首索擾生事以除民害事：

嘉慶元年七月十九日，蒙本府正堂金審批；本年七月初八日，奉布政使司憲札；本年五月十八日，奉巡撫部院姚憲牌：『照得四民皆有執〔業〕、傭僱皆可營生。其不得已而流爲乞丐者，或年衰無靠，或孤幼無依，或廢殘而不能，或疾病而無餬口，其情寔屬可憐，其人亦不能滋事。至於年力強壯之人，正當自食其力，豈容遊惰自甘？乃閩省各属乞丐，強壯者居多，即省城亦頗不少，動輒三五成群，呼朋引類，散布於荒村圩市，聚處於岩洞廟亭。其中無賴強横之徒，又串通地保，舉充丐首，各分地段，名爲管束衆丐，其實〔朋〕比爲奸。遇有嫁娶慶弔等事，率衆索取花紅酒食，稍不遂欲，恣意強搶，甚至謀害丐夥以圖財、〔移〕取屍骸而嚇詐，無惡不作，难以枚舉，寔爲地方之害。乾隆四十八年，本院在汀漳龍道任内，有龍溪縣丐匪陳富、鄒金等，恃強擾害，當即督拿到案，將該犯等問發煙瘴地方充軍，併將丐首名目革除。詎日久該地丐首一項仍復爲惡。現如南靖縣丐首吴重等，見客民陳德覌娶妻回籍路由，勒索花紅不遂，輒致縱夥丐輪姦。業經本院提省審明，擬斬絞具奏，並陳明將丐首名色革除在案。此等惡丐者，不嚴拿重辦，何以儆奸宄而靖地方、除惡俗？地方文武嚴密查拿外，應出示嚴禁，併蒙發告示到縣。』

業經前縣飭行張掛，又蒙府憲飭行照抄多張，通貼在案。兹本縣莅任，接蒙前因，除理當嚴飭弁兵查拿外，合再示禁：『爲此示仰軍民人等知悉：爾等如有□□勾通地保□□□□示荒村圩市，藉端滋擾，併有年力強壯不法之匪丐游惰強乞者，立拿赴縣，以憑依法處治。本縣奉行辦理，意在速除惡丐，断不得爲姑寬。各宜凛遵毋違！特示。』

嘉慶元年八月初十日給發掛。

按：此碑現存南坑鎮村中村。

一五二一　重建登雲岩碑

貢生張火成、庠生林秉睿、國學生賴士濟、國學生李玉庭、國學生王國珍、國學生馮宗緒、國學生王國桂、國學生張鍾官、國學生曾尚仁、國學生王縉金、國學生王文元、鄉賓曾文洽、鄉賓王德俊、鄉賓王水官、鄉賓林講官、鄉賓黄盛苑、吴大舍、吴冷官、林協仁、林對官、施姜維、雙松公、莊杉客、王蒼啓、陳照官、徐蔽官、林旭官、王天時、黄閩官、黄仕波、黄錦官、黄欽禄、黄水桶、黄這官、黄雅暹、黄暮官、黄士瑾、黄葛舍、黄媽官、黄建舍、黄清源、黄福生、賴率舍、曾尚義、王獅舍、韓宗五、韓肯官、韓冷水、韓鈔官、馮文彬、馮亨時、王杖官、王潭水、李天在、李亦明、霸芳樓、沈川官、高經官、恒和号、協泰号、同舆号、永舆号、恒發号、日昇号、逢源号、萬振号、源舆号、陳成官、陳水舆、董海官、阮厥孝、張香官、陳萬山、郭映舆、楊蘋官、楊博厚、楊戩官、阮孝官、鄭衆官、張晚官、蔣士官、吴惠官、歐榮官、張井夘、廖有源、吴左右、陳燦官、陳北海、戴柄官、林信順、林附官、林將官、林台官、林芽官、張良芳、仁春号、合春舖、蔡慨官、林希官、林照官、林天錢各式元。

唱募：國學生石宗豪、庠生韓朝、鄉賓卓天福、林乃楓、佾生黄元長。

董事：鄉大賓韓宗奇、吴仕恭、王正芳、戴登科、康君烈、鄭如衡、黄盛福、黄騰雲、石性善、馮寧音、卓邦傑、韓文映、林克昌。

時嘉慶丙辰元年蒲月勒石。

按：此碑現存山城鎮六安村紫荊山登雲寺。

一五二二　朱文公祠地脈示禁碑

特調漳州府南靖縣正堂加三級沈，爲示諭遵守事：

據舉人林苑培等呈稱：『培等同山城総諸紳衿募建朱文公祠，歲時奉祀，並以爲讀書之所。經買過李家課田一段，受種子肆斗，址在錢坂保，土名木柵下。現未擇吉興工，誠恐村愚無知，恃強於前後左右預先盖屋、鑿池，損傷地脈。』等情到縣。據此，除批示外，合行示諭：『爲此示仰山城保約、民人等知悉：該處係各紳衿買過田地，建造朱文公祠，誠屬崇敬聖賢之舉，自應聽其盖造，以昭誠敬。凡有附近居民，毋許於朱公祠前後左右蓋屋、鑿池，損傷地脈。倘敢抗違，恃強盖築，一經紳衿呈，林苑〔培〕、保約施稟赴縣，定行按名查拘重處，並將所盖屋池立時拆毀，決不從寬，毋貽後悔！特示。』遵。右仰知悉。

嘉慶貳年伍月初四日給告示，發山城総錢坂保。

按：此碑現存山城鎮六安村錢坂廟，碑名爲編者加擬。

一五二三　寨嶺福壇重興牌記

寨嶺福壇，今將樂就捐題開刻于左：

欽賜登仕郎王德溪、庠生吴□□各捐銀壹員壹中。王郎观、蔡□观各二員。蔡□观、王在观、王□观、吴□观、王□观、蔡□观各壹員。王□观、王□观、王□观、王□□、王□观、蔡□观、王□观、王永观、王□观、柯江观、蔡观、蔡□观、王□观各壹中。王□观、王□观、林追观、王遠观、王汶观、王□观、蔡□观各□□。王□观、王恩观、王田观、蔡□观、王替观、王□观各三錢。

董事：蔡當信、王□观。

嘉慶丁巳年臘月穀旦立石。

按：此碑現存山城鎮翠眉村，碑名爲編者加擬。

一五二四　廟兜郭氏崇本堂碑記

蓋聞：祖澤之於人也，甚矣。我祖自前明泰邑而來，即營土堡於中埔山，原爲祠宇計，未就。别置大宗於秋風洋，我祖祀焉。而中埔山土堡風雨飄摇，大半傾圮。兹十五世孫國學元忠相時度勢，欲成先人志，議築祠宇，以祀五世祖，質証於余。予以爲此美事也，不可中止，遂邀十四世孫錫榮爲董事，使其子石斗協之。佈告族人，族皆嚮應，與事而先出費者二十多人。時耶？勢耶？祖宗之靈爽寔式憑焉。於是盖築祠宇兩進，崇祀以五吉祖爲尊，酌議入主規約，得主銀四百有奇，以償與事諸人。經始于嘉慶元年六月，告竣于是年九月，祠宇遂成而主入焉。

夫身爲先人後，而欲廢先人之業，過矣；身爲先人後，而不思成先人之志，亦過矣。數月之間，有堂翼然，妥先靈而修祀事，以治箕裘，差堪自慰。至于異日山川鍾秀，譜系奮興，俾昌俾熾，此又我祖之所留貽而爲後代子孫達亨衢也。爰開與事人數，勒之於石，以勸後人之當念祖云。

與事孫：日棟、錫郎、鎮益、宗榮、錫廷、其次、永昌、其逸、其婁、其對、東山、其念、承宗、其盛、端宗、文德、文穆、文定、文時、成品。

嘉慶貳年孟春穀旦，十五世孫庠生元莪敬撰。

按：此碑現存龍山鎮湧口村廟兜郭氏宗祠。

一五二五　簡氏東山祠碑記

僾見愾聞，祖宗之英靈如在；薦馨報德，孫子之孝敬宜誠。我東山祠，爲顯四世祖惟厚簡公妣蕭老孺人暨列祖妣棲真之宇也。昔憑煙户輪奉香茶，而其間究難畫一。今各房支裔隨量充租，湊成十餘石，擇嗣孫誠謹者寓祠，爲遞日香燈之資。庶香氣氤氲，燈光璨爛，而先祖之英靈永妥，後嗣之孝敬少伸焉。因將所充租碩悉勒諸石，以垂久遠云。

仲清公租壹石。仲貴公租伍斗。永山公租叁石。静山公租伍斗。東海公租叁斗。孟德公租壹石。東渠公租壹石。東明公租肆斗。東庄公租壹石。斗南公租伍斗。鼎台公租伍斗。位育公租伍斗。賡尉公租伍斗。賡安公租陸斗。君遴公租陸斗。巨勳公租伍斗。維子公租伍斗。翼忠公租弍斗。善長公租陸斗。鳳登公租伍斗。俊登公租伍斗。復亨公租伍斗。廷賓公租叁斗。茂生公租陸斗。元相公租弍斗。宜斌公租叁斗。悦千公租肆斗。濬洪公租弍斗。

大清嘉慶三年歲次戊午仲冬月穀旦，衆裔孫仝立。

按：此碑現存梅林鎮官洋村東山祠，碑名爲編者加擬。

一五二六　湧口吴氏翠峰堂碑記

肇基祖崇祀道山。越四世，永恭公建宗翠峰，惟有歷年。己未春，裔孫漢隆、培元、見章鳩族衆議重修，倡捐及起丁銀計壹千弍百有奇，不日竣事。雖賴孫謀，寔由祖德，勒石題名，以引勿替。

三房頭總理：培元、玉衡、見章。

存德公捐銀廿三員爲丁銀。存和公捐銀一百爲丁銀。存識公派丁銀二百十七員。存威公捐銀四十四員爲丁銀。彬器公捐銀十一大員。淑和公捐銀一員。大業公捐銀二大員。將興公捐銀六員。子珍公捐銀四員。以順公捐銀八員。崇面公捐銀三大員。廷葵公捐銀四員。聯香公捐銀一百十員。維翰公捐銀四十三員。六祚公捐銀三員。見麟公捐銀二員。瑞巍公捐銀二員。

十二世孫：國瑞捐銀廿二員。國球捐銀十一員。

十三世孫：天观捐銀一員半。鍾雲等捐銀四員。陣观捐銀一員半。鍾坐捐銀二員。天眷捐銀四員。

十四世孫：玉潤捐銀三大員。廷科捐銀二十六員。光智捐銀八大員。亢金捐銀一大員。玉山捐銀二大員。玉衡捐銀三大員。廷光兄弟捐銀十三員。漢隆捐銀四大員。廷傑捐銀一大員。漢鳳捐銀二大員。政观捐銀二大員。垂观

捐銀二大員。長青捐銀二大員。履中捐銀二大員。廷恭兄弟捐銀四大員。履素捐銀二大員。北观捐銀二大員。應和捐銀三大員。賞观捐銀二大員。奉观捐銀一大員。嘉路捐銀四大員。嘉德捐銀四大員。嘉帛捐銀四大員。嘉賓捐銀四大員。嘉仁捐銀四大員。潔生捐銀一大員。尚濬等捐銀三員。次房四捐銀二員。次房六捐銀二員。復之捐銀十七員。仕观捐銀三大員。申棖捐銀四大員。四猛捐銀四大員。未观捐銀四大員。五湖捐銀十一員。釉观捐銀二大員。

十五世孫：見章捐銀二十六員。維石捐銀一大員。長槐捐銀二大員。長林捐銀二十四員。明篤捐銀四大員。瑞鰲捐銀四十三員。緑樹捐銀五大員。祖龍捐銀一大員。長棖捐銀十三員。長椿捐銀八大員。碑等捐銀四大員。五才捐銀二大員。尚言捐銀十七員。德音捐銀二大員。百穀捐銀一大員。靖观捐銀二大員。翁亭捐銀二大員。志高捐銀六大員。厚观捐銀二大員。在我捐銀二大員。冷观捐銀二大員。畝观捐銀六大員。住观捐銀二大員。深观捐銀二大員。深□捐銀二大員。偉生捐銀二大員。燕居捐銀四大員。聘观捐銀六大員。園观捐銀九大員。眼生捐銀二大員。朝光捐銀二大員。光願捐銀三大員。管子捐銀一大員半。集成捐銀三大員。陸观捐銀一大員。大观捐銀二大員。柱观捐銀一大員。滄观捐銀一員半。

十六世孫：雙啓等捐銀二員。耶观捐銀一大員。昌吉捐銀四大員。秉權捐銀六大員。剪观捐銀二大員。盼观捐銀二大員。國禎捐銀四大員。丹观捐銀六大員。佐观捐銀二大員。等房捐銀八大員。轉观捐銀三大員。離拱捐銀一大員。佐甫捐銀一大員。國香捐銀十大員。英垂捐銀十三員。彩观捐銀二大員。元吉等捐銀二員。元素捐銀十三員。科甲捐銀四大員。沛观捐銀六大員。天德捐銀十二員。孔文捐銀二大員。鎮圭捐銀四大員。士圭捐銀四大員。掄元捐銀四大員。國馨捐銀十大員。添送捐銀四大員。成章捐銀二大員。自盛捐銀二大員。竹生捐銀二大員。三潮捐銀一大員。振成捐銀一大員。振元捐銀四大員。鎮宗捐銀一大員。含□捐銀一大員。

十七世孫：殿魁捐銀二大員。瑞观捐銀二大員。毛观捐銀二大員。萬選捐銀四大員。奕然捐銀二大員。備生捐銀二大員。薦生捐銀四大員。

十八世標捐銀二員。十六世□捐銀二員。

董事：培元、光智、玉衡、漢鳳、見章、明篤、昌吉、翁亭、國禎、國香、掄元、英垂、臏生。

嘉慶伍年陸月榖旦立。

按：此碑現存龍山鎮湧口村吴氏翠峰堂，碑名爲編者加擬。

一五二七　嚴禁横丐盜風憲示碑

特調福建漳州府加四級紀録五次景，爲嚴禁横丐盜風以安良善事：

〈上缺〉緣保民陳、吕、黄、吴等，住居南靖縣沙総熱水鄉，僉呈：『僻處山陬，上通岩平，下達□溪，屢屢有生面横丐壯夫，三五成群，聚宿廟宇，日則排門肆乞，討升討斗。不遂其乞，撞門打户，竊雞盜犬，破額碎顱，驚駭婦女。日尋路徑，秉夜横偷。甚至毒死丐子，賴騙、搶掠、勒贖。屢投丐首，方□故□，不法已極。而丐首包灶米花紅，實屬難堪〈下缺〉除批示外，合行給示：『爲此示仰〈下缺〉嚴禁趕逐，本府言出法隨。且丐首再行□丐，被保民□告，嚴拘重懲，保民爾等灶米花紅免給。如有横丐壯夫案盜，籍入丐夥；如敢仍前三五成群聚宿廟宇、排門肆乞，許耆老等速即拿解赴府，嚴懲究治，再無輕恕。毋違！特示。』

嘉慶伍年七月　日給。

按：此碑現存和溪鎮月水村土地廟，碑名爲編者加擬。

一五二八　重興惠濟廟題捐碑

重興惠濟廟，謹將捐銀姓名開列：

信士陳□捐銀弍元二錢二分。車□捐銀弍元二錢二分。吴□捐銀弍元二錢二分。

陳占捐艮三十二元二錢。車又奇捐艮三十一元二錢。陳培捐艮二十一元二錢。吳恭捐艮二十元一錢。吳□捐艮十四元六錢。登仕郎陳勳捐艮十二元六錢。陳和捐艮十二元二錢。吳愷捐艮十元四錢。陳涵捐艮十元二錢。陳廣捐艮十元二錢。陳東捐艮十元二錢。陳□捐艮八元六錢。陳□捐艮八元四錢。陳□捐艮八元四錢。陳眉捐艮八元二錢。陳□捐艮七元四分。陳□捐艮六元六錢。陳堅捐艮六元四錢。□龍捐艮六元二錢。車能捐艮六元二分。車□捐艮六元一分。吳□捐艮六元一分。楊□捐艮六元一分。陳□捐艮五元四分。楊□捐艮四元六錢。吳□捐艮四元六錢。楊混捐艮四元六錢。陳□捐艮四元六錢。吳□捐艮四元四錢。吳勇捐艮四元四錢。陳忠捐艮四元四錢。楊潔捐艮四元四錢。楊修捐艮四元四錢。楊色捐艮四元二錢。陳藉捐艮四元三錢。車治捐艮四元二錢。陳□捐艮四元二錢。陳茂捐艮四元二錢。楊□捐艮三元六錢。楊□捐艮三元四錢。楊□捐艮三元三錢。車□捐艮三元二錢。車□捐艮三元二錢。車□捐艮二元六錢。車□捐艮二元四錢。車□捐艮二元四錢。吳□捐艮二元四錢。車□捐艮二元四錢。車□捐艮二元四錢。陳□捐艮三元。吳文才捐艮二元四錢。吳□捐艮二元四錢。陳□捐艮二兩二錢。吳濳捐艮二元二錢。車□捐艮二元二錢。陳益捐艮二元二錢。陳□捐艮二元二錢。吳□捐艮二元二錢。吳□捐艮二元二錢。吳□捐艮二元二錢。楊□捐艮二元二錢。吳□捐艮二元二錢。車□捐艮二元二錢。陳高捐艮二元二錢。陳□捐艮二元二錢。吳才捐艮二元二錢。陳□捐艮二元二錢。□寮捐艮二元四分。吳乹捐艮二元一分。車□捐艮二元一分。吳□捐艮一元一錢。潘辦捐艮一元六錢。陳□捐艮一元六錢。□□捐艮一元六錢。吳晏捐艮一元四錢。車於捐艮一元四錢。車胡捐艮一元四錢。吳然捐艮一元四錢。車仕捐艮一元四錢。吳□捐艮一元四錢。楊□捐艮一元四錢。車□捐艮一元二錢。潘夫捐艮一元二錢。車口捐艮一元四錢。車□捐艮一元一錢。車□捐艮一元一錢。吳奉捐艮一元。楊□捐艮一元。楊□捐艮一元。楊□捐艮一元。吳梅捐艮一元。吳浮捐艮六錢。楊夘捐艮四錢六分。吳□捐艮四錢六分。吳□捐艮四錢。吳參捐艮三錢三分。吳曲捐艮三錢三分。楊山捐艮三錢二分。陳估捐艮二錢二分。

吳德捐三界亭一座。陳占彩畫中楹。陳培彩畫邊通。吳□彩畫大通。

嘉慶六年十月穀旦立。

按：此碑現存龍山鎮西山村惠濟廟，碑名爲編者加擬。

一五二九　保護雲溪岩憲示碑

署福建漳州府正堂加五級紀録十次馮，爲嵎族肆横、神人受殃等事：

嘉慶八年四月二十五日，據南靖縣雲溪岩住持僧佛賜赴府呈稱：『師祖僧大仰派衍開元寺，分燈在郡城西南郊外圓山之麓，地屬靖轄，壤接溪界，創建雲溪岩一座，奉佛焚修。康熙年間，前道憲陳大人監察斯土，與師祖交遊。旋值海氛，郡城被圍，前憲合門殉節，遺孤、夫人諒、汝器被掠海外。師祖情切交誼，盡變産業，渡海尋回。承恩除授江南巡撫，蒙將合門殉難忠烈碑書神位，立祀岩中供置。官渡于南靖河下渡頭，濟渡行人，月取舵工船税三百文，爲先賢歲時祭祀之資，歷世住持僧崇祀無異。前後左右，栽培松竹什木以爲岩蔭，耕種五穀蔬菜聊給饔飧。但岩地交界溪轄，屢被附近溪民倚恃嵎族，强横欺凌，僧弱莫何。不時糾夥越境，或强砍蔭木，或横竊穀菜。欲獲解則貧僧寡弱，不敵嵎族衆强；欲隱忍則岩蔭齋糧，難堪殘砍採竊。合亟抄粘先賢遺據，叩乞俯念斯岩，出示嚴禁，俾得保護庇蔭。』等情。

據此，查陳前憲監察汀漳，康熙十三年變起逆藩，從容自縊，妻女婢妾同殉難者二十餘人。大節英風，名昭千古，則靈爽式憑之處，當共凛甘棠勿伐之思，豈容縱岩蔭齋糧屢遭砍竊？除飭差訪拏外，合亟出示嚴禁：『爲此示仰溪處各社族房士庶人等知悉：嗣後當知忠魂所寄之地，各宜保護尊崇。如有冥頑不靈，强砍蔭木，膽敢抗違，縣具禀以憑拘究，决不寬恕！』

清嘉慶八年五月十一日給，實貼雲溪岩曉諭。

按：此碑原在靖城鎮滄溪村三道亭，已佚，碑文見於南靖石刻集第六五頁。

一五三〇　吴氏宗祠重興碑記

蓋聞：明德之後，必有遠人。我姻祖廷科，報本追遠，念念不忘，常述其高祖彬潤公樂善好施，閭里咸稱道焉。余遡其培蘭毓桂，寔繁有徒；創建宗祠，亦得其所。但歷年久遠，未免廢墜。嘉慶甲子秋，姻祖鳩其姪孫，捐銀重興，歡欣鼓舞，不數月而告竣。余欽其舉，爰爲之記。

姻姪孫王國昌盥手拜撰。

彬潤公捐銀伍拾大員。十四世孫恩科捐銀柒拾肆大員。十五世孫樹賢捐銀陸大員、樹哲捐銀拾弍大員、樹業捐銀叁拾陸大員、樹安捐銀拾壹大員、元吉捐銀肆大員。十六世孫焕耀捐銀弍大員、長江捐銀弍大員。

嘉慶玖年菊月吉旦。

按：此碑現存龍山鎮湧口村吴氏崇本堂，碑名爲編者加擬。

一五三一　重修長興堂題捐碑

竊惟聖朝以社稷爲重，鄉閭以廟宇爲尊。我等祖居迎富，自古建立長㒷堂，世祀明禋，聖靈赫濯，弘功普濟，庶户咸濡。兹逢太和，捐資重修。仍舊整理，永享幽冥之妥；同心協力，共敦和睦之風。祈于斯而報于斯，歲無恙，民亦無恙耶！神喜人歡，而福澤綿長矣。

謹將衆信姓氏花名開列于左：

貢生游青雲捐銀二十中員。游文串捐銀二十中員。游文長捐銀十六中員。國子游清琦捐銀十四中員。鄉耆游鳳苑捐銀十二中員。游達吉捐銀六中員。游達恂捐銀六中員。國子游植桂捐銀六中員。國子游清香捐銀六中員。國子游應昇捐銀六中員。游克昌捐銀六中員。游文□捐銀六中員。游文勳捐銀六中員。游士櫃捐銀六中員。游文款捐銀

五中員。游士存捐銀五中員。董事游達煥捐銀四中員。游達齊捐銀四中員。鄉耆游瑞雲捐銀四中員。游達復捐銀四中員。游達宙捐銀四中員。游文向捐銀四中員。游文映捐銀四中員。游宗正捐銀四中員。游文忠捐銀四中員。游文綴捐銀四中員。游文濂捐銀四中員。國斈游經邦捐銀四中員。游士暄捐銀四中員。游士東捐銀四中員。游文綑捐銀四中員。游達恤捐銀三中員。游顯徑捐銀三中員。鄉耆游文達捐銀三中員。游文荼捐銀三中員。游文鮮捐銀三中員。游文粹捐銀三中員。游文惠捐銀三中員。游士左捐銀三中員。

游士埒捐銀二中員。吳士底捐銀二中員。游士勗捐銀二中員。游士迁捐銀二中員。游應和捐銀二中員。游啟珠捐銀二中員。鄒士豹捐銀二中員。游達超捐銀二中員。游顯溪捐銀二中員。鄉耆游瑞鳳捐銀二中員。游達□捐銀二中員。游達悻捐銀二中員。游達並捐銀二中員。游水湛捐銀二中員。游達賽捐銀二中員。游達斉捐銀二中員。游達□捐銀二中員。游達質捐銀二中員。游達德捐銀二中員。國斈游观瀾捐銀二中員。鄉耆游元考捐銀二中員。鄉耆游高□捐銀二中員。鄉耆游文奪捐銀二中員。游文蟾捐銀二中員。游文藻捐銀二中員。鄉耆游高圪捐銀二中員。游文輝捐銀二中員。游文旦捐銀二中員。游文□捐銀二中員。游文□捐銀二中員。游顯察捐銀二中員。游文帖捐銀二中員。游文著捐銀二中員。游文□捐銀二中員。游吴爔捐銀二中員。游文衆捐銀二中員。游光爍捐銀二中員。游光□捐銀二中員。游文世捐銀二中員。游文景捐銀二中員。游吴爵捐銀二中員。游文律捐銀二中員。游文誨捐銀二中員。游文捷捐銀二中員。游文□捐銀二中員。游文勸捐銀二中員。游徽音捐銀二中員。游士溪捐銀二中員。游士攀捐銀二中員。游世碓捐銀二中員。游奐宗捐銀二中員。游世超捐銀二中員。國斈游士俊捐銀二中員。游士□捐銀二中員。游士渺捐銀二中員。

游顯江捐銀一中員。游顯□捐銀一中員。游顯孝捐銀一中員。游顯榕捐銀一中員。游顯傍捐銀一中員。鄉耆游吴龍捐銀一中員。游達蔡捐銀一中員。貢生游達楓捐銀一中員。游達世捐銀一中員。游達送捐銀一中員。游達荼捐銀一中員。游達通捐銀一中員。游達勸捐銀一中員。游達梓捐銀一中員。游達草捐銀一中員。游達撮捐銀一中員。

游顯佑捐銀一中員。游高□捐銀一中員。游文雷捐銀一中員。游文發捐銀一中員。游文化捐銀一中員。游文援捐銀一中員。游文□捐銀一中員。游文包捐銀一中員。游文儒捐銀一中員。游文樓捐銀一中員。游文□捐銀一中員。游文助捐銀一中員。游文山捐銀一中員。游文談捐銀一中員。游文杖捐銀一中員。游天降捐銀一中員。游文房捐銀一中員。游文金捐銀一中員。游文燦捐銀一中員。游文才捐銀一中員。游文盛捐銀一中員。游光牌捐銀一中員。游文基捐銀一中員。游元翕捐銀一中員。游文□捐銀一中員。游文若捐銀一中員。游文讓捐銀一中員。游文冷捐銀一中員。游文秋捐銀一中員。游文契捐銀一中員。游石草捐銀一中員。游文綢捐銀一中員。游文提捐銀一中員。游文晏捐銀一中員。游士鉄捐銀一中員。游士休捐銀一中員。游士□捐銀一中員。游士雙捐銀一中員。游士潔捐銀一中員。游士槎捐銀一中員。游士□捐銀一中員。游士曝捐銀一中員。游士鍾捐銀一中員。游顯琪捐銀一中員。游士山捐銀一中員。游士爐捐銀一中員。游士音捐銀一中員。游達象捐銀一中員。游達悦捐銀一中員。游房海捐銀一中員。游士水捐銀一中員。游士北捐銀一中員。游士淺捐銀一中員。游士渊捐銀一中員。周士舜捐銀一中員。游□□捐銀一中員。游□□捐銀一中員。游□坂捐銀一中員。游□渊捐銀一中員。游鍾奇捐銀一中員。游啟□捐銀一中員。游士□捐銀一中員。游文撮捐銀一中員。游士蘇捐銀一中員。

嘉慶甲子年花月吉旦。

按：此碑現存和溪鎮迎富村長興堂，碑名爲編者加擬。

一五三二　鴻坪田墩壹甲捐銀重興牌記

鄉大賓馮維家捐銀四十四員。信士馮臣观捐銀拾柒員，又錢壹百八十文。鄉大賓馮維信捐銀拾柒員，又錢壹百八十文。信士馮□观捐銀拾柒員，又錢壹百八十文。馮這观捐銀拾伍員，又錢八十文。馮湛观捐銀十四員。馮芳观、馮□观、馮周观各捐銀柒員，又銀五錢。馮□观出銀弍員，又錢三百文。信士馮近观、馮倩观、馮萬观、馮鶴观各

出銀六員，又錢三百文。馮川观出銀三員，又錢四百九十文。信士陳忠观捐銀拾叁員。陳張观捐銀式大員。陳□观捐銀壹大員。□观、科观各出艮四員，又錢二百文。朋观、旺观、賀观各艮三員，又錢壹百五十文。馮隨观、香观、永观、□观、山观、曲观各艮式員，又錢壹百文。曲观□□艮半員。均观、共观、月观、殿观、六观、獺观、望观、賀观各艮式員，又錢九十文。馮協观、前观、贊观、燕观、馮容观、潮观、架观、禀观、茂观、盛观、寮观、煌观、□观、□观、花观、安观、邑观、沉观、□观、兵观、赤观、劍观、陳观、朝观、肅观各捐艮壹員半，又錢七十五文。□观、三观、門观、冊观、□观、□观、□观、松观、玉观、浪观、串观、巴观、巺观、□观、依观、□观、聯观、□观、馮□观各出艮壹員，又錢五十文。婆观、蟬观、馮帕观、契观、全观、潤观、孟观、异观、位观、樟观、□观、縱观、柱观、□观、超观各艮壹員，又錢五十文。

嘉慶拾壹年葭月。董事：馮□□、章观、□□、□□、芳观、□观、□观、□观。住僧□□。

按：此碑現存山城鎮鴻坪村水朝宮。

一五三三　重修霞徑庵式甲徑山捐銀牌記

信士鄉賓韓祥捐艮三十員。鄉賓韓振捐艮十員半。韓然捐艮十員半。韓忸捐艮十員半。韓萬捐艮十員。韓謁捐艮九員又錢二百。韓銑捐艮八員。韓侃捐艮八員。韓阜捐艮八員。韓泮捐艮七員。韓□艮六員。韓頗艮五員又錢八十。韓洒艮四員又錢四百。戴禄艮四員又錢四百。韓俟艮三員半。韓淮艮三員半。韓耀艮三員半。韓佐艮式員又錢式百。韓全艮式員又錢式百。韓洛艮式員又錢式百。韓秀艮式員又錢□□。韓奔艮式員。韓壬艮壹員又錢四百伍十。韓棕艮壹員又錢四百。韓拔、韓表、韓縱、韓同、韓千、韓炭、韓党、韓澤、韓慶、韓探、韓雄、韓定、韓躍、韓評、韓見、韓重、韓□、韓從、韓鈁、韓廚、韓煌、韓石、韓□壹員又錢四百。

董事：韓艮、韓茂、韓懷。

按：此碑現存山城鎮鴻坪村水朝宫。

一五三四　鴻邊水朝宫三甲捐銀重興牌記

信士：馮紹德捐艮叁拾捌員。馮欣觀捐艮叁拾大員。馮能觀捐艮式拾柒員。蔡沓觀捐艮拾伍大員。蔡面觀捐艮拾伍大員。馮魚觀捐艮拾式大員。蔡德觀捐艮拾一大員。馮腔觀捐艮拾大員。馮泉觀捐艮拾大員。馮長興捐艮拾大員。馮長□捐艮八大員。馮長泰捐艮八大員。馮雲沖捐艮八大員。馮巍觀捐艮七大員。馮陸觀捐艮七大員。馮肯觀捐艮七大員。馮三觀捐艮七大員。蔡炎觀捐艮五大員。馮兩觀捐艮五大員。馮重觀捐艮四大員。馮允觀捐艮四大員。馮志觀捐艮四大員。蔡來觀捐艮四大員。蔡溪觀捐艮四大員。馮坤觀捐艮三員半。馮嘉觀捐艮三大員。馮妍觀捐艮三大員。馮飽觀捐艮三大員。馮有觀捐艮三大員。蔡蔭觀捐艮三大員。馮斗觀捐艮三大員。蔡鹿觀捐艮三大員。陳遠觀捐艮式大員。馮曉觀捐艮式大員。馮放觀捐艮式員。馮促觀捐艮式員。

馮根觀、馮諒觀、馮壯觀、馮成觀、馮助觀、馮□觀、馮心觀、馮賓觀、馮苟觀、馮□觀、陳石觀、蔡不觀、馮必觀、馮賤觀、馮汜觀、馮日觀各出艮式大員。馮峩觀、玭觀、填觀、注觀、謗觀、東觀、鎮觀、南觀、瑞觀、昌觀、滾觀、澤觀、兵觀、崔觀、利觀各出艮式大員。馮拔觀、馮般觀、馮定觀、蔡贊觀、馮應觀、馮募觀、馮才觀、馮俊觀、馮各觀、馮詩觀、馮梁觀、醬觀、馮騰觀、馮火觀、馮占觀各出艮一員半。陳不觀、馮流觀、馮念觀、馮蝦觀、馮竹觀、蔡謀觀、蔡溪觀、馮真觀、馮□觀、楊鶴觀、馮□觀、馮車觀、馮□觀各出艮一員。

嘉慶十一年葭月。董事：馮仁觀、馮杖觀。

按：此碑現存山城鎮鴻坪村水朝宫。

一五三五　萬善壇蔭園示禁碑

署南靖縣正堂加十級紀録十次唐，爲毁滅蔭園、懇恩示禁以恤幽魂事：

准前縣李移交：本年十一月二十日，據梅林總坂寮社劉姓生監等以『承祖建築無嗣壇壹所，石勒「萬善壇」字樣，坐址坂寮社口溪心埧，週圍栽種松木以爲壇蔭，遞年致祭，歷經百餘載無異。近因何方棍徒謀佔，黑夜毁滅殘砍。劉姓等欲再修理，恐被復滅，切具』等情赴縣懇示。據此，除批示外，合行示禁：『爲此示仰該總軍民人等知悉：爾等嗣後務須各安本分，於無嗣壇界内，毋得有毁滅殘砍等弊。如有抗違不遵，一經察出，或被告發，定行嚴拏究辦。毋違！特示。』

嘉慶十一年十二月十五日給告示。

按：此碑現存書洋鎮下版寮村水尾庵外溪心埧（俗稱鯉鱼埧），碑名爲編者加擬。

一五三六　磜頭鄉山林禁約碑

爲嚴禁山林以全保障事：我磜頭鄉上下二村中間福興堂前，係一派山林，实一鄉之風門水口。昔嘗植山林於此，所以補缺障空，茂盛則受福，傷殘則受害。近來無知之輩，任意砍伐，貽害不淺。茲合鄉公議，勒石嚴禁。自此以後，永不許盜砍伐，如違即依法懲治。謹列規條於左。〈下缺〉

嘉慶戊辰春，福興堂衆姓仝立。

按：此碑未見，碑文見於梅林磜頭董氏族譜，碑名爲編者加擬。

一五三七　大廟佛祖廟重修碑記

武廟，自國都、郡邑至於市鎮里閭，莫不尊崇禋祀。我山城乃七邑名區，四省通衢，建廟以來二百餘載，屢遭水患，疊次修葺。辛丑至今三十載，又多傾圮。住僧妙吉爰請同人募捐，諸紳士善信樂助，己巳秋季鳩工，及庚午孟冬告厥成功，並修觀音佛祖廟，俱皆儼然壯觀。由是立石，以垂功德於永遠云爾。

一等海澄公散秩大臣黄嘉謨捐銀拾二大元。

南靖縣永豐分司、江右昭萍文捐銀拾弍元。山城課館、江蘇陸隱山捐銀陸元。漳鎮中營左司山城汛、世襲恩騎尉黄捐銀陸元，漳鎮中營左司山城汛張捐銀捌元。元湖韓正春公捐銀叁拾弍元。張琴觀灰壹千斤，黄在觀灰六百斤。

鄉進士黄加賢銀弍拾四元。歲進士張貞和銀弍拾四元。太學生張元禮銀弍拾四元。太學黄元魁銀弍拾四元。太學生林志和銀弍拾四元。煙棧高聯盛銀弍拾四元。協春銀弍拾四元。玉芝銀弍拾四元。

歲進士劉化鵷銀拾八元。餉當吉春銀拾八元。宗春銀拾八元。琦豐銀拾八元。大有銀拾八元。長春銀拾八元。春昌銀拾八元。糖房捷春銀拾八元。益源銀拾八元。合昌銀拾八元。太學生黄屏達銀拾六元。慶瑞銀拾六元。

南川銀拾二元。益興銀拾二元。太學生陳鄉黨銀拾二元。布莊沈協和銀拾二元。源源號銀拾二元。沈協成銀拾二元。酒庫卓遜賢銀拾二元。恆源銀拾二元。龜洋衆杉客銀拾二元。鄭利用捐銀拾二元。國學生蔡秀南捐銀拾二元。

太學生劉國傑、太學生高維培、太學生張有芳、劉振發、峰山、沈德川、恆茂、成美、怡茂、吉利、大德各捐銀拾元。太學生張志元、集茂、林填觀、黄長發、劉士鳳各捐銀八元。金觀捐銀柒元。

庠生張春芳、太學生張家煌、太學生余光廷、張貞禧、李輝朝、黄元義、得順、滾源、張元吉、劉萬山、劉崇山、劉合盛、劉滿州、劉茂興、劉祥盛、孫振精、張國明、宋信、德豐各六元。黄德貞、恒勝、怡豐、許英龍、豐山、六合、德義、振豐、聯發、萬發、黄漳順、嚴宗觀各六元。沈長興、永興、王和成、萬益、瑞隆、議隆、韓集

煥、王威合、源盛、隆盛、榮盛、興茂、春和、豐泰、康振興各五元。

張興彩、瑞靈、永興、梅岩、石得林、和興、宜有、捷陞、聯成、林和利、源發、黃蠶興、豐隆、義合、義獅舖、石雙觀、連順、劉□觀、林協興、益茂、益興、□岩各捐銀四元。林契觀、瑞川、合隆、協成、李良盛、淡成、源泰、芳源、協源、陳北海、莊強觀、莊有麟、漳成、茂盛、姚舜儀、沈清忠各銀四元。簡三種、王金水、書山館、莊石欽、莊煥然、謝天奇、謝廌觀、黃材觀各捐銀四元。馮大亨、全安、益隆、崇茂、合山、振源、永興各三元。陳瑞盛、王和發、勝霞、寶春、鳴鳳、步雲、王源盛、劉利觀、簡淵觀、永成、源利、同瑞、勝盛各三元。

黃英才、源春、黃聲遠、萬順、協盛、王國盛、王義興、茂興、長義、黃魁觀、謝梅觀、郭捷興、恆陞、王豐源、協成、□春、太學生張亨□、韓□□、韓□觀、韓騰觀、韓潭觀、韓德觀、馮捉觀、馮振榮、馮文旦、馮奇文、馮□觀、馮寧觀、順源號、吴際昌、福安、芝山、協發、振成、金英、隆茂、隆興、黃乹金、簡鍾觀、長盛、協盛、合源、協興、仁生堂、黃當合、茂利、茂山、合振、芳茂、日蓋居、張合興、仁春堂、吴福隆、林□鳳、振德、聚興、和利、豐盛、順德、協春、黃絹觀、楊三恩、新豐、寶盛、惠隆、協泰、協信、黃協源、石國仕、孟春堂、春元堂、豐源、益興、長興、隆興、萬興、永合興、永興各二元。

二佛祖，陸隱山敬粧。三界公，太學生劉國傑、韓集煥仝敬粧。大周爺，衛守禦正堂張俊傑（敬粧）。

嘉慶拾伍年。

董事：鄉進士林苑培、歲進士張長勳、歲進士蔡逢義、國學生張亨豫、劉國傑、黃德貞、韓集元、韓集煥。

按：此碑現存山城鎮大廟口南靖武廟。

一五三八　山城汛兵防寨記

漳鎮中營山城汛左司黃捐銀六大元。南靖縣山城課館捐銀四元。歲進士黃元修捐銀十二元。馮文旦覌捐銀六大

元。王永成观捐銀六大元。馮元水观捐銀六大元。太學生張亨豫捐銀四大元。太學生張継祖捐銀四大元。太學生蔡明淟派捐銀三元。大典當舖共捐銀七大元。

歲進士張騰青、歲進士張長勳、太學生林棟观、太學生黄嘉亨、太學生張長策、鄉耆黄良玉、馮振榮、石德林、黄金爵、王詠观、卓遜賢、恆茂號、沈協成、沈協和、大德號、萬成號、益源號、林協成、黄萬合、高聯盛、怡茂號各二元。萬協號、振發號、滾源號各一元半。太學生余廷光、黄元智、劉建盛、江西陳錦福、韓七观、韓四观、韓泮水、恆勝號、合源號、王步月、聯茂號、王大金、綿成號、黄萍舍、韓子皮、王合兴、德泰號、黄華观、陳沂观、韓執奎、張和兴、建昌號、慶瑞號、茂兴號、馮能观、成美號、仁壽堂、德義號、馮悦观、馮嚴观、馮杉观、林乹观、綿發号、捷春号、協隆号、恆源号、怡豐号、和成号、協春号、隆兴号、協成号、仁兴号、合成号、協兴号、和兴号、益豐号、益兴号、淡成号、和發号、德順号各一元。

嘉慶十六年辛未四月吉旦立。

按：此碑現存山城鎮六安村紫荆山兵防寨。

一五三九　遇雨祠碑記

紫荆山松樹之側，有本社土地神座，真靈驗也。歲庚午四月上旬，因旱祈雨，有永豐司文公、山城汛張公，率同鄉人等虔求關帝廟，卜以請禱之處，即示往紫荆山龍井爲宜。是日也，諸公至此，即遇甘霖大沛，趨至樹下避雨，文公即許爲興修『遇雨祠』，以酬神貺。令□□等敬理其事，叩請神示准否？又蒙示准修。今已擇吉安座，伏望神靈永垂默佑焉。爲是記。

署南靖縣永豐司、江右文順捐銀拾員。前署山城汛、雲霄張陞高捐銀肆員。世襲恩騎尉鄭武興捐銀弍大員。黄姓出水公祖山銀弍員。恩榮族正韓集纔、太學生韓集琮、董事韓集煥、韓玉香、韓振芳、韓振論、韓集枝、韓集龍、

韓柏觀，共捐銀拾弍大元。

嘉慶十六年四月　日立。

按：此碑現存山城鎮元湖村西南雨仙洞外遇雨祠。

一五四〇　重興李洋廟碑記

嘗聞：神者，社稷之主也；神爲人所尊崇，人亦賴神而庇蔭。《詩》云『赫殸濯靈』『神之格不可度』，孔子曰『祭則受福』『祭神神扗』，大矣哉！洋洋在上，神之德其盛矣乎！我李洋廟，敬祀趙將軍、列位尊神香火，英靈由來久矣。承先人之規模舊址，爰鳩衆改换昌更新，丹誠建築，户口同心，喜捐協力。一旦廟宇興隆，輪奐可觀。所謂『有其舉之，莫敢廢焉』，『經之營之，不日成之』。謹將喜捐樂助諸姓名臚列於後，僉謀録石，以垂久遠耳。

候選同知吴天德公樂輪廟地，又喜捐中樑壹枝，又捐銀貳大圓。

太學生吴國馨捐銀肆拾陸大圓。吴充誾捐銀肆拾陸大圓。庠生吴國香捐銀壹拾柒大圓。信士吴天祐捐銀壹拾陸大圓。吴宰观捐銀壹拾壹大圓。吴振奇捐銀玖大圓。吴振少、振□仝捐銀玖大圓。吴思齊捐銀捌大圓。吴臼观捐銀陸大圓。吴振杰捐銀伍大圓。吴申棖捐銀四大圓。吴哲观捐銀四大圓。吴四丕捐銀四大圓。吴陸甲捐銀四大圓。登仕郎吴百穀捐銀四大圓。吴光遠謝廟前匾、捐銀四大圓。吴放观捐銀叁大圓。吴振華捐銀叁大圓。吴振□捐銀叁大圓。吴應見捐銀叁大圓。吴振桂捐銀叁大圓。吴四然捐銀叁大圓。吴善观捐銀弍大圓。吴位观捐銀弍大圓。吴權观捐銀弍大圓。吴集观捐銀弍大圓。吴振□捐銀弍大圓。吴振世捐銀弍大圓。吴清河捐銀弍大圓。吴光劉捐銀弍大圓。吴石水捐銀弍大圓。吴虎生捐銀弍大圓。吴光龍捐銀弍大圓。吴光漢捐銀弍大圓。吴坑观捐銀壹大圓。鄧通观捐銀壹大圓。陳虎观捐銀壹大圓。吴江观捐銀壹大圓。吴愷观捐銀壹大圓。吴珍观捐銀壹大圓。吴向观捐銀壹大圓。吴□观捐銀壹大圓。吴訪观捐銀壹大圓。吴時隆捐銀壹大圓。吴時泰捐銀壹大圓。吴慎观捐銀壹大圓。吴三通捐銀壹

大圓。吴三印捐銀壹大圓。吴大生捐銀壹大圓。吴志光捐銀壹大圓。鄭□观捐銀壹大圓。庠生吴殿魁捐銀壹大圓。太學生吴殿登捐銀壹大圓。吴揚賜捐銀壹大圓。鄧花观捐銀壹大圓。吴長□捐銀壹大圓。吴玉□捐銀壹大圓。吴鳴鐘捐銀壹大圓。吴應用捐銀壹大圓。吴自強捐銀壹大圓。鄧泉观捐銀壹大圓。吴應翰捐銀壹大圓。吴□郎捐銀壹大圓。吴九□捐銀壹大圓。鄧□观捐銀壹大圓。陳旺观捐銀壹大圓。鄧□观捐銀壹大圓。吴芳□捐銀壹大圓。吴太□捐銀壹大圓。吴天德公捐銀壹中圓。

興廟理事：吴振少、吴□根、吴振成、吴光劉。

大清嘉慶辛未拾陸年葭月吉旦立，弟子吴天□敬書。

按：此碑現存龍山鎮湧北村李洋廟，碑名爲編者加擬。

一五四一　重興周濂溪先生祠捐銀碑記

賜進士出身、特授南靖縣正堂太老爺劉朝祚捐銀伍拾兩整。

緱街候選直隸州左堂王太平捐銀拾弍大員。南靖縣學正堂趙鑑捐銀陸員。署永豐司駱周廌捐銀弍員。馬坪文林郎許筠亭捐銀肆員。南靖縣學副堂何天衢捐銀拾員。水潮副総爺陳高捐銀弍員。春雅劉永貴捐銀叁拾大員。都美盧國派捐銀弍拾大員。緱街監生王化鵬銀拾捌員、監生王啟明捐銀拾捌員。佈下陳隱齋派捐銀拾陸員。竹員監生陳玉璣銀拾肆員。院前徐登甲派仕琛、覲顯、緱街生員王提銀拾弍員。山城生員張國安銀拾弍員。硿盤陳盤峰派捐銀拾弍員。上苑監生黄國治銀拾弍員。碧溪吴碧溪捐銀拾弍員。海宇江維永派捐銀拾弍員。平林戴乹諒派捐銀拾弍員。南安陳曷舍捐銀拾弍大員。船場監生余季水銀拾弍員。湧江貢生吴克敬捐銀拾員。尚寨監生吴志宏捐銀拾員。坑口黄累奕、百原捐銀拾員。鳳安陳虔派捐銀捌大員。山邊監生張建章捐銀捌員。

竹員貢生陳芳智、過橋生員蔣桂、尚寨監生吴瑾元、監生吴英義、監生吴鶴書、吴汝東、緱街監生王魁、鄭店

監生楊文山、監生楊文鋭、象溪監生沈英亮、黄竹坑監生沈萬全、黄竹坑監生沈善長、黄竹坑監生潘宣仁、山苑監生戴顕彰、戴春山、珊圖劉均保、埔芳蔡時仁、南坑張揚壽、龜洋莊必文、霞庄鄭樹藝，以上各捐銀陸員。

春雅舉人劉子京、后楼舉人劉志馨、山城舉人黄嘉賢、湧江舉人吴拔元、田墩舉人吴捷元、山城生員蔡開瑞、生員蔡廷標、生員張立朝、監生黄秉達、玉峰生員韓廷圭、竹員生員陳廷駿、監生陳高璽、湧江生員吴時升、溪野生員吴世道、龍峰監生魏天嘉、緱街監生王瑞珠、監生王溥仁、尚寨監生吴遜恭、天鑒監生戴文政、銅田陳光景、上苑監生黄超宗、黄芳梁、馬坪許侃齋、天鑒戴暮春、程溪葉爲檼、塔潭歐陽添爵、墨埸戴振宇、和溪林華新、硿湖福德廟、縣内馮德壽、陳金鑾、江士滔、山邊楊日郎、豐田黄遏觀，以上各捐銀肆員。

黄坑貢生許陽春、古湖生員張席珍、塔潭歐陽文翰、尚寨吴美觀，以上各捐銀叁員。

壠兜舉人張金拔、后許舉人徐敬派、高才貢生徐日章、梅壠貢生魏景文、涌江生員吴琬同、生員吴有孚、生員吴掄元、山城生員張慎修、生員張逢泰、生員□□□、鴻田生員□□□、藻苑生員陳汾、生員陳炳文、圖美生員陳明芳、横坑生員王元佐、監生王元瑞、郡城生員陳世榮、西門生員徐仲賓、竹員生員陳儲秀、尚寨生員吴紹光、下吴生員吴夢錫、過橋生員蔣澄、馬坪生員許玉珍、湧江監生吴榮光、吴樹全、龍峰監生魏篤新、山城監生楊國平、監生張繼組、東坂監生楊國佐、監生楊登豪、内洞監生范宗英、下戴監生戴文榜、監生戴廷芳、監生戴雲龍、珊圖監生劉嘉謨、□□監生□□□、□□監生□□□、司前黄德祥、黄光廷、洲仔頭王高明、蔀前陳應倫、山邊王兵觀、平林戴成章、架山吴寬量、吴文遠、埒里吴月觀、尚寨吴玉宣、田墩蔣九江、蔣九州、新楼黄明滔、錦井林禹觀、南坪林暢觀、柳永州、胡朱山、胡茂祀、深渡陳世彭、獺坑楊榮光、黄坑許世昌、車后黄永茂、溪口張仕保、程溪葉天德、吴宣成、歐陽德、和溪鄭日新、竹員李益觀、陳九三、陳士益、縣内張荆、陳耀、王維熊、王茂盛、陳芳馨、新寨蔣世芳、過橋蔣沂、郡城林豊山、阮捷魁、徐文昆、陳佛成、張新濃、山城張長安、張貫觀、吴宅莊碩德、林元皋、賴有松、田厝戴朝受、戴汀觀、坡頭宋德心、宋嘉猷、鄭店楊士朝、寨脚林新郎，以上各捐銀弍員。

嘉慶拾柒年。

按：此碑現存靖城鎮尚寨村寶珠岩周濂溪祠。

一五四二　豐熟宫重興廟碑

簡井富公捐銀十六員。蕭顯宗公捐銀十二員。蕭英輝公捐銀六員。簡敦朴公捐銀伍員。簡滓伯公捐銀伍員。莊可鋭公捐銀四員。蕭德夫捐銀四員。簡德風捐銀三員。淮徐海道莊亭陽公捐銀弍員。雷州海防莊南光公捐銀弍員。舉人李篆亭公捐銀弍員。舉人莊樹德捐銀弍員。監生蕭宗文公捐銀弍員。監生蕭寅恭捐銀弍員。巫賜節捐銀弍員。簡孟德公捐銀弍員。莊爾義公捐銀弍員。李忠清公捐銀弍員。莊汝進公三中員。

舉人蕭廷□、貢生蕭正苑、庠生蕭寅清、監生蕭苑芳、庠生蕭宙行、庠生簡際運、庠生蕭炎生、庠生莊際輝、庠生莊際雲、監生莊景星、蕭苑田、簡萬通公、簡□都、王士芳、簡東樂公、莊友彦公、莊杭生公、莊敵仁公、張拱观、張守振、張元成、簡連仲、謝文彩、張思通、簡石皮公、莊元衛公、簡其立公、簡其□公、簡英華、李國蘇、簡達和、簡達賢、張春除、莊克□、蕭序观、余彬观、張兑成、張維观、張義歡、簡先□，以上各捐銀壹員。

每福户各出銀伍大員。

旹嘉慶拾柒年歲在壬申季春月穀旦立。

按：此碑現存船場鎮下嶺村豐熟宫。

一五四三　新建南山堂記

《詩》紀降庭，《禮》語薦寢，神必靈爽有憑，而後愛□得□。我祖彬安公，澤垂綿遠，派衍蕃昌，廟貌宜崇，祀典難缺。嘉慶丙寅秋，爰集雲礽，咸興廟宇。継舊德之所貽，廣孝思於不匱。既歌經始，族覩落成。從此實實枚枚，質

在旁，強在正；蹌蹌濟濟，堂交□，室交曆。敬祖尊宗，□然慈念；衆賢崇德，庶乎可觀。是應勒石，列誌捐金。

計開捐題名次：

十一世：榮紹叁拾員。榮□叁百廿員。榮璋陸員。

十二世：文質叁拾捌員、捐地壹所。文猷捌拾捌員。文俊拾叁員。文根玖拾叁員。

十三世：夢祥捌員。珍□拾陸員。大業貳拾捌員。大璋肆員。

十四世：廷周拾肆員。崇伯貳拾員。在序貳員。以順貳拾伍員。盛普捐地壹所。

十五世：成德叁員。世盛捌員。高雙伍員。高往捐地壹所。志高貳拾肆員。詩綢捌員。高梧貳員。德坛壹員。

十六世：良珠貳員。元峨貳拾員。元素肆拾陸員。良琮貳員。元定壹員。元吉貳拾捌員。雙哲肆員。珠木肆員。文維貳員。西京肆員。四象拾陸。柴蘇捌員。光敬肆員。光恩貳員。維番叁員。天盛貳拾員。光弦貳員。初林貳員。光畏貳員。天寬貳員。

十七世：濟川捌員。成章陸員。眼□壹員。聽光壹員。大租壹員。成德拾捌員。成俊壹員。湧源伍員。佛盛拾壹員。蔣春壹員。

嘉慶十七年歲在壬申孟夏穀旦立。董事：敬□、成德、元吉、維番、□池、成海。

按：此碑現存龍山鎮湧口村。

一五四四　河垌庵碑記

聖人建立廟祀，春祈秋報□□□□□□□□崇奉元天上帝，□古道也。□□□□□□□□□□不可□□恩庇隆矣。□□□越歲既久□□□□今□□上帝自出真机，枚舉董事□□□人□□資□□□力，凡在□中，無不樂助，□□不日吉□庙貌增新，□□□□□□佑必有加焉。□□□□之□□人心之向□□勒石以誌美名

□□□□□□□□□數語以弁焉。

庠生吳晉春撰。

董事：太學生吳衡玉，太學生吳繼昭，鄉進士吳繼翰。

侃直吳公捐艮十二元。醇怡吳公捐艮十元。厚田吳公捐艮八元二錢。文壽林公捐艮八元。侃庵林公捐艮四元。太學生吳繼昭捐艮八十四元。信女吳門郭氏捐艮五十六元。太學生吳繼藩捐艮五十二元。登仕郎吳繼亨捐艮三十元。太學生吳衡玉捐艮二十四元。信士吳星九捐艮十二元。太學生徐□璋捐艮六元。信士吳興隆捐艮六元。林士一捐艮六元。吳秀嶺捐艮六元。林應魁捐艮五元。登仕郎吳繼澤捐艮四元。信士吳來观捐艮四元。林天澤捐艮四元。吳桂观捐艮三元。吳宗观捐艮三元。庠生吳彩鳳捐艮二元三錢。信士吳善观捐艮十二元三錢。吳怡春捐艮二元三錢。吳希敏捐艮二元三錢。吳登□捐艮二元三錢。庠生吳維封捐艮二元。登仕郎吳繼捐艮二元。信士吳吉观捐艮二元。吳繼德捐艮二元。林宏信捐艮二元。邹聯陞捐錢九百文。吳元音捐錢九百文。

庠生吳彩鳳、庠生吳晉春、太學生吳輯伍、登仕郎吳繼亨、吳繼澤、吳繼展〈下缺〉捐艮二元。

福户：吳自观、來观、桂观、明观、蘭观、繼德、繼達、武观、律□、□□、奕南、怡春、錦參、文观、聪永、肖兩、次文、希友、曾观、敏錢、江观、馥快，黄啟观、吳興隆，林永合、士一、武芳、宏信、士昌、宏楷、宏陸、宏張、宏勇、宏潘、允棟、天澤、宏由、宏孫，賴石溪，吳□□、冠智、濟德、奇珍、秀嶺、排□、仲□、榮□、調□、延观、以文、佃观、楊□、登雲、昌□、元□、員观、國□、國□、悦观、吉□、□宗、守加，蕭應魁、鄧錫□、陳隆观、陳朝□、張品观、邹聯□、邹聯□、邹啟□、徐日□、楊延□、賴調观，吳国□、弁观、□□、長□、如观，每福户各捐艮一元三錢。

大清嘉慶十七年元月穀旦敬立。

按： 此碑現存金山鎮河墘村河墹宮。

一五四五　北坑古道樂充碑記

昔先王立政，每歲農功已畢，架梁造舟以濟行人，山陬僻壤無不被其澤矣。此處山高水深，號曰『深青』，乃往潮大路，左右社所必經之途也。考其地勢，危石巖險，跋涉爲难。自開山啓土以來，架木成社，多歷年所，屢經傾圮，修補殊繁。且松木朽質，則其勢動摇；苟且目前，則其制狹小。凡往來者嘗憂患焉。至本年復將頹朽，幾有履冰蹈尾之象。新村、半徑社衆等協力齊心，議造轅橋，以爲長久之計。四社捐充銀両共二百餘金，又松霞、峰光祠、歸德里、后溪、洞仔、都美、北坑、鳥菜坪、大歇、麟祠、魯頭等社共捐充銀両百餘金。隨即詢謀石工，量度其地，廣輪定制，擇吉興工，而不日成之。使往來行旅，涉險如在通衢，臨深如履平地。上以應國家鎮平之風，下以表閭里風俗之茂，誠盛事。茲橋等告成，功德當表，所有捐充銀両之人，兹登勒石碑，以垂不朽云爾。

董事：登仕郎林角三、登仕郎劉登樟、登仕郎林献文、庠生劉上德、庠生劉大山。

會首：登仕郎林肖容、登仕郎劉致懷、登仕郎林次瓊、登仕郎劉亦同。

擇日先生黃秀謙捐銀二大元。下峰仙媽衆甲捐銀二中元。

光嗣公王捐銀十六大元。上洋興龍宮捐銀十二大元。北坑顯廷宫捐銀六大元。麟嗣廟捐銀二大元。瑞芳行捐銀四大元。埔邊尋桐樓捐銀六大元。盧□观捐銀四大元。莊淩原號捐銀四大元。盧剛禎公捐銀四大元。游大郎公捐銀四大元。廖伯洋捐銀四大元。廖登標捐銀四大元。莊朝杉公捐銀三大元。盧懷春捐銀二大元。太學生盧赫□捐銀二大元。劉位恭公捐銀二大元。吴恩观捐銀二大元。盧懷德公捐銀四元。埔邊恒升號捐銀二元。廖世澤捐銀一大元。廖伍賓捐銀二大元。廖世椙捐銀二大元。鄭湧观捐銀二大元。廖門謝氏捐銀二大元。石洞捐銀一元五角。蘇陰捐銀一元五角。謝振松公捐銀一大元。莊乃遊捐銀一大元。莊孟照捐銀一大元。莊子明捐銀一大元。莊槐三捐銀一大元。廖俞观捐銀一大元。吴富世捐銀一大元。吴溝观捐銀一大元。莊章春捐銀一大元。盧果观捐銀一大元。盧朋观捐銀

一大元。盧鎮观捐銀一大元。吴考观捐銀一大元。吴發观捐銀一大元。謝次林公捐銀一大元。盧文观捐銀一大元。盧興观捐銀一大元。沈升观捐銀一大元。廖和观捐銀一大元。周定謹捐銀一中元。吴懷观捐銀一中元。吴澤深捐銀一中元。鄧宗观捐銀一中元。莊乃川捐銀一中元。莊淑观捐銀一中元。陳帖观捐銀一中元。盧茲观捐銀一中元。

盧賞光、五祠、騂臻、太朝，蔡華观、林涉观，盧武玉、水逸、求观、鉉观、好观、明睿、文圖、明華、沛观、染观、辰观、厲观，共捐銀四大元。

新村、半徑、水潮宫大社共捐錢四十八千六百文。新村公王捐銀六十大元。内角興福祠捐銀十四元。上半徑公王捐銀六大元。下半徑公王捐銀四大元。

劉英侃公捐銀二十大元。劉亨衢公捐銀二十大元。林連芳公捐銀十二大元。林捷夫公捐銀八大元。林登元公捐銀六大元。劉德宣公捐銀三大元。林獻文捐銀三大元。劉誠村公捐銀二大元。林業修公捐銀二大元。劉團清公捐銀二大元。林肖容捐銀二大元。廖保植捐銀一元五角。林紹旦公捐銀一元二角。林卓甫公捐銀一元一角。林仲甫公捐銀一大元。林祝三公捐銀一大元。林昭文公捐銀一大元。劉羽齊公捐銀一大元。劉乘龍捐銀一大元。林維修捐銀一大元。林錦爲公捐銀一大元。林次瓊捐銀一大元。林其逢捐銀一大元。林琯陽捐銀一大元。林子安捐銀一大元。林甯波捐銀一大元。林有年捐銀一大元。劉並观捐銀一大元。劉□天公捐銀一中元。吴贊文捐銀一中元。林宣宗捐銀一中元。林宣梁捐銀一中元。廖如山公捐銀一中元。廖招時捐銀一中元。郭汝祥捐銀一中元。林占先捐銀一中元。林春榮捐銀一中元。林滴泉捐銀一中元。林進興捐銀一中元。林昆火捐銀一中元。林居正捐銀一中元。林□□捐銀一中元。劉武酌捐銀一中元。林仕文捐銀一中元。盧拔观捐銀一中元。

新村、半徑、水潮宫已完成。

大清嘉慶拾柒年菊月穀旦仝立。

按：此碑現存金山鎮北坑村古道邊，碑名爲編者加擬。

一五四六　翠峰樓禁約碑

蓋聞：人之有祖宗，猶木之有根本也哉！種樹者，必擴其壁，無使捲曲，蒙□得以蔽□之；尊祖者，必肅其廟，豈容蕪穢叢雜因而□□？即我十世祖□□公，自歷年建屋於此，前後左右拓如也。厥后生齒漸繁，然孫子環祠而居者日益侵近，間種竹木，兹□遂覺塵囂湫隘矣。而堪輿家因有刻曜之説，適當其禍者，咸議咎焉。爰是會衆僉議：除祠後蔭樹無容判伐，各業各堂不得混争，餘無論公私地界，凡有礙祖祠者，拆去屋若干處，删除竹木若干欉，共成前此巨觀矣。但恐□傳而後，頻仍故習，因而立石會禁，以爲善後事宜云。更條其約如左：

一，祖祠前後左右，除去現在成屋、竹木無庸再議，其餘無論公私地界，槩不許添築再造。違者會衆拆毁，併罰銀六十両充公。恃強不遵、不認罰者革出，子子孫孫不得復入宗祠。

一，衆等再議，子孫有能進泮，合將公税付與收討壹年，勉勵孫子，以振家聲。

嘉慶癸酉年菊月吉日，長、二、三房同立。

按：此碑現存龍山鎮湧口村吴氏翠峰堂，碑名爲編者加擬。

一五四七　重修注生宫碑記

南靖縣永豐分司童曉都捐銀四大元。漳鎮中營右司廳楊大煇捐銀六大元。原任長樂縣儒學高國樞捐銀四大元。漳鎮中營左司廳柯高昇捐銀式大元。歲進士黄元修捐銀式大元。鄉大賓王春山派下捐銀肆拾大元。下車王什哲捐銀十式大元。太學生余光廷捐銀十式大元。

石双觀捐艮十二元。慶瑞行捐艮十二元。捷春行捐艮十二元。振興号捐艮十二元。聯豐号捐艮十二元。双茂号捐艮十二元。振南号捐艮八元。黄水遠捐艮八元。豐泰号捐艮八元。廣川号捐艮八元。連順号捐艮八元。恆芳号捐

艮八元。長春号捐艮八元。許元春捐艮六元。林灰观捐艮六元。許張观捐艮六元。馮尺观捐艮六元。林克昌捐艮六元。太學石天誠捐艮六元。南盛号捐艮五元。元湖韓華观捐艮五元。三界公，蔡三評敬粧。

合成号、陳石角、刘武观、陳坤山、芳茂号、余玉養、陳時應、協泰号、協源号各捐艮四元。賴笨观、韓振芳、黄大梧、陳南山、黄太匡、韓双機、韓顯观、韓贊观、韓義观、韓本观、柯洪观、刘仕观各捐艮三元。蔣樂公派下二元半。吴養观、馮文旦、柯著观、柯障观、林向观、陳王來、刘來观、黄秉烈、三合号、麟凰号、源春堂、陳頑观、鄉大賓歐傳興、韓澳观、黄太師、陳龍观、陳石观、捷源号、黄神報、黄有舍、卓管观、長興号、吴宗耀、吴表观、陳萬山、永興号、黄愷观、王習观、黄纘榜、林喜彩各捐艮二大元。高文焕、柯質观、吴時亨、蔡和观、韓全观、柯銘观、黄耀彩、沈奈观、王坑观、陳曲观、黄添舍、卓梧交、顔杭湖、謝農观、謝路观、韓禹鐘、韓長庚、顔會观、黄凰舍、姚江河、王輝观、鄭順元、林令观、張調观、張羅观、刘蔽观、陳苗观、黄福观、陳元观、高牛观、黄連祐、陳良观，以上各捐艮一大元。

董事：原任長樂縣儒學高國樞、鄉大賓康期顯、鄉大賓石天詒、太學生吴志治、太學生余光廷、黄元俊、卓英元、王應盛、韓贊观、王永成、陳宗盛、馮漢观。

住僧菲安募修注生宫。嘉慶歲次乙亥年等仝立石。

按：此碑現存山城鎮大廟口注生宫。

一五四八　紫陽書院碑記

嘉慶二十年春，余因公假館山城書院。見其棟宇巍峨，規模宏敞，蓋建以崇祀先賢朱夫子者也。後庭平列九楹，中立小軒，左右列十八楹，以爲課誦棲息之所。堂□階□，繚垣既固既潔。前郡伯景諱文題額於其門，曰『紫陽書院』。猗歟盛哉！因與諸紳士游，備詢巔末。始於乾隆丁未年，翼亭林君中鳳矢志創修，邀集同人，捐金生息，未竟

其業。越嘉慶元年，其子孝廉林君苑培踵成父志，偕諸同氣張慎修、黄景陽、高國樞、黄昇、林澤洲等，亟請前任沈公諱謙題序募捐，合所生息得白金三千餘兩，而書院即於是年十一月告成。余聞而悦翼亭父子之能倡，並諸紳士之能和也。然而歲時致祭，尚缺□□，諸紳士劉于京、戴廷爵、陳夢化、林澤洲、張慎修、陳名芳、黄昇、馮熙章、韓廷□等，復於嘉慶己未年，集金置田，受種八斗，年租三十餘石。詩曰：『春秋匪懈，享祀不忒。』其是之謂歟？

夫山城僻處一隅，而尊崇先賢，募建祠宇，始而創，繼而成，久而置田以祭，曠歷年所，毋怠毋荒若此。行見俗尚日新，文風丕振，希道學之薪傳，衍海濱之鄒魯，豈但獵取功名而已哉！余屈指下車經今三載，每低徊留之不能去云。茲因諸紳士請序於余，欲勒之石，不獨以表勸捐樂助之雅懷，亦俾後人有所觀感而興起焉耳！余諾而應其請，是爲記。

知縣劉朝祚題。時嘉慶乙亥年孟春吉旦立石。

按：此碑原在山城鎮朱子祠，已佚，碑文見於南靖石刻集第一三二頁。

一五四九　凉露亭施田碑記

凉露亭者，漳郡西北之要徑，通龍岩衢路也。亭崇祀觀音佛祖，神靈有赫，往來諸君子禮拜於斯，香煙藹如，由來舊矣。住持僧朝夕油香之費，前此善信已有樂施之者，猶屬未充，容有缺少不周之慮。國學生吴瑞鰲托庇神靈，尤荷慈光普照，銘刻不忘。願續捐岩仔鯉魚尾圳下一段，配王士德地畝四分，全年田税五石六斗官，付住持僧收討完糧，永爲香油之用。庶久遠不替，而神庥亦垂於無窮矣。因勒石以誌，俾後人無得而變易焉。

嘉慶二十一年季冬立。

按：此碑現存金山鎮新内村龍安岩，碑名爲編者加擬。

一五五〇　劉氏節孝坊題刻

〈龍鳳牌：〉聖旨。〈匾額：〉節孝。

故儒士蕭廷宣妻劉氏坊。

汀漳龍道習振翎，漳州府知府英泰，南靖縣知縣劉朝祚，南靖學教諭趙鑑，南靖學訓導程錦。

閩浙總督汪志伊，巡撫部院王紹蘭，提督學政汪潤之，布政使司瑞麟，按察使司李賡芸。

嘉慶二十二年丁丑二月吉旦。

〈柱聯：〉『鸞鏡早分，一片冰心凝入地；龍章特賁，千秋石柱屹擎天。』鄉進士、愚弟大猷頓首拜題。

〈柱聯：〉『失耦僅廿三齡，克盡母儀婦道；守貞歷五十載，無慚地義天經。』賜進士出身、知山西和順縣事加三級、年家眷弟鄭玉振拜題。

按：此牌坊現存船塲鎮集星村古道邊。

一五五一　正峰寺盗賣田園示禁碑

欽加陞用調補南靖縣正堂加七級紀録五次彭，爲嚴禁立石以買寺産、以垂久遠事：

照得靖邑水流総正峰寺，自宋代列漳九禪，靖誌以彰。前有僧穎機在寺住持，募化総内士庶人等喜捨，置有緣田四石八斗種、緣園十七畝五分，原爲奉祀香火。嗣穎機歿後，傳及僧德良。迨至乾隆五年，僧德良盗賣寺田，經生員高戴邦呈請勒石示禁在案。近據僧傳宗告稱，師父僧斐然將緣田典契郭中，以致互相争訟。經本縣飭傳两造，堂訊断結。但恐日久弊生，合再出示曉諭：『爲此示仰該寺僧人并士庶人等知悉：嗣後寺田、寺園永爲香火，不許僧俗及士庶人等盗賣盗買，及各佃私相受授、嚚佃佔耕情事。如敢故違，一經告發，按律究懲不貸。各宜凜遵毋違！特示。』

嘉慶弍拾弍年拾月立石。

按：此碑現存靖城鎮廍前村正峰寺。碑額『南靖縣老爺彭勒石示禁』，碑名爲編者加擬。

一五五二　重建舖口宫碑記

蓋聞：民保於神，神依於廟。沐神之惠而不能謀神之居，非所以答嘉貺而綿福祐也。玆舖口宫重建之議，倡自庠生吳培元，闔境弟子靡不樂於聽從。用是而儲材者捨，裕貲者捐，鳩工匠以庀垣墉，不匝月而厥功竣焉。是盖神之靈有以默爲感召，而玆宫之煥然聿新者亦因可卜。夫祥鍾瑞應，胥境内而長被無疆之休矣。爰爲鐫石，以次其名而表之。

計開：

太學生吳國瑞喜捨大杉叁枝。太學生漢成喜捨砱石弍付。修職佐郎世德捐銀叁拾弍大員。太學生光智捐銀拾弍大員。太學生有懷捐銀拾弍大員。太學生士傑捐銀拾弍大員。太學生廷賓捐銀肆大員。協東捐銀肆大員。軒观捐銀叁大員。樹茂、增美、太學生昌吉、倩观、薦观各捐銀弍大員。老观捐銀叁中員。鍾美、鍾從、相观、湖观、□观、文观、冷观、海观、庠生克修各捐銀壹大員。壹观、臣观、佃观、夫观、力观、桂观、撰观、東观、朝观、鋪观、輝观、鯨观、愠观、强观、富观、求观、深观、遣观、脾观、迎观、帝观、鶴观各捐銀壹大員。

世德孫歲進士克敬捐銀肆大員。萬合舖喜捨中梁，並捐銀拾叁大員。

董事：培元、清冷、水瀨、七琴、文壽、大簇、王慕、聯應，收銀総理。

旹嘉慶二十三年戊寅六月穀旦立。

按：此碑現存龍山鎮湧口村舖口宫，碑名爲編者加擬。

一五五三　題充文峰家課碑記

題充文峰家課原序：

國家崇尚文教，海澨山陬咸知勉學，敬業而外，繼以樂群。或廣萃同氣，結爲社課；或就其族之子弟，試以家課。誠以文章爲道德之華，異時拜献先資，端由此也。我珊圖均保祖，派衍蕃昌，諸子孫咸慕以詩書爲砥礪，舊曾設有家課，以時講習其間。特以課費未充，或虞難繼。嘉慶旃蒙大淵献之春，鳩族議捐，以資培養，聞者欣然。合醵得白金叁百餘元，登諸簿記，權子母而生息之，因名其社曰『文峰』。盖以登峰造極之意有取焉。又以我族之萃於在原、在巘間者，千峰環翠，插漢摩雲，將爲靈淑之氣所鍾。是舉也，光祖德而裕孫謀，上應作人雅化，數百葉文明之瑞基於此矣。謹序其略如右，壽諸貞珉，以爲有志者勉。

基祖均保劉公充銀弍員。興員公充銀叁拾員。尾興公充銀弍大員。世寬公充銀弍大員。世榮公充銀弍大員。震宏公充銀拾陸員。震和公充銀拾大員。震卿公充銀拾弍員。震清公充銀弍大員。世奕公充銀伍大員。梅軒公充銀肆大員。松軒公充銀叁大員。文信公充銀柒大員。世喬公充銀叁大員。世全公充銀叁大員。欽寧公充銀弍大員。欽信公充銀弍大員。欽綏公充銀弍大員。珠山公充銀弍大員。榮長公充銀捌大員。梅棠公充銀伍大員。順質公充銀弍大員。雅重公充銀弍大員。榮德公充銀弍大員。德直公充銀壹大員。瑞陽公充銀壹大員。鬱宇公充銀伍大員。醇正公充銀弍大員。延贍公充銀弍大員。毅正公充銀陸大員。德興公充銀弍大員。謨寅公充銀弍大員。□敏公充銀肆大員。集友公充銀壹大員。鄉賓鳴球公充銀捌大員。鄉賓爾福公充銀伍大員。蓋聲公充銀弍大員。鄉賓維助公充銀弍大員。鄉賓英綏公充銀弍大員。爾侯公充銀陸大員。綿存公充銀肆大員。震□公充銀叁大員。甫田公充銀弍大員。遜侯公充銀弍大員。交□公充銀弍大員。榮亮公充銀弍大員。炳興公充銀伍大員。蒼文公充銀弍大員。介長公充銀弍大員。在興公充銀弍大員。瑞修公充銀壹大員。次列公充銀壹大員。荀華公充銀壹大員。福蒼公充銀壹大員。監生邦俊公

充銀式拾肆員。監生宗芳公充銀拾大員。監生廷獻公充銀拾式員。英侃公充銀陸大員。仲傳公充銀肆大員。液呈公充銀叁大員。秀山公充銀叁大員。質夫公充銀式大員。監生廷璣公充銀式大員。廷弼公充銀式大員。列峰公充銀式大員。貢生鳳池公充銀肆大員。監生鳳祥公充銀式大員。監生鳳儀公充銀式大員。監生鳳棲公充銀式大員。監生嘉謨公充銀肆大員。監生嘉猷公充銀陸大員。貢生國安公充銀式大員。監生朝□公充銀陸大員。監生國宏公充銀拾大員。亦□公充銀式大員。位三公充銀式大員。位四公充銀柒大員。監生天鵲公充銀叁大員。監生煥章充銀壹大員。庠生煥彩公充銀式大員。監生宏達公充銀叁大員。監生煥書公充銀叁大員。舉人煥煇公充銀陸大員。監生煥明公充銀叁大員。監生煥贏公充銀拾式員。若皇公充銀叁大員。進乾公充銀式員。福餘公充銀式大員。致懷公充銀式大員。庠生升充銀式大員。庠生啟昌充銀肆大員。

董事：監生隆吉充銀四員，庠生春南充銀壹員，監生晉書充銀式員。

七十四叟國欽書。道光二年歲次壬午年仲冬月吉旦立。

按：此碑現存和溪鎮聯橋村劉氏宗祠，碑名爲編者加擬。

一五五四　重修草坂帝君廟碑記（二）

道光四年歲次甲申重修庵廟，臘月興工，至乙酉年荔月告竣。募緣名次條列於左：

太學生陳世輝助銀捌拾大員。太學生陳明哲助銀陸拾大員。陳中秋助銀陸拾壹員。陳宗超助銀伍拾壹員。太學生陳元徽助銀肆拾陸員。太學生陳元琮助銀肆拾肆員。太學生陳汝揖助銀叁拾肆員。信士陳鳳観助銀叁拾式員。信士陳樞生助銀式拾大員。信士陳仙助銀叁拾大員。太學生陳國英助銀式拾肆員。信士陳基斷助銀式拾肆大員。信士陳在寬助銀式拾肆大員。信士陳惠生助銀式拾大員。信士陳圪郎助銀壹拾陸大員。信士陳朱楓助銀壹拾陸大員。信士陳爗観助銀壹拾肆大員。信士陳梭観助銀壹拾肆大員。信士陳渭生助銀壹拾式大員。堪輿陳希五助銀壹拾式大員。

信士陳畲水、陳淡观、陳公劉、陳□观、陳炭生各助銀壹拾弍大員。信士陳運使、陳港水、陳周旋、陳嘉□、陳長符各助銀壹拾大員。信士陳公廷、陳烏菁、陳碩奇、陳獅观、陳吾深、陳武朗、陳讓观、陳士貴各助銀捌大員。信士陳四佐助銀柒大員。信士陳煅观、陳叟观、陳愷湊、陳旦观、陳四謝、陳賤观、陳耀梓、庠生陳汝霖、信士陳虔誠、陳茂水、陳如松、陳玉观、庠生陳式玉、信士陳嬌茂、陳建寅、陳天定、陳嵩欽、太學生陳宗雅各助銀陸大員。信士陳淵观、陳侍郎、陳文舉各助銀伍大員。

信士陳五車、陳疊观、陳南澳、陳頂雲、陳勵观、陳蒼面、陳栘高、庠生陳秉忠、信士陳脩取、陳空观、陳蔡姐、陳厚先、陳汰观、陳良观、陳文宗、陳文滔、陳大奮、陳疊水、陳毓三、陳結观、陳杏然、陳仲坤、陳顔川、陳採芹、陳炉观、陳秋观各助銀肆員。信士陳元真、陳五典、陳□观、陳傳祖、陳子琴、陳珊观、陳士強、陳子貢、陳三捷、陳熕观、陳尋姐、陳改观、陳琍观、陳省观、陳復观、陳待观、陳三多、陳於通、陳八士、陳雲漢、陳顯观、陳三台、陳三軍、陳北極、陳蔣生、陳明愷、陳隄岸各助銀叁員。

佾庠生陳秀升、信士陳葉观、陳宜水、陳大告、陳雨水、陳柴观、陳文昌、陳榜观、陳棫观、陳烏碩、陳盒檻、陳坑观、陳情观、庠生陳炳文、信士陳士观、陳朱弁、陳笨郎、陳展水、庠生陳大江、信士陳松观、陳哲观、陳小滾、陳講观、陳員观、太學生陳炳章、信士陳姜观、陳□水、陳活潑、陳大福、陳黄細、庠生陳夢魅、信士陳□观、陳代观、陳漢观、陳振□、陳祐观、庠生陳復初、信士陳茅观、陳鷗观、陳逸观、陳飆观、陳應響、廪生陳朝策、信士陳東观、陳大周、陳利观、陳在观、陳奉观、庠生陳耀邦、信士陳山观、陳瓜瓞、陳双培、陳泊观、陳拔殿、陳殿元、信士陳朝水、陳永和、陳陣观、陳清和、陳双協、信士陳光耀、信士陳遺观、陳拔周、陳繼祖、陳慶雲、陳長亨、陳瑞芳、信士陳得利、陳籍观、陳吉观、陳坡观、陳香松、陳金水、陳維翰、陳位生各助銀弍大員。

陳如南、陳嚴水、陳墠观、陳誇生、陳三陽、陳張观、陳文耀、陳得水、陳明观、陳泗观、陳祥观、陳蜂有、陳杖观、陳金帶、陳令尹、陳仰观、陳用观、陳竈观、陳天求、陳敬山、陳張观、陳提观、陳奇冬、陳三家、陳頗

憐、陳卓覌、陳孟覌、陳水湖、陳畓覌、陳宝□、陳江海、陳盂覌、陳偉覌、陳泚覌、陳紅覌、陳咩覌、陳璜覌、陳湖覌、陳玉隨、陳仍覌、陳海覌、陳攘成、陳吾用、陳不易、陳吾奈、陳文圖、陳孔覌、陳掇覌、陳印覌、陳武曲、陳光參、陳笆覌、陳光音、陳五美、陳弁覌、陳光士、陳帶生、陳魁覌、陳亥覌、陳靄覌、陳剛覌、陳笨覌、陳步雲、陳八覌、陳銅覌、陳再求、陳㒷覌、陳國華、陳馮覌、陳□姐、陳欽覌、陳大迦、陳諒覌、陳三□、陳帕覌、陳秩覌、陳隆覌、陳清江、陳盂津、陳有才、陳長覌、陳古饌、陳乹覌、陳玉性、陳連捷、陳同名、陳分粮、陳翰覌、陳王公、陳坑泉、陳子江、陳明智、陳億覌、陳方榜、陳大栞、陳便便、陳燁覌、陳光前、陳長浦、陳蔡芹、陳登標、陳□□、陳大洋、陳大兵、陳本覌、陳譖水、陳明月、陳主禎、陳汝陶、陳木樞、陳科甲、陳盼水、陳楚水、陳濺覌、陳□覌、陳育覌、陳和尚、陳双鋮、陳捷覌、陳蔽覌、陳泰覌、陳閩邦、陳家齊、陳大炭、陳宗覌、陳壬子、陳寒覌、陳兆輝、陳色覌、陳染覌、陳双茄、陳東陽、陳入覌、陳物覌、陳奪水、陳粟覌、陳小謀、陳藝覌、陳琴覌、陳賽覌、陳武覌、陳上覌、陳搵覌、陳□覌、陳乞覌、陳紅覌、陳光偉、陳廉覌、陳孔覌、陳双波、陳杏覌、陳極覌、陳文徹、陳蒜覌、陳倩覌、陳魚覌、陳詠覌、陳圓覌、陳孔覌、陳怡覌、陳粋覌、陳旦覌、陳清覌、陳興覌、陳權覌、陳顔覌、陳印覌、陳軍覌、陳水覌、陳簡覌、陳□玉、陳茂覌、陳列覌、陳湖覌、陳月中、陳邦覌、陳絛覌、陳□覌、陳廷覌、陳謝覌、陳遜覌、陳湛覌、陳海生、陳大術、陳天助、陳昭美、陳訶光、陳東周、陳拔龍、陳丹桂、陳月姐、陳長陽、陳深覌、陳洪潮、陳光禱、陳大坡、陳濕漢、陳邑覌、陳寧覌、陳掞覌、陳或覌、陳衣帛、陳戰覌、陳三從、陳皇都、陳茂林、陳城都、陳木哥、陳箱覌、陳坵生、陳圈覌、陳大上、陳錐覌、陳小山、陳連格、陳海覌、陳雄覌、庠生陳騰雲、信士陳聳初、陳大坛、陳□覌、陳竹苞、陳紅光、陳蘭圃、陳珍覌、陳長篇、陳串覌、陳耀偕、陳少覌、陳川覌、陳高塘、陳尚覌、陳毓秀、陳英鐕、陳泰偕、陳大恐、陳選聳、陳登進、陳奕振、太學生陳文彬、信士陳藤覌、陳場覌、陳大菁各助銀壹大員。

庠生陳汾助銀拾弍大員。

董事：陳不易、陳楷高、陳其斷、庠生陳汝霖、陳宜水、陳光音、陳振禱、陳湘水、陳孔觀、陳便觀、庠生陳秉忠、陳毓三。

協事僧説誠、拱誠，徒妙法、妙溪，徒孫静果，同助銀捌大員。其廟地依舊，田墘祖捨之。

大清道光伍年歲次乙酉荔月吉旦立石。

按：此碑現存靖城鎮草坂村帝君廟，碑名爲編者加擬。

一五五五　霞瑞廟緣溝示禁碑

特授南靖縣正堂加三級紀録五次加大功二次託，爲僉懇示禁事：

案准前縣移交，據下葛總家長魏同、魏宇，甲長謝永、王梓、盧香、魏銓等呈称：『同等住居下葛總，謝、盧、王、魏四姓零星小户，梓里同居。自始祖鳩集共建霞瑞廟，奉祀大帝尊神，並無香資。惟有一帶緣溝，上至石碑，下至土碑，配粮六錢四分二厘，在魏進户内完納，粮串確據。水道流通各處田坵，取水灌田而已。所有流入魚蝦，悉歸廟内神明禋祀，任從衆等發賣，以充廟用，歷掌百餘載無異。遭此遠近棍徒截佔緣溝，窃捕魚蝦。同等若不呈懇出示嚴禁，恐魚蝦被窃，而禋祀廢滅。合亟僉呈，叩乞電察神明禋祀，恩迅出示嚴禁，神人均感，切叩。』等情。業經前縣批示在案，茲以本縣莅任，合行出示嚴禁：『爲此示仰該處軍民人等知悉：自示之後，毋許在該溝内窃捕魚蝦。倘有無知之徒，仍敢故違，沿溝窃捕魚蝦，許該家長等協同地保，捡送赴縣究治。各宜凛遵毋違！特示。』

道光伍年拾月　日給告示。

按：此碑現存靖城鎮下魏村霞瑞廟，碑名爲編者加擬。

一五五六　重修振南廟碑記

聞之太上有三，德與功其等重也。然立德、立功如忠義神武靈佑仁勇関聖夫子者，可法焉。自先世建祀以來，不懈春秋，屢蒙默佑。但歷年既遠，堂簷殿宇宜計輪崇。爰鳩族衆，遂募捐以成厥功。其名次、銀两各勒之石，用垂不朽。爰爲志。

開列喜捐名次於左：

大宗捐銀伍拾大元。庠生際昌捐銀弍拾四元。太學生逢源捐銀拾捌元。庠生際昇捐銀拾弍元。定應堂捐銀捌大元。鎮安廟捐銀〈空缺〉。慈濟宫捐銀〈空缺〉。饌盒捐銀〈空缺〉。

歲進士朝英捐銀六元。太學生耀金捐銀六元。庠生耀清捐銀六元。景和楼範植祖捐銀四元。太學生宇春捐銀四元。庠生運標捐銀四元。坦齋捐銀四元。純謨捐銀四元。

鄉進士誠齋祖、歲進士訥齋祖、太學生純直祖、太學生士墀、太學生步墀、約齋祖、立齋祖、彬穆祖、化盛祖、淳毅祖、元正祖、跨生、龍盛舖、瓦磘、明观、光恬、坑水、三全、德彰祖，上各捐銀弍元。

太學生崇山祖、太學生有綸、庠生王超、庠生司直、庠生燮鼎、登仕郎惇朴祖、穆淵祖、温良祖、春淵祖、有文、文振、文珠、□杭、谷观、逐观、萬邦、血观、盼观、盛观、戎耳、德修、点观、召飭、軒观、六观、長太、堤观、景□、辟观、四表、魚观、心中、鍾观、荅观、超观、湧观、石麼、夜观、光陶、家珍、要曾、元稠、水仙、楝观、壬癸、廷彝、三分、玉峰、興观，上各捐銀一元。

庠生金聲、庠生作賓、庠生菁莪、庠生經邦、庠生聰、庠生舒筠、登仕郎子量祖、榮德祖、焕观、日成、木观、苑观、世鍾、日耀、登埲、默观、翁观、程观、撰观、桂观、国旂、玄观、文圭、改观、周观、來光、雷观、悦观、椒观、言观、信士玩观、寮观、書登、文峰、楚江、德輿、朝會、神佑、登科、飛鵬、世澤、樹滋、榜观、跑观、

布观、振源、粹观、清芳、廣观、軟观、信观、五園、禁观、椎观、極观、輕观、然观、長汀、岱观、天廚、義观、三皇、蒲观、批观、騰飛、神助、光观、歐观、得意、琴观、城观、淵观、德观、洛观、濬观、永观、寵观、弦观、腔观、香观、棲梧、元仁、建都、綃观、清观、三咸、跑观、光領、儀观、常鍾、低观、年观、初观、長庚、流光、異观、應初、譽毛、景曉、添才、三秦、紹祖、調观、順仁、崇伯、石角、沙观、司徒、澤观、天紐、森观、茂生、榮观、令观、秀金、培观各捐銀一中元。

道光伍年桂月穀旦立。総理：庠生王際昌，董事王自強，董事王光恬。

按：此碑現存金山鎮新内村新圩街振南廟（又稱太子爺廟）。

一五五七　復祀田記

祖宗創業貽謀，厥惟艱哉！子孫賢，神明其意；不賢，亦當守其業。小宗淑慎公祀田，屢因族事貽累殆盡，逐年祭掃必從丁口匀開，非悠遠計也。丙戌春，集伯叔弟姪議及此事，咸歡欣鼓舞，謂先業其宜復也。倡捐者皆無吝色，即力有未逮，亦莫不稱其量以共成厥事。將所捐銀数，復祀田柒畝叁分有奇，以所入供祭掃之需，而孫子宗族進泮、登科第者優奬之費，餘俱不得濫支。故誌之，以望踵起者覩□石而增云爾。

捐金名次：

欽宗捐銀壹百大員。南魁捐銀壹百大員。化鵬捐銀陸拾大員。泰平捐銀陸拾大員。源水公捐銀叁拾肆員。國瑛捐銀叁拾大員。翠園公捐銀拾式員。敦仁公捐銀拾式員。萬沛捐銀拾式員。詠黨捐銀捌大員。必達捐銀陸大員。序庭公捐銀肆大員。四表捐銀肆大員。彩鸞捐銀肆大員。太輝捐銀肆大員。引端捐銀肆大員。清漸捐銀式大員。立紋捐銀式大員。捷三捐銀式大員。淮泗捐銀式大員。日升捐銀壹大員。景行捐銀壹大員。

道光陸年陸月　日吉旦立石。

按：此碑現存靖城鎮中華路南靖城隍廟。

一五五八　重修聖龍宮莊家弟子題捐碑

龜山聖龍宮重修廟宇，莊家衆弟子捐銀名次登列於左：

歲進士克煦捐銀壹百弍拾元。龜山杉户捐田壹段，税肆石官。太學生有孚捐銀陸拾元正。鄉賓英敏公捐銀肆拾元正。太學生文挑捐銀叁拾陸元。太學生文熠捐銀叁拾弍元。太學生萃豪公捐銀弍拾肆元。太學生國傑捐銀弍拾肆元。太學生汝衡捐銀弍拾弍元。鄉賓所人公捐銀弍拾元正。太學生光堂捐銀弍拾元。太學生芳枳公捐銀拾陸元。太學生國樑捐銀拾陸元。鄉賓良侃公捐銀拾弍元。太學生芳材捐銀拾弍元。太學生芳権公捐銀拾弍元。太學生國柱捐銀拾弍元。信士位廷捐銀拾弍元。太學生克熾捐銀拾弍元。太學生正興捐銀拾弍元。鄉賓石洋公捐銀拾元又弍元。太學生起鳳公捐銀拾元。鄉賓若持公捐銀拾元。庠生孟淳公捐銀拾元。信士國果捐銀拾元。太學生國珍捐銀拾元。信士汝再捐銀拾元。太學生芳揚捐銀捌元。鄉賓敦裕公捐銀捌元。太學生克烜捐銀柒元。

鄉進士安溪縣教諭石亭公瑋、登仕郎南仲公、鄉賓敦侃公、鄉賓有成公、信士廷柱、廷盛、國槐、選華、世燦、太學生芳檜、鄉賓汝增、太學生際泰、太學生泰友、太學生朝仁、信士際美，以上各捐銀陸元。太學生在新、鄉賓遷士公、太學生文瑞，以上各捐銀伍元。鄉賓嘉毅公、太學生世興、太學生亨達、信士廷灼、先誠、世寬、光珍、鄉賓具夫公、庠生利用、信士淑和公、省金、彩新、鄉賓伯炎、龍飛、朝宗、士芳（添一元）、心德、庠生樹檬、鄉進士鴻、信士順流、信士存與、庠生連魁、信士百忍、太學生朝保、庠生友山、庠生丹喈，以上各捐銀肆元。

鄉賓允恭、鄉賓浩翰公、鄉賓研士公、信士錫珠、仲炳、茂興、國楣、太學生元德、庠生際逵、信士克煌、廷暖、光玲、光世，以上各捐銀叁元。信士茂榔、利行、則加，以上各捐銀伍中元。信士世鑾公、子英公、老域公、可玉、毅敏公、鄉賓瑞碧、鄉賓世禎、庠生蘿艾、庠生應時、庠生殿薰、信士肇容、信士成環、成姚、連招、選群、

其盛、高畬、合春、鄉賓子迎、信士廷瑜、克煐、阿水、太學生廷璋、太學生克□、庠生嗣昌、太學生克□、信士元宰、廷勳、太學生文□、信士在淵、廷閣、文□、太學生掄魁、庠生道通、太學生廷爽、庠生廷基、信士冠魁、太學生光基、信士際華、朝倫、朝春、仕林、仕南、宏榮、欽靈、世明、鄉賓鳳沮、鄉賓以清公、鄉賓文煥、鄉賓克廣、信士士強、元能、長江、傳孫，以上各捐銀弍元。鄉賓達化、鄉賓濟懷、鄉賓世淵、鄉賓省軒公、鄉賓永祥、信士德寬、逢茂、文魁、邑增生映丹、廩膳生瑞飄、庠生來泰、庠生國材、庠生廷彦、鄉賓文芳、太學生允熾、庠生景沬公、庠生名洋、太學生克薰、庠生輝清、太學生永茂、庠生□、庠生太謨、暢懷、朝□、懷魯、思郎、克燃、元碧、煥然、元暉、應標、永禄、元習、國棟、明志、克□、朝偉、德馨，以上各捐銀叁中元。

鄉賓世俊公、鄉耆老子詳、鄉賓文修、鄉賓仕傑、鄉賓世清、鄉賓孚言、鄉賓世傑、庠生修紀、鄉賓勤□公、鄉賓國松、鄉賓國□、邑增生文英、太學生粟金、鄉賓國□、鄉賓國梅、鄉賓國□、鄉賓國培、鄉賓亦周、鄉賓襟三、太學生騰江、太學生文惠、庠生賓日、太學生光薰、太學生開揚、合德，以上各捐銀壹元弍角。信士登燦、孟堅捐銀壹元。可瑞、可經、熙仲公、起元公、桂文公、君在公、友蘭公、惠清公、太學生肇修、鄉賓恂直公、鄉賓國□、庠生衆□、庠生希□、庠生大揚、庠生克述、庠生錫琦、庠生邦榮、鄉賓文渚，以上各捐銀壹元。

太學生潄芳捐銀肆元。信士聲海捐銀弍元。信士克□捐銀弍元。信士廷瑚捐銀叁中元。可□公捐銀弍元。信士尚良捐銀叁中元。信士瑞鄉、元泰、天真、士忠各捐銀肆元。太學生廷垣捐銀叁元。信士廷城、廷經共捐銀肆元。信士歲進士元勳捐銀弍元。太學生鼎魁捐銀弍元。太學生光坫捐銀弍元。逢人煙行捐銀陸元。太學生開美、太學生開倫共捐銀肆元。信士必誠公、雲龍、承□、肇起、承泗、吴標、承注、永流、文寬、拾千、德隆、高擇、可貫、君仁、志恭、繼徽、宏金、錫聽、繼章、深才、會鶉、錫邦、君朋、繼河、思輝、文信、必成、元潤、世修、濟和、世英、德温、世遠、國榆、鶉篤公、明純、承宗、元吉、國杜、方諸、慶人、誠公、世昌、文式、志利、茂棲、汝温、汝江、質敦公、善直公、伯□公、義畫公、其中、國樌、仲山公、業全、德寵、文桔、文錫、熙文、肇昌、國紀、國

椐、國□、國持、國棧、文桂、漢元、元貴、道三、芳栯、□濟、彩珠、斐然、彩域公、彩翰、庠生廷修、養元、大春、舜咨、信士朱果、彩容、光果、文耀、文淵、先帶、文成、仁生、永□、英三、振先、芳□、式金、聯芳、成煌、克固、彩彰、彩亮、國植、心銜、彩掄、鴻業、心榮、朝端、廷獻、成玉、勝求、永茂、振興、登林、淑如、文士、鳳儀、有魁、元代、有良、騰盛、斗星、士賢、一乾、耀星、有心、克昭、有雄、廷貴、英士公、得雲、友鳳、貫三、士欽、國欽、元派、瓊林、德熙、朝坐、國才、世友、克寬、元□、芳鉦、國柄、朝宗、成□、成□、學書、吾斷、寸誠、光逵、光恩、鴻士、□宗、芳美、克從、金榜、國□、秀儀、守中、文厚、文聲、正元、大誠、明衡、大椿、以羔、元達、如願、昭德、克禮、騰祈、友章、三桂、養源、子徐、子團、廷俊、應桂、高俱、國梁、楝金、坎、水藏、朝文、文章、元沃、琴、秀潤、萬山、天賜、绿波、朝林、廷琅、艷滔、豔勳、廷輝、克烷、水順、元桂、朝佐、廷煊、親九、州西、茂貞、春盛、世□、廷煥、日新、捷三、拔中、文炳、廷坎、文燈、耀文、元璧、元學、元益、芳標、□塘、吴犀、仰題、玉儀、元隆、啟應、喜容、國琚、克全、登魁、元明、文熙、廷丘、廷□、克成、上欣、晏水、世炯、廷森、以升、文俊、夏卿、澄清、克禧、士俊、春華、汝高、超衆、仙佳、大壯、纘美、廷□、廷熊、戊火、克端、慎貴、啟仁、文秀、文林、茂土、芳桂、任水、君序、士起、俊德、廷傑、捧生、連珠、光審、繼成、成美、國忠、卓前、企周、冀源、掌才、偕載、長興、朝瀾、慶奇、有明、明龍、興茂、茂宗、邦生、明達、依理、廷序、文正、振雄、際盛、萬孫、光增、謄孫、文彬、高明、大楝、樗老、天慶、克光、高華、朝俸、克義、成泉、拔徑、登元、寶泉、清彦、文藻、光□、國典、壹□、玉和公捐銀叁中元。信士炳元叁中元。鄉賓遂表、太學生文瀾叁中元。鄉賓芳疊公捐銀式大元。信士克播捐銀叁中元。信士成燦、秉榮、柄承、登禧、才老、阿細、木林、成□（添一元）、肇豐、光思、擎朱、伯權公、啟明（二元）、普蘭、福星、彭老、戊巳、歸唐、江宇、遜老、隆盛、運昌、露、文端、以明、子吉公、乃轉公、國栲、道衡、順深、正音、國拔、克持、廷流、治水、克舉、太學生光培公，以上各捐銀壹元。信士士哲、潁欣公、成璋、維新、赤坑、保生、育元，以上各銀壹元。

信士文會、光參、學韓、達標、蘇能、呈正、可禮、大柏、大桂、觀蔭、□轉、鼎成、質勤公、碧聰、廷登、觀壽、廷址，以上銀壹元。

總理在淵。董事僧覺静。道光柒年丁亥桐月吉旦勒石。

按：此碑現存奎洋鎮店美村聖龍宫，碑名爲編者加擬。

一五五九　重修聖龍宫莊家弟子題捐碑（二）

龜山聖龍宫重修廟宇，莊家衆弟子捐銀名次登列於左：

太學生文波公捐銀肆拾元。恂肅公捐銀叁拾元。太學生克□公捐銀拾肆元。毅軒公捐銀拾式元。温侃公捐銀拾式元。富春有記捐銀拾式元。鄉賓至斯公捐銀拾大元。太學生達德公捐銀捌大元。太學生遜亭公捐銀捌大元。富春建記捐銀捌大元。端怡公捐銀六大元。太學生信音公捐銀六大元。富春德記捐銀六大元。春山信記捐銀六大元。信士翰飛捐銀六大元。庠生慎亭公捐銀四大元。太學生文湛公捐銀四元。鄉大賓瑞陽公捐銀四元。太學生君材公捐銀四元。太學生芳椒公捐銀四元。鄉大賓偕山公捐銀四元。質直公捐銀四元。和成當店捐銀四元。盈豐當店捐銀四元。長盛當店捐銀四元。柴户総理國楊捐銀四元。柴户総理芳桂捐銀四元。柴户総理必達捐銀四元。

豐山太學生劉文禄捐銀拾式元。鄉賓簡濟民公捐銀陸元。南靖信士江清捐銀肆元。信士謝馨桂捐銀式元。信士謝拱照捐銀叁中元。龍溪莊錢光捐銀壹元。竹黄信士陳志升捐銀肆元。信士張朝承捐銀壹元。竹溪信士沈若淵捐銀拾式元。信士簡阿潑捐銀肆大元。石梯公王捐銀式大元。哲侯公捐銀式大元。太學生國掄捐銀叁元。太學生芳掄捐銀叁元。太學生式五捐銀式元。庠生文炳捐銀式元。太學生文才捐銀式元。鄉賓長卿公捐銀式元。信士漱芳捐銀式元。信士廷時捐銀式元。信士寬樸祖捐銀式元。信士肖鏗公捐銀式元。庠生際雲公捐銀式元。信士三台捐銀式元。我石公捐銀式大元。鄉賓寬慧公捐銀式大元。鄉賓貞雲公捐銀式大元。聖爵公捐銀式大元。鄉賓和亭公捐銀式大元。

鄉賓□泉公捐銀弍大元。信士魏德佳捐銀弍大元。信士廖建完捐銀叁中元。信士謝朝振捐銀壹大元。信士謝啟貴捐銀壹大元。

信士克炳捐田稅弍石官。信士光登捐銀弍大元。鄉賓蚕姐公捐銀弍大元。信士三定捐銀弍大元。信士騰蛟捐銀弍大元。庠生育才、廩生斗寅、庠生籌、鄉賓文藻公、信士禮耕公、芳遠公、廷爵公、文化、仕英、尚達、清連、大有、唐卿、黨、當陽、朝選、太學生國培、鄉賓聖鑾公、世播、庠生子肅公、信士嗣閔、庠生錡、庠生成美、信士居楠、文□、文煒、鍾春公王、希叔公，以上各捐銀壹元。

道光七年丁亥桐月重修。

按：此碑現存奎洋鎮店美村聖龍宮，碑名爲編者加擬。

一五六〇　重修聖龍宮親朋善信題捐碑

重修聖龍宮，親朋善信捐題名次：

漳郡合成杉行太學生陳鄉黨捐銀叁拾大元。信士徐子奮捐銀玖中元。信士簡欽章捐銀捌中元。信士闕文亨捐銀弍元。永定信士賴明亭捐銀壹元。信士吳亨光捐銀壹元。信士張子照捐銀壹元。永定信士戴文豔捐銀壹元。永定信士蘇和仁捐銀壹元。永定信士蘇和義捐銀壹元。信士李時輝捐銀壹元。信士李時南捐銀壹元。信士李可宗捐銀壹元。信女寶娘謝門莊氏捐銀弍元。信女爽娘謝門陳氏捐銀弍元。信女謝門莊順娘捐銀壹元。信女謝門楊俊娘捐銀壹元。信女謝門莊勸娘捐銀壹元。永定信士江曾援捐銀壹元。永定信士蘇東㒷捐銀壹元。上洋太學生余亨玉捐銀四元。安溪信士林芳章捐銀弍元。上坪信士謝泰修捐銀壹元。信士簡大安捐銀四元。信士謝從淵捐銀弍元。信士張錫福捐銀弍元。歲進士簡廷寶捐銀拾弍元。信士魏國華捐銀弍元。信士羅廷□捐銀弍元。信士高幸茂捐銀弍元。太學生謝鴻裕捐銀弍元。信士吳鳳池捐銀弍元。庠生盧煒樞捐銀壹元。信士施雙鯉捐銀壹元。信士林阿桂捐銀壹元。信士林文嘉

捐銀壹元。信士簡門莊盧娘捐銀壹元。

道光七年丁亥桐月勒石。

按： 此碑現存奎洋鎮店美村聖龍宫，碑名爲編者加擬。

一五六一　鼎建興仁宫碑記

粤我山城自昔尊祀玄天上帝，神威赫濯，攸來已久。但未建造庙宇，輪首收祀，誠非肅莊之敬。兹道光戊子秋，諸董事募衆捐金買地，鳩工營建。幸紳衿士庶乐善子來，至冬告竣。宫殿落成，即將姓氏開列勒石，以爲往來觀閲，俾知功德有自，神人咸吉云爾。

候補直隸分州楊良琛捐艮壹佰捌拾大元。國山号捐艮肆拾叁元。滚源号捐艮肆拾叁元。庠生劉時亨偕侄等同捐艮肆拾元。黄胡观捐艮弍拾四元。慶興号捐艮拾三元。峰盛号捐艮拾二元。韓英才捐艮六元。

蔡文藻、和春堂、振積号、義合号各捐艮四元四角。韓萬成捐艮四元。榮興号、孫旺观各捐艮三元三角。長春号、林天壽各捐艮三元。王登穆、劉開府各捐艮二元七角半。振成号捐艮二元半。黄骰观、梁号生、黄長茂、陳阿丹、黄淵观、德泰堂、黄照南、小山城陳家公店、李登科各捐艮二元二角。徑長蔡家公店、張勇水、王呼生各捐艮二元。李如珠、碧玉号、順章号各捐艮一元六角半。合成号、新興号、張盛興、游同善各捐艮一元一角。永邑蘇月慶、陳特英、蔡義忠、順德号、李琴观、李蔭观、灞仔林家公店各捐艮一元。顔得章、韓大有、黄首陽、庄新澤、林拔千各捐艮一中元。

錦源号、揆以堂敬擇吉課。堪輿張俊明喜助謝金。陳敬麟敬謝案棹。

董事：韓英才、李如珠、賴長禧、黄照南。道光己丑玖年葭月　日立石。

按： 此碑現存山城鎮新中山南路興仁宫。

一五六二　建造天后宮魏姓題捐碑

捐題建造廟宇芳名：

老廟衆弟子喜助廟地壹所。新廟衆弟子喜助廟地壹所。

福緣公出銀弍大元。欽德公出銀弍拾肆元。崇亮公出銀拾弍元。玉春公出銀弍元。瑞吾公出銀捌大元。純吾公出銀拾弍元。弼元公出銀弍大元。輝九公出銀伍大元。楚珍公出銀陸大元。宜彬公出銀弍大元。濟萬公出銀捌大元。子容公出銀弍大元。映雲公出銀陸拾大元。秋先公出銀拾弍元。永介公出銀拾弍元。文超公出銀弍大元。景周公出銀肆大元。昌泰公出銀弍大元。仲綸公出銀肆大元。晉華公出銀弍大元。宜正公出銀弍大元。輯伍公出銀弍大元。德隆公出銀弍大元。良弼公出銀弍大元。良輔公出銀拾陸大元。仰韶公出銀伍拾大元。以錦公出銀拾弍大元。以音公出銀叁大元。禹文公出銀肆大元。雄飛公出銀捌大元。德尊公出銀拾捌大元。非鯤公出銀弍大元。利文公出銀弍大元。金屏公出銀弍大元。乃傑公出銀拾大元。乃知公出銀肆大元。登魁公出銀弍拾大元。萬經公出銀弍大元。元魯公出銀弍大元。文碧公出銀弍大元。鳴崗公出銀弍大元。金俊公出銀弍大元。經宜公出銀拾大元。國學生洽文出銀弍大元。歲貢元爾止出銀弍大元。國學生輝文出銀弍大元。國學生集詩出銀弍大元。國學生溶川出銀弍大元。鄉進士鳴貞出銀弍大元。國學生樹成出銀弍拾肆大元。信士慶宜出銀叁大元。國學生榮嶽出銀拾弍元。信士恩能出銀叁大元。信士秉綬出銀弍大元。歲進士蘭生出銀叁拾弍元。衛守府拔魁出銀弍大元。信士松養出銀肆大元。信士昂驤出銀伍拾弍元。金山公出銀弍大元。譽先公出銀弍大元。昌明公出銀弍大元。歲進士和青出聯屏銀叁拾元。新廟弟子庠生簡文公、義衷公、欣從公出銀肆大元。邑庠生盛昌出銀弍大元。國學生邦昌出銀弍大元。

映雲公出正梁壹枝，又大樹壹枝。以華公出點金樹陸大枝。乃章公出大樹壹枝。續奇公出棟樑樹壹大枝。騰輝公出大樹壹枝。歲進士金銓出石龍柱弍大枝。信士渭川出廟内礬紅足用。國學生學純出銀弍拾元。

道光己丑歲季冬月，魏姓同立。

按：此碑現存梅林鎮梅林村天后宮，碑名爲編者加擬。

一五六三　岣嶁碑

承帝曰：『嗟！翼輔佐卿，州渚興登。鳥獸之門，參身洪流，而明發爾興。久旅荒塚，宿岳麓庭。智營形析，口罔弗辰。往來平定，華岳泰衡。宗流事哀，勞餘伸禋。鬱塞昏徒，南瀆衍亨。衣制食備，萬國其寧，竄舞永奔。』

楊升菴先生舊有是刻，字多剥蝕不全。己丑秋仲，劉勳台先生來守斯郡，出石泉縣舊本，較此少瘦；中有『形、岳』諸字，爲前刻誤注。用大理之石刻之浩然閣下，歌以當跋：

『摩抄斷碣慨以慷，岣嶁七尺多損傷。此碑舊傳出禹大，胡爲剥蝕在殊方？闕文奇字不可識，銀鈎鐵畫森開張。有名才子此寄跡，雙鈎撫勒山之陽。爾來四百七十載，片石直與天地長。牧童□火牛礪角，體格渾樸精神亡。勳台太守來自蜀，手持舊揭喜相將。龍飛鳳舞蚯蚓屈，兔起鶻落鳶鸞翔。湯銘周誥多作述，下軼秦漢薄晉唐。細字旁參訂訛誤，較之原刻骨力強。方知神物不終秘，若有神助來點蒼。憶昔功成元龜錫，金泥玉簡分天章。庚辰無聲后夔立，元愷十六日贊勳。無支祁銷防風臘，魍魎斂跡虎豹藏。手書萬卷讀萬遍，重此石刻燦生光。書成不問洪龍至，但聽洱水流湯湯。』

道光庚寅正月，應侯宮思晉書。

賜進士出身、知南靖縣事馬諱逢皐捐銀〈空缺〉。

董事：王老則、王孟紹、王偉。

貢生王朝選捐銀〈空缺〉両。監生王環捐銀〈空缺〉両。湖北陳用儀捐銀〈空缺〉両。延平葉蘭田捐銀〈空缺〉両。四川李培芝捐銀〈空缺〉両。鹽館馬春貴捐銀〈空缺〉。典吏蔣海捐銀〈空缺〉。典吏蘭東观捐銀〈空缺〉。王金

俊捐銀〈空缺〉。林得观捐銀〈空缺〉。

職員徐行捐銀弍両肆。典吏張渠生捐銀弍両。典吏王惟賢捐銀弍両。王振成捐銀弍両肆。王濟川捐銀壹両弍。

按：此碑現存靖城鎮中華路南靖城隍廟。

一五六四　德遠堂捐祀香題名碑

廣達公出谷陸斗。東陽公出谷壹石。標錦公出谷伍斗。標宸公出谷伍斗。標衮公出谷伍斗。標元公出谷伍斗。文運公出谷壹石弍。煥文公出谷壹石肆。遂良公出谷壹石弍。位榮公出谷壹石弍。槐堂公出谷壹石弍。尚九公出谷壹石。慶春公出谷壹石。先春公出谷捌斗。安軒公出谷柒斗。欽春公出谷柒斗。勝萬公出谷陸斗。振德公出谷伍斗。勝仁公出谷肆斗。位倫公出谷肆斗。先正公出谷肆斗。邦珍公出谷叁斗。位綱公出谷叁斗。裕堂公出谷叁斗。兆普公出谷叁斗。廣壽公出谷弍斗。城九公出谷弍斗。位勝公出谷弍斗。位彩公出谷弍斗。惠春公出谷弍斗。衍春公出谷弍斗。贊宗公出谷弍斗。庢猷公出谷壹斗。遂忠公出谷壹斗。芳春公出谷壹斗。耀峰公出銀叁元。位星公出銀弍元。文芳、文泰、文林公共出銀叁元。

道光拾肆年甲午歲正月穀旦立。

按：此碑現存書洋鎮塔下村張氏宗祠。

一五六五　慈慧宫樂輸碑記

蓋聞：民庇於神，沐神之惠而未盡祀神之道，非所以答嘉貺而綿福祐也。我慈慧宫崇祀佛祖，由來舊矣。其緣租所入，亦頗足用；而獨於每歲玉帝聖誕，欲演唱慶祝，尚缺其費。弟子太學生吴秉文，素叨神庇，屢見靈感，爰輸緣田二段，年共稅粟陸石肆斗大，内抽出壹石弍斗大，以供佛祖油香。其餘所存留，爲逐年正月初九日演唱之資，

庶祀神道盡，長被無疆之福也。爰勒石以垂久遠。

計開田段：

一田段，址在大田井埜丘，受種壹斗，年税叁石捌斗大。一田段，址在山崩坪，受種壹斗，年税弍石陸斗大。

二段共配粮壹畝陸分，在吴大章户内完納。

道光拾伍年正月　日立石。

按：此碑現存龍山鎮龍山村慈慧宫。

一五六六　王氏議約碑記

聞之法積久而大□，□因時而變通。盖自于疇公開基青州，並無公置祠地；至侃正公私置祠地，興水木之思，願將私地公築祖祠。侃正公後裔祠中祭祀，執守上尊之位；各房、各股私席祭祀，雜沓紛紜，昭穆失序，理似未當。現再興築，通族公議：春秋二祭，通族公席公祭，論齒論賢。兹定於元月十二日，長房孫、次房孫請侃正公、碑長公入祖祠看燈。至春、秋二祭，亦當恭請二公入祖祠配享。謝燈後並春、秋祭畢，請歸原龕，送謝菓品，不得惰慢推諉，致失恩誼也。其祠中諸事規約開列於左：

一，本社與護山社重修祖祠，餘銀壹佰捌拾兩，置祀田以爲祭費，每一席與護山祭燕。

一，正月初一日，通族衆頭家入祖祠，奉茶賀春列祖，不准惰慢。

一，謝燈，通族頭家公祭公費，鵝山任頭家化火天井，不准閒人與及。

一，春、秋二祭諸費，通族公祭，以公濟公。費或不給，就通族頭家均開補足，不得易例。

一，春、秋二祭，定通族舉、監、生員者與祭，定通族爲祖者與祭，定通族六旬者與祭，定通族院試者讀祝、行禮與祭，定通族當年頭家者理事與祭。不得恃強無恥與祭。

一，祠中當年掃除整潔，不准恃近恃強者積貯什物。

道光拾陸梅月穀旦。長房裔孫求生、欽盞、六合、好生，次護山房元亨、淮泗、巍山、大海、溪淵，三房返生、光竈、潘伯等，仝公議立石。

按：此碑現存靖城鎮阡橋村王氏宗祠，碑名爲編者加擬。

一五六七　文昌塔碑記（二）

靖，名邑也，良臣、科第代不乏人。凡莅兹土者，莫不以興仁講讓、培養人材爲首務。乙未夏，余甫下車，北城外有浮圖七級，砥柱水口，雙溪呈輝，層巒拱秀，洵属鉅觀。第未悉其建自何人、筆錫何名。因於公餘之暇，讀縣誌楊君序，則『文昌』其名；又搜之塔内碑文，乃知陳、黄、楊、姚四賢宰後先繼美，而告厥成。以文昌名塔，殆取乎截天文以合人文之義歟？我朝覃敷文教，薄海内外，罔不含和吐氣，躅德詠仁。况南州爲紫陽朱子過化之地，有『海濱鄒魯』之稱。生其間者，果能顧名思義，克自振拔，户聞絃誦之聲，家鮮嚚凌之習，駸駸乎棫樸著文之化，復見於今，倚歟盛哉！余承乏是邑，竊禄讓前，君斯未信，造士化民之道百無一得，又何敢接踵前賢，自彰其美？盖以此邦之人休養生息百数十年，其士庶咸能食舊德、服先疇；有牧民之職者，理當奉揚王者，允道化成，推廣文治，以臻大順之休。惟願庭無雀角、野有荷經，文運日開，科甲不絶，無負昔賢命名之義，是則余所拭目以俟之者也。爰誌数語，泐之於石。

道光拾陸年　月。賜進士出身、内廷國史館校對官、勅授文林郎、知南靖縣事、議敘加一級又加一級記功二次、蒙古張嘉特氏德成記。

按：此碑現存靖城鎮湖林村文昌塔。字迹風化，模糊難辨。

一五六八　劉氏臺灣裔孫三捐祭銀碑記

嘗思木有本、水有源，而能不忘源本者鮮矣。我珊圖往臺之人，實繁有徒，於嘉義縣翻龍路共建祠宇，名曰『世德堂』，崇祀均保祖，分爲十□，與唐之高山大宗如一轍焉。嘉慶年間，裔孫盛、興盛、天慶等聞在唐大宗祭費未饒，爰將世德堂餘租銀寄回二百元，充在敘倫堂置祀田焉。道光癸未，天慶率孫奠邦、姪孫利貞、深池回視坟、祠，增買祭租共銀三百有奇。丙申春，奠邦、玄乞等復帶銀三百餘兩，再增買祀田。二十餘年間，臺之公銀三至，共計以千。非不忘源本，安能若是哉！宜勒石以美其事，並鐫所置田段、税額，以垂不朽云。

一段在大宗樓脚，税八石。一段在西牛潭高墘，税十石。一段在大楓洋，税十三石。一段在宰宅頭，税四石四斗。一段在大宗後過脈，税三石四斗。

道光十六年四月　日，裔孫奠邦、玄乞等立。

按：此碑現存和溪鎮聯橋村劉氏宗祠，碑名爲編者加擬。

一五六九　永安橋碑記

橋制之興，由來久矣。古者徒杠輿梁，成於冬月，所以利往來、免濟涉也。我半徑社上通新村，下到魯頭，熙往攘來，實繁有徒，而阻於澗水，每以出入爲艱。横以木橺，又□頻於修□，□是勸諸紳士，捐金樂造，换木以石，易危爲安。不日成功，永垂久遠。迄今以後，遵王道、遵王路，庻蕩平之可通；或徒步，或乘輿，亦奔走之甚便。何樂如之？又何利加之也？謹將社内戴、劉家捐題名次開列於左。

董事：□書、錫明、隆緒、耀宗、長庚、□卿、登甲、煅貴、廣昌、孟維，共捐銀弍拾中員。

澄清庙捐銀八中員。綿存卿捐銀四中員。微卿公捐銀一中。輔卿公捐銀一中。異卿公捐銀一中。鄉賓仲傳公銀

四中。監生嘉謨公銀四中。監生嘉猷公銀三中。監生煥章捐銀一中。庠生煥彩捐銀一中。監生宏達捐銀一中。監生煥文捐銀一中。監生煥書捐銀一中。舉人煥墀捐銀弍中。監生煥明捐銀一中。監生煥瀛捐銀弍中。監生朝琮捐銀一中。敬容捐銀一中。庠生上德捐銀一中。次誠捐銀六中。如祥捐銀一中。監生大緦捐銀一中。監生春華捐銀一中。庠生大□捐銀一中。監生文華捐銀四中。如□捐銀一中。監生春山捐銀一中。協昆捐銀一中。仰新捐銀一中。庠生大山捐銀一中。監生邦璵捐銀一中。監生大川捐銀一中。監生國林捐銀一中。監生文藻捐銀八中。監生文秉捐銀四中。庠生□孫捐銀一中。監生長泰捐銀一中。庠生口升捐銀一中。廩生啟昌捐銀弍中。庠生捷陞捐銀一中。庠生碧□捐銀一中。監生榮升捐銀一中。長初兄弟捐銀一中。次恭捐銀一中。青令捐銀一中。

道光拾柒年歲在丁酉梅月吉旦立。

按：此碑現存金山鎮新村村劉氏宗祠。

一五七〇　韓氏祠堂公議碑

公議：祠堂右邊護厝後一片曠地，横至厠池前，上至山，下至田，並係公地。不得私行葢築小厝、栽種竹木、堆積糞土，違者從重議罰。道光十八年二月穀旦公白。

按：此碑現存山城鎮葛山村韓氏宗祠，碑名爲編者加擬。

一五七一　安善堂捐題牌記

道光拾捌戊戌年重修捐題：

總理：太孝生余紹金。董事：劉世平、鄭承山、卓欽宗、李光錫。

垻州公王捐銀弍拾肆員。大福公王捐銀陸大員。歲進士劉永綬捐銀拾弍員。四亀衆弟子銀捌員。

歲進士劉宣昭、太孝生劉文穆、太孝生張德昭、鄉大賓李章聲、富里張毅德公、霞楼余君彩公，以上各捐銀陸大員。漳郡張衙捐銀肆員。南行張廷瑞公肆員。春雅劉昭坦公肆員。太孝生張頂爵捐銀弍員。張溪銀捌錢。余民銀柒錢。謝宗銀柒錢。張榮和公、張吉安、劉世平、張貴和、余四丕、余□□、劉石俵、仁盛行、劉高山、沈悦□、張三合、戴伯爺、張增蘭、莊三桂、仁合號、大圩船、后田船、卓欽宗各捐銀肆員。港内魏□秀捐銀叁員。陳三观捐銀弍員肆角。溪仔内柴友捐銀弍員肆角。李光錫、鄭承山、張亨文、鄭水观、張閔观、張品观、嚴石雀、嚴四丕、嚴潭观、張守直、張首珍、張旁观、鄭檬观、林鵝观、張極西、張長棧、張宗誌等、張錦文、嚴蘇宝、劉皆吉、張光傳、張位賓、張嘉观、劉祖澤、張日□、太孝生□□、太孝生李□，以上各捐銀弍員。

按：此碑現存船場鎮世禄村新溪尾寺（安善堂）。

一五七二　重修南興廟碑記

本廟崇祀保生大帝、列位尊神。蓋自先世敬迓神庥，厚膺福祉，爰奉馨香於永遠，共樂立廟以祀神。嗣後綿綿延延，漸廢漸修。至康熙四十六年，王太高祖邑大賓朝輔公捐貲鼎建，而堂構增輝，輪奂備美，較前廟貌焕乎一新。繼自今，幾經風雨剥蝕，已非復昔日之盛觀，爰乃鳩衆舉議重修。捐金之議方成，而鑒觀之靈不爽，遂見保生大帝降出真乩，將闔族人等稱量捐題，而族衆亦皆聽命。於是諏吉興工，延匠盖築，經始於二月初旬，落成至三月中浣，鳩工告竣。以此見神靈有赫，不負衆之敬信尊神也。所願者神安廟宇，人獲豐亨，則百世下永奠馨香，而合境内共登仁壽者矣。謹將捐金名次概勒於石，亦欲垂樂助之名於不朽云爾。是爲序。

總理重修事弟子阮成玉拜撰。

阮錦堂捐銀陸拾大員。阮錦綸捐銀伍拾肆員。阮錦羆捐銀伍拾弍員。阮綿刷捐銀肆拾大員。阮盞观捐銀拾陸大員。阮綿朝捐銀拾肆員。阮允凍捐銀拾大員。阮進观捐銀捌大員。阮擣观捐銀捌大員。阮欃观捐銀捌大員。阮傅观

捐銀捌大員。阮太山捐銀陸大員。阮相观捐銀陸大員。阮母观捐銀陸大員。阮註观捐銀陸大員。阮斟观捐銀陸大員。阮文蛤捐銀陸大員。阮三排捐銀肆大員。阮永观捐銀肆大員。阮舍观捐銀肆大員。阮懷观捐銀肆大員。阮件光捐銀肆大員。阮巨山捐銀叁大員。阮大烏捐銀叁大員。阮淍庭捐銀叁大員。阮窮观捐銀叁大員。阮天回捐銀叁大員。阮敏观捐銀叁大員。阮端观捐銀弍大員。阮雀观捐銀弍大員。

阮四科、阮樟观、阮橋观、阮天河、阮埶观、阮武观、阮株观、阮蝌观、阮習观、阮應陳、阮輕观、阮寂观、阮韮观，以上諸人各捐銀弍員。阮偕生、阮群观、阮□观、阮膠观、阮文建、阮□观、阮庭观、阮富观、阮鴿观、阮甫观、阮飲酒、阮盖員，以上諸人各捐銀壹大員。

闔族人等各捐錢叁百弍拾文。

道光拾玖年歲次己亥桐月穀旦。董事：阮踏观、進观、大鳥、或观、洞庭、笋观、厚高、廍观、欉观、捉观、發观、盞观、□观、鵠观、傳观、修六、粮观仝立。

按：此碑現存山城鎮下碑村南興廟。

一五七三　重修河垌宫碑記

重修河垌宫，捐題名次開列於左。

董事：鄉進士吴維翰，太痒生吴衡玉，太痒生吴允升，太痒生吴聚東。

侃直吴公捐艮六大元。太痒生吴懷德公捐艮五十六元，即聚東祖。太痒生吴允升捐艮四十二元。太痒生吴衡玉捐艮八元四。廩膳公吴直方公捐艮八元四，即光迪父。鄉進士吴維翰捐艮五元二。鄉大賓吴仲夷捐艮五元五。信士吴允期捐艮五元六。吴日新捐艮五元六。林鎮观捐艮四元二。吴藕观捐艮四元二。吴次垂捐艮四元二。增廣生吴掄元捐艮二元八。信士吴彩观捐艮二元八。吴淮泗捐艮二元八。吴壹綿捐艮二元八。吴光廖捐艮二元八。吴勝芳捐艮

二元一。吴桂观捐艮二元一。吴雲霧捐艮一元九。吴吕观捐艮一元八。鄉大賓吴調其捐艮一元四。信士吴遂期捐艮一元四。王粹观捐艮一元四。林興棟捐艮一元四。吴紅員捐艮一元四。吴元作捐艮一元四。吴朝献捐艮一元一。吴文榜捐艮一元。吴鋭哲捐艮一元。張挑观捐艮七角。邹文郁捐艮七角。楊舜天捐艮七角。楊廷秀捐艮七角。吴愷旋捐艮四角。吴高观捐艮四角。吴西貴捐艮二角。

福户：太庠生吴衡玉、太庠生吴允升、鄉進士吴維翰、太庠生吴聚東、鄉大賓吴仲夷、鄉大賓吴調其，信士吴日新、富夫、怡春。福户：吴喜初、綿興、文圭、排鋭、紅員、待秀、及三、魚观、泮池、煅昌、文榜、次垂、彩观、大莪、宋观、鎮欽、桂观、寅观、明观、郡观、昭观、右明、寿期、麗观、有達、永林、以文、愷旋、添观、租观、夘両、猷观、慰观、艾观、□期、黄光順、楊廷秀、楊廷桂、王粹观、林應魁、興鎮、光□、海佳、寅□、興秋、孫務、邹文都、邹和观、陳臣開。每福户捐艮一元。

道光弍拾年庚子元月吉旦立。

按：此碑現存金山鎮河墘村河垌宫，碑名爲編者加擬。

一五七四　水朝宫緣田碑記

水源木本，盡人皆然；香火流芳，僧俗無異。□□□□緣慶遺下銀七十八両，于緣慶之徒蔡□□□□□□□理。幸我觀音佛祖有灵，默啟三甲人□□□□□□南井邊園壹坵，受種壹畝，粮在馮□□□□□□栽蔗，有六七百種，耕作收成，納粮外以□□□□□清緣慶及緣慶父母年年香火之資□□□□□□□住僧在庵，乃付其自耕自理，以永祀□□□□□□緣慶及緣慶父母，萬年不替矣。刻石紀□□□□□□。

南坪馮藕、馮穀，山邊馮添、馮昂〈下缺〉。

道光二十年八月，秉筆人□□□□□。

按：此碑現存山城鎮鴻坪村水朝宫，碑名爲編者加擬。

一五七五　嚴禁擄人勒贖憲示碑

署南靖縣正堂加十級紀録十次鮑，爲嚴禁擄人索詐以安民良善事：

本年四月初七日，據永定縣生員游化賢、舉人巫□弼，南靖縣生員劉浩然、監生李起騰等，聯名呈稱：『山城總前後道路及船河一帶地方，常有土棍欺凌異地人民，或藉端擄人勒贖，或平空造誣詐騙，良民咸受其害，□乞出示嚴禁。』等情到縣。據此，除批示外，合亟示禁：『爲此示仰山城總軍民人等知悉：自示之後，爾等務宜各安本分，毋得藉端擄人勒贖，或造事詐騙，擾害良民。倘敢故違，一經察出，或被告發，定即飭差嚴拿，從重究辦，决不寬貸。各宜凛遵毋違！特示。』

道光二十二年四月廿二日給。

按：此碑現存山城鎮三下村車頭庵。

一五七六　十八家禁除丐首憲示碑

署南靖縣正堂加十次鮑，爲禁除丐首以静地方事：

本年九月十八日蒙本府憲黄批，據船塲総監生張頂爵、貢生林德璜，生員張文珍、李夢芝、劉青恭，監生劉海波、劉暢敘等呈稱：『和匪黄生、莊弼、王俊郎、賴俊、莊天等各置丐寮壹所，俱稱船塲総丐首，鳩集四方匪徒數百，俱是年力強壯，假冒乞丐。日則到鄉強乞，夜則挖偷搶擄，圩市商賈及各鄉社被其荼毒誣詐，難以枚舉。呈請檄飭禁除丐首，并札諭圩甲長、地保協拿詳究。』等情，批縣出示嚴禁、勒捕詳辦等因。

案查先据監生張頂爵等赴縣具呈，業經示禁，併飭差保查拿在案。兹蒙前因，除勒差保查拏併出示嚴禁外，合

行札諭該甲長知悉：嗣後如有不法匪徒混稱丐首，在于総内聚集外來丐匪徒棍强乞，或乘機搶窃、藉端詐賴、擾害閭閻者，許即扭交地保，綑觧赴縣，以憑究辦。如敢徇縱，察出一併治罪。毋違！特諭。

道光二十二年　月　日給告示，新溪尾十八家南山后社。

按：此碑現存船場鎮十八家村古道邊，碑名爲編者加擬。

一五七七　下寮禁除丐首憲示碑

署漳州府南靖縣正堂加十級紀十次鮑，爲禁除丐首以静地方事：

本年九月十八日蒙本府憲黄批，據船塲総監生張頂爵、貢生刘德璜，生員張文珍、李夢芝、刘青穀，監生刘海波、刘暢敘等呈稱：『和匪黄生、莊弼、王俊郎、賴俊、莊天等各置丐寮一所，俱稱船塲総丐首，鳩集四方匪徒数百，俱是年力强壯，假冒乞丐。日則到鄉强乞，夜則挖偷搶擄，圩市商賈及各鄉社被其荼毒誣詐，難以枚舉。呈請檄飭禁除丐首，并札諭圩甲長、地保協拿觧究。』等情，批縣出示嚴禁、勒拘詳辦等因。

案查先据監生張頂爵等赴縣具呈，業經示禁，併飭差保查拏在案。兹蒙前因，除勒差嚴拏並札諭圩甲長協拏觧究外，合再出示嚴禁：『爲此示仰該総軍民人等知悉：自示之後，毋設立丐頭名目，結党强乞。如有不法棍徒混稱丐首，聚集外來丐匪，在於鄉社、墟市恃强勒索，或乘機搶窃、藉端詐賴、擾害地方者，許該甲長協同地保按名拏解赴縣，以憑從嚴究辦。如敢徇縱，察出一併治罪。各宜凛遵毋違！特示。』

道光二十二年十月　日給告示，寔貼下寮曉諭。

按：此碑現存船場鎮西坑村，碑名爲編者加擬。

一五七八　鳳嶺廟祀田碑記

敬遵鶯、顕、葉三位尊王指示曰：『吾有積累銀項，重修廟埕以及建置田業，代吾出口楊焰觀，授傳尔衆福户弟子。』乃特舉林國中、林如禮、林三杯、林啓祥等，仝出頭建置田業，登立石碑。亦深喜衆弟子人心歸向，竭力襄成，允賜家家祐吉慶、户户振鴻禧。

計開田段：乙巳年再買深坵頂田三坵，受種子一斗，坐址本處土名石門埔、石鼓、蝦裡、茭冬坑，共四段，大小坵数不等，受種一斗四升，年配粮一畝四分。

道光甲辰年花月吉旦敬立。

按：此碑現存山城鎮湯坑村巷仔頂社鳳嶺廟，碑名爲編者加擬。

一五七九　徑裡林氏宗祠擴建碑記

蓋聞：創業垂統，祖宗締造良艱；追遠報本，子孫孝思不匱。自我祖肇基萬初公，至乾隆甲子年始立宗祠，以爲先靈憑依。然規模早定三進，財力難就一時，聊將中進以俟後人。幸我族人継述不忘，儲積稍裕，爰僉恭請榕樹宫玄天上帝，卜向習吉。維時百堵皆興，欣成功于不日；三斯可詠，樂先志之有終。謹將分金開列於左。

原坐向正針癸夘、末度分金，中進門樓正針癸夘、初度挨中針丁夘分金，號東華朗日格。

道光弌拾肆年伍月。族各房裔孫：法宝、壬癸、三冬、聘观仝立石。

按：此碑現存靖城鎮徑裡村林氏宗祠，碑名爲編者加擬。

一五八〇 重脩南靖縣學宫記

國家承平二百年矣，自京師首善以及各省郡縣，莫不崇奉先師至聖。極棟宇之巍峩，顯宫牆之美富，凡以爲師表萬世計耳。靖邑學宫，溯自明萬曆間陳大尹宗愈遷復舊城，因改建城東南隅。至乾隆庚寅、嘉慶己巳前後之間，屡次重修，而規模亦式廓矣。自己巳迄今，又三十餘年。庚子秋，予下車伊始，見其楹桷剥蝕，宜加繕葺，竊有志焉。適邑紳士亦旋請于余，余曰：『此盛舉也。』即與默存劉公、蘭臯鄧公同捐俸以爲之倡。而介堂鮑公繼任，亦捐廉以勸厥事焉。維時董事設法勸捐，鳩工庀材，盡心竭力，共樂觀成。始道光辛丑春，越甲辰冬而告竣，計費洋銀肆千圓有奇。遵制脩造，焕然改觀。將來邑人士科甲蟬聯，蔚爲國華，未必不基於此而尤有進者。此地原稱海濱鄒魯，多士生長其間，共相砥礪，紹洙泗之薪傳，聯紫陽之教澤，以無負朝廷棫樸菁莪之化，是則予之所厚望也夫！

文林郎、知南靖縣事包巽權撰文。文林郎、知南靖縣事鮑錫年書丹。

修職郎、南靖學教諭劉宗成篆額。修職郎、南靖學訓導鄧鍾僑。

捐俸題名：知縣包巽權捐銀壹百圓。知縣鮑錫年捐銀壹百圓。教諭劉宗成捐銀貳拾元。訓導鄧鍾僑捐銀貳拾圓。

永豐司巡檢朱欽思捐銀拾陸圓。

道光二十四年十月　日穀旦勒石。

按：此碑現存靖城鎮中華路南靖城隍廟。

一五八一 重脩南靖縣學宫題捐碑

重修學宫，各總捐銀姓氏：

龜洋莊三郎派下捐銀肆百捌拾肆元。縤街監生王魁捐銀弍百元。山城貢生韓垂亮捐銀弍百元。銅田監生陳世修

捐銀弍百元。藍田監生陳等仕捐銀弍百元。璧溪吴莊懿派下捐銀壹百弍拾元。書洋貢生蕭良佐捐銀壹百弍拾元。緱街王如梅捐銀壹百元。涌口監生吴瑞鰲派下捐銀壹百元。長教簡德潤派下捐銀玖拾伍元。山城監生楊登閣捐銀捌拾元。錢坂監生陳敬順捐銀捌拾元。書洋蕭紫玉派下捐銀捌拾元。碼坪許蘭莊派下捐銀陸拾元。

山城監生李世輪捐銀肆拾肆元。□□□□□□□捐銀肆拾元。龜野寨陳大謨派下捐銀肆拾元。竹員鄉賓陳仁普派下捐銀肆拾元。緱街監生王竹苞捐銀肆拾元。春雅劉明哲捐銀肆拾元。珊圖劉均保派下捐銀叁拾弍元。墨村中憲大夫戴以讓派下捐銀叁拾元。碼坪文林郎許酆派下捐銀叁拾元。竹員監生陳樸園派下捐銀叁拾元。都美監生盧繼開派下捐銀叁拾元。南坑貢生張振俊捐銀叁拾元。溪邑州同知謝景斌捐銀弍拾肆元。鳳林鄭日新派下捐銀弍拾肆元。春雅劉宏量派下捐銀弍拾肆元。麟野林□□社捐銀弍拾肆元。梅林庠生魏永瀾捐銀弍拾肆元。鴻坪監生馮繼□捐銀弍拾肆元。縣内蔣調安捐銀弍拾肆元。書洋監生蕭析遠派下捐銀弍拾元。山后監生王家智捐銀弍拾元。山城監生阮亨培捐銀弍拾元。上厝監生王振明捐銀弍拾元。郡城監生黄朝榮捐銀弍拾元。竹溪沈英儲派下捐銀弍拾元。都美監生盧文會捐銀弍拾元。和溪武生林光岳捐銀弍拾元。象溪沈恒肅派下捐銀拾捌元。郡城監生吴□輝捐銀壹拾兩。□□監生蔡藴石派下捐銀拾陸元。院前監生徐對策捐銀拾陸元。都美庠生盧光大捐銀拾陸元。和溪武生林奇勳捐銀拾陸元。涌口鄉賓吴尚聰捐銀拾陸元。院前徐澄潭捐銀拾陸元。梅林魏映雲捐銀拾陸元。竹溪監生沈世英捐銀拾肆元。

桐鄉縣知縣陳步月派下捐銀拾弍元。涌口修職郎吴廷科派下捐銀拾弍元。墨村副舉人戴廷爵派下捐銀拾弍元。南歐張曲江社捐銀拾弍元。璧溪吴追來堂派下捐銀拾弍元。長教工部主事簡俸泰捐銀拾弍元。西園舉人張□煜捐銀拾弍元。郡城舉人李廷楷捐銀拾弍元。后楼武舉人劉志聲捐銀拾弍元。竹溪貢生沈榮山捐銀拾弍元。郡城貢生黄屏蒲捐銀拾弍元。縣内蔣海捐銀拾弍元。溪墘職員張瑞珍捐銀拾弍元。珊圖監生劉廷獻派下捐銀拾弍元。涌口監生吴克寬派下捐銀拾弍元。珊圖監生劉焕瀛派下捐銀拾弍元。竹員監生陳文和捐銀拾弍元。霞昌監生張建章捐銀拾弍元。霞苑監生黄殿材捐銀拾弍元。□□監生□□□捐銀拾弍元。□□監生□□□捐銀拾弍元。竹員監生□□林捐銀拾弍

元。菴口寨監生黄世樊捐銀拾弍元。竹員監生陳利遠派下捐銀拾弍元。尚寨監生吴應泰捐銀拾弍元。永豐監生陳芳圃捐銀拾弍元。竹員監生陳作珍捐銀拾弍元。尚寨監生吴麟書捐銀拾弍元。竹溪監生沈南隅捐銀拾弍元。山后監生王國安捐銀拾弍元。山城武生林湘捐銀拾弍元。郡城庠生黄英捐銀拾弍元。蓈前鄉賓陳顔郎派下捐銀拾弍元。徑頭庠生林起鳳捐銀拾弍元。尚寨監生吴志鉉派下捐銀拾弍元。緱街監生王長茂捐銀拾弍元。都美庠生盧永恭捐銀拾弍元。山城武生許仕昌捐銀拾弍元。南苑黄先登捐銀拾弍元。后昌張長啟捐銀拾弍元。梅林魏隆振捐銀拾弍元。玉峰貢生韓國英捐銀拾弍元。永豐陳長春捐銀拾弍元。永豐陳文東捐銀拾弍元。永豐陳振桂捐銀拾弍元。梅林魏紹惠捐銀拾弍元。黄坑許六捐銀拾弍元。□□監生□□□捐銀拾弍元。張渠□□□□□捐銀拾弍元。緱街監生王崇傑捐銀拾弍元。院前監生徐尚傑捐銀拾弍元。

佈厦監察御史陳羽白派下捐銀拾元。汾水縣學教諭許鯤派下捐銀拾元。碼坪舉人許決化派下捐銀拾元。山城舉人韓朝捐銀拾元。檀坑副舉人王廷益捐銀拾元。橋頭武舉人謝鎮邦捐銀拾元。霞苑貢生黄國棟捐銀拾元。霞峰監生楊文山捐銀拾元。緱街監生王兆元捐銀拾元。緱街監生王廷俊捐銀拾元。春雅廩生劉成邦捐銀拾元。春雅庠生劉英皆捐銀拾元。玉峰庠生韓端士捐銀拾元。山城庠生阮應元捐銀拾元。書洋監生蕭光邦捐銀拾元。珩洲監生王守貞捐銀拾元。和溪監生林致遠捐銀拾元。霞昌監生張錫疇捐銀拾元。永豐陳芳海捐銀拾元。梅林魏崇亮捐銀拾元。梅林魏均銘捐銀拾元。□□□□捐銀拾元。□□□□捐銀拾元。梅林魏浴蘭捐銀拾元。竹員登仕郎陳芳賓捐銀拾元。山城監生黄紹慶捐銀拾元。山城監生黄獻材捐銀拾元。梅林監生魏芳祉捐銀拾元。緱街監生王貞幹派下捐銀拾元。

道光二十四年十月　日穀旦勒石。

按：此碑現存靖城鎮中華路南靖城隍廟，碑名爲編者加擬。

一五八二　賴氏臺灣裔孫捐置烝田碑記

嘗思水有源、木有本，所謂追遠者，其此之謂矣。茲我朴厚祖第三、四房裔孫移居在台上淡水内港潭底庄，念祖宗祭祖悠遠，處置祀田数段，以備烝嘗。慮恐子孫賢愚不一，恐有盗賣，祈四方買業者切在惠顧，决勿以他交接。念我裔孫在台，有山河阻隔之遠，視而不見，聽而不聞，是立石記以俾知焉，庶于我祖之烝嘗得以悠久無疆矣。遂將田段計列于左。

祠堂前左右賴家所置之田，俱是烝田。

道光弍拾陸年又五月　日。第三、四房裔孫首事：寧端、歷代、天关、派生等，仝告白。

按：此碑現存南坑鎮村雅村湖東坑賴氏宗祠，碑名爲編者加擬。

一五八三　盧氏祖山示禁碑

特授漳州府南靖縣正堂加五級紀録五次馮，爲據實結懇示禁等事：

本年二月初三日，據郡城生員盧時亭、職員盧正猷呈稱：『切生等有祖山一崙，圓山三道亭左邊盧厝山，營葬祖考妣計共十餘境，東至三道亭樹林，西至山脚，南至山上盧界，北至本家風水，四周圍俱鐫盧界確憑，歷掌二百餘載無異。克緣㟙棍怙惡不悛，膽將祖山恃強霸踞，占培虚墩，藉端勒索，結懇示禁。』等情。

卷查，先據生員盧時亭等僉呈，業批飭在案。今據前情，除批示外，合行示禁：『爲此示仰三道亭處附近居民人等知悉：爾等毋許在於生員盧時亭等安葬盧厝山祖墳界内占培虚墩，藉端勒索。如有不法㟙棍混行占培、毀據怙勢，許該生等據實指控，以憑究辦。各宜凛遵毋違！特示。』

道光二十七年三月二十三日給，實貼盧厝山界内曉諭。

按：此碑原在靖城鎮滄溪村三道亭，已佚，碑文見於南靖石刻集第六三頁，碑名爲編者加擬。

一五八四　白岩社風水林伸禁碑

爲嚴禁水口樹事：竊謂蔽芾甘棠，詩戒勿剪勿伐。大凡各社之水口各樹，其主之所宜木，未嘗不愛其樹而不忍傷之也。緣道光庚戌夏賣大樹五株，價銀叁兩，衆弗許。公親察奪，備銀叁両贖原樹，警將來。且大山林口即白岩社各衆之水口，亦白岩社各衆之地户。迄今千有餘歲，生齒浩繁，樹木成林暢茂，擁塞水口，理所當然。不嚴伸禁，久恐或失。茲憑公親勒石伸禁，自今以往各宜遵守。如敢故違，立即從公，决不姑寬！

道光三十年庚戌梅月　日，白岩社衆等立石。

按：此碑現存船場鎮西坑村坑頭社山路邊古樹下。

一五八五　嚴禁轎夫丐首勒索憲示碑

特授漳州府正堂加十級紀録十次王，爲嚴禁事：

照得本府訪聞南靖縣城鄉各處夫頭，分定界址，霸佔地方。凡有民間婚嫁等事，勒索租轎價至一二百員不等，如不從其索，則邀群結党，尋衅滋鬧。甚有兩家居址相近，請□□送，該夫頭竟敢攔截路口。又有不法丐首，藉人家紅白事，多端需索□□□壙阻塟，縱令丐子行兇撒賴，不索不休。此等惡習，實堪痛恨！亟應嚴拏□□，以安閭閻。

除札縣查拏外，合行出示嚴禁：『爲此示仰南靖縣各夫頭□□□軍民各色人等知悉：自示之後，無論城鄉，凡有民間婚嫁喪塟事件，□□□夫，悉從民便，隨處招僱，按照遠近議給價錢；此外花紅喜包之多寡有□□出在其人，聽憑賞給，不准夫頭、丐首藉端霸佔，任意勒索。倘敢不遵，再有〈下缺〉辦，本人免其到案，以省拖累。該地保、差役如□通同弊縱，並□□革，决不寬貸。各宜凛遵毋違！特示。』

道光三十年玖月　日給。

和永員十八户公議：婚嫁大轎，夫價銀四両弍錢；小轎，夫價銀壹両叁錢弍分；小新娘轎，夫價銀玖錢陸分二；婚親轎，夫價銀四錢八分。其小轎夫價銀，每名定錢壹佰文；回礼，每名定錢壹佰伍十文。按里折算棚房点心，浮名討乞。至於外方流丐，無入籍者不得入鄉求乞，入籍者在鄉求乞。如有盗取□□衣服等物，丐首自當賠罰。各從公議。

咸豐元年七月　日立。

按：此碑現存和溪鎮和溪村萬善堂，已裂爲四塊，碑名爲編者加擬。

一五八六　札諭完粮憲示碑

特授南靖縣正堂加十級紀録十次馬，爲札諭完粮實價以定章程事：

案據監生王振富、武舉吴琪英、生員吴壹枝、職員黄元暉、耆老韓招伯等蒙札諭飭令，會同各社家長酌議完粮上不虧公、下不損民、實價完納等因，遵即到鄉，邀同紳耆家長，僉議：『粮銀每壹両連正欵耗羡、補水解費、上房册籍公費及筆資、紙張、稿工、伙食等項，合折完納洋銀弍員，重壹両肆錢肆分。其零星小户，每壹錢完洋銀壹錢肆分肆厘，照時價折錢征收。粮串每張定錢拾柒文。如有田業買賣地畝，未經推過本户，賣主給票單收完，亦照此實價征收，不得重索浮征。理合僉呈，叩乞電察，恩准曉諭畫一征收。』等情。

縣主馬據呈批准：僉議前情實屬平允。隨即札諭各家長，併給示剴切曉諭，仰閤邑紳士軍民人等知悉：現當會匪擾亂之後，民生不無拮据，自應定立章程，設法收完，以期上濟國用，下紓民力；該櫃書毋得仍前積弊，混取浮收，以害斯民。和溪総各家長遵諭催完，民皆踴躍輸將，仝向縣主完納清楚，毋有掛欠。

第恐弊端復生，難免受害，衆社長酌議，協同增生劉鳳孫、武生林西周、監生徐元謨、生員鄭肇隆、生員吴聿

修、生員陳周楨、職員黄重華、陳石生、漳平縣生員張樹德等，僉呈叩乞漳州府電察，恩准完粮實價，銘之於石，以垂久遠。蒙府憲金批：『催粮積弊，已經查明禁革，明定章程，群情惟悦遵完。該生等恐日久弊生，今請泐石，准如所請辦理，以杜弊端。』等情。據此，閤總紳士家長遵批，邀請石匠，謹將完粮實價銘石爲記，以垂不朽云爾。

咸豐四年甲寅桂月，和溪總和永員十八户仝立石。

按：此碑現存和溪鎮和溪村萬善堂，碑額『奉憲牌示』，碑名爲編者加擬。

一五八七　重修官興廟碑記

重修官兴廟，開列捐題名次：

江永盛公派下共捐銀肆拾肆両正。江國观捐銀卅六元。張观捐銀卅四元。奂观捐銀十二元。集观陸元。長□公四元。升观四元。信观四元。□观四元。盒观叁元。東观、□观、泉观、等观、□观、亦观、□观、□观、慶观、旦观、水观，以上各捐銀弍元。江令观玖錢。門观玖錢。□观玖錢。稽观柒錢。沓观柒錢二分。孔观、木观、海观、□□公、椽观、九观、沉观、山观、使观、利观、門观、承观、石观、坪观、泉观、船观，以上各捐銀壹元。

東隘廟陸元。陳九寬公四元。黄亨先弍元。

咸豐陆年葭月　日立。

按：此碑現存龍山鎮海仔村官興廟。

一五八八　舖口宫樂輸碑

聞之敬神奉佛，善願之一端者。我舖口宫諸神顯赫，吴姓但奉香火焉。於每年月日答謝神恩者，指不勝屈；而樂輸田税，從前概未之聞。道光二十四年，居洋社太孛生吴秉文樂輸田一段，址在涌口總，土名狗尾山脚，種子一斗五

升，配粮一畝，在吴大章户完納，全年實税粟肆石捌斗大；徑口社吴錢官樂輸田一段，址在涌口總，土名下金仔坪口，種子陸升，配糧肆分，在吴永□户内完納，全年實税粟弍石大，付與廟中作福開用。爰勒諸石，以爲後之善願者勸。

此碑石，大寨頂吴錢官敬謝。咸豐七年丁巳十月　日立。

按：此碑現存龍山鎮湧口村舖口宫。

一五八九　修開山祖廟碑記

蓋聞：『莫爲之前，雖美弗彰；莫爲之後，雖盛弗傳。』而其間風雨之剥蝕，瓦桷之崩□，端賴修葺之功；而後神靈以安，而修祀之事以明。開山祖庙，由來久矣。不意咸豐九年三月十三日，狂風驟起，庙前榕樹連根拔扑壓覆，店瓦傾塌毁壞。鳩議修理，計費孔繁，□□□□仁人君子之樂助也，不吝傾囊之出，資成集腋之功，而植福於陰騭中者在是矣。開列福名，以垂不朽云。

永豐司陳太爺捐艮捌大元。洪瀨汛防捐艮弍両陸錢。山城國課捐艮弍大元。南靖國課捐艮弍大元。船埸國課捐艮捌大錢。卓聯豐捐艮拾陸大元。馮可人捐石柱壹對。王兑生捐石柱壹對。黄水成捐艮陸大元。韓大吉捐艮陸大元。林仁生捐艮四大元。林阿九捐艮四大元。楊德生捐艮四大元。林龍生捐艮四大元。林麦生捐艮四大元。林昌生捐艮四大元。蘇松生捐艮叁大元。黄□□捐艮叁大元。柯□生捐艮弍元。蘇□生捐艮弍元。林□生捐艮弍元。林□生捐艮弍元。韓水生捐艮弍元。林飛鳳捐艮弍元。黄生舍捐艮弍元。林必成捐艮陸拾錢。□□□捐艮陸拾錢。林永木捐艮陸拾錢。□□□捐艮陸拾錢。王六生捐艮陸拾錢。張八生捐艮陸拾錢。黄太生捐艮陸拾錢。黄金生捐艮陸拾錢。馮欽生捐艮陸拾錢。王□柱捐艮陸拾錢。韓□右捐艮陸拾錢。黄□生捐艮陸拾錢。黄旭生捐艮陸拾錢。陳芳生捐艮陸拾錢。黄陶生捐艮陸拾錢。馮利生捐艮陸拾錢。張流生捐艮陸拾錢。林浪生捐艮陸拾錢。

按：此碑現存山城鎮山城村開山祖廟，碑名爲編者加擬。

一五九〇　金山再造金湯橋碑記

是外坑口有温泉可沐，故曰『湯湯坑坑』。當南北之衝，隘險流急，於是又曰『粗溪』。粤稽大元至正年間，始建石橋，顏曰『金湯』，冀其鞏固也。自元歷明，以迄本朝，上下四百餘年，重修凡五次，而功止於嘉慶乙丑年。水災變自道光庚子年，橋遂毁折，厎今二十年矣。吁！四百餘年之遺橋旦遭毁折，橋之不幸，非遠邇行人之不幸乎？顧何以延二十年而始圖再造者？非修之易而造之難也，亦惜無人早倡焉耳。

己未秋，曾有董事聚談，曰有好義者乘勢募舉是橋，衆善踴躍。於是即鳩九股，股主出金四十，倡義舉事，擇吉興工。不待遷延，鼓其氣也；不依舊址，相其宜也；變遷新規，伸其用也。至於集腋其成，本題就本社同異姓題捐，外社不敢與及；然而聞風慕誠、不勸來輸者，後先濟美焉。是役也，經始初秋，而告竣臘月。乘天時，度地利，得人和，一橋興而三善備，是不可以不記。若夫橋成視之，若彩虹之跨澗，宛皓月之汎江，結遥情於萬里，浮新白於流觴，此又隨乎過是橋者之所悉焉耳。

捐題名次開刻於左：

歲進士盧得心捐銀壹百大元。林南邦大橋公捐銀八十大元。誥封奉政大夫盧彦升公派下喜捐銀六十壹大元。歲進士盧貴章捐銀五十大元。歲進士盧藴輝捐銀五十大元。歲進士盧廷瓒捐銀五十大元。太學生盧厚慶捐銀四十大元。迪功郎盧維兵公捐銀四元。鄉大賓盧綏猷捐銀四大元。吴紅甘喜捐銀四大元。吴懷川喜捐銀四大元。盧協昌捐銀四大元。林金生喜捐銀四大元。太學生盧懷良公喜捐銀三大元。盧協利捐銀三元。盧芸香、何永卓、張水興、德豐號、順源號、盧仝春、盧漳源、盧德升、盧□□、盧超宇、吴浩然、盧漳興、盧光□、盧光選、陳涌錘、盧協順、鄭文官、盧丈唐、劉隆志、盧得意、盧其三〈下缺〉。

己未□月　日吉旦立。

按：此碑原在金山鎮河墘村通坑社，已佚，碑文見於南靖石刻集第三二一頁。該録文多處不通，顯係抄錯的形近字徑改之。紀年原作『道光己未』，但據文中『道光庚子』『底今二十年』推算應爲『咸豐己未』，『道光』二字疑爲抄碑人據碑上字眼所妄加。

一五九一　天庭宫中元緣租碑記

天庭宫中元緣租，樂輸姓氏臚列於左：

溪頭宫公王捐銀拾弍元。三洽田公王捐銀拾弍元。鳳屈甲水尾宫、溪長宫八月半福捐拾元。增長宫公王捐銀六大元。石壠宫公王捐銀四大元。水尾宫十二月半福捐銀四大元。振㒷橋公王捐銀壹大元。

莊以秋捐銀四大元。太學生莊景陽捐銀二十四元。莊二進祖捐銀十六元。修職郎莊德孚公捐銀十六大元。莊粧美公捐銀十四元。莊鯨侯祖捐銀十二元。莊汝育祖捐銀十二元。廖宣熙祖捐銀二大元。莊其端祖捐銀十大元。太學生莊貴和公捐銀十大元。文林郎莊齊明公捐銀二十元。莊偕山公捐銀十四元。太學生莊理明公捐銀十四元。太學生廖步雲公捐銀十二元。莊質仁祖捐銀壹大元。太學生莊庶咸公捐銀十二元。莊志元公捐銀十大元。游大郎祖捐銀六大元。莊得泉公捐銀六大元。廖福珠祖捐銀六大元。廖隆壽祖捐銀五大元。莊子怡祖捐銀四大元。太學生莊騰祥公捐銀四大元。莊聯榮祖捐銀四大元。廖祠山祖捐銀四大元。廖以嵩公捐銀四大元。莊朝彩祖捐銀四大元。莊步青公捐銀六元。莊英侃祖捐銀四元。莊榮年祖捐銀三元。

莊恂侃祖、廖文政祖、莊熙萬祖、莊昆珍公、莊子苑公、莊偕舞公、莊達人祖、莊伯温公、廖準人公、莊麗堅祖、太學生莊仲軒公、莊靖佳公、莊参两、廖子言公，以上各捐銀二元。廖大宗文政祖、離玉祖派下子孫福捐銀二大元。莊司甄公、莊潤文公、莊應祈、廖畏三公、莊□人、莊有清、莊啟周、莊長綿，以上各捐銀一元二角。莊潮玉祖、莊伯温祖、廖光茹祖、廖文選公、廖淮士公、莊如雲公、廖魁士公、廖皆水公、莊協震公、廖心啟、莊福崑、莊達秉、莊洵放、莊尚勳、莊錫福，以上各捐銀一元。

大清咸豐十年歲在庚申一陽之月下浣穀旦勒石。

按：此碑現存奎洋鎮霞峰村天庭宫，碑名爲編者加擬。

一五九二　重修盧氏報本堂碑記

報本堂重修，衆裔孫捐銀名次開列於左：

長房捐銀拾大員。二房捐銀拾大員。三房捐銀拾大員。四房捐銀拾大員。五房捐銀拾大員。

庄餘派下捐銀壹佰弍拾肆員。彦昇派下捐銀壹佰大員。

懋修派下捐銀捌拾大員。藴輝裔孫捐銀陸拾大員。厚慶樓裔孫捐銀肆拾大員。

秉義派下捐銀弍拾捌大員。景穆派下捐銀弍拾大員。英敏派下捐銀弍拾大員。鼎南派下捐銀拾陸大員。剛義派下捐銀拾陸大員。敏衷派下捐銀拾肆大員。鼎金堂派下捐銀拾弍大員。完初派下捐銀拾弍大員。純侃派下捐銀拾弍大員。淑登派下捐銀拾弍大員。敦讓派下捐銀拾弍大員。信義派下捐銀拾弍大員。鳴琮派下捐銀拾弍大員。盛吉派下捐銀拾弍大員。彰施裔孫捐銀拾弍大員。壹舉裔孫捐銀拾弍大員。霞舉裔孫捐銀拾弍大員。素義派下捐銀拾大員。

亨篤派下捐銀捌大員。尚義派下捐銀捌大員。成恆派下捐銀捌大員。秉純派下捐銀捌大員。質篤派下捐銀捌大員。敦祥派下捐銀捌大員。餘慶裔孫捐銀捌大員。騰蛟裔孫捐銀柒大員。穀貽派下捐銀陸大員。信篤派下捐銀陸大員。纘緒派下捐銀陸大員。侃素派下捐銀陸大員。岩宣派下捐銀陸大員。好殿裔孫捐銀陸大員。九鎮裔孫捐銀陸大員。冠英裔孫捐銀陸大員。士聘裔孫捐銀陸大員。

侃庵派下捐銀肆大員。棲谷派下捐銀肆大員。充美樓派下捐銀肆大員。君德派下捐銀肆大員。瑞芳派下捐銀肆大員。質愷派下捐銀肆大員。質慧派下捐銀肆大員。質文派下捐銀肆大員。質毅派下捐銀肆大員。焕章派下捐銀肆大員。順理裔孫捐銀肆大員。樹德堂派下捐銀叁員。寬洪派下捐銀叁大員。武曲派下捐銀叁大員。英毅派下捐銀叁

大員。愷菴派下捐銀弍大員。心容派下捐銀弍大員。栽養派下捐銀弍大員。正仁派下捐銀弍大員。榮德派下捐銀弍大員。有源派下捐銀弍大員。澹甯派下捐銀弍大員。後覺裔孫捐銀弍大員。西春堂派下捐銀弍員。剛直派下捐銀弍大員。惠慈堂派下捐銀弍員。三合派下捐銀弍大員。鴻鷹裔孫捐銀弍大員。四別裔孫捐銀弍大員。水曾裔孫捐銀弍大員。夜光裔孫捐銀弍大員。位仁裔孫捐銀弍大員。宗典裔孫捐銀弍大員。必萬裔孫捐銀弍大員。生奇裔孫捐銀弍大員。水會裔孫捐銀弍大員。□乞裔孫捐銀弍大員。明山派下捐銀壹大員。魚生裔孫捐銀壹大員。文滔裔孫捐銀壹大員。綿潮裔孫捐銀壹大員。廷僚裔孫捐銀壹大員。宏振裔孫捐銀壹大員。沃心裔孫捐銀肆大員。

公議：祭祀務宜誠敬。凡年節，各房應辦租碗，定是日辰刻，俱要齊到廟中，不得延緩。如有依延不到，或怠忽失辨，從重責罰，決不輕恕。仝堂立石。

公議：廟中務宜清潔安静，逐年要僉舉的當之人在内管掃。不許成群賭蕩喧譁，亦不許暫作戲館，以及週圍外階不許堆積污穢，内外墻壁不許戲畫、穿鑿。至椅桌以及各件器具，俱不許擅借私用。如敢故違，一經察出，隨即合衆共攻，嚴行戒罰，責板示衆，決不徇情。仝堂立石。

公議：以上所立規例，各宜凛遵。各房家長亦宜禁示子侄，俱不得蹈犯。則内清外潔，庶可以安先靈、永降遐福焉耳。

咸豐拾年歲次庚申仲冬之月，仝堂立石。（印）（印）

按： 此碑現存金山鎮後眷村盧氏宗祠，碑名爲編者加擬。

一五九三　龍興廟碑

榕樹宫玄天上帝，擇於十一月初一甲辰日興工做梁，初八辛亥日正財開□上梁，十二乙夘日夘時吉入主，十二月十四丙戌日寅時大吉。

蔡廂官捐銀三十四大元。蔡挑官捐銀三十大元。蔡墨官捐銀一十六大元。蔡馬官捐銀一十六大元。蔡知官捐銀一十大元。蔡雪官捐銀三大元。蔡雲官捐銀二大元。蔡外官捐銀二大元。蔡檀官捐銀二大元。蔡金官捐銀二大元。蔡噴官捐銀重一兩一錢七分。蔡交官捐銀重一兩。蔡贊官捐銀重一兩。蔡欄官捐銀重九錢六分。蔡朝官捐銀重七錢三分。蔡重官捐銀重七錢二分。蔡宣官捐銀重七錢二分。蔡庚官捐銀重七錢二分。蔡船官捐銀重七錢二分。蔡自官捐銀重七錢二分。蔡□官捐銀重六錢六分。蔡勇官捐銀重六錢六分。蔡賜官捐銀一大元。蔡籃官捐銀一大元。蔡錦官捐銀一大元。蔡足官捐銀一大元。蔡倉官捐銀一大元。蔡潛官捐銀一大元。蔡茶官捐銀一大元。蔡陽官捐銀一大元。蔡壽官捐銀一大元。蔡坐捐銀一大元。蔡叟官捐銀一大元。蔡梧官捐銀一大元。蔡千官捐銀一大元。蔡飄官捐銀一大元。蔡門官捐銀一大元。蔡海捐銀一大元。蔡扁官捐銀一大元。蔡寶官捐銀一大元。蔡愷官捐銀一大元。蔡滿官捐銀一大元。蔡乾官捐銀一大元。蔡盛官捐銀一大元。蔡富官捐銀一大元。蔡倪官捐銀一大元。蔡鍾官捐銀一大元。蔡乙官捐銀一大元。蔡奈官捐銀一大元。蔡活官捐銀一大元。蔡量官捐銀一大元。蔡象官捐銀一大元。蔡徹官捐銀一大元。蔡□官捐銀一大元。蔡爵官捐銀一大元。蔡栽官捐銀六百。

龍興廟董事：蔡檀官、知官、桃源、對官，同題。

時同治癸亥歲葭月　日穀旦重修。

按：此碑原在靖城鎮廍前村仙苑社龍興廟，已佚，碑文見於南靖石刻集第六十頁。

一五九四　重建舖口宫碑記（二）

蓋聞：民保於神，神依於廟；沐神之惠而不能謀神之居，非所〔以〕答嘉貺而綿福祐也。茲舖口宫重建之議，倡自董事，闔境弟子靡不樂從。用是而儲材者捨，裕貲者捐，鳩工匠以庀垣墉，不匝月而厥功竣焉。是蓋神有以默爲感召，而茲宫之焕然聿新者亦因可卜。夫祥鍾瑞應胥境内，而長被無疆之休矣。爰爲鐫石，以次其名而表之。

計開：

篤信捐銀拾弍大員。進延捐銀捌大員。三椿捐銀柒大員。愷观捐銀肆元捌角。雹观捐銀肆大員。芋观捐銀肆大員。起鳳捐銀叁元陸角。茶观捐銀叁大員。田洲捐銀叁大員。林生、桶生捐銀各叁大員。鎮观捐銀弍元肆角。玉观捐銀弍元肆角。营观捐銀壹両叁錢肆。樟观捐銀壹両肆錢弍。端观、業观、和瑞、高喜、寨观、名長、□观、朝林、添观各捐銀弍大員。隆盛捐銀玖錢。光樞捐銀捌錢肆。仲观捐銀柒錢捌。溪观、進誥、品观、清江、其观、山观、細观、坑观各捐銀柒錢弍。佼观、若愚公、居笑、足观、梅观、墨观、旦观、印观、渊观、双喜、焕观、滿观、張長、長燥、啟箴、松林、騫观、進蜊、德观、坑观各捐銀壹大員。錫桓喜捨坪椅、長枋、肆元。

董事：桶、牆、張、溪、閩、旱、語、雪。同治三年捌月　日立石。

按：此碑現存龍山鎮湧口村舖口宮，碑名爲編者加擬。

一五九五　重修長興堂碑記

蓋聞：赫濯聲靈，四方咸深其愛戴；巍峨廟宇，百世弥肅其觀瞻。唯兹長㒷堂建立有年，據山川之形勝，爲灵爽之式憑，固將與磐石苞桑而永奠矣。第鳥革翬飛，原極規模之壯麗；而風銷雨蝕，保無垣瓦之摧殘？昔雖經乎修理，兹益切於綢繆。爰鳩族類，重整成規。勤垣墉而塗塈茨，敢惜些須之費？荐馨香而列俎豆，獲伸懇摯之情。庶憑依之有在，亦福禄之厥成也夫！謹將衆信花名開列：

游日察捐銀五十中。國孝游捷三捐銀四十中。游光□捐銀三十中。國孝游奉璋捐銀廿二中。游馨泉捐銀二十中。游士叟捐銀十四中。游啟省捐銀十二中。國孝游向荣捐銀一十中。國孝游呈樞捐銀一十中。游存法捐銀一十中。游來茂捐銀八中。國孝游德明捐銀七中。游文田捐銀六中。游士語捐銀六中。游士辨捐銀六中。游士儒捐銀六中。游江沙捐銀六中。游啟僉捐銀六中。游朝瑞捐銀六中。游啟詞捐銀四錢。游啟哖捐銀四錢。游啟前捐銀四錢。游啟面

捐銀四錢。游火引捐銀四錢。游光煖捐銀四錢。游光林捐銀四錢。游啟程捐銀四錢。游泮池捐銀六中。游士概捐銀四中。游士椅捐銀四中。游泗濱捐銀四中。游丹袿捐銀四中。游啟禄捐銀四中。庠生游□江捐銀四中。游文爻捐銀三中。游文錫捐銀三中。游士潛捐銀三中。游士洽捐銀三中。游福全捐銀三中。游光斗捐銀三中。游啟鑑捐銀三中。游欽陵捐銀三中。游水生捐銀三中。游水深捐銀三中。游□焰捐銀三中。國斈游國珍捐銀三中。國斈游贊成捐銀三中。游昌若捐銀三中。游文順捐銀二中。游文西捐銀二中。游文應捐銀二中。游士厘捐銀二中。游士□捐銀二中。游教柳捐銀四錢。游教宰捐銀四錢。游□利捐銀四錢。游衷情捐銀四錢。游献章捐銀二中。游士湍捐銀二中。游士炉捐銀二中。游士務捐銀二中。游天宫捐銀二中。游士蟳捐銀二中。游士閣捐銀二中。游振郎捐銀二中。游士衍捐銀二中。游士芮捐銀二中。游火成捐銀二中。游連生捐銀二中。游成玉捐銀二中。游淇水捐銀二中。游添美捐銀二中。游啟曉捐銀二中。游啟平捐銀二中。游啟九捐銀二中。游啟板捐銀二中。游連登捐銀二中。游啟□捐銀二中。游三黨捐銀二中。游能生捐銀二中。游慶餘捐銀二中。游啟挑捐銀二中。游啟木捐銀二中。游三拜捐銀二中。游啟令捐銀二中。游四添捐銀二中。游啟八捐銀二中。游啟羅捐銀二中。游啟銓捐銀二中。游河水捐銀二中。游賢道捐銀二中。游昌連捐銀二中。游昌志捐銀二中。游夏雨捐銀二中。游清時捐銀二中。游南桂捐銀二中。游□南捐銀二中。游昌仲捐銀二中。游昌表捐銀二中。游昌榜捐銀二中。游添水捐銀二中。游長打捐銀二中。游坃衆捐銀二中。游啟敕捐銀八角。游夏水捐銀八角。游士訓捐銀六角。游□□捐銀六角。游文茂捐銀一中。游文智捐銀一中。游文香捐銀一中。游文拔捐銀一中。游文頊捐銀一中。游文踏捐銀一中。游文燥捐銀一中。游文桂捐銀一中。游世昌捐銀一中。國斈游桂輯捐銀一中。游士□捐銀一中。游士□捐銀一中。游士筆捐銀一中。游士□捐銀一中。游士恩捐銀一中。游石□捐銀一中。游右笋捐銀一中。庠生游□董捐銀一中。游啟才捐銀一中。游啟灯捐銀一中。游啟再捐銀一中。游坤艮捐銀一中。游矍生捐銀一中。游啟□捐銀一中。游渭水捐銀一中。游光殿捐銀一中。游萬須捐銀一中。游啟姜捐銀一中。游啟騰捐銀一中。游啟雄捐銀一中。游啟四捐銀一中。游荣焕捐銀一中。游啟超捐銀一中。

游七輝捐銀一中。游光影捐銀一中。游啟抒捐銀一中。游火□捐銀一中。游啟照捐銀一中。游正固捐銀一中。游啟慶捐銀一中。游慶賀捐銀一中。游啟□捐銀一中。游啟□捐銀一中。游啟波捐銀一中。游啟旺捐銀一中。游啟荷捐銀一中。游容川捐銀一中。游男生捐銀一中。游活水捐銀一中。游啟放捐銀一中。游啟提捐銀一中。游鍾朴捐銀一中。游宗秀捐銀一中。游啟雍捐銀一中。游啟瓜捐銀一中。游啟挂捐銀一中。游青抽捐銀一中。游建都捐銀一中。游建昌捐銀一中。游福安捐銀一中。游朱水捐銀一中。游三池捐銀一中。游連標捐銀一中。庠生游若□捐銀一中。游啟乾捐銀一中。游三□捐銀一中。游啟國捐銀一中。游啟□捐銀一中。游天鍾捐銀一中。游振讀捐銀一中。游士船捐銀一中。游士□捐銀一中。游德鍇捐銀一中。游士□捐銀一中。游三□捐銀一中。游登春捐銀一中。游士献捐銀一中。游世坔捐銀一中。游天淵捐銀一中。游士孟捐銀一中。游士捎捐銀一中。游天霧捐銀一中。游百忍捐銀一中。游士志捐銀一中。游士相捐銀一中。游士水捐銀一中。游士字捐銀一中。游百代捐銀一中。游士别捐銀一中。游士統捐銀一中。游士尚捐銀一中。游士眼捐銀一中。游士撐捐銀一中。游士□捐銀一中。游士蘭捐銀一中。游啟東一中。游水交一中。游天著一中。游萬選一中。游杏林一中。游杉衆一中。游啟犁一中。游昌□一中。游長□一中。游啟□一中。游昌□一中。游天喜一中。游老虎一中。游日□一中。游涉水一中。游啟供一中。游昌銃一中。游昌固一中。游啟龍一中。游昌城一中。游昌柴一中。游啟晚一中。游昌遮一中。游天聚一中。游佳會一中。游昌緩一中。游世□一中。游緩衣一中。游昌□一中。游南春一中。游火舌一中。游□□一中。游南靖一中。游水流一中。游長瀨一中。游南京一中。游三朋一中。游昌□一中。游南金一中。游火石一中。游富良一中。游南浦一中。游啟棟一中。游昌米一中。游南陽一中。游車□一中。游昌東一中。游世代一中。游順天一中。游昌武一中。游葉望一中。游四□一中。游昌姜一中。游公卿一中。游加奐一中。游昌蒲一中。游世蟬一中。游啟併一中。游昌來一中。游世汲一中。游三陽一中。游長庚一中。游世康一中。游三槐一中。游啟由一中。游芳茂一中。游昌統一中。游登威一中。游昌□一中。

總理：游啟省、游日察。同治甲子年菊月吉旦立。

按：此碑現存和溪鎮迎富村長興堂，碑名爲編者加擬。

一五九六　藩憲王大人德政碑記

恭頌藩憲王大人朗清德政：

蠢爾髮逆，由靖及漳。生民塗炭，閤邑慘傷。幸蒙藩憲，殺伐用張。驅馳小丑，除暴安良。寬猛交濟，威武稱揚。勳同召伯，名並汾陽。廣施仁惠，恩澤孔彰。宏功偉烈，没世不忘。

同治肆年臘月　日穀旦，靖邑紳士仝立。

按：此碑現存靖城鎮湖林村文昌塔，碑名爲編者加擬。

一五九七　修整船場路碑記

是路創自先輩，今已數百年矣。由窖社以至船場，約有四十里，固蕩平之周道，爲鄉人所必經者也。然歲月既深，難免傾頹之患；往來不絶，尤賴修葺之功。前歲甲子，吾鄉簡、庢臨在吧聞知，樂助英銀五百員，以爲重修之費。至九月間，甫用及半，其餘在漳，突遭逆匪，遂被所失，未能竟成。兹本年春，又喜寄英銀三百五拾員，復加修理。今既告竣，爰是立石，以公同好云。

同治九年歲在庚午季夏吉旦，長窖社董事公立。

按：此碑現存船場鎮店後嶺古道邊。

一五九八　重修山城朝陽廟碑記

大眾爺重興，捐題名次開列于左：

永豐司汪捐艮八両。山城汛王金生捐艮十二元。山城国課陳捐艮四両。洋藥局林捐艮六両。祥裕芳捐艮六両。衆猪沽捐艮六両。義財号捐艮四両一。慶祥号、莊富春、楊源芳各捐艮三両。天合号、王者阮、合盛号、金春号、振成号、蔡德豐各捐艮二両。叶茂号、成㒷号、成春号、慶春号、義成号、長順号、聯昌号、德豐号、天瑞号、德成号、源盛号、吉記号、慶泰号、泉㒷号、振㒷号、瑞㒷号各捐艮一両五錢。晋春号、德芳号、雲煙閣、再成号、裕春号、瑞隆号、振德号、叶山号、慶芳号、隆美号、聚隆号各捐艮一両。林利捐艮一両四。李溪捐艮一両二。瑞記捐艮八錢。新叶㒷捐艮六錢八分。小猪牙捐錢九千。大猪牙捐錢二千七百。牛輝芳捐錢二千。萬成号捐錢二千。

仁昌号、隆茂号、叶㒷号、新合源、恒隆号、裕合号、萬源号、聯長号、金㒷号、井春号各捐艮六錢二分。合春号、泉盛号、荣㒷号、金長㒷、隱蘭号、滕隆号、東㒷号、如林号各捐艮一両。源發号、新慶芳、漳和、振德、金芳、瑞昌、常㒷、順㒷、叶茂、餘芳、又中、源成堂、振春号、順吉号、裕盛号、同成号、再合成、長春、成㒷、和昌、慶雲、彩芳、成發、振盛、茂德、源裕、叶芳、新德㒷、合和号各捐艮三元。聯㒷号、同春、慶義、金泉、合成、叶勝、祥德、隆豐、永㒷、成發、萬成、英㒷、源茂、德春号、裕源号、荣茂、碧芳、福㒷、瑞成、春源、金㒷、必香、聯成、慶春、德利号、合德号、日㒷、合順、裕春、新發、全㒷号、慶昌、芳荣、源㒷号各捐艮五錢。

王陞觀謝樟木一節。眾宝埸謝窗仔廿、門一付。

募捐首事：同知黄顕才、同知阮逵尭、職員林大猷、陳阿仙、石新衣、馮可人、張智水、王考既、蔡逢年。

修理廟宇，並作中元費用。

同治玖年歲次庚午瓜月，衆信士仝勒石。

按：此碑現存山城鎮解放東街朝陽廟。

一五九九　重修大房庵題捐碑

重修大房庵銅鐘、佛室併庵内什物，募緣芳名開列於左：

賜進士、刑部、軍機、掌教丹芝兩書院謝謙亨捐銀拾弍兩。

歲貢生謝元庚捐銀叁大元。邑庠生謝獻奇捐銀叁大元。信士謝烏象捐銀拾大元。信士王大椿捐銀捌大元。

職員謝長榮、職員黄雲錦、王振成、謝面观、陳玉邦、户總黄灝、謝便观、蘇温恭、蘇鵠亭、盧受恩、陳見龍、董來观、謝文曉、王角观各捐銀弍大元。訓導藍雍、庠生高攀龍、職員王鍾英、謝文炳、謝彩鳳、謝益昌、謝椿齡、謝捷观、謝明汝、劉位观、江池盈、陳建荣、陳黄思、黄永楨、張成章、徐合观、楊大極、王晗观、鄭捷陞、義泰號、隆成號、合興號、協興號、茂德號、奇珍號、東盛號、謝明旭、林壹生、吴海观、振源號、吴騶观、曾施章、謝岸观、謝參观、謝允观、林遲音、林洋溢、林露观、黄填观、黄長齡、吴承恩、王朱□、王炎上、王開滿、興記號、錦興號、謙春號、協茂號、協美號、慶茂號、怙興號、金芳遠、金周茂、王底观、元昌號、奇芳號、□□观各捐銀壹元。謝斐然、謝先芳、謝步观、謝貌观、謝兵观、謝清奚、謝成观、謝麟观、謝榮观、謝灶观、謝儲观、謝睨观、謝位观、謝指東、謝珍观、謝耀观、盧啟辰、曾苓观、徐登瀛、江大交、王恭观、王錦观、王意观、王□观、王蘇观、聯源號、源隆號、合泰號、和來堂、李清观、謝宗观、謝員观、謝裕仲、陳瑞观、謝嫖智、謝大裁、謝大壬、洪秋观、謝清观、謝文謨、謝檻观、開成號、謝烏鸞、謝他观、謝愷观、謝開观、謝烏杪、謝賜臣、謝再观、吴朝观、陳添財、陳能观、王蟋观、王渠水、王國添、王麟观、王洒观、王杭观、如泉號、德癸號、漳隆號、許苿观、温隆观各捐銀壹中元。

草湖店社捐銀弍両壹錢。古店社捐銀弍両弍錢。南行社捐銀玖錢。東苑美社捐銀壹両。寨内社捐銀壹両肆錢。

東墘社捐銀弍大元。徑口社捐銀壹兩壹錢。東洋社捐銀壹兩。金峰社捐銀壹兩。長美林社捐英壹元。田中社捐銀壹元。下坡社捐銀壹元。吴寮观捐銀五錢。吴立观、吴霜观、吴初观、吴林观、吴□观、吴嶽观、吴筆观、吴倫观各捐錢肆佰。南靖廩生吴濟時捐銀壹大元。中營稿書張時雨捐銀弍大元。

上年有募修銅鐘芳名，本欲勒石，因髪逆擾亂，簿記失落。今雖未能立碑，而神亦當默佑，未必無補云爾。

同治九年桂月穀旦立。

按：此碑現存靖城鎮大房村岱房庵，碑名爲編者加擬。

一六〇〇　乾源祠重興題捐碑

乾源祠重興，派下捐題並各房火灶、丁口名次臚列于左：

秀冬喜捐銀捌兩弍錢弍分。乾源社捐銀柒兩大正。國朝公捐銀叁兩陸錢。志捷公捐銀叁兩陸錢。欣萋公捐銀貳兩肆錢。孝恭公捐銀貳兩肆錢。遠明兄弟捐銀貳兩正。以時喜捐銀壹兩捌錢。懷尊喜捐銀壹兩貳錢。秀勤喜捐銀壹兩貳錢。懷丁喜捐銀柒錢弍分。燦英喜捐銀柒錢弍分。觀提喜捐銀柒錢弍分。光柳喜捐銀柒錢弍分。永孚喜捐銀柒錢弍分。長茂喜捐出銀柒錢正。啓敦喜捐出銀陸錢正。建騰喜捐出銀陸錢正。西園喜捐出銀陸錢正。秀茂喜捐出銀陸錢正。水白喜捐出銀陸錢正。鳳翔喜捐出銀陸錢正。錫錦喜捐出銀陸錢正。拔眼喜捐出銀陸錢正。漾林喜捐出銀陸錢正。寬量喜捐出銀陸錢正。建安喜捐出銀陸錢正。浩然喜捐出銀陸錢正。天郎喜捐出銀陸錢正。建造喜捐出銀陸錢正。以上共捐出銀肆拾陸兩正。

輝榮公派下火灶八灶，出銀四兩四錢，又男女丁三十一丁，出銀十五兩五錢。

輝道公派下火灶八灶，出銀四兩四錢，又男女丁二十八丁，共出銀十四兩。

欣馥公派下火灶六灶，出銀三兩三錢，又男女丁十三丁，共出銀六兩五錢。

奕琬公派下火灶四灶，出銀二兩二錢，又男女丁十三丁，出銀重六両五錢。
胤璜公派下火灶四灶，出銀二兩三錢，又男女丁十一丁，出銀重五両五錢。
奕瓊公派下火灶三灶，出銀一両六錢五分，又男女丁九丁，共出銀四両五錢。
奕琮公派下火灶、丁口共出銀一両零五分。
法玉公派下火灶三灶，出銀一両六錢五分，又男女丁六丁，共出銀三両。
輝珩公派下火灶二灶，出銀一両一錢，又男女丁七丁，共出銀三両五錢。
胤顯公派下火灶二灶，出銀一両一錢，又男女丁六丁，共出銀三両。
法能公派下火灶一灶，出銀五錢五分，又男女丁四丁，共出銀二兩。
輝珠公派下火灶一灶，出銀五錢五分，又男女丁三丁，共出銀一両五錢。
輝傑公派下火灶一灶，出銀五錢五分，又男女丁三丁，共出銀一両五錢。
以上合共火灶四十四灶，共出銀弍拾肆両弍錢；丁口一百三十五丁，共出銀陸拾柒両伍錢。
同治拾壹年歲次壬申荔月，董事秀冬等立。

按： 此碑現存書洋鎮書洋村蕭氏宗祠，碑名爲編者加擬。部分數字爲蘇州碼。

一六〇一　山城墟示禁碑

署福建漳州府正堂加三級軍功加三級紀録四次蔣，爲〈下缺〉等販賣火柴，從山城運至漳郡發售。歷來永豐司〈下缺〉兩月間契被出□□丁李二等督率弓役，將柴船截住強買□□□□□全本俱無□□□□□□□爲懇兑，詎李二等作何□□司主于四月初二墟予持□發□，令弓役將米柴船五隻盡行截封，□欲定例□墟勒繳火柴三百把，作爲常□。□等不遂其欲，李二□□□□自運到漳發兑，□條單票可証。□等無奈，呼叩縣主蔣□札飭嚴禁，無如李二

不仅蔑法不遵，並將此十七墟火柴仍然截住強抽。合亟前情抄批，叩乞恩准究追，出示嚴禁，以安以□。』等情。

據此，查核民人等欲運柴火到漳發售，如果永豐司歷向購買均係照價給發，並無強買情事；何以本年二、三月間又欲強買，甚至連本俱無，並將柴船截封，欲行按墟勒繳，殊不可解。且該民人既經呈縣飭查嚴禁，該門丁何爲敢仍然截封強抽？如果屬實，殊屬胆抗！除呈批示並仰南靖縣確查、分別究追給領外，合行出示嚴禁：『爲此示仰該處商民、兵役人等知悉：尔等嗣後無論購買火柴及别項物件，均須公平交易，照章給發，不得倚恃丁役弓兵低價強買，亦不得藉端勒抽，以裕民生而安民業。該商販亦應照常貿易，毋許抬價居奇，欺騙童叟。如敢故違，一經查出，或被告發，定予嚴究。其各凛遵毋違！特示。』

同治拾貳年伍月　日給。

按：此碑現存山城鎮山城村碧陽宫（祀林偕春），殘缺不全，碑名爲編者加擬。

一六〇二　天庭宫祀田碑記

同治元年五月，合買得□□□□□□□歸竹科大禾田數段，年科受種子弍石伍斗，又帶倉厝一所，厠池一口。癸酉年，簡静祖庭道祠田壹段，充入一半，税四石。

按：此碑現存奎洋鎮霞峰村天庭宫，附刻於咸豐十年天庭宫中元緣租碑記之後，碑名爲編者加擬。

一六〇三　嚴禁丐夥訛詐憲示碑

欽加同知銜、署南靖縣正堂加十級紀録十次黄，爲出示嚴禁事：

照得本縣訪聞，山城、玉峰、華源、田尾山□□□□鄉民婚娶、酬神、祝壽等事，每有丐首勒索銀元，稍不遂欲即結党成群□□□拟以敢將乞丐死屍誣賴訛詐，種種不法，言之殊堪痛恨！正在飭考查拏間，以鴻田社家長武生

馮飛龍等，以『社人馮茅郎、刑事馮紀容酬神被盜，尾滋丐首陳□□□□□□□已蒙提案責懲，該丐反敢揚言傳單、聚衆滋擾、誣賴圖詐』等情，稟請示禁。前情除批示外，合行出示嚴禁：『爲此示仰各該處丐首知悉：爾等務須約束各乞丐安分守法，善言求乞，隨人施捨。如遇鄉民婚娶以及酬神、祝壽各事，不得藉端詐，社里强乞。自示之後，倘敢故違，或將死屍誣賴索詐，許被擾之家投明鄉長，並立即將該丐綑送赴案，以憑從嚴究辦，并提該丐首一并治罪。本縣言出法隨，决不寬貸。各圖□□□□□凛之！特示。』

光緒三年四月十五日給，實貼鴻田社、田尾山總曉諭立石。

按：此碑現存山城鎮鴻砵村合興宫，碑名爲編者加擬。

一六〇四　大陂山界憲示碑

欽加同知銜、署南靖縣正堂加十級紀録十次黄，爲示諭事：

案據縣民蕭瑞特等與王練等互控争山一案，業經本縣親詣查勘明確：該處山脚有溪河一道，王姓築有陂圳，引水灌田。對面名爲大陂山，有分三崙形式，最上一峰屬王，以下屬蕭，相安已久。釁緣曩者該山樹木茂盛，王姓陂圳或被水衝崩，即砍伐該山樹木，賣作工資築塞。近因山木砍伐，陂有崩塌，勢必無所藉資。乃王姓輒挾昔年蕭姓因被失牛隻擄捉王練之嫌，揑指該山毗連之觀音坐蓮、店仔後、馬蹄金、牛扼嶺等山俱爲大陂山，朦混争佔。本縣親歷各鄉密訪，莫不衆口一詞，其爲王姓挾嫌混争已無疑義。本縣悉心參酌，勸令蕭姓捐助陂費□□番銀五十元，付交該家長王練收存，買業生息，以爲日後修理陂圳之費，庶免藉口滋事。除將大陂山最上一峰仍歸王姓掌管外，其自中崙以下觀音坐蓮、店仔後、馬蹄金、牛扼嶺等處一帶山木，概歸蕭姓永遠管業，嗣後王姓人等不得再行混争。取具兩比遵結，諭准出示勒碑，嚴禁越砍，以垂久遠，而杜争競。合行示禁：『爲此示仰該處王姓人等知悉：爾等務須安分守己，各管各業，不得藉端圖謀混佔越砍。自示以後，倘有違犯，一被呈控到縣，定即嚴拘究懲，决不寬貸。

各宜凛遵毋違！特示。』

光緒三年七月　日給告示，該處曉諭。

按：此碑現存和溪鎮迎富村石壁溪社，碑名爲編者加擬。

一六〇五　長教墟重申章程告示碑

欽加同知銜、特授南靖縣正堂加十級紀録十次江，爲出示諭禁事：

本年四月初一日，據長教総生員簡逢唐、簡有功等禀稱：『唐等六世祖寬仁公派下，生齒浩繁，經蒙前人在於社内田地開設墟場一所，俾後人得以營生。自雍正年間，由縣給示，嚴禁賭博、強丐、夫頭、墟牙等項，設立章程，勒石銘碑，二百餘載無異。不料同治乙丑年，逆擾墟市，石碑焚毁。每逢四、九墟期，或開設賭場，或争抽私牙，小夫勾通流丐梗索，種種弊端，愈久愈甚。唐等忝属該社紳耆，目擊心傷。若不懇復舊示，誠恐惡習相沿，貽害匪輕。爲此，亟情聯名僉懇，叩乞電察，恩准給示諭止嚴禁，庶地方安靖、黎庶沾恩，切叩。』等情到縣。

據此，除批示外，合行出示諭禁：『爲此示仰該處附近各鄉耆、商民人等知悉：爾等須知開場聚賭與私牙抽佔均属大干例禁。現據生員簡逢唐等僉禀，係爲長教地方興利除弊，以便商賈貿易，應即照行。嗣後該處附近赴墟人等，務須率由墟中章程，安分營生，毋許開場聚賭，以及私設牙行、争抽市利，致干例禁。小夫、流丐亦不得勾通強索，滋擾商民。倘敢故違，一經訪聞，或被告發，定即差拘，按律究辦，决不寬貸。各宜凛遵毋違！特示。』

光緒四年陸月　日給。

按：此碑現存梅林鎮官洋村長教墟。

一六〇六　重修璧溪慈濟宫碑記

嘗聞：敬天地、礼神明，夫神與人之相感格者，一誠而已。我璧溪社自明代萬曆四十六年建立慈濟宫，崇祀保生大帝暨関聖帝君、列位尊神，爲一鄉保障之資。凡社中叨蒙默相者，夫固自古爲昭矣。迨至清乾隆年間，我房叔祖國瑞、貞罕翁等擇吉重修，或獻石柱，或捐木樑，諸先輩樂善之心猶可想見。迄今百有餘載，楹木朽蠹者有之，牆垣崩壞者有之，若不重新修葺，以致風雨飄零，似非所以表敬於神明矣。時在光緒戊寅之冬，社中耆老僉謀重修，舉余與族叔輝龍董其事。余忝不才，敬承寵命，不敢固辭，願隨諸君之後，踴躍樂捐，集腋成裘，共襄美舉。茲當廟貌重新，鳩工告竣，爰勒石於旁，以垂不朽。隨其捐貲多寡，録爲甲乙，併外社諸翁樂充芳名亦列其中。庶幾覽是石者，有以紹芳徽於往昔，亦可以昭誠敬於來茲。惟冀神惠無疆，咸沐鴻恩於靡既焉。

沐恩董事弟子邑庠生吴夢疇盥手拜撰。

帮理名次：鄉進士吴經魁、邑庠生吴錫保、邑庠生吴琪祥、郡庠生吴廷璋、太孝生吴世豐、太孝生吴清渊、吴紅桃、吴建周、吴士良、吴應北、吴玉印、吴芳楞、吴光□、吴双溪、吴培□、吴文乞、吴皇嵩、吴開睢、吴清美、吴振佃。

董事太孝生吴輝龍敬捐銀弍拾四大元。董事邑庠生吴夢疇敬捐銀拾六大元。太孝生樊昭公捐銀四拾大元。文林郎文鴻公捐銀弍拾四元。鄉大賓斐章公捐銀弍拾四元。太孝生文清公捐銀弍拾大元。歲進士文元公捐銀弍拾大元。鄉大賓義濟公捐銀弍拾大元。衛守府文英公捐銀拾六大元。鄉大賓英烈公捐銀拾四大元。鄉大賓秉仁公捐銀拾弍大元。武略郎紹營公捐銀拾弍大元。鄉大賓安德公捐銀拾弍大元。鄉大賓誠節公捐銀拾弍大元。鄉賓正直公捐銀拾大元。修节佐郎秉忠公捐銀八大元。庠生傑夫公捐銀八大元。瑟鼓公捐銀六元弍角。庠生士暹公、仲興公、武略郎文仲公、積財公、方正公，以上各捐銀六大元。太孝俊邁公捐銀五大元。信義公捐銀五大元。歲進士端芳公、太孝德

馨公、庠生文正公、遜德公、朴良公、逸怌懷公、捷㒷公、文林郎任奉新縣令世澤公、鄉進士欽加都司銜琪英公、秉賢公，以上各捐銀四大元。勤樸公捐銀三元六角。俊致公捐銀三大元。太斈締創公、鄉進士炳文公、俊祥公、敦樸公、允恭公、明榮公、義和公、右我公、幽崇公、恆直公，以上各捐銀弍元四角。拔元公、濟榮公、庶毅公、鄉賓存恒公、文哲公、君昭公、振隆公、忠良公、遜直公、敦誠公、敏利公、敏惠公、直讓公、直儉公，以上各捐銀弍大元。雲從公、烈三公、秉禮公、愷直公、其雍公、義方公、豐英公、我順公、簡直公、質信公、伯基公、敦厚公、擅德公、恭才公、榮芳公，以上各捐英銀一元。

外社諸翁芳名並列於左：

竹峰邑庠生陳鴻濟敬充銀拾四元四角。永豐信士陳成實敬充銀八元四角。都美邑庠生盧際亨敬充銀六大元。盧鴻圓敬充銀三大元。荆溪吴志推敬充銀弍元四角。上坪廪生謝慶周、潤□太斈林覲光、廣東大埔張疊福、上坪謝咏霑、龍山魏仁邑，以上各捐銀一大元。荆溪太斈吴泰明、上坪謝水孜、新村林三居、竹峰陳義全、後眷賴泡观、内庵童命松、过溪陳廷登、崙仔林朝開、上埕吴伯賢、过溪陳永酬、崙仔林文欽、大峰吴是观、横坑許培观、長福林、下寨楊杏文，以上各捐英銀一元。

光緒己夘年葭月穀旦勒石。

按：此碑現存金山鎮馬公村慈濟宫，碑名爲編者加擬。

一六〇七　重修璧溪慈濟宫題捐碑

董事太學生吴暉龍、邑庠生吴夢疇勒石。

太學吴世豐捐銀弍十四元。吴美奇捐銀一十六元。庠生吴廷璋捐銀十二元四角。太學吴玉賽捐銀一十二元。庠生吴琪祥捐銀一十二元。軍功吴皇嵩捐銀一十二元。吴先孟捐銀一十二元。吴澤賓捐銀一十二元。庠生吴錫保捐銀

一十大元。太學吴有昌捐銀一十大元。

武舉吴經毬、吴通士、職員吴達材、吴水邁、吴天□、開盛館，以上各捐銀八大元。太學吴揚名、吴光□、庠生吴起鳳、吴閲□、軍功吴德續、吴望輝、吴巨萬、吴紅桃、吴文昌、吴元追、吴衍慶、吴仁泰、悦順舖、合和舖，以上各捐銀六大元。吴瑞苗、吴振海、吴瑞發，以上各捐銀四元八角。吴良玉、吴得興、吴籌一、吴登科、德源舖，以上各捐銀四大元。吴宙观捐銀五元六角。吴建中、吴紹衡、吴芳添、吴天種、吴恂□，以上各捐銀三大元。光霑捐銀二元七角。吴進中、吴清仕、吴水豶、吴秀观、吴双坑、吴清戊、吴等斉、吴振德、吴水糞、金興舖、吴騰观、吴清湛、吴更新、吴朝敬、吴八斗、吴光欲、吴金蟬、吴茂观、吴份观、吴三讓、吴巷观、吴永紹、吴振地、吴必從、吴未观、吴肯观、吴萬寧、逢源號、庠生吴步蟾、吴庭观、吴才观、吴振佃、吴瑞張、吴釚观、庠生吴夢炎、吴水牆、吴建周、吴水奢、吴爲政、吴四菊、吴贊謨、吴良文、□□□□、□□□□，以上各捐銀二元□角。吴諧观、吴水浚、吴四潛、吴應北、吴清談、吴朝卓、吴清來、吴仕孝、吴清芳、吴藕水、吴文旦、吴長流、吴騰雨、吴鏗观、吴木观、吴希程、荣豐號，以上各捐銀二大元。吴鍾野捐銀三元。

吴舟观、吴庵观、吴旨观、生春舖、吴省观，以上各捐銀九元。

庠生吴夢輝、太學吴懿章、太學吴錦文、太學吴定賴、太學吴明山、吴益香、吴純蝦、吴克用、吴清桃、吴次隨、吴建東、吴光道、吴文丹、吴光檥、吴文□、吴維常、吴六位、吴水來、吴水萍、吴令尹、吴乾元、吴大雹、吴仲秋、吴戊巳、吴燕窩、吴連經、吴西夷、吴□恭、吴解元、吴登熙、吴任賢、吴光明、吴清庙、吴祥观、吴偉然、吴錫璽、吴国章、吴正己、吴尚观、吴仁居、吴大渊、吴老生、吴炙甘、吴強文、吴印千、吴真是、吴尚观、吴五生、吴榕观、吴音观、吴向日、吴□观、吴龍观、吴士观、吴净观、吴讚观、吴遠观、吴三观、吴瀨观、吴松观、吴振讀、吴培蘭、吴泰劝、吴燈裕、吴□观、吴清標、吴多年、吴約观、吴烏中、吴乖观、吴順观、吴四垄、吴大目、吴禀端、吴來衣、吴水寨、吴協泰、吴光泰、吴紅柑、吴金蒲、吴成德、吴振邦、吴軟陳、吴双溪、吴帝

管、吴宙生、吴左詞、吴菜瓜、吴右观、吴注流、吴淮观、吴培敦、吴親观、吴昌仕、吴玉孚、吴天送、吴光坦、吴光衍、吴坤和、吴四造、吴加芳、吴陳廷、吴清勇、吴春潮、吴以劝、吴大烈、吴光断、吴等盛、吴以介、吴既奠、吴以引、吴子洽、吴灌溉、吴在中、吴準繩、吴□观、吴金片、吴進可、吴昔捷、吴水新、吴超旭、吴愷观、吴選观、吴荼观、吴弄璋、吴侯观、吴石降、吴天賜、吴沚观、吴庙观、吴超宗、吴敦化、吴五言、吴開秋、吴目種、吴光□、吴天秤、吴金儲、吴芳管、吴六观、吴久观、吴傍观、吴見观、吴杜榕、吴銓両、吴源春、吴源观、吴擇仁、吴光昌、吴文遂、吴鋭观、吴石貴、吴德川、吴瑞金、吴振儀、吴鍾期、吴音观、吴隆德、吴文瑞、吴光這、吴尚观、吴茅观、吴讀观、吴帕观、吴玉观、吴江观、吴两观、吴元观、吴洲观、吴庙观、吴四贊、吴浴沂、吴公水、吴載德、吴有來，以上各捐英銀一元。

光緒己夘年葭月穀旦。

按：此碑現存金山鎮馬公村慈濟宫，碑名爲編者加擬。

一六〇八　月眉橋序

山城月眉橋，由來舊矣。上達汀、潮，下通漳、碼，誠一方之孔道也。第以兩岸平沙，基址難固，一遭洪水，悉盡漂流，行者苦之。訓導阮君逢時，目擊情形，慨然以修造爲己任。鳩工庀材，不惜重資，惟期永固之勸。各鄉及墟中舖户，共襄義舉。予因公出，途徑於此，亦捐廉俸，以成其志。夫除道成梁，先王之政；深厲淺揭，小民所憂。阮君此舉，功無遜於國産，君謨也。茲工告竣，請序於予，欲勒之石。不獨表倡助者之好善樂施，亦以示後人踵而行之，庶幾民無病焉。故欣然而樂爲之記。

光緒八年月　日，南靖縣正堂陳誥序。

按：此碑現存山城鎮溪邊村浮山社阮氏繼成堂。

一六〇九　天庭宫小普慶讃中元題捐碑

天庭宫小普慶讃中元，喜捐名次開列於左：

溪頭宫公王捐銀弍拾大元。三洽田公王捐銀六元。水尾宫十二月半福捐銀六元。石巩宫公王捐銀弍元四角。增長宫公王捐銀弍元四角。興寧堂捐銀弍大元。長安宫公王捐銀壹元弍角。羅花宫初五福捐銀壹元。根興宫公王捐銀壹元。

修職郎莊德孚公捐銀七元弍角。太斈生廖步雲公捐銀七元弍角。直隸州廖友峰捐銀七元弍角。太斈生莊貴和公捐銀六元。太斈生莊景陽公捐銀六元。積慶樓福德公捐銀四元八角。邑庠生陳匠甫捐銀四大元。

莊期興公、莊英侃公、莊鯨侯公、莊得泉公、莊應宗公、太斈生廖子言公、太斈生莊庶咸公、莊步青公、莊昆珍公、莊子苑公、太斈生莊理明公、太斈生莊在中公、莊志元、莊裕成公、莊朝彩公，以上各捐銀四元八角。莊恂侃公捐銀三元六角。莊偕舞公、莊伯宗公，莊望全公、廖准仁公、廖奪魁公、莊良平公、莊偕山公、莊伯恂公、莊際亨公、廖惠加公、庠生莊貽謀、莊欣然，以上各捐銀弍元四角。游日升公捐銀壹元壹角。廖世亨公捐銀壹元壹角。廖莊伯揚公、莊麗堅公、游若寛公、游得義公、莊熙篤公、莊防人，以上各捐銀弍大元。游質素公捐銀壹元四角。莊須林公、莊汝資公、莊育民公、太斈生莊騰輝公、莊吉仲公、莊文札公、莊□思公、太斈生莊仲軒公、太斈生莊昌璞公、莊維清公、莊綿仲公、莊有容公、廖准士公、廖福珠公、莊錫福公、莊谷辰公、莊德□公、莊子敬、莊連枝、莊應祈、莊君澤、莊德茂，以上各捐銀壹元弍角。莊友其公、廖以嵩公、游光思公、林振章公、莊皆爾公、莊允禎公、莊揮凡公，以上各捐銀壹大元。莊汝緇捐銀八角。莊清水捐銀六角。莊如雲公、莊君爾公、廖文政公、莊美成、莊水春、莊瑞蘭，以上各捐銀壹中元。

光緒八年壬午三春月上浣勒。

按：此碑現存奎洋鎮霞峰村天庭宫，碑名爲編者加擬。

一六一〇　梯雲社牌記

竊謂儒士盛興，聖跡實操其柄；文章蔚起，字紙足擅其權，則大典誠重也。茲我梯雲社鳩集參議，敬立聖跡之亭，虔結字紙之會，春、秋祭祀，罔懈於心。於是儒士終興，文章亦起，是亦陰騭之報應昭彰矣！願社内學士文人恪遵典法，綿延勿替，則僻壤遐區行將詩風禮俗也。屬望靡窮，故立爲序。謹將喜捐芳名悉登牌右。

廣應聖王捐銀陸両正。白沙坑公王捐銀弍両弍錢正。張坑公王捐銀弍両叁錢肆分正。石椂坪公王捐銀壹両叁錢正。官山公王捐銀肆両正。寨墩尾王公捐銀壹両肆錢正。林世咸祖捐銀叁両陸錢正。張寬信祖捐銀弍両捌錢陸分正。鄒次元祖捐銀弍両捌錢捌分正。吴輝章祖捐銀壹両肆錢肆分正。張捷升率男安邦捐銀拾壹両肆錢捌分正。吴惟明捐銀伍両正。張正和祖捐銀柒錢正。林德周捐銀捌両肆錢正。賴文陵捐銀肆両捌錢正。張聘三捐銀壹両肆錢正。張紫雲捐銀壹両肆錢正。張行伍捐銀壹両肆錢正。張達賓捐銀壹両肆錢肆分正。張水評捐銀壹両肆錢肆分正。賴錫疇捐銀壹両肆錢肆分正。張再源公捐銀壹両肆錢肆分正。鄒成章捐銀壹両肆錢肆分正。鄒維三捐銀壹両肆錢肆分正。賴振榮捐銀壹両肆錢肆分正。張光彩捐銀壹両肆錢肆分正。張見書捐銀壹両肆錢肆分正。張有中捐銀壹両肆錢正。張湧川兄弟捐銀壹両正。鄒克芹捐銀柒錢弍分正。張綢生捐銀柒錢弍分正。賴法旺祖捐銀叁両陸錢正。

大清光緒十二年歲次丙戌孟秋月，白沙坑梯雲社諸仝人立。

按：此碑現存船場鎮張坑村白沙坑永福堂。

一六一一　荆美李氏宗祠碑記

收篤成充銀三元。列恭充銀二元四角。啟正充銀二元四角。忠和充銀二元四角。元棟充銀二元四角。本貴充銀二元四角。晋桃充銀一兩。晋元、晋棟、傳芳公、廷元、本茂、本攀、本真、本櫼、木涱、本立、本□、本元、其

□、其省，以上各充銀一元二角。元文、頭加、良□公、元午、元拔、本貴、本□、桂孫、本坡、秋芥、本□，以上各充銀八角。元配、本正、本杏、本心、本汶、□簡，以上各元六。元□、元求、元□、本乹、本娶、其陳、其次，以上各元六。晋梅、晋汾、元盈、元老、本先、本樹、其山、其朝、其萍、秋梹，以上各元四。元庙、本哖、元松、本椋、本透、其業、其尚、其行，以上下各充二角，其听、其我。

邊斗仔田壹段，銀林□全，年税谷三石，配粮四分。

光緒十六年吉旦，衆裔孫立。

按：此碑現存金山鎮荆美村李氏宗祠，碑名爲編者加擬。

一六一二　鎮南宮碑記

嘗思神道遠，人道邇。顧神有赫而無遠弗屆，人所求而有感斯孚。念吾社自威靈夫人鸞輿以來四十餘年，老幼咸被德澤，鄰里共沐慈恩。故運等鳩集衆信，喜出銀元，以爲朝夕崇祀之需。其芳名勒石於左。

張增立喜出龍銀式拾員。張壽荣喜出龍銀拾伍員。張壽年喜出龍銀拾大員。張正南喜出龍銀拾大員。張壽東喜出龍銀伍大員。張壽康喜出龍銀肆大員。張德明喜出龍銀肆大員。張拔清喜出龍銀叁大員。張有章喜出龍銀叁大員。

張鳳藻、張崇崑、張崇柄、張振塘、張觀濤、張永灼、張嘉墀、張恒旺、張泰松、張永亮、張荣選、張廷照各喜出龍銀式大員。張先聲、張漳溪、張和祥、張有化、張崇茂、張奐卿、張錦福、張金興號、張肇基、張崇禄、張懷昌、張立昌、張延泉、張德林、張崇興、張倚仁、張萬漢、張倚善公、張鳳琛、張餘慶、張銘勳、張萬昌、張石運、張嘉駒、張曾玉、張浪開、張萬山、張殿甲、張萬義、張作蛟、張金多、張聚標、張樹群、張佛庇、張敦崴、張楚欽、張濟善堂、張雲卿、張敦和、張壘昌、張成勳、張維璋、張恒泰、張俊選、張敦梁、張逢福、張俊德、張玉潤、張學仁、張碧焱、張九華、張萬龍、張荣周、張金卯、張懷興、張魏氏、張莊氏、張石銘、張樹元各喜出龍

銀壹大員。張如衡、張聚國、張賜光各喜出龍銀壹大員。

光緒二十四年戊戌歲腊月吉日，南歐社董事張運生、張振基同立。

按： 此碑現存書洋鎮南歐村鎮南宮。

一六一三　重修内外杉脚造路牌記

岱嶺路自嶺脚至南坑仔，崩壞數十年，行者苦之。爰謀左右社好義之人及各公項，捐貲砌石，各處補綴，庶履險阻如夷。茲將捐銀芳名刻石，以垂不朽。

邱國㛃捐龍弍十大員。曾崇本堂捐龍十弍大員。曾大清祖捐龍十弍大員。曾欽睦祖捐龍十弍大員。邱勤政捐龍十大員。李明記捐龍十大員。曾以文堂捐龍六大員。曾永鑠祖捐龍六大員。曾天南弟、姪捐龍六大員。賴耀春捐龍六大員。沈隆茂捐龍四大員。邱海暹捐龍四大員。邱秀春公捐龍弍大員。陳敬通捐龍弍大員。黄新岩捐龍弍大員。曾振興捐龍弍大員。曾和極捐龍弍大員。曾允中捐龍弍大員。慶福號捐龍弍大員。邱正宵捐龍弍大員。孫山社捐龍弍大員。邱位平捐龍弍大員。賴鴻施捐龍弍大員。賴寨捐龍弍大員。賴石寬捐龍弍大員。曾國宝捐龍弍大員。曾天禄捐龍弍大員。曾炳蒸捐龍弍大員。金長興、邱鎮邦、邱臻騈、邱荆壁、邱寬信、邱克栽、邱正升、邱成冰、邱拔蘭、邱三鎮、陳三議、邱木耕、邱新長、邱新曾、邱水龍、邱水有、曾風烈、王秉六、賴萬長、賴品、王拳、賴𠔉、賴涌、賴省、賴化、賴還、賴蚶、賴良友、賴亦、賴釧、賴桃，以上名次各捐龍銀一大員。号零捐銀五条，一兩六錢。

以上計捐龍銀〈空缺〉大員，除去造路工資〈空缺〉大員。

光緒弍拾伍年歲次己亥三月穀旦，董事：曾國宝、曾天禄、曾炳蒸仝立。

按： 此碑現存山城鎮象溪村水朝宮。

一六一四　重修錢坂廟題捐碑

光緒辛丑年，七甲重修錢坂廟碑示：

馮門陳氏十二元。過溝鍾家十六元。蔣家大厝十四元。林三梲壹元。陳正生二元。陳城生二十二元。黃香党十八元。陳房生十四大元。楊田生十四大元。黃産十一元。

曾宙生、楊生官、張水灌、黃張潤、黃純生、黃桑生各十二元。林進德、蕭何生、黃溪生、黃敦生、黃清生、林喜生、楊有成、陳阿武各十元。黃有生、黃水澤、黃執生、陳朴□、黃斛生各九元。黃朴生、韓臨生、黃傑生、黃四体、黃信生、林串生、黃雄生、黃木楹、黃脱生、黃默生、張笅礼、陳何蛤各八元。陳連生、許朝生、黃杉生、黃員生、吴及生、曾萬生、曾炭生、石桃生各七元。黃守生、石砲生、石杰生、黃海生、黃栄生、黃合成、黃榴生、黃士生、黃文壇、王錡生、莊欽生、黃聯美、黃香生、黃哉生、黃曾□、林杭生、嚴木生、黃有生、陳水油、陳活流、何水生、何茂山、張大楓各六元。石連生、石耀生、黃林生、黃山生、黃南信、李龍化、李長流、林海生、陳坤生、韓林張、陳丙南各五元。黃宗仑、潘元生、韓錢生、韓品生、蕭老生、林參生、曾張來、張醬生、黃助生、賴坤土、黃象生、黃碖生、李源生、黃水生、李金生、馮分生、黃西生、何轉生、黃猪尾、張天賜、馮炭生、林桃生、陳金標、馮力生、黃容生、黃秉坤、陳鎮生、林細生、黃振生、陳□瑞、黃桓生、黃富水、黃然生、嚴南生、嚴龍生、鄭連生、黃炭生、黃典生、張紳生、陳滄潭、石黃石、林曾西各四元。曾清泉、黃格生、郭汪生、黃朴生、黃反生、刘池生、嚴彩雲、陳阿陣、馮祥生、鄭和尚各三元。黃□生、林倉廩、石土別、石柯誥、石愠生、石庚生、石黃生、黃泉生、黃旭生、黃片生、林紅生、黃海生、黃朝生、黃母生、林文生、韓輝生、黃泗生、盧欽維、林銀生、盧秤生、黃樹生、黃塘生、黃已生、黃山生、馮朝生、李岩生各弍元。

林開生、黃斗生、林阿輕、林高生、林問姆、方彎生、黃金東、黃錢姆、黃存生、陳韓鎮、塘對司、黃盛生、

黄柳生、盧詠生、石太生、韓揚性、石才生、石和尚、陳榮生娘、陳祥生各捐四元。黄吟生六元。韓鄉生六元。

王祥生有厠池一口，在楼右平尾間，係庙之龍身，求謝爲填地，及以上仝敬各平安。

董事：黄胡生、黄桃生、黄其生、張丑生、林桃園、王金生。總理：黄木松。

光緒廿七年桂月初六日，修吉立碑。

按：此碑現存山城鎮六安村錢坂廟，碑名爲編者加擬。

一六一五　重修武廟魏姓題捐碑

重修武廟，喜題銀芳名：

福緣公出銀拾弍大元整。欽德公出銀弍拾肆大元整。崇亮公出銀陸大元整。萬經公出銀弍大元整。純吾公出銀拾弍大元整。端吾公出銀捌大元整。旭初公出銀柒大元整。輝九公出銀肆大元整。京達公出銀陸大元整。子容公出銀陸大元整。映雲公出銀肆拾大元整。濟萬公出銀拾弍大元整。永介公出銀肆大元整。昌泰公出銀弍大元整。秋先公出銀陸大元整。以錦公出銀肆大元整。普□公出銀肆大元整。宜正公出銀弍大元整。輯五公出銀弍大元整。德隆公出銀弍大元整。良弼公出銀弍大元整。良輔公出銀拾弍大元整。仲韻公出銀拾弍大元整。仲綸公出銀肆大元整。利文公出銀弍大元整。德尊公出銀陸大元整。彬文公出銀肆大元整。爾止公出銀弍大元整。元飛公出銀弍大元整。樹成公出銀弍大元整。溶川公出銀弍大元整。金屏公出銀弍大元整。金駿公出銀弍大元整。金銓公出銀陸大元整。榮岳公出銀肆大元整。東綏公出銀肆大元整。啟蘭公出銀弍大元整。芳淵公出銀肆大元整。步賢公出銀弍大元整。崇修公出銀弍大元整。基岩公出銀陸大元整。昌禧公出銀弍大元整。鴻河公出銀弍大元整。岩廟弟子出銀弍大元整。新廟弟子出銀肆大元整。魁軍出銀弍大元整。錫岸出銀弍大元整。榮發喜題銀壹元。應貴喜題銀弍元。攀桔喜題銀壹元。湧順喜題銀弍元。峻命喜題銀弍元。傳旺喜題銀壹元。清溪喜題銀弍元。

董事：國學鴻湖、國學邦英、國學掄魁、庠生天經、貢生朝海立。
光緒卅一年乙巳歲秋月，魏姓衆弟子仝立。
按：此碑現存梅林鎮梅林村天后宫，碑名爲編者加擬。

一六一六　長窖総申明禮教告示碑

欽加同知銜、署理南靖縣正堂加十級紀録十次茅，爲出示嚴禁事：
本年十一月二十八日，據長窖総監生簡□甲、生員簡勤修、武生簡揚威稟称：『窃甲等聚族内居□□僨□本。蓋自先輩慨嘆孀婦招贅後夫，干碍昭穆，紊乱宗支，即於六世寛仁祖祠堂之内置一匾，謂之戒約，載明本族婦人若□夫死之後，無志守節者可以憑媒改嫁，不得以外戚異姓之人招入爲夫，此乃所以重綱常而杜抗風，闔族守訓，由來已久。□□生□□□佩頌此風之美，萬不可失。窃以族人□多，賢吝不一。如一無恥之婦故蹈前轍，彼時乱階一啟，使效尤者有所藉口，豈不背祖喪節，罪之大乎？筹思之餘，□乞□憲恩□賜，出示嚴禁，則舊例重新風行，俗美永垂不朽矣。合亟僉乞台大老爺□□□恩如俯請，□□感德，世世謳歌。切叩。』等情到縣。
據此，查嫁娶違律，主婚及媒人均□□得□□□□異□宗□孀婦改嫁，例乃不禁，然不能招異姓之人爲夫。該監生等所稟□□紊乱宗支起見，自应准所請。除批示外，合行出示嚴禁：『爲此示仰該社闔族□□知悉：尔等族内如有孀婦情願守節，不得誘它改嫁。倘孀婦自願改醮，由□□□出憑；倘有孀婦招贅異姓之人，仍在前夫家内居住，名另招夫養子，寔属有違守訓，且背祖訓。尔等应即剴切告戒，善言阻止。如執迷不聽，准予稟請查辦。其各遵照毋違！特示。』
光緒三十一年十二月初十日給告示，實貼長教曉諭。因而勒石，以垂永久。
按：此碑現存梅林鎮官洋村長教墟，碑名爲編者加擬。

一六一七　重修武廟兼油漆魏姓題捐碑

重修武廟兼油漆，喜題芳名：

同知開第題和銀五十盾。同知玉書題和銀二十七盾半。國學景星題和銀十五盾。國學炳彪題和銀叁盾半。國學文禎題和銀叁盾正。鄉賓秉藻題和銀壹盾半。建湧題和銀三十盾正。培球題和銀二十五盾正。清超題和銀二十七盾半。承樅題和銀十三盾半。振梁題和銀七盾半正。流傳題和銀七盾半正。肇榮題和銀十二盾半。坤峰題和銀十七盾半。生源擺題和銀五盾正。清連題和銀六盾半。賜寶題和銀四盾正。初玉題和銀二盾半。俊元題和銀五盾正。伯元題和銀七盾半。添財題和銀五盾半。清和題和銀十盾正。長峰題和銀五盾正。清源題和銀七盾半。兆如題和銀五盾正。鋪口題和銀五盾半。厚重題和銀二盾半。根遠題和銀五盾正。文賢題和銀二盾半。德壽題和銀二盾半。清蘭題和銀五盾正。攸漢題和銀三盾正。土銅題和銀五盾半。增益題和銀二盾半。鴻賓題和銀二盾半。光輝題和銀二盾半。年壽題和銀二盾半。石泉題和銀二盾半。海鄉題和銀二盾半。榮枝題和銀二盾半。培雁題和銀五盾半。東海題和銀五盾半。淑茹題和銀二盾半。興玉題和銀二盾半。炳良題和銀二盾半。發城題和銀二盾半。冠賢題和銀二盾半。傳宗題和銀二盾半。清松題和銀壹盾半。燕思題和銀壹盾半。福壽題和銀二盾半。彭壽題和銀二盾半。

董事：國學鴻淵、國學朝輝、同知開第、庠生天經。

光緒卅二年丙午歲仲冬月吉旦，魏姓衆弟子仝立。

按：此碑現存梅林鎮梅林村天后宮。

一六一八　南靖縣申明禮教告示碑

即補清軍府、攝理南靖縣正堂加十級紀録十次張，爲出示嚴禁事：

照得本邑民風愚蠻，不知禮義廉恥爲何事。查新舊各案，有甲姓已死，不爲於本支擇立繼子，其翁姑或婦之母族強爲作主，招異姓人爲後夫，家業、田産一任爲後夫者典賣享用，即有本夫之同胞兄弟亦不得過問。甚至本婦死去，前招之爲後夫者將田産歸族歸宗，甲族不甘，因而成訟者有之，因而争擄者有之。亂宗蔑倫，傷風敗俗，莫此爲甚！此等惡劣行爲，他省土司中容或有之。南靖雖在邊省，民非化外，禮教宜修。雖有鄉風從權，亦須近理。文明時代，豈容野蠻動作？既已敗壞宗教，亦且貽譏外人。奈何愚夫愚婦，習爲故然，懵不知恥，而爲家長者亦復聽其所爲。鄉中不乏讀書明理之人，移風易俗亦與有責。平日自命爲士，並不將聖賢道理曲喻婉諷，以至流爲澆風，莫可挽回，本縣殊爲駭惜！

查例載死無後者，准允先族人擇近支中昭穆相當者立後奉祀，例義精微，既絶異姓亂宗之嫌，又以杜争産奪嗣之弊。間有過繼愛子者，亦須平出本宗，方准承嗣。至婦人有夫死情願改嫁者，亦爲王法所不禁，即『從權亦須近理』之説也；從無有戀戀夫産、自招後夫、並媳産子女而予之者。本縣下車伊始，與日更新，□家長、紳衿當曉諭同族，申明禮教，合行示禁：『爲此示仰閤邑諸色軍民人等知悉：自示之後，除從前已犯者不加追究外，如再故蹈前非，不爲孀婦照昭穆承繼嗣子，輒敢招□後夫因而成訟者，將其家産充公，並將主婚之家長人等從重□辦。第亦不得覬覦孀産，造言生事，並將示諭以前之事妄告圖霸，違者當治以欺孤蔑寡之罪。其各凛遵毋違！特示。』

光緒叁拾叁年拾月廿一日給告示，寔貼長教墟曉諭。

按：此碑現存梅林鎮官洋村長教墟，碑名爲編者加擬。

一六一九　重修界碑嶺路至流坑碑記

和、靖界碑嶺，至象溪到流坑嶺，崩壞数十年，行者苦之。爰謀左右好義之人及各公項，捐貲砌石，各處補綴，庶履險其如夷。茲將捐貲芳名刻石，以垂不朽。

曾炳蒸捐龍銀六十大元。邱晝屏捐龍銀二十大元。葉天爲兄弟捐龍銀二十元。曾大坂捐龍銀一十二元。葉純智捐龍銀十二大元。邱木舌捐龍銀一十大元。葉宏裁公捐龍銀一十大元。賴水令捐龍銀一十大元。葉福春捐龍銀一十大元。沈達元捐小銀九十角。鄭南極公捐龍艮八大元。陳榮耀捐龍艮八大元。賴瓊枝捐龍艮六大元。葉應祥公捐龍艮四大元。黄任官捐龍艮四大元。曾世修捐龍艮二大元。葉芳鄰捐龍艮二大元。曾新或捐龍艮二大元。葉天經捐龍艮二大元。沈天喜、沈張生、沈文生、沈沮生、沈庙生、陳拔□、沈和記，以上各出小艮二十角。沈瓦一元四角。沈惠一元七角。生生堂、沈文生、葉桐娘、葉皇娘、曾榮倉、沈建朝、沈寸生、沈水絞、沈□生、沈歷生、沈澤生、沈錦生，以上各捐龍艮一大元。沈土生、沈權生、沈水生、沈六生、賴全生、沈□生、慶隆號，以上各出小艮十角。

光緒三十四年歲次戊申荔月　日，董事曾炳蒸立。

按：此碑現存山城鎮象溪村水朝宫。

一六二〇　重修閘溪仔小嶺兩處路碑記

和、靖界閘溪仔至内外小嶺，崩壞數十年，行者苦之。爰謀左右好義之人及各公項，捐貲砌石，各處補綴，庶履險其如夷。兹將捐貲芳名刻石，以垂不朽。

南洋和茂公司捐洋銀式拾四大元。邱晝屏捐洋艮拾二大元。陳水好捐洋艮拾二大元。邱木舌捐洋艮拾二大元。邱坤松捐洋艮拾二大元。賴水令捐洋艮拾二大元。鄭大園捐洋艮拾二大元。鄭四代捐洋艮拾二大元。鄭庚辛捐洋艮拾二大元。曾炳蒸捐洋艮拾二大元。曾欽睦祖捐洋艮拾二大元。曾以文堂捐洋艮一拾大元。曾義極兄弟捐洋艮八大元。曾世修捐洋艮六大元。金絲香捐小洋艮二元。鄭南極祖捐洋艮四大元。曾鼎銘捐洋艮四大元。邱克茂祖捐洋艮四大元。賴光表捐洋艮四大元。曾允中捐小洋艮三元。邱泰春捐艮二大元。王元董捐艮二大元。賴厚土公捐艮二大元。陳洋泰捐艮二大元。賴瓊桂、邱維經、曾喜□、廣豐号、悦成号、曾憲進、王□官、賴明清、邱利步、邱明鏡、

邱呈英、邱呈鳴，以上各捐洋艮弍拾角。邱金起、邱□□、曾晋生、王豐号、黄万寿、吴瑞與、慶隆行，以上各捐洋艮二元。李明記、賴明□捐艮一大元。葉純裕捐艮一大元。陳建瑞捐艮一大元。邱千兩捐艮一大元。

宣統三年歲次辛亥荔月　日，董事曾炳蒸立。

按：此碑現存山城鎮象溪村水朝宫。

一六二一　重修霞嶂庵碑記

〈上缺〉本庵之建，由來久矣。自康熙〈下缺〉餘載，雖棟宇依然，而規制猶〈下缺〉輝，枚舉董事一十六人，費縻〈下缺〉始，孟冬落成。鳩工未幾，而更〈下缺〉克有功；莫捐其金，罔克有濟〈下缺〉相與有成者也。烏得不勒名〈下缺〉

〈上缺〉拾陸元。〈下缺〉拾弍元。〈下缺〉拾元。〈下缺〉肆元。〈下缺〉肆元。〈下缺〉肆元。〈下缺〉元半。〈下缺〉黄滚观、什观、慶观、揉观、張观、宇观、坛观、茶观、干观、擾观、猛观、曹观、溪观、化观、迦观、釵观、彬观、晃观、永禎、結观、泮水、投观、戌观、元芳、克观、治观、老观、蔽观、絨观、滩观、岦观、佳观、和观、西观、丘观、韵观、文華、俊观、喃观、迎观、陽貨、献观、傍观、通观、虎观、壠观、虎观、忠观、攀龍、獺观、廉观、江观、鉄观、叠观、蟳观、蜂观、長光、蹶观、芳倫、則观、五美、太昌、湍水、噢观、姚禄观各捐銀壹中元。〈下缺〉湧水、吾忠、潑观〈下缺〉銀陸元。邊观捐銀叁元。〈下缺〉仕成、惟讓各捐銀伍元。〈下缺〉然观、恙观、漢漳〈下缺〉銀肆元。柟观捐銀弍元。〈下缺〉元半。恭观、沚观各捐叁元。〈下缺〉各捐弍元半。梅观捐銀両八〈下缺〉祖、共观、備观、振观、養观、好观〈下缺〉观、填观、央观、祐观、寛观、禄观〈下缺〉观、邦傑、□治、開观、榮观、地利〈下缺〉观、次观、南观、洪波、立观各捐〈下缺〉观捐銀両三。吉观捐銀壹両〈下缺〉观、洽观、樣观、音观、昶观各捐〈下缺〉黄仟观、烈观、□观、□观、武观〈下缺〉观、極观、再观、室

觀、佛觀、乘龍〈下缺〉然、踏觀、肇緒、節觀、桂觀、灣觀〈下缺〉生、檀觀、員觀、謝來、永瑞、窕觀〈下缺〉觀、尊賢、續七、逞觀、廚觀、壹觀〈下缺〉各捐銀壹元。心觀捐銀壹中〈下缺〉各捐銀陸錢。正阡捐銀陸元〈下缺〉觀各捐弍元。德觀捐銀壹中〈下缺〉觀、康觀、鑼觀、榮觀、仲眾、振觀〈下缺〉觀、列觀、廷觀、然觀、湧觀、肥觀〈下缺〉。

按：此碑現存靖城鎮鄭店村霞嶂庵，殘缺不全，碑名爲編者加擬。

一六二二　霞嶂庵柱聯題刻

『從蘭溪雙水滙通丹霞，長賴神恩公溥；自榜眼二峰結成屏嶂，永覘民社奠安。』弟子黄秉德、柯志滚仝喜捨敬題。

『霞通漳水而滙雙溪，神靈于兹施德澤；嶂枕寶山以拱天馬，閭里自是獻精誠。』弟子楊黄桂喜捨雙柱，薰沐拜題。

按：此組題刻現存靖城鎮鄭店村霞嶂庵。

一六二三　重修南靖隄岸碑記

歲戊申秋，漳郡大水，漂没民廬田園，鉅災爲數十年未見。南靖地居窪下，隄岸盡圮。號寒嗁饑者，耳目不忍覩聞。曩者南靖隄潰决，先侍郎躬親履勘，會官紳倡修之。未十年，隄再决，災更鉅。其時嘉繼先侍郎總理廈門商會，急進葉君崇禄洎廈地紳商，設局籌賑，購米往濟。漳之官紳告災函電日數至，遂飛電中外華僑諸君，爲民請命。不匝月，南洋及各埠滙款發粟者道相續，數約拾貳萬柒千有奇計。購米製衣，交漳州分會及工賑局，支欵施放合銀伍萬陸千餘金。漳人士復旨南靖隄岸不迅興築，則田爲澤國，民生屢窮。請以工代賑，僉曰可哉。

乃函告中外諸君，會同地方官設局興辦。舉省諮議局員楊君慕震、徐徵君聯林，先後董其事。經始于戊申冬，越庚戌五月竣工。築長隄三千七百餘尺、石壩七百餘尺，疏濬城河九千餘尺，修補各隄四千餘尺，縻金錢伍萬有奇。

屢經風雨，獲慶安瀾，盖六年於茲矣。諸善士捐題名姓、數目，經刊刻徵信録；隄工辦賑、兩局出入款，亦編成一覽表，函致中外各埠諸君察核。尚存二萬餘金，悉充漳泉公用，徇都人士之請也。余惟救災捍患，古有明訓，况屬梓桑，責無旁貸。今長隄綿亘，耕耨以時，南洋及各埠諸善士之功偉矣。爾嘉爰敘其事，旨貞諸石。

民國二年五月吉日，林爾嘉、葉崇禄、黄猷炳、傅政暨紳商等同勒石。

按：此碑現存靖城鎮中華路南靖城隍廟。

一六二四　各埠捐賑水災簡明數目總表

新嘉坡張善士、日裡埠張善士、新嘉坡埠諸善士、坤甸埠諸善士、峇厘埠諸善士、浮羅老聿埠諸善士、高低埠諸善士、同濟醫院諸善士、淇漳山公司諸善士，以上由新嘉坡總商會倡捐，並勸各埠僑商助捐，共捐來銀貳萬壹千貳佰員正。

長崎埠建幫諸善士捐來銀玖佰肆拾柒員貳角壹占正。

梹城埠諸善士，以上由梹城總商會倡捐，並勸各僑商助捐，來銀伍仟捌佰肆拾伍員陸角伍占正。

緬甸埠諸善士，以上由緬甸總商會倡捐，並勸各僑商助捐，來銀陸千貳佰員正。

安南埠諸善士、宅郡埠諸善士、西貢埠諸善士，以上由安南福建公所倡捐，並勸各埠僑商助捐，來銀柒千玖佰貳拾玖員玖角貳占正。

泗水埠諸善士，以上由泗水總商會倡捐，並勸各僑商助捐，來銀叁千貳佰伍拾員正。

香港埠諸善士、東華醫院諸善士，以上由香港福建商會倡捐，並勸各僑商助捐，來銀壹萬肆千伍佰捌拾員正。

小吕宋埠諸善士、善舉公所諸善士，以上由小吕宋總商會倡捐，並勸各僑商助捐，來銀捌千貳佰拾柒員捌角正。

望加錫埠諸善士，以上由望加錫總商會倡捐，並勸各僑商助捐，來銀叁千肆佰叁拾貳員柒占正。

小吡叻埠諸善士、太平廣福商會諸善士，以上由小吡叻埠總商會倡捐，並勸各僑商助捐，來銀貳千員。

大吡叻埠諸善士、埧羅埠諸善士、金寶埠諸善士、和豐埠諸善士、篤亞泠埠諸善士、華都呀吔埠諸善士、積莪惹埠諸善士、端洛埠諸善士、紅毛丹埠諸善士、務邊埠諸善士、□加埠諸善士、打捫埠諸善士、金榜埠諸善士、班影埠諸善士、甲坂埠諸善士，以上由大吡叻總商會倡捐，並勸各埠僑商助捐，來銀陸仟陸佰拾叁員柒角捌占正。

梭羅埠諸善士，以上由梭羅總商會倡捐，並勸各僑商助捐，來銀壹千捌佰陸拾柒員。

三寶壠埠諸善士、直噶埠諸善士、北叻浪埠諸善士、汶沱惹里埠諸善士、飛磘呰里埠諸善士、南旺埠諸善士、碣廷埠諸善士、爪亞籃埠諸善士、把致埠諸善士，以上由三寶壠總商會倡捐，並勸各埠僑商助捐，來銀壹萬零玖佰肆員正。

日惹埠諸善士、芝勝札埠諸善士、隆門埠諸善士、吧六安埠諸善士、三嗎望埠諸善士、簿菖哇埠諸善士、勿勝比諸善士、昂望埠諸善士、文池蘭埠諸善士、雪蘭莪埠諸善士、振武善社諸善士，以上由日惹總商會倡捐，並勸各埠僑商助捐，來銀陸千捌佰陸拾貳員陸角玖占正。

萬那老埠諸善士、安武鑾埠諸善士、達侖那埠諸善士、巴礁埠諸善士、淡馬果埠諸善士，以上由萬那老總商會倡捐，並勸各埠僑商助捐，來銀貳千零肆拾叁員叁角玖占正。

井里汶總諸善士、嚧致嘔哖社諸善士、嗎嚧弄茄諸善士、泮水社諸善士，以上由井里汶總商會倡捐，並勸各埠僑商助捐，來銀壹千貳佰玖拾伍員陸角叁占正。

巴達維亞埠諸善士、牙律中華會舘諸善士，以上由巴達維亞埠總商會倡捐，並勸各僑商助捐，來銀陸千柒佰陸拾員正。

安班瀾埠諸善士、納務亞弍埠諸善士，以上由安班瀾總商會倡捐，並勸各僑商助捐，來銀壹千陸佰拾肆員正。

上海埠建幫諸善士、漳泉會舘諸善士，捐來銀叁千玖佰捌拾叁員正。

天津埠建幫諸善士捐來銀貳千伍佰貳拾捌員貳角壹占正。
北京孝友堂捐來銀貳佰員正。營口埠建邦諸善士捐來銀叁佰員正。
淅寧埠厦幫諸善士捐來銀貳佰員正。禎祥公司捐來銀壹員正。
厦門埠諸善士捐來銀捌千貳佰陸拾員正。
以上各埠總共捐來銀壹拾貳萬柒千壹佰叁拾肆員叁角伍占。至各埠大善士捐賑姓名、字號，數以萬計，因限於石碑，未能全刊名號。謹將中外各捐賑地方埠名，勒石以垂久遠。至芳名及字號，早經刊印徵信録，分寄中外南北洋各埠諸大善士察覽。

按：此碑現存靖城鎮中華路南靖城隍廟。

一六二五　重建天后宫魏姓題捐碑

重建天后宫於清辛亥年秋月，高低埠弟子樂捐千餘員。至民國元年壬子冬，本鄉再捐，建工築造，至癸丑暮春完竣。兹將前後捐題芳名臚列于左。

生源擺五盾六。步紫公一百盾。建湧一百盾。景星五十盾。初玉四十盾零三。傳宗二十盾零五。□成十二盾。沃豐十九盾。夆賚十五盾半。百銘十四盾半。毬如十二盾。□梁十七盾半。肇□十二盾。清源十八盾。長峰十三盾。振樑十四盾半。清□十一盾。坤峰三十二盾半。旺基十一盾。潮湖十一盾。三良十七盾。菽如十六盾半。福壽十五盾三。選昌二十三盾半。孟福七盾。萬必成號十八盾。義成號二十二盾八。宜和號十八盾。榮和號十八盾八。光輝六盾半。鏞澹十一盾三。伯員七盾半。友溪四盾半。培捷一盾半。東乾一盾。豐登二盾三。介寿一盾。嚽叻添寿十四員。嚽叻正忠十二員。鴻灝十員。斜照十二員。連玉十員。報花五員。爲貴五員。太木四員。鉤銘公六員。潮東公三員。振秀公三員。□泰公三員。德秀公三員。昌禧公三員。進漳十七盾半。應和十盾。振家十九盾。允升十六

盾半。鴻賓十七盾。書香十七盾半。餘香十盾。伯南十二盾。海卿十八盾半。肇林十七盾。士林十盾。年壽十六盾。宗德十六盾。嵩振十二盾半。□慶十盾。流傳十七盾。清士十三盾半。文翰二十二盾半。庚福二十一盾半。清松二十二盾。清連十六盾半。承松二十三盾。彭壽十三盾半。興玉十六盾半。明寿十七盾半。益成號十八盾半。厚重六盾半。清明七盾半。石泉五盾。賜寶五盾。清時六盾。鴈音四盾半。登城一盾。培雁三盾。天星二盾。肇興一盾。維榜二盾半。漢隆十二員。燕恩十二員。立富五員。開益十二員。秀英十員。連榮十二員。振安五員。孫材四員。秉藻公五員。任賢三員。錫疇三員。清□三員。清嬰會十二員。振年四員。

以下各捐銀二大元：浴瀾公、慎吾公、文印公、□□、桂林、輝光、社千公、良九公、文彬公、元湧、慶來、清溪、悦錦公、萬經公、水犇、萬錦、立□、清漳、萬佟、開和、宜鎮、騰發、鴻創、桂松。

以下各捐銀一大元：遜士公、坣□公、有敬、□志、澹然、鉅全、和成、天經、筆技、俊元、朝全、慶泮、懷玉、湧□、瑞益、玉春公、俊華公、睦良、有□、三克、新建、海門、同出、連拱、犇福、致榮、□城、福五、洪漳、捷元、肇祺、逢開、克昌、仁豐、攀結、慶潤、河漢、金燕、興豐、止錦、廷鏞、肇洪、清煥、初年、培連、坤亨、成公、等□、伯□、詢观、肇逵、步相、肇祥、邁志、秉光、接嗣、大良、再添、瓊元、根印。

基岩公喜捐神龕一座。

董事：俊德、錫疇、文禎。中華民國五年丙辰歲冬月，魏姓衆弟子立。

按：此碑現存梅林鎮梅林村天后宫，碑名爲編者加擬。

一六二六　重建吴氏大宗祠碑記

蓋聞：祖宗雖遠，祭祀不可不誠；孫子雖愚，書詩不可不讀。誠哉是言也！念我始祖継継繩繩，支分派衍，迨至陸世祖諱陋齋，因貽謀之久遠，廣置蒸嘗。倏至於明末，虧累粮米，以致廢墜。後涵雅庄七世祖朴齋復置祀田，

未幾依然更廢，杳無考稽，由來久矣。凡諸苗裔，欲紹前志，再置祀産三畝，因未成数，其田突被水患填壓。迨民國二年，重建大宗，匀派丁䲨，議及此事，灊英等出爲首倡，募集捐款，衆皆踴躍贊成，樂輸銀式百三十餘元，列名於下。又本房内公款八十元，及輪值大宗公祭祀餘款並公産收成一百六十餘元，合計小洋八百餘元。遂墾復涵雅庄枝壓苗田三畝，另典置苗田数段，收成以爲分發大宗應輪值年席銀，並買办大宗剛□柔毛暨涵雅庄列祖祭祀年節席銀之費。窃恐日久更變，爰立簿記、勒碑誌，永垂不朽。

謹將諸裔孫捐款芳名列左：

裔孫：燕英捐銀貳百員，另款八十元。慶裕捐銀四元四角。聯生三元。梓汝三元。查畝四元。南芳三元。政士二元。□宣二元。□生二元。□美二元。文□二元。海□二元。□□二元。天原二元。□□二元。□□四元。□生二元。

修築大宗並募捐款項董事：伯□、萬山、清□、□通。丁巳吉旦立石碑。

按：此碑現存龍山鎮湧口村吴氏崇本堂，碑名爲編者加擬。

一六二七　縣獄遷善碑記

『遷善。』獄，所以改良罪犯也，而非徒爲苦人之具。縣獄舊在大堂之西偏，湫隘腐陋，積囚徒而痛苦之，乖人道矣。七年，余宰斯邑，視之惻然。越明年，從事經營，遷移於此。艱於財，限於地，雖未能設備完善，然勝於舊獄則既多。工將竣，余適奉調矣，識其緣起，并題二字於右，爲囚徒勗焉。

中華民國八年春月，知南靖縣事興事張易疇并書。（印）（印）

按：此碑現存靖城鎮中華路南靖城隍廟，碑名爲編者加擬。

一六二八　重興太監亭碑記

嘗謂竹峰之形勝似環球，惟東方略缺〈下缺〉處登亭一望，全鄉山水之奇，無不挹注〈下缺〉往來於其間。倘遇驕陽驟雨狂風，亦得〈下缺〉十九年癸巳秋八月初三日，天降風雨〈下缺〉頹壞者，於今凡三十載矣。迨辛亥年，幸〈下缺〉梓，樂善好施，有志重興斯亭，與及鋪造〈下缺〉橋佛埜亭，種種美事，無不踴躍，續後歸〈下缺〉申年春，特由外洋日里將所捐銀項賜〈下缺〉吉興工□不日而成。茲當完竣，刻石刊〈下缺〉德，庶使後人亦樂善好施，而斯亭因之〈下缺〉將喜捐芳名開列於左。

洋商日里：陳文□喜捐銀肆佰大員。新合鼎喜捐銀壹佰大員。新合義喜捐銀壹佰大員。新合□喜捐銀壹佰大員。順和生喜捐銀壹佰大員。陳水泉喜捐銀壹佰大員。新合利喜捐銀陸拾大員。陳水雲喜捐銀伍拾大員。陳振□喜捐銀肆拾大員。陳振□棧捐銀肆拾大員。福瑞□捐銀弍拾肆大員。陳水□喜捐銀拾弍大員。陳有德捐拾弍大員。戴朝儀喜捐拾壹大員。陳克用喜捐陸大員。陳作周喜捐陸大員。陳學陶喜捐陸大員。陳徐娼喜捐陸大員。陳良模喜捐陸大員。陳泰瑚喜捐陸大員。陳致中喜捐陸大員。陳百□喜捐陸大員。陳赤狗喜捐陸大員。陳海觀喜捐陸大員〈下缺〉。

董事：陳三国、陳海观、陳知史、陳查畝、陳長慶、盧金闕、陳慕周、陳炳虎、陳泗音。

中華民國九年歲次庚申葭月〈下缺〉。

按：此碑現存龍山鎮雙明村太監亭遺址（亭祀陳祖生），殘缺不全，碑名爲編者加擬。

一六二九　修築朱公祠堂題捐碑

辛酉年修築朱公祠堂，謹將我派下在外洋出款署名次勒石。

隆信捐龍銀千有八十元。隆信出龍一百六十。朝陽出龍銀百一十元。維建出龍銀八十元。□一十元。□廿元。

運□、深池各出大艮陸拾元。朝溪、在午、千道、春薌，以上各出大艮五十元。三孫、鍾美、加湧、榕樹，以上各出大艮三十元。如林出大艮二十四元。耀□、富田、伯酌、元德、拔茅、荣茂，以上各出大艮三十元。迎春、三捷，以上各出大艮十大元。鋤經、生梅，以上各出大艮十五元。綿□、仰占、宮殿、碧澗、江元，以上各出艮十二元。高橋、新禧、□然、荣深、□□、松根，以上各出大艮廿元。春花出大艮八元。興貴、孔群、松花、惟勤、水碩、孫月、宗義、重慶、三壽、炳成，以上各出大艮六元。震華、開勳、海澄、□孫、朝時、開祥、欽瓚、界煥、肅維、振來、讀茲、□孫、培君、欲湿、進財、有熙，以上各出大艮五元。添祥、□凋、澄湖、立邦、宋瑞、裕水、朝誌、五次、受友、沽九、盛桂、炎旭、清輝、登春，以上各出艮四元。爲廉、俊瑞、深河、成瑞、南山、俊昌、開春、綿昌，以上各出大艮二元。

在外洋組織款孫：十九世孫江蝦。民國十一年壬戌冬月　日立。

按：此碑現存奎洋鎮店美村太子亭，碑名爲編者加擬。

一六三〇　重修山城朝陽廟碑記（二）

民國十三年秋，復建朝陽廟禪房，計用洋銀千元之左。茲將聯益會捐助各芳名列左，每名拾四元。

李開萬、李鐘聲、黄王謨、黄高中、黄張湖、黄象冲、黄春波、陳葆光、陳化龍、劉金聲、阮仁和、余光昌、石輝玉、黄國棟、馮芳輝、周祝三、謝玉美、黄遠生、柯秉川、謝鴻美、韓牆、謝水生、王丕生、謝海寬、王欽生、源春號、張石生、黄會生、王金虎、韓天送、黄方如、阮慶隆、義德號、黄福全、和春號、同春號、王春興、吴協春、晋興號、黄捷三、黄清雲、黄第、馮洽茂、韓清松、王才覌、王其昌、陳蔡漲、張松溪、陳雍生、黄榮坤、李寶仁、黄殿卿、黄樹、黄蔭庭、黄長庚、王池生、馮份生、李合發、韓友生、王樹生、張流民、韓廣成、吴豆薯、謝輝、林王募、柯超生、韓碧生、馮合興、馮結元、黄陳雲、張英德、錦美號、韓阮鼎、王虹合、方淚合、韓昔、

黄苐、黄樹、韓象。

中華民國十三年歲次甲子九月吉旦，聯益會仝立。

按：此碑現存山城鎮解放東街朝陽廟。

一六三二　重修簡氏大宗廟石碑

考諸先人，立祠建庙，紀念鼻祖，報本靡遥。溯我大宗，築自前明。歷年五百，迭次經營。茲又告壖，重整庙形。僉夆新喜，出總其事。派人往仰，出任捐募。幸得華僑，熱心贊助。不数月間，得金多数。鳩工𠔥築，重新建造。杉柱爲石，庙貌復故。現已落成，祖灵鞏固。捐金芳名，開列於左。

義質公派二千五百六丁。宗甫公派五百零二丁。宗文公派三百零一丁。宗仁公派三百零二丁。惟全公派二百零二丁。東渠公派六百零八丁。惟榮公派一百零七丁。惟盛公派二百零九丁。貴賢公派一百五十八丁。惟淵公派八百零五丁。孟德公派一千零二丁。静山公派二百六十五丁。貴義公派一百零六丁。貴仁公派二十七丁。瓊溪公派六十七丁。質斋公派三十二丁。敦敏公派八丁。東明公派、貴礼公派二十丁。以上每丁錢一角。

良友出大元三百元。乾銓出大元二百元。連拔出大元一百零二元。高井出大元一百元。必忠出大元一百元。木養出大元五十五元。春栁出大元五十元。裕遠出大元五十元。鴻株出大元五十元。繁草出大元五十元。錦漢出大元三十三元。登通出大元三十元。文選出大元三十元。追聚出大元三十元。顯宗出大元三十元。北儲出大元二十七元。清松出大元二十五元。仙代出大元二十四元。萬福出大元二十四元。昌時出大元二十元。紹雍、鶴經、雲霞、六什、朝麓、錦嵩、石岩、麟河、瑶根，以上各二十元。長遠十六元。高木十六元。双潭十六元。羡強十五元。永江十五元。春魁十五元。撥奎十五元。出修十五元。石良十四元。玉杯十四元。鐘錦十四元。清娘十三元。瑶璞十二元。珍梅十二元。朝熙十二元。有恭十二元。悦盛十二元。

怌作、章仪、藏鐐、尚謙、金超、孝能、吉麟、麟樹、利釗、連輝、章寿、嘉智、嘉賜、錦帆、嘉祝、輝徹，以上各十元。洪健九元。蘭□九元。盛火八元。象賢七元。河昌七元。呉讓七元。沁可七元。錦炎七元。顏色、昌地、文端、家才、明景、玉堅、麟玉、秋明、啟孫、水園、天恩，以上各六元。

鳳釵、連昌、承財、添俊、炳照、欽月、石昌、長富、春來、春向、必昌、水沧、子盛、□南、林養、嘉房、登教、錦豐、東壁、天朝、開地、丕振、山木、万潭、寒中、文朴、登松、登福、昌麟、灼花、同柱、木松、行健、松林、呉孝、石港、杏朴、麗雲、錦蘇、麟高、務茲、登枝、高炎、高陞、貴全，以上各五元。

兆升、金堦、新柱、杏補、果颺、清淡、鍾鍊、天箱、溪柳、石头、藏華、復命、鳳照、水海、天送、接新、炳朝，以上各四元。隋柳、慶易、啟秦、石華、長庚，以上各三元。石鉢、恒枟、銀盤、擎棠，以上各二元半。

章尪、火生、良傅、松恩、松能、心田、高妙、榕華、生富、慎行、丰順、景生、有源、紫雲、恒陽、朝照、錦敦、錦榮、大泛、金枝、啟象、廣佑、沧浪、登連、振松、水清、水徵、水河、北牆、朱衣、錫泉、天禄、天福、家騎、北西、璉盛、餘盛、和來、和明、其富、丕烈、丕顯、丕継、陞福、陞玉、亦春、達問、必福、寿溪、丕謙、河源、清璉、什章、怌聰、丰盛、声揚、煌揚、長山、順景、什續、金華、少清、鏡梯、章良、大望、慶花、有成、清海、章輕、傳桂、助国、紹潤、紹美、聯桂、丹簧、壬癸、長有、捷南、長福、景心、順美、烟漢、荣盛、東南、景福、水錦、六爻、松柏、玉帛、南岳、俊夫、炳炎、詩奎、助庭、助福、長流、汝芳、建昌、高程、福星、膳鍫、錫爵、漳南、連祺、芳瑞、金圳、加莭、揚波、長水、茂盛、長茂、春鉄、新沐、石德、習章、青長、同会、水面、天雲、加禧、高□、墩豹、元章、迪東、福九、錦仪、其真、青山、龍印、慶房、根漲、登梯、添富、茂杉、荣才、啟遜，以上各二元。長江一元。阿匏一元。

民國十三年歲甲子。

仰光募捐人：新盛、惟仁、長泉、石岩、必廉、乾銓、勑容、在、椄；總經理人：新喜；仝立。

按：此碑現存梅林鎮坎下村簡氏大宗祠，原碑數字爲蘇州碼。

一六三二　遷建縣治思德碑

靖邑位漳西北，汀、龍之水匯焉。縣治濱河，城與堤齊，踞是俯矚，官廨民廬如列釜底，水漲堤決，即成澤國。甲辰、戊申之間，五稔三厄，災尤鉅。都人士怔於水患，慄慄恐懼。聯軍駐漳時，曾上書請遷，浸成議矣。嗣以地方多故，邑人蕩析離居，匆冗經營，觖望者夥。甲子春，鎮帥張公統師入漳，掃清境土，命第二旅長田公韻清駐軍於此。越乙丑，刁斗不警，萑苻皆靖，民復其故。於時田公奉鎮帥之命，延紳耆，重提前議。款既集，遂鳩工庀材，遷於玳瑁山麓之舊治。董是役者，李化之處長；而發蹤指示者，則田公也。縣公署於今落成後，井舍市廛亦次第蕆事。署前通漳之馬路，左右悉樹嘉木。十年之後，叢緑濃陰，行人蔭歇其間，必有讀甘棠之詩而流連不忍去者。瑶矩等生長此邦，飽經憂患，以今視昝，安危殊形，乃構此亭，顔曰『思德』。俾後之登斯亭者，俯覽洪流，仰觀喬木，猶追思鎮帥張公暨旅長田公之盛德云。

中華民國十五年丙寅季春三月穀旦。

按：此碑現存靖城鎮南靖四中，僅餘『其間必有讀甘棠』之後的碑文及碑額『思德亭』。全文録文見於南靖石刻集第六二頁，碑名爲編者加擬。

一六三三　重建千家宮碑記

窃謂千家宮之建，肇自乾隆年間，曾經修造，其殿堂門廡至今氣象依然。不料本年二月十一夜突起火灾，一切煨燼。闔社弟子敬念輔順將軍及衆神明英靈顯赫，傳集福户，議决增新創造，再加勸募，集腋成裘，以達完成之目的。始於孟秋，成於仲冬。鼎新之廟貌，較前益加美麗焉。厥功既竣，謹將捐助勒石題名。

捐各大洋：吴金合成陸拾元。吴四合號肆拾元。吴坦誠公謝石椅一对。莊緑波、李洪恩仝謝中樑一枝。吴金泰昌謝大樋一枝。劉玉芳謝大樋一枝。吴福霖卅六元。許茂盛卅弍元。吴合順廿四元。振泰昌廿四元。吴振旅廿四元。吴松山廿四元。吴天賜廿四元。吴德帛廿弍元。吴子張弍拾元。李圳明弍拾元。吴祥瑞拾六元。吴銀樹拾四元。吴田坵拾四元。吴義敦拾四元。

各答謝拾弍元：吴鐘傑公、吴德火、吴金源興、廖新炳、金和興、吴行照、吴四湖、吴精華、吴水銀、莊如珪、吴金合順、永安堂、吴義埒、吴勝興、江鎮嵐、吴德隆號、吴老生、吴金福山、吴義發號、李欽芳號、吴禮松公、莊芹思、吴佼嬰、蔡成盛、吴行□、吴芳茂、吴高峰公、吴水連、吴成泰、鍾三千。

福户八十三名，各謝拾元。吴義能拾元。

幫理：吴光軒、有章、辟幸、辟雍、友如、秋山、步雲、潤州、良材。

敬書人吴玉山。総理吴若雲。民國十七年戊辰秋月吉旦立。

按： 此碑現存金山鎮金山村千家宫，碑名爲編者加擬。

一六三四　追來堂公議碑記

窃本堂前後週圍，天然之埔美備，要皆我始祖啟斋公之權利，人人不得混争。乃近数年來，每爲征收地租故，屢起争端，殊失祖宗雍睦之旨。茲特仝堂議决：自今以後，本埔所有迎神演劇、販賣貨担，概永不征收地租，以杜争端而全和氣。除呈請縣政府核准外，合立碑記，以垂不忘。凡我同人，務各遵守毋違，是所厚望。謹將南靖縣政府批示原文録左。

本十二月八日，蒙南靖縣縣長林學增稟批：

『稟悉。既經各房股公同議决，碑記擬稿亦妥，應予備案，抄件存此。批。』

民國己巳冬月，啟斋祖派下孫仝立。

按：此碑現存金山鎮碧溪村吴氏追來堂，碑名爲編者加擬。

一六三五　靖南橋告示碑

『靖南橋。』中華民國庚午年拾月，南靖縣縣長徐鵬題。

南靖縣縣政府佈告：爲佈告事：蒙据梅林社鄉長等面稱，該社圩尾應築一橋，以利靖、岩両縣交通。當經本縣長於前次南巡之時親行履勘，以石碧學前地点爲最適宜，並命名爲『靖南橋』。除責成張鄉長等即日架成、具报備查外，合佈仰各色人等一体知照。此佈。南靖縣縣長徐鵬。

橋租田稅俱録：

一項址在牛仔石大坵田，每年載早允租八石大。

一項址在坂上洋心四坵，每年載早允租二石四斗大。

一項址在牛栅坑，每年載早允租四石大。

按：此碑現存梅林鎮梅林村，碑名爲編者加擬。

一六三六　重修山水亭碑

船場店後嶺爲靖西孔道，磋峨高峻，十里有餘，每遇炎天驟雨，往來苦病。昔好施君子倡始，募捐築亭於此，並置水租，俾行人休息，功誠偉哉！然恐年已久，勢將傾跌，予心戚之。客歲南遊，偶與各僑商閒談，云及此亭毀壞，亟宜翻蓋重修，諸僑商竟踴躍贊成欵項，修亭修路，添置水租。是舉也，人僉曰予之力，而不知實賴各僑商之好義也，予何力之有焉？方今修理經已落成，謹將樂捐芳名勒石，以爲紀念云。

魏菊照捐壹佰元。簡連輝捐陸拾元。魏玉旭捐伍拾元。簡□□、簡春光各捐弍拾元。簡□□、簡六什各捐弍拾元。魏井清、魏世彰、魏永桂、魏玉懷□、魏桂松、魏簡清娘各捐拾弍元。簡輝澈、簡鴻沫各捐拾元。魏□禎捐陸元。魏□山捐肆元。簡其才、簡玉南、簡水晶、簡加谷、簡□□、簡昌地各捐伍元。簡水石、簡協強、魏壹安、魏少濂、魏進德、魏寿□各捐弍元正。以上諸欵修亭帶路。

以下主捐添置水租：簡高木捐□肆元。□□□□□、趙朝和、魏振各捐叁拾肆元。此五人以欵買□□□田实税肆石，内洞仔□□爲田；外崙仔□□实税弍石陸斗，配□□□□□□公，契存簡松根家。

中華民國二十年陸月　日，募捐人王勸文立石。

按：此碑現存船場鎮店後嶺古道邊。

一六三七　莊氏考妣序書碑

顯十八世祖考清歲進士謚際周莊府君，享寿七旬加三歲，乳名達觀，字仰如，生于咸豐元年庚戌三月廿五日，酉時受生，卒于民國十年壬戌三月十八日巳時，以疾終于正寢。地坟塋在本里村頭毛蟹角水圳下，坐乙向辛兼辰戌，辛夘、辛酉分金。至民國廿年壬申三月□日重修，改换金箱吉塋。

元配祖妣林氏莊媽，謚慈淑老孺人，生于清咸豐七年乙卯十二月廿八日，酉時受生，卒于民國廿年辛未二月廿四日戌時，以疾終于内寢。地坟塋在本里刺後大路下，坐乙向辛兼辰戌，辛卯、辛酉分金正針。

男三大房：廷明、廷翰、廷巨，孫等，仝立石。

按：此碑現存書洋鎮奎坑村莊氏宗祠，碑名爲編者加擬。

一六三八　大廟佛亭重修碑記

荆山武廟暨觀音亭，建自明中，達清末四佰餘載間，修葺者四次。光緒乙未重修，迄民國乙亥四拾稔，瓦楝花鳥損壞者多，亟應修葺。公議孟秋興工，季冬告竣，数月間廟貌巍峨。此固聖帝之灵，亦諸君贊助之力也。合應勒石，以垂不朽云。

福建新編保安独立第三大隊長張河山銀壹佰叁拾元。南靖縣第四區長馮芳輝銀肆拾元。南靖縣商會主席劉金聲銀肆拾元。南靖縣農會會長黄張湖銀肆拾元。南靖縣商會會長余光昌銀陸拾元。南靖縣商校校長馮登雲銀肆拾元。南靖縣農校校長吴柯鴻銀陸拾元。南靖城聯保主任馮家聲銀弍拾元。南靖縣商會执委莊廷墉銀肆拾元。南靖縣商會执委黄張如銀叁拾元。南靖縣商會执委黄友東銀肆拾元。南靖縣商會監察王簡華銀肆拾元。南靖縣山城鎮長黄棟樑銀肆拾元。南靖縣保安中隊吴如山銀叁拾元。

水居船户銀捌拾元。下溪杉商銀陸拾元。下溪竹商銀陸拾元。中溪柴商銀陸拾元。奎洋杉商銀陸拾元。内山竹商銀陸拾元。内山杉商銀陸拾元。市場屠户銀陸拾元。内山絨商銀陸拾元。内山柴商銀陸拾元。内山板商銀肆拾元。和茂公司銀肆拾元。高茂記號銀肆拾元。沈慶隆號銀肆拾元。謝鴻美號銀叁拾元。張長順號銀叁拾元。隆昌興記銀叁拾元。劉金泰號銀廿四元。王春興號銀廿四元。吴協春號銀廿四元。陳萬豐號銀廿四元。怡美公司銀廿四元。游大安堂銀廿四元。杏春和號銀弍拾元。馮合茂弍拾元。黄合發弍拾元。張合成弍拾元。周合春弍拾元。張同春弍拾元。韓源春弍拾元。同美號弍拾元。观春興弍拾元。陳錦美弍拾元。楊李香弍拾元。嚴慶合弍拾元。

謝南星十八元。張德成十六元。同記號十六元。舊春興十六元。金鳳號十六元。劉廣興十六元。廣益生十六元。和春號十六元。周抬園十六元。蔡和興十六元。王合興十六元。高天祥十六元。陳晋興十六元。謝永春十六元。福寿春十四元。黄永利十四元。元湖韓正春十二元，韓茂源十二元，韓仁德十二元，韓三合十二元，韓后淵十二元。

周太極十二元。王張忠十二元。黄華源十二元。馮結生十二元。新春舆十二元。李合成十二元。金合成十二元。全春號十二元。衛生樓十二元。天一和十二元。吴成舆十二元。蔡源順十二元。莊勝舆十二元。金荣記十二元。謝益美十二元。林益成十二元。義龍號十二元。馮茂源十二元。黄和成十二元。新振隆十二元。翁金十二元。陳永發十二元。黄杏安十二元。蔡源春十二元。時舆號十二元。協隆號十二元。益舆號十二元。謝展美十二元。隆泰號十二元。謝恆美十二元。黄惠和十二元。余順義十二元。金義成十元。永茂齋十元。游貓司十元。張樹生十元。高振記十元。吴大厝八元。謝元江八元。張蘭香八元。新慶茂八元。金寿堂八元。協泰號八元。展隆號六元。高賜六元。謝春茂六元。德成棧六元。柯起生六元。黄朝儀六元。大通内六元。泗慶發六元。王國珍六元。謝玉美六元。黄四聰六元。福源堂六元。陳乾六元。永和舆六元。振茂行六元。黄婠畝六元。黄壁生六元。慶春堂六元。洪柯罔六元。黄央生六元。黄德春六元。新慶和六元。魏俊太五元。曾合記五元。

黄昭茲、韓啟明、洪賜、黄其、張長光、韓吴□、張鳳陽、蔣水、黄忠義、石輝玉、王開昌、方椿、振利號、黄湖鰍、黄老晌、復舆、德香號、福茂昌、協發棧、黄水舆、陳蔡標、于陳恩、黄大山、靖山場、王仁標、黄春荣、黄長水、沈張清、楊黄敦、張虎耳、如蘭、正合、茂隆、南隆、新舆、黄春成、金振泰、謝三春、新正日、余礎玉、黄瑞美、劉臨生、合順發、謝新香、黄水亀、何亀、柯德春、勝香號、盧永和、張同舆、吴步、王善生、張明通、張曾尚、惠南號、阮大厝、黄紅亀、柯秉川、黄樹生、新長順、張順財、陞舆舖、廣金山、曾長賀、金長舆、莊德美、黄万祥、李鐘聲、旧正日、万成號、阮銀溪、謝永舆、韓四房、王本生、連舆號，以上各四元。盧德卿五元。

民國廿四年，董事：張河山、劉金聲、黄張湖、馮家聲、王簡華、莊天監、黄友東、黄張如、余光昌、馮芳輝、吴如山、沈捷春、黄棟櫟、吴柯鴻、楊李香仝立。

按：此碑現存山城鎮大廟口南靖武廟。

一六三九　山城教會學校史略

本校史略：本校由美公會倡辦，名曰『慈祥』。爲助普及教育，冀百年樹人，民十二改爲『育民』。經劉雲從、孫正中、羅揚春、林郡等努力贊助，許希仁、戴吉甫、曾學魯、沈天錫、許尚德、吴慶瀾、彭勳等繼續維持。民廿八，由張翰卿倡議立案，並聘劉潤添爲校長。蒙南靖縣軍事科長張介義慷慨建築校舍及熱心人士襄助，特勒石紀念。

董事長：孫天恩。董事：蔡惠智、馮興、許日增、周宗仁、吴良疇、蘇信源、莊子民、楊楚穆。

按：此碑現存山城鎮基督教堂，碑名爲編者加擬。

一六四〇　正峰寺古井題刻

正峰院僧惠圓奉捨鼎新重砌，歲次戊午謹題。

信士周旺治同蔡裕、陳戴共捨石砌重修，癸卯謹題。

僧道初捨，辛夘重修。

丙寅周廣重修。

按：此井現存靖城鎮廓前村正峰寺。

一六四一　安福寺石盆題刻

住持常居捨錢伍百文，添常住財谷。辛夘歲造。監院全進，院主常開。

按：此石盆現存靖城鎮院前村安福寺遺址。

一六四二　新村造橋石刻

敕地保信女陳七娘捨橋一間。太歲丁酉年癸夘月吉旦立。

按：此石刻現存金山鎮新村村古平板橋。

一六四三　登雲寺示禁碑

一禁，週圍不得暫貯柩礶。一禁，乞丐不許借宿片時。

按：此碑現存山城鎮六安村紫荆山登雲寺。

卷八　平和縣

一六四四　漳州三平大師碑銘並序

得菩提一乘，嗣達摩正統，志其修證，俾人知方。則有大師，法名義中，俗姓楊氏，爲高陵人，因父仕閩，生於福唐縣。年十四，宋州律師玄用剃髮，二十七具戒。先修三摩鉢提，後修奢摩他、禪那。大師幻悟法印，不汨幻機，日損薰結，玄超冥觀。先依百巖懷暉大師，歷奉西堂、百丈、石砻，後依大顛大師。寶曆初，到漳州。州有三平山，因芟薙住持，敞爲招提。學人不遠荒服請法者，常有三百餘人。示以俗諦，勉其如幻解脱；示以真空，顯非秘密度門。虛往實歸，皆悦義味。知性無量，於無量中以習氣所拘，推爲性分；知智無異，於無異中以隨生所繫，推爲業智。以此演教，證可知也。大師一日疾背疽，閉户七日不通問。洎出，疽已潰矣。無何，門人以母喪聞，又閉户七日不食飲。武宗皇帝簡併佛刹，冠帶僧徒，大師止於三平深巖。至宣宗皇帝稍復佛法，有巡禮僧常肇、惟建等二十人，刺史故太子鄭少師薰俾蕆其事。旬歲内，寺宇一新，因舊額標曰『開元』。

於戲！知物不終完，成之以禪教；知像不盡法，約之以表微。晦其用而不知其方，本乎跡而不知其常。咸通十三年十一月六日，宴坐示滅，享年九十二，僧臘六十五。

諷自吏部侍郎以旁累謫守漳浦，至止二日，訪之，但和容瞪目，久而無言。徵其意，備得行止事實，相見無間然也。問，曰：『周易經歷三聖，皆合天旨神道。注之者以至虛而善應，則以道爲稱；以不思而玄覽，則以神爲名，達理者也。經云：「隱而顯，不言而喻，不疾而速，不行而至。」後之通儒，有何疑也？』異日，又訪之，適有刑獄，因語及。師曰：『孝之至也，無所不善；有其跡，乃匹夫之令節。法之至也，莫得而私；一其政，則國之彝典。』其於適道、適權又如此。言訖，頷之，不復更言。今亡矣！夫彊擬諸形容，因爲銘曰：

觀跡知證，語默明焉。觀證知教，權實形焉。體用如一，曷以言宣？太素浩然，吾師亦然。觀其定容，見其正性。不閱外塵，朗然内净。智圓則神，理通則聖。師能得之，隨順無競。吾之行止，師何以知？得性之分，識時之

機。達心大師，邈不可追。

按：此碑未見，碑文見於宋姚鉉編唐文粹卷六十四。作者王諷，唐懿宗朝吏部侍郎，咸通十三年貶爲漳州刺史。

一六四五　水口摩崖石刻

漳南佛國，龍泉勝境，南無阿彌陀佛。

按：此石刻現存文峰鎮黄井村後溪水口巨石。

一六四六　崇福堂題刻

洪武四年，蔡二三娘、信女張陸妹共捨。

按：此題刻現存九峰鎮復興村崇福堂石階。

一六四七　重建平和儒學碑

平和舊隸南靖。正德丁丑，大中丞王公陽明以地險民梗，建議僻邑，學始昉於此矣。然時方草昧，功惟求成，略於正位，簡於辯才。越弗三紀，而圮頹莫支。適江右趙侯涖政之明年，爲嘉靖壬子春，政通人和，百廢具舉。迺協邑博廖君，倡議捐俸。相地量貲，良工飭木，徂徠獻碩，移文廟舊址上數十尺，徙明倫堂。並見廟東地得其良、山面其勝，於凡祠、廡、亭、所、官廨、號舍列次咸宜，規制視前豁如也。費取樂助、帑餘，無毫及民，功未逾期而成，衆不知役。友人許子鼎、曾子璋歷侯之勞，頌侯之勳，徵予志之。

予惟國家建學教民，患或弗率命之長吏，以師帥之。長吏得人，則學校脩而教化明，士人彬彬向善；其或不然，教化視爲虚文，學宫鞠於茂草，學校之政湊夷，尚何望於人才之盛、風俗之美哉！考之傳記，史稱循良、克承是職

者，代不多見。若漢之文翁興學於蜀、唐之常袞興學於閩，故閩、蜀至今稱人才之盛者，頌弗衰二公之功。然則趙侯今日興學作人之績，當不出古達人之下。繇是而禮師儒於上，群弟子於中，朝夕相與講明正學，如爲臣盡忠、爲子盡孝、樂育不倦。俾爲士者耳而聞，目而見，不見異物而遷，其處也皆實材，其出也皆實用。且使宫墻外望者觀感則傚，教不出於俎豆而風移俗易，維新之化與斯作俱新，則趙侯之功亦將與斯學相仍於無敝矣。

趙侯名進，江右南豐人；廖君名瑚，廣東海陽人。餘董其事者不能盡載，則并勒之他碑云。

按：此碑未見，碑文見於康熙平和縣志卷十一。作者林功懋，漳浦人，嘉靖十年舉人，官至江西贛州知府。

一六四八　平和城隍廟緣田碑記

國家聖明御極，凡百雉之城，既設之司牧以典其政教矣，而于司土之神，尤必廟貌而圭衮之者。夫豈徒飾美觀哉？神人不同，其所以□□乎治功者，一也；幽明不同，其所以蘇息乎黎庶者，一也。平和介在僻壤，建立縣治之初，即有城隍之設。顧其神之□□□□□□□明，其禦災捍患，以奠麗乎生靈者，實有以翼扶乎司牧者之所不及，而孚佑于冥冥之中也。而吾民欽翼之誠，豈□□□□□□思，而有不容自已者爾。故蚤歲廟宇規制未備，且久而圮□□□有□，既各捐己貲而鼎新之矣，而今猶□□典守□之無守職，是未足以致其明慎之心也。相與廣致田租壹十叁碩，以其坐産畝數勒之貞珉，付司祝者以典其役。

嗚呼！□受其直，則□不患其事；有所庇乎其身，則不得不竭其心。晨昏啟閉，節宣必以其候也；寢殿廊廡，□□必致其精也。神明赫奕，祥光之必照耀也；金爐寶鼎，□烟之必炫郁也。庶乎精氣游魄得有所栖，而休嘉聿起，或將受啟乎無斁矣。予非敢以是而徼惠乎神也，顧茲闔邑父老不忘明神幽贊之功，而吾特嘉其爲好義之民也。遂序其事而刻之，以垂不朽。

鄉進士、知平和縣事、文林郎、潮陽陳一儲撰。

儒學教諭李節，典史談蘊。

文林郎、南京城副指揮曾璋捨銀貳兩。欽選益府侯典寶正缺曾德昭捨銀貳兩伍錢。山東東昌府夏津縣縣丞曾德潤捨銀貳兩。監生曾璜捨銀壹兩。陰陽學訓術曾德成捨銀壹兩。羅門吴氏捨銀叁兩。陳世榮捨銀壹兩叁錢。

耆民朱仕業、曾崇清、曾崇初、曾明釗、朱禄、王貴、郭道瑞、許道望、許淑望、謝仕瑨、陳貴惠、陳宗玉，以上各捨壹兩。曾林茂、曾崇信、曾玠、吴子璧、朱仕佐、柯隆、廖良規、許大模、歐大演、賴斯可、楊漢、許福望、顔珍、賴侃、許光和、曾鵠、曾任、曾崇倫、陳玘□、楊慎、楊貞，以上各捨銀五錢。洪日初、陳希勝、吕于用、歐榮潔、曾選、莊崇洛、盧世瑞、陳桂，以上各銀四錢。鄭國瑞、何墀、歐惠，以上各銀三錢。吴□健、賴閃、蔣世瑞、蔡一清，以上各捨銀二錢。吕華珍捨銀一錢。

田一段，坐落清寧里河頭社下坪北坑馬田裡，大小一十三坵，受種二百把，原帶□禄祖糧壹斗五升，遞年折銀二錢二分五厘。

己亥春，陳宗玉勸□銀陸兩二錢，買北坑大田種陸拾把，大小五坵；朱元規户租五合，年折納銀一〈下缺〉鄧清、陳廷、謝〈下缺〉陳宗玉續記。

旹嘉靖四十二年歲次癸亥仲春吉旦，勸緣首陳大堅捨銀貳兩，募衆仝立。

按：此碑現存九峰鎮城中村平和城隍廟，已裂爲五塊。

一六四九　新築文峰碑記

明王興都建學，儲賢育材，雖崇禮教以作人，實藉山靈而毓秀。上自王國辟雍，下迨郡邑膠庠，靡不測日相攸，即崇據勝，前揖貴峰，傍聳吉曜，乃建黌宫，用啓昌運。平和爲漳巖邑，創自正德，分自南靖，厥民愿慤，厥士醇雅，章縫之習遍於郊鄙，呫嗶之聲胤於午夜，蓋彬彬然方軌于齊魯矣。顧科第、縉紳獨不得與龍溪、漳浦伍，業之者

曰：『匪士之無良，實風氣之靡萃。夫案卓文峰，堪輿家所謂官曜者也。惟茲和邑獨夷以曠，官曜弗崇，士曷以顯？不然，我和之士豈其無才而顧就汩汩也？盍謀填築用補其闕？』

適余同年友鳳林嚴君司教是邑，乃率其弟子員朱良賓等入告于余。余命策而筮之，遇艮之離曰：『是謂天曜其精，地效其靈。啓我加禎，奠此南明。九仞告成，士彙其征。慶彼王庭，維公維卿。』蓍筮既協，詢謀僉同，而嚴君以助教國胄徵去。爰偕署學雙石劉君、邑幕赤山王子與庠之俊彥、邑之耆老數十輩，共即南山經營。厥址乃其西起丘埠，東阻坑塹，傍皆嵬崴嶮巇，莫可着土。咸謂：『勢欹且狹，費浩而艱，宜于建塔，不利爲山。』余謂：『塔孤而渺，山峻而崇。塔甃磚石，歲久必傾；山壘土壤，永終彌固。夫工築之興，久遠之慮也。刊山堙塹，坎可使夷；列栅編竹，基可使拓。其忍惜一時之勤劬，隳萬年之美利？』衆且囂然，且應且惑。獨劉、王二君排衆韙余，用成厥美。

遂涓臘月穀旦，刃牡告吉，鳩工庀事，披蓁撥莽，樹表規基。其役則董于陰陽曾德成、老人朱志顯等。而余與二君閒日陟山程督，相閱機宜，集畚幹于羣工，總虆梩而並作。經畫既定，衆志始孚。誅茅運木，若子期來；醵金助費，不待戒勉。閱歲冬杪，工始告完，計高十有餘五仞，周千二百尺。下錮穹壤，上干碧落；丹頂節以岩嶤，翠薇紆而嵤崀；展鰲岫之天成，儼運峰之玉削也。乃陟巔而觀望，撫景而相羊。則見文峰既就，膠庠生色；主良賓貴，後擁前揖；文龍翔躍於震隅，伏虎盤蹲於參舍。卿雲呈異，瑞藹流光；覽錦埜之奇祥，挹中峰之静好。真所謂文明之奧區，漳南之巨麗也。是不可以儲貞元之氣，發科第之休祥乎？

皮懸之日，乃進士民而告之曰：『若知川岳孕靈，乃登才哲矣；亦知英才駿發，實重山靈者乎？《詩》稱：「嵩高維嶽，峻極于天。維嶽降神，生甫及申。」夫寰宇名山，豈特嵩、嶽？環高而產，豈直申、甫哉！亦以二子蕃宣之勛，克垂休而增重之耳。故人以地傑，地因人勝，一啓一承，互體交藉，古之道也。多士其勗之哉！峻爾德業，若山之秀，則異時勛業信媲美于申、甫。後世始歌而頌之者，必將曰：「和邑庠序之多賢，實文山之靈啓之，而茲山之成，實某某等所建立也。」將不與嵩高之咏同垂不朽哉！多士其勗之哉！』是用紀其顛末，兼以爲勸。

按：此碑未見，碑文見於康熙平和縣志卷十一。作者盧煥，廣東南海人，隆慶元年任平和知縣。

一六五〇　文峰碑記

平和阻山爲邑，邑治之西爲學宫，巒嶂層疊，環邑獻勝。其南爲朱雀峰者，獨坦平如丘阜，狀殊不類山。箄士蹶茲學取科第，曠歲一值，間有寄迹郡學以興者，尚未能與文獻鉅邑齒。堪輿家謂文峰有缺，宜作土山，或建塔補之。前尹嘗議及此，以劇鞅不暇爲，甚則因仍詼代不肯爲。歲丁卯，約齋盧侯至，運刃鼓絃，邑無廢政，誠有暇而肯爲者。學諭鳳林嚴君度知之，率門弟子以建塔請，侯曰：『予責也。然塔勢孤而渺，於學宫壯觀不稱。予欲直作一山，象文筆而奚若？』皆應曰：『幸甚！』會嚴君遷秩，署學司訓雙石劉君與邑幕赤山王君申贊前圖，共成厥美。侯首捐俸四十金爲倡，劉、王二君各捐貲佐費有差，而約之縉紳、庠士、耆宿，咸輸助焉。乃卜戊辰十二月吉，召匠經始。即南山之原，横縱搆木，俾奠盤基，而上則實土覆茨，俾原完勿墜。董以陰陽訓術曾德成，協以庠士胡俊昌等，而劉、王二君日往還閱課不少怠。其始終統莅而張主者，則侯實獨任之。

閱歲十月，文峰告成，約高十有二丈。從學宫佇瞻其勝，巍然而喬峻者也，凝然而重鎮也，兀然而峭拔也。至如雨菭露草，交生錯出，則蒼然鬱然，秀麗之色可玩。真若巨鰲嵩嶽，突臨其前而拱揖之也。師友快覩忻躍，僉曰：『奇哉！侯之功偉矣，胡可無傳？』上舍武午峰子貢自吾庠，雅與唐大行善，盍介以徵記？』午峰是以來造予，辭弗獲，爰載筆以颺曰：『世言地靈産傑，當繇自然之勝，人力莫以固也。然裁成化工以補地道不及，容或有之。盍稽鄰邦之往事乎？莆庠有陂水引繞壺山，而卿輔出者相望；凌霄峰一成，晉庠遂稱多賢之藪：孰非以人力致者？就吾郡旁邑論，漳浦人文盛矣。雖風氣萃在梁山，而城東印石之築不爲無助，此尤驗白較著者也。余意和邑文峰成後，靈鍾傑孕，近埒于浦，遠侔于晉、于莆。學士大夫必有道德冠世，如是峰之喬峻者；必有以勳業殿邦，如是峰之重鎮者；必有節義抗倍，如是峰之峭拔者。而才藻文人比比與是峰競秀，不待占矣。皆侯之今日創謀補缺，殫厥心力

始也。予非立言之士，可托不朽之功在。』爰書歸之，使鑱諸學以爲記。

侯名焕，約齋其號也，以廣進士履今任。嚴君名守約，劉君名率庸，王君名端士，秩號已列于前。暨輸助諸士夫名姓，紀于碑左，不復贅。

按：此碑未見，碑文見於康熙平和縣志卷十一。作者唐文燦，鎮海衛銅山所人，隆慶二年進士，官至廣西按察使。

一六五一　三平寺題刻

明萬曆二年春，住持比丘永〈下缺〉。

按：此題刻現存文峰鎮三平村三平寺，殘缺不全。

一六五二　射圃碑記

國家建學造士，皆立射圃于學宫之傍，所以示人知禮讓而隆尚德之風也。平和縣治，創自新建伯王文成公，維時草昧之初，經制未備，射圃缺焉，而未之建也。萬曆三年，念洵楊公以江右人豪來宰我和邑，下車敦崇禮教，雅重士類。每朔望，諸生相與講明正學，根極道德性命之要，謂移風易俗莫先於射禮，欲舉行之而無其所。稽諸圖志，知其地爲居民所侵，乃毅然清復舊址于學宫之前，廣袤各若干丈，申請于諸當道，如其議。遂出贖鍰若干金，聚材鳩工，中建觀德堂，翼以兩廡。不廢官帑，不煩民力，甫越月赫然稱奇觀焉。諸士子日演習于其中，司馬張侯歌工奏節，三揖三讓，雍容揖遜，一時觀者蓋如堵云。適司教張君汝賢遷秩，張君溉莅任，偕司訓胡君應孝樂觀厥成，謂不可無言以紀其盛，遂命予記之。

予不文，嘗考諸禮經，而知射禮之關于士賢爲甚大也。古者天子之制，諸歲貢獻士于天子，天子試之射宫，中多者得與于祭，而君則有慶。何者？射爲男子所有事，而君臣、父子之鵠定于斯也。孔子射于矍相之圃，使子路、

公罔裘執矢揚觶，而延射者三。蓋至去者過半，而僅有存者，斯不可以見射。唯賢者乃能不失正鵠，而天子之試士子射宫，有以也。平和僻處叢山，其民夙以兵刃相雄長，故其習多悍鷙而鮮禮讓。邇來風氣日開，絃誦揖遜之風彬彬不下諸邑，然亦未必人人之能不失諸正鵠也。我侯政識先務，興曠典以淑人心，使之熏陶漸染，日浸漬于不争之域；且知吾君臣、父子各有正鵠，日求中其所止，繇是以爲子則孝、以爲臣則忠。其爲天子選士，吾人咸得與于祭，而侯其有慶乎？

雖然，侯之爲此有自來也。侯，江右泰和世家也。其先祖忠襄公，抗大節于金兵入寇之時；文貞公，建相業于成祖垂拱之朝；尊甫事齋公，又能垂紳正笏，蜚聲諫垣：蓋真以忠孝傳家而中乎臣子之鵠者。我侯衍家學以治我和邑，其愷悌宜民之政，更僕未可盡數，而不大聲色，專務以德化民。兹侯爲政之大端大本也，兹射圃之所繇建也。諸士游習其中，其尚志正體，直求以射己之鵠，庶不負我侯建圃之意，而於文成公之設縣亦爲有光矣。

侯諱守一，字純卿，江右丁卯進士。念淘，其别號云。

按：此碑未見，碑文見於康熙平和縣志卷十一。作者李文餘，平和人，嘉靖四十四年進士。

一六五三　置和庠學田碑記

國家建學立師，造士育才，爲治理之資也，故養士有定制。然士類日多，定制之外或艱於自給，有制外之養，實賴於良有司。有司之良，其於養士之定制，以時給而弗闕；制外之養，有所沿而弗弛，亦可矣，矧創有於置立乎？是以制外之養，能不事沿襲而創有於置立，匪實加意於學校者鮮克舉也。平和爲漳支邑，正德丁丑南靖始析壤焉。尹兹者，即養士定制，率多因循。間有人才興起者，固豪傑之士，然不能必其皆豪傑也，安能不待而興乎？

我侯念陶楊公，以鄉進士自萬曆甲戌冬來尹兹土。甫下車，擊邑制之敝且缺也，聿振而葺之。尤加意學校，若廊廡、齋舍、櫺星門、臥碑，焕然一新；舊無射圃，廼清官地刱之。每朔望視學，面命弟子員講解，寒暑不輟；年

終較蓺，品隲尤精。士獲教益，知力學科第，彬彬然盛矣。溉叨訓浦庠，飫聞之久，悵未繇薰炙爲歉。丁丑秋，幸轉教和庠。入其境，觀厥邸次館舍雅勝，僉曰：『此楊父母新刱也。』窮陬奥區，奪攘潛逋，商旅往來恬無所警，僉曰：『此楊父母恩威所致也。』溉所見者，益多於所聞矣。比至接謦欬、聆提命，光輝浹洽，又悵薰炙之晚焉。

一日，謂溉曰：『和庠養士，固有定制。邇者人文日盛，且多寒士，可無制外之養乎？』廼捐己俸陸拾金委溉，偕同寅胡君應孝，會弟子員曾鼇、賴天籥、陳淵、張贇治等，區而議之，詢謀僉同。買邑民曾進附南郭田七畝四分有奇，每歲納租二十八石。以所入之租，設爲儲蓄，爰諸弟子中之最貧或婚葬罔措者量賙之。溉顧諸弟子員颺言曰：『郁哉！侯之盛舉也。何者？昔文翁治蜀，以興學爲首務，至今誦之不衰。矧漳屬邑凡十，其於學有田者或三四；和爲支邑，尤難於舉者。今侯慨然捐俸舉之，則作人之制殷矣，所謂良有司之卓犖者其選也。爾曹盍黽勉進脩以副侯之望，可懈棄自逸以負斯養乎？若溉輩謬托師責者，亦當公出納以體侯之意，可爲囊橐謀以舛斯制乎？世久易湮，侯績難替，又可不紀諸石以杜異日之廢墜？』於是，同寅暨諸弟子員屬溉記之。夫記者，繼也，用示不忘，抑以俟將來者之爲可繼也。溉謭陋，固辭弗克，然躬逢其勝，聿強以成之，且竊有説焉。

溉居侯鄉比邑。侯，泰和世家，諱守一，字純卿，念陶其別號。三朝名相楊文貞公之裔，都諫事齋公之胤，卓越不凡，淵源有自。持衡者每每異之，負海内重望，領丁卯京薦。今小試和邑，考績已踰矣。行將以養和士者而養天下之士，則其銘以紀之也，又奚啻和之士云！

萬曆六年戊寅二月之吉，平和學教諭、江右萬載張溉頓首拜撰。

按：此碑未見，碑文見於康熙《平和縣志》卷十一。

一六五四　新平和縣學記

平和苞百仞之山，瀠流千里，巃嵸巨傀，韞褢包隱，宜爲材藪。人士之盛，雖未敢雄視大邑，然覽其題名，亦

自後先相望，而文物大率樸陋。余嘗過其學宫，扁偏窄狹，荒凉闃寂，蒿柱土堦，黲浥青滑，饒於野趣，而啬于大觀。余因憶夫兹土固靖邑之裔陬也，日前者而廼始畫爲縣，於是業有城郭、廨舍，於是業有學宫、群弟子員，陋焉宜矣。既而四顧垣廡有圮者，愀然曰：『何至是乎？』應者以爲，今官珍重國賦，欲以充羨上供，力衰下流，自吏署誃館，不得靡公帑。學宫圮，奈何請之，慮以憑漁督責，即請亦停閣耳，固然無怪。

洎今春，彼中諸生朱良賓、曾志遂等，郵所爲新脩學宫而請記焉。則陿者廖，庳者仞，漫漶者鮮，墮矮者起立。余閲而喜，問：『誰任之者？』曰：『吾師黎君。』輒出君寓書于袖。書言：『往來漳、和道中，周覽其山川，邑之形勝歷録可圖。惟直學宫而南，其山凹陷欹側，不足當諸峰，爲覺序標幟。乃紊塔。未矗時，已築精舍矣，已即其空爲閣，曰「文昌」。役休眺焉，提一塔睨列峰間若巨靈，一日並諸峰削而置之。還顧學宫，蘧然啓予吾鄙焉者，藻其標而朕其科也。夫晉諸生謀新之，而無所取襲。計惟蘆溪社租不當編賦，倘可施些，吾事濟矣。白縣爲請之，是。工匠復作，首潤飾夫子廟。繇廟而北，故有亭，奉宸製，易以堅材密石，加丹藻焉。又更祀朱先生祠而次第學宫，以門紀廟，門視前制高之，益三尺。學宫旁，闢爲門者三道，門外而東西布端各一門，咸弁以華題。白土也，丹漆也，翠微也，相映矣。爲日用財，唯是闌社租直可十五鍰，他則人士之輸進、守縣者之推儋，而不佞升斗之禄穀於此焉。是役也，可無至煩官府云。』

噫嘻！當議之窮，通之固有方。使曩必盡仰給公帑緡錢，而後以脩是學宫，則曠紊歲不得脩也。黎君捐俸，主進移社租而用，是故上請咸報可矣。余嘗爲余邑社學志，以爲邑藉國家數百年教化，文風爛然，鄉庠、黨序、家塾，人自爲教。已而上人復爲之區處廣置，使所在絃誦之舍、太平之時，此其粉飾而樂記之。况學宫之脩，所以崇功令、皦譽髦、賅文物、光俎豆、照山川、摛氣運，在若邑尤不可以後。

黎君諱憲臣，籍江西南昌人，登丙子科博士。其署官也，才情卓爾，故能不規規以閲職如此。而侯是邑者，前寧國朱公諱大謙，今楚王公諱儼，暨司訓張君鳳翰、饒君倬、蔣君守業，皆喜戻躍士類，緊然唯諸公君，用得畢其

議焉。黎君曰：『凡學宫者，經有閣，器有窖，牲有省所，百凡舉而始備物。吾今猶有待也，吾且計偕行矣。』噫！學宫之於士人，猶木之有根、水之有源也。睠顧而脩舉者，寧獨黎君時哉！記而授吴生文燿，勒以竢之。

萬曆甲午仲秋。

按：此碑未見，碑文見於康熙平和縣志卷十一。作者蔣孟育，同安人。

一六五五　平和新作塔峰及雲龍精舍文昌閣碑記

余自嘉靖甲子抵平和，迄今三十年所矣。往歲癸巳，始復一至，則見其面邑文峰上，石塔雙起，高下相次；而其迤西水口岡上，復有雲龍精舍，舍後爲文昌閣，巍然鼎峙焉。署學諭事南昌黎君，觴予于精舍，酒半酌而言曰：『憲臣以壬辰秋受署茲邑，嘗往來漳、和道中，睹茲山川之勝，大都來自洋半天外。有峭石聳立，餘峰礧砢，串合如珠。迤邐西折而下，起立爲雙髻山，羣龍交翼，奔飲于溪，縣廨、學宫在焉。溪自東徂西，紆廻曲折，是之謂水西流也。獨前峰微陷不稱，議者謂宜有增補。于是諮眾謀獨，遂以是年十二月芟山通道，肇建雲龍精舍于水口。越明年，起塔工，自春逼冬，不十月而塔峰七級成矣。又度雲龍精舍後，爲文昌閣。舊文峰頂欹窄，僅容足，添築三層小塔于其上。間從諸生登覽之，三峰對峙前後，主賓翼然相顧向焉，斯亦足稱瑰特之觀云。其費皆取諸士民樂助者，不以一錢靡官也。屬當紀成事，而先生幸賁然來茲邑，願丐一言以爲此山之重。』予謝不敏，乃述黎君之言，而爲之記。記曰：

余以所聞堪輿家增高益下之説，義至著而其功效未易卒覩，何哉？要以人工上奪天命，不可必槩之木華栗茅之理，則地德、人力亦往往有相符者，不可失也。何以明其然也？高山康而周道顯，楚丘望而衛國臧，新豐潔而漢祚昌，慈恩跱而唐制著，是非詩、書之可覩記者乎？此其犖犖大者。諸如一丘、一臺、一觀、一塔類，稗官小史所載、謡俗所傳者，不可勝舉，未有不人力運而地氣隨之者也。豐城之寶劍，其氣上燭于天，及其出于地中也，不得華下

之拂拭之，則神彩不煥發。物雖神聖，尚有所裨益以發其奇者，况於川嶽之靈秀藴而欲開者乎？磁石之能引鐵，陽燧之取火氣，固自相爲感召云耳。

和邑于兹歷數紀，山川之氣漸且融朗，而其間一二稍缺陷未起，蓋化工有待者，更得明知之士、工力之具，一爲增飾。其雲蒸龍變，豈有量哉！余不暇遠引，姑就和往事而論。方和草昧，爾時士豈有望哉？自南豐趙公新學宫，而和士始接科第矣，然間有寄跡於府庠、旁出於他邑者。自南海盧公築文峰，而和學士始裒然爲解首矣。人功興起於此，而效驗旋至，立見於彼，可不謂兩符者哉！今兹之所增飭，比往又加備矣。地靈人傑，如呼谷響應。邑之爲父母、師帥，爲博士弟子，與夫縉紳之先輩、俊髦之後起，踵自今寧不有蹶然興未艾者乎？余拭目觀之矣。

是役也，肩者黎君，名籍已見前。主持之者，前大尹寧國朱公，名大謙；今大尹羅田王公，名儼。協贊之者，前學訓建安張君，名鳳翰；今學訓永安饒君，名倬；前幕史會稽陳君勳，今全州蔣君守業也。法得書。

按：此碑未見，碑文見於康熙平和縣志卷十一。作者林偕春。知縣朱大謙、王儼各於萬曆十八、二十二年任。

一六五六　平和縣重修儒學始建尊經閣記

和治介漳府西南。武廟末，王文成公建議畫邑，始有學。距今七十八年矣，制多簡畧，且就圮。先是，寧國朱侯令兹邑，謀增新之，上其事於諸當道，咸報可，漸次興舉。會朱侯遷去，今侯王公至，亟踵而成之。若殿廡門堂亭宇之缺者、頹者、卑湫而陋者既迥然改觀，廼尤以尊經有閣爲辨志敬業首務，而和志獨曠，曷以風教？於是捐俸金、罰鍰，益以社租，闢明倫堂之後址而閣焉。凡爲楹九，爲間三，居六經其上，習諸生其中，允和庠一巨瞻也。學博黎君、饒君，命其門人朱良賓等，請記於余。

余曰：『若知王侯脩學之功所以鉅乎？』曰：『我入其門，則見洞然輕然，塗丹奂然，知侯之脩厥圮者功百矣。』〈余〉曰：『未也。』曰：『我登其間，則見巋然闓然，環山之奇者若攬而有，知侯之脩厥勝者功又百矣。』

〈余〉曰：『未也，此猶其外者也。知尊經之義，則知侯之所以脩學矣。蓋經也者，徑也，所繇學以入道之徑也。昔先王本經術以造士，大都盡屬庠序，一稟師儒，以尊尚其道，無異教亦無異學。迨王教微而師道廢，即有以經學相傳授，率皆隱居散處，别户分門，而道始裂矣。我國家建學置師，頒布六經，尊明理學，一士習也。邇來明經之士競窾言，離真詮，侈譚道德、南華諸經，而莫可禁止，不幾於侮且叛與！此尊經閣所繇建也。

『然則尊之何以？曰「以心」。易，心之時也；書，心之中也；詩，心之性情也；春秋、禮、樂，心之是非和敬也。毋膠而時，毋撓而中，毋乖而性情，毋爽而是非和敬。是謂能尊然後經正，經正然後道明，道明然後學脩，學脩然後仁義中正之途入。不然，方且爲駢枝，方且爲跂蹊，方且爲曇津慧唾以角技于世。縱能工文詞，投時尚，獵取科名聲利之榮，要于聖道無當也。果且得爲脩學乎哉？』

賓等以其言復，王侯曰：『予意也。』命鑱諸石以詔多士。

侯名儼，字汝望，號思庵，楚羅田人。縣尉毛君伯裘，餘名氏見他記中。

按：此碑未見，碑文見於康熙平和縣志卷十一。作者林士章，漳浦人，萬曆八年進士，官至國子監祭酒、南京禮部尚書。

一六五七　燕溪饒先生立祠記

古今祠祀不一，有明載於典者，有義舉於鄉者，無非所以彰德報功、安先靈而繫後思也。故仕有道德、功勳，足以師表一方，羽儀殊代，然則尸祝而俎豆之，正所謂鄉先生可祭於社者。學訓燕溪饒先生，蓋其人哉！先生家吾閩之永安，淵源先儒李延平，津津理學，旁及今昔，名義多所貫穿。訓和三年，績行綽約，不可悉述。

大都備具人理，綽有六善，曰恭、曰誠、曰惠、曰介、曰寬、曰愼。端儀肅範，御門士若對尊貴，沖然自下，□□□質任不欺，所釋吐悉流中焉，非誠乎？厚處己而薄責人，却寒生之贄，下至疏賤頑梗，一飲以和，非惠乎？攻菲茹澹，操修潔謹，毫不有請托之干，非介乎？晨夕諄諄誨迪，有弗率則曲譬委諭，不厲聲色，非寬乎？慮事如

謹嫌微，舉足罔渝尺寸，非慎乎？夫是六者，君子之所以禔躬完名，而先生有焉。且也，協贊同寅，振作學校，嚴厥程，修厥圮，增厥未備，復章章若是。用能感發人心，化行敦洽，坊内治博士家競奮崛起，咸歸德于先生，而先生之聲翕然興起矣。撫院許公表薦之，則曰：『篤志聖賢，脱履塵俗。言動必依乎繩墨，高聲足風乎靡頑。』代巡周公首勞之，則曰：『夙稱學行，雅樹師模。』方是時，朝廷需真才，正士習，雅重師儒之任。乃先生籍甚當日，旌薦交馳，人咸以大用爲先生期。詎意竟没於官，而弗究其行，時論惜之。縉紳學士義不□，相與立祠，以妥先生之靈，而彰其遺教，屬余爲之記。

夫先生，吾鄉梓也，既豎不朽之業，即附於社祭之義而祠焉，夫誰曰不宜？且余聞之，諸門弟子躬禱於臥病之時，兹復舉祠於既没之後，此豈有所要求希望而爲之者？崇德報功，自不能已，于此見天理之在人心，不容泯滅；而先生之奇績瑰行，亦可藉是以不亡矣。爰記而篆諸石，因爲迎神之祠，俾歲祀。而歌之曰：『懿燕溪兮炳靈，振和鐸兮蜚聲。服六□兮疇與朋，招箕尾兮游玉京。靈渺渺兮奚征，駕玄武兮遂庭。薦溪毛兮明德馨，永妥侑兮和平。神不爽兮猶生，相群髦兮主斈盟。』

賜進士第、中憲大夫、金華府知府、邑人理吾張佐治撰文。

萬曆二十四年丙申季冬。平和縣知縣伍達世、儒學教諭劉泰然、典史毛伯麥、鄉官通判張九霄、職教張一棟；尚書林士章、編修林偕春、推官蔡應吾、縣丞黄騰、經歷曾祺、知縣柳伏昭、張問明、教授李孟瑜、訓導許炳之；舉人李志烈、陳廷封、李棠、張居方、林繼□、曾萬選；監生曾□參、楊淪章、曾禹恩，貢士李登瀛，儒官張持員、李應心，門生曾國輔、曾志遂、朱良賓、朱朝賓、張持賞、曾竣、曾元棐、曾待舉、朱昌聘、鄭繼芳、李承耀、徐愈奇、楊師洛、朱章璣、曾時存、楊□春、游希治、曾袞成、朱維城、曾應登、朱辛璣、曾三省、吴養忠、朱斌起、曾應玄、賴輔鼎、朱宜□、曾應日、朱九眸、曾文炤、李日盛、楊時芳、鄧文偉、黄希憲、黄鄭俊、周文壇、李光巾、賴豐鄉、蔡提秋、李存珞、張汝邁、林宅錦、林佃、張玭、楊崇雅、黄期銘、陳贊、李逞春、黄烈、李文炳、

黄彰美、李應程、陳養盛、朱民望、張賛治、張熖、曾壬態、曾鍛、曾煒、林繼霄、吴煒寧、許學純、吴文耀、蔡華廷、陳道南、曾憲之、曾弘時；仝立。

按：此碑原在平和縣學宫，現存平和二中。

一六五八　龍安堂鐘銘

下寨甲范姓人衆，共捨資財，新鑄大鐘一口，入于龍安宇，祈保姓内人衆富貴平安者。

萬曆丙申年立。

按：此鐘現存蘆溪鎮樹林村下官洋龍安堂。

一六五九　重建三平廣濟大師行録碑

三平山廣濟大師行録，唐中散大夫、太子賓客、上柱國、賜金魚袋王諷撰：

夫儒、道、釋分爲三教，乃戒、定、惠総攝一心。何以知然？夫子賛有道而貶不仁，歸乎戒；老君尊冲虚而鄙貪欲，契於定；吾佛般若而闓愚痴，通其慧，復以謳和方便，敷大願力，布慈雲於廣漠，洒甘露於長空。若無則儒道左右扶持，釋尊中立，如□大器，左右皆源，是以圓應頓機，單傳瑶印。西竺始自迦葉，東震至於南能。思、讓分燈，一遷列派，至第四世有大開士，法諱義中，本居高陵，俗姓楊氏。因父仕閩，於甲子歲而生福唐，白光滿室。雖居襁褓，不喜葷辛。丁丑歲，隨父任官至宋州。是年十四，投于律師玄用出家。二十七歲，削髮受具。多窮經史，長于周易，先修奢摩他、三摩鉢提，後修禪那。因覽禪門語要云：『不許夜行，投明須到。』師乃喜曰：『繫辭不云乎：「惟神也，不疾而速，不行而至。」』似有感動，未能决疑，緣是肩錫雲游。先造百岩懷暉禪師，

次依西堂智藏，後謁百丈懷海，巾侍十年。仍往撫州，石鞏□纔見便開弓云：『看箭！』師乃當前擘胸。鞏收箭云：『三十年來，張一枝弓，掛三隻箭，而今只射得半個聖人。』師進云：『作麼生是全聖？』鞏彈弓絃三下，師乃巾缾八載。末後南遊靈山，禮見大顛，□云：『卸却甲胄來。』師退步而立，由是妙造空中，深了無碍。復引韓愈侍郎通入佛門。自此放曠林泉，優遊適性。

寶曆初，遂辭大顛，遊於漳水，至於開元寺之後，卓庵建三平真院。會昌五年，乙丑之歲，預知武宗皇帝沙汰冠帶僧尼，大師飛錫入三平山中。先止九層岩山鬼穴前，卓錫而住，化成樟木，號『錫杖樹』。次夜，衆祟舁師抛向前面深潭，方廼還來，見師儼然宴坐無損。一夕寢次，復被衆祟舁向龍瑞百丈漈中，以籠聚石沉之。其水極峻，观者□眩。及乎回，見大師如故。於是遞相驚訝，仰師之道，欽服前言，乞爲造院，願師慈悲，閉目七日，庵院必成。師乃許之。未逾五日，時聞衆祟鑿石牵枋，劳苦聲甚。師不忍聞，開眼觀之，院宇漸成，惟三門未就。恠徒奔走，其不健者化成蛇虺。有大魅，身毛毿毵，化而未及，師戲擒住，隨侍指使，曰『毛侍者』。然後墾刱田地，漸引禪流，南北奔馳，不憚巇險。

至大中三年，宣宗皇帝重興佛法，本州刺史鄭公久欽師德，特迎出山，請入開元，爲國開堂，奏賜『廣濟禪師』。大中十年，建觀音殿。咸通元年，架祖師院。至咸通七年，春秋漸邁，於寺西山下建草堂，時復宴息。咸通十三年十一月初六日，集門人曰：『吾生若泡，泡還如水。三十二相，皆爲假僞。汝等有不假僞底瀌身，量等太虚，無生滅去來之相。未曾示汝，臨行未免老婆。』閉目長嘘而化。壽九十二，僧臘六十五。門人移真身於草堂，建于石塔，置田安衆，號「三平塔」。

今三平山院者，面离背坎，左生錫杖樹，右澍虒爬泉，東連大柏山，南接百丈漈，西有九層岩，北聳仙人亭。臺水口峰若龜，浮徑頭嶺如虹。廣濟沼沚，韓文祠堂，鬼瓦神工，雺蛇錦色。其餘勝

槩，筆舌難周。

　　旹咸通十四年正月上元書。

王志道曰：

王諷之述禪師云爾。諷並禪師時，言必可據。嘗讀傳燈録，見師微言尚多，諷不盡及。乃余獨愛其載師最後語云：『吾生若泡，泡還如水。三十二相，皆爲假僞。汝等有不假僞底瀘身，量等太虚，無生滅去來之相。』嗚呼！大師，吾得而見之矣！曹溪法門雅論見如斯，非其一語印南宗者與？然則傳燈所載，種種機緣，自度度人，止爲斯事。而當時伏蛇虎，度魑魅，則其三十二相耳。雖然，世間能真洞性體者無幾，若非光景動人□□堂前草深一丈。昔大悲具無量圓應，入諸國土，所以名聞獨遍十方。其諸現孽，又脩羅等身而説瀘者。

九層岩前事近之，而近代即之爲□山，禱者往輒應。余以乙巳冬往，歸而孕，果生男云。夫三十二應，總之不出神人兩端，則師備之矣。是爲假僞乎？不假僞乎？師有偈曰：『只此見聞非見聞，無餘聲色可呈□。』蓋言體用非分非不分也。維體別用，無真非假；自性□用，無假非真；無假非真，則溪聲山色，亦□真如。況從自性中，自現神化，以育人民，超六道者，猶有假乎？要其本源在彼而不在此，則『水泡』之指□矣。王諷碑殺青在唐咸通，未及千年，壞而修者三，今勒諸石，庶永不壞。然而問師之真不壞，則其『無生滅去來』者也。

宋元以來重脩木碑，各有題識。附録：

世之比擬廣濟大師『鬼窟活計』，迺謂小乘。如斯言議，涉在常情，俗諺井談，道聽塗説。況觀音大士，華嚴會上佛頂光中獨證圓通，故能十方諸國土，無刹不現身，喘欶皆資，非墮鬼趣，以此知之，可謂其大無畏者耶？雲岳崇寧壬午叨□郡檄，來住斯山，觀古遺言碑文缺壞，命工鏤板，以永其傳。大觀四年庚寅之歲正月上元題。

錦桐僧如璧，久響漳江多有古蹟，於大德丁酉年間方始來遊。昔蒙郡命，令主斯刹，聞古遺言，

□□此山乃七百餘年之道場也。院宇傾頽，碑文爛壞。如壁伏思廣濟大師初刱之時用力非常，慮恐後者莫能知之，即欲鏤碑，以曉後來。奈此間深山窮谷，罕有勒石者，因循而過。至戊戌冬，有温陵之兄弟，歷尋古跡，來訪斯山。交談之際，因言及此，乃就告之，曰：『善哉！善哉！當效其勞。』遂命工鮮碑，即修成之。旹大德三年己亥正月上元□□。

宋元木碑題跋二則，具載如右。至我明弘治十五年，退居住持古心、定祥，見碑久壞，募緣重立。時有龍溪鶴鳴寓居林朝光助工，霞城西施德輝刻字，姓名見木碑，併附録焉。

有明萬曆三十五年九月望日，漳東里居士王志道摹述立石，同郡李宓書。住持僧宗珍、道欽。

按：此碑現存文峰鎮三平村三平寺，碑額爲『重建廣濟録碑』。

一六六〇　夏坪禁示碑

漳州府平和縣萬〈下缺〉朝翰恩寵仕賞一節〈下缺〉翰等祖居夏坪，分派〈下缺〉屋後屏山，同載民米〈下缺〉混占侵傷，及無知子〈下缺〉情□看得萬世祖居〈下缺〉侵傷，至於族内子〈下缺〉後嚴禁，各宜遵守。

萬曆三十七年九月。

按：此碑現存九峰鎮下坪村水溝邊，殘缺不全。

一六六一　奉院司批允三平寺僧業分四六各自徵碑記

漳州府平和縣爲恩准建碑惠留萬年事：

奉本府帖文：據三平寺鄉耆林曰清、賴光前，業户賴隆、黄應、林荣欽、陳有信、林樑、龔三省等，連名呈稱：『清等田帶三平寺租。寺闢自唐，山巔僻建，田土磽瘠，悉属下則，原額七頃八十二畝一分一厘。歷被奸僧套首，

已經三次清丈，高埠沙瘠，報官無漏，賦重難堪。姑赴兩院告，批本縣親勘減折。除溢額變價充餉外，計今二僧掌管通共壹拾六頃有奇，配租壹千幾貳石，案冊炳據。隆慶元年，軍門涂□□經議六分充餉，四分焚脩，民、僧稱便。緣不登建入碑，官陞法毀，以致惡僧吞併沿襲，侵逋蕩費，叠累重賠。後及正順惡極，幸臺洞徹僧弊，革申布政使司，仍酌剖四六，俱議官追給單，以充公私。續蒙批永著爲令，且示各寺僧，俱依此行。不惟惠及三平一方，凡漳邦士民，無不戴德。倘不勒石於後，未免踵弊于前。懇乞恩准立碑，萬載永賴。』等情到府。

據此案照先爲欺官事，蒙布政使司批，據本府申詳僧大璉接管三平寺餉等緣由，蒙批：『僧大璉既經鄉耆保結，准管三平寺租，收四分歸僧之數。其六分輸餉者，着各佃依期自納，不許僧收。仍令各佃先完官而後完僧，不許僧人先期勒取，以及永著爲令，各寺僧俱依此行矣。示諭通知，繳。』依蒙行縣遵照外，蒙此遵依召匠立碑，以垂于永久。

計開：萬曆三十五年，漳浦縣奉文丈出田三百畝零，申議餉有溢額，盡行變價官賣，共科官米十三石零，各入户當差。翠微庄原帶三平寺原田帶丈溢共一十六頃，配租一千二百五十石九斗零，作兩僧管納糧餉，每僧分管租六百二十石四斗五升一合二勺二抄。僧大璉名下六分。業人賴光前、林荣欽等入官自徵租三百七十四石二斗七升七勺三抄，年應納寺餉銀六十兩二分一厘六毫，條銀一十兩七錢一分六厘，差銀一十三兩正。租斗，鄉斗加四。四分給僧焚脩并配納本户人丁絶甲租二百五十石九斗八升四勺八抄，其租無徵餉，年納條銀七兩八錢四分、差銀九兩一錢五分。另瑞雲廢寺等附寄孔下，分得一半租二百五十七石四斗三升九合，年該粮差、餉銀七十三兩三錢七分零。因各佃逋欠告訐，奉司道批断自徵，至期本縣委官親追。

萬曆四十六年六月　日。業户：黄應玉、賴光前、黄廷舜、林曰清、賴隆、賴春、林應啟、林華袞、龔三省、林應宏、黄文燦、林時本、賴復、黄天海、黄筆、林樑、黄□山仝立石。

按：此碑現存文峰鎮三平村三平寺。

一六六二　重修平和縣儒學宫碑記

邑治近自五鳳山，嶙峋壁立，礧砢蜿蜒，拔而聳雙髻峰，翼插邐摺，犇飲於溪之滸，遶環瀠帶。學宫建其中，靈秀裹焉。巽峰峙左，坤榜列右，蔚爲人文，魁、解邇相望矣。但文廟重興于嘉靖壬子，距今六十餘稔，閲眎學者遞葺遞圮，楹樑蛀朽，瓦甓頹殘，不無漏日漬雨。萬曆丁巳春，粤西陳君宰莅兹邑，甫謁廟而愀然曰：『聖賢精神只在吾心，何忍令先聖、先賢神棲于潦宫破垣之中？是余責也，亟新之。』時司訓章君，亦慨然任焉，于是各捐俸金爲倡。廼章君身爲董，昕夕料理，手司出入，不辭瘁。又簡諸生中練習者，課匠僦工，悉如所畫。經費不貲，糜金貳百餘，計共得之縉紳先生樂輸及士民協助者若而人。閲歲而告竣成，方落而陳君内艱歸矣。

不佞承乏叨嗣後，命偕學博新諭王君獲，繕完其所未竟。因眎其堂宇崇廠，棟桷瑰良，露臺爽塏，欞戟軒翔，兩廡則增麗也，祭器廚庫則鮮潔也。諸如窪陊者窿夷，漫漶者塗塈，黝惡者丹漆，百隳具新。凡得其門而入者，莊容肅拜，宛如富美在望，炳炳麟麟。噫！觀止矣。佇日宫墻養毓者，雋掇元魁，簉籍縉紳，巋然鉅公碩卿，駸駸蟬聯起此。雖山川韶麗之勝，文廟崇嚴之靈，緊惟陳君與章君拮据鼎新之力也，不佞何狀之有焉？沿諸生屢懇，乃命朱生龍翔爲之記，用鎸貞珉，以興起後之視學者。

陳君諱復初，興業人；章君諱崇正，永福人；王君諱士彦，晉江人。

按：此碑未見，碑文見於康熙平和縣志卷十一。作者朱希召，江西湖口人，萬曆四十五年任平和知縣。

一六六三　恩置宫緣田屋碑記

緣首曾德寅、陳天祐、鍾進、曾裔登、庄廷臨、李魁隆、羅天鳳、曾德聘、江裕、余道年、杜興福等募施。

鄉官曾萬選四兩。施主曾萬邂、曾持衢、鄭德全、范希頂各銀一兩。范昆祠、余道年、曾守挧、曾光之、朱時

孫、曾待聘、曾德全、曾□璣、曾注、曾萬迴、高財、李紀生，以上各五錢。羅天鳳、江裕、鍾進、詹門芳，以上各四錢。太學生曾萬恩四兩。曾華恩二兩。曾弘達二兩。生員曾先緒一兩。曾居曹五錢。朱章□三錢。朱正紅一錢。曾弘祀、陳邦傑、曾玳、鄭宗文、曾德寅、鄭志都、朱福隆、吳邦亮、劉俊、曾□、曾兆元、鍾國奮、曾仕□、曾奉、朱明英、□珪、曾萬適、江崇□、陳天祐、莊廷福、江興福、羅俊義、莊日輝、張學文、曾潤、曾□、詹萬宗、詹萬玉、劉君恩、鄧繼忠、莊士明、潘大任、鍾瓚、曾明福、曾天靖、曾璧、曾仕期、朱正陽、朱列永、林伯德、曾日奇、莊現山、石輝、石□、石近薦、江崇爵、朱瑞、羅起龍、伍鋆賓、卓衷、王□和、曾積、曾袍、高文德、楊廷昭、陳□、曾廷璒、曾日正、朱雲尚、曾加文、曾應登、陳英林、曾子雲、陳時潤、曾喻衍、朱汶明，以上各一錢。李昭隆、劉奇會、劉奇生、吳時盛、□隆靖、李盛義、石□、葉茂、曾一通、張推梓、謝優新、黃思春、曾一儉、鍾宗榮、朱宜昆，以上各一錢三分。

林崇經、曾仲昭、□□□、余春永、蕭偉□、徐繼乘、黃若廷、胡陽乾、劉祖旺、羅貴、陳阿泳、朱元勲、李時記、蔡睦□、羅現安、曾一佳、杜一述、陳文木、曾水生、黃福海、鄭子德、莊應宗、陳有益、羅學昆、石□、李成用、曾時□、黃元寅、曾傳、高明、鄭日成、朱□見、黃一齡、余廷柱、高兵貴、陳弘猷、曾宇、鄭廷環、石英質、石耀、黃啟志、黃有源、曾澤□、曾宗凛、朱典、黃之望、柳長春、曾禪、曾一輻、歐次珩、蔡□、曾仕佺、黃炳中、鄭魁倫、曾邦基、曾邦奠、朱一主、朱世騰、朱巳珪、黃承章、藍一全、曾奇梓、曾萬彭、張一良、羅廷□、蔡日華、李□蔡、羅文□、楊士蕃、朱宜芳、曾孔講、林文奇、張山壽、林維茂〈下缺〉。

天啓元年正月　日，用銀二十一兩八錢買田，坐址□□□下八十石□□□□□耕穀十四石□□用□内用銀□兩□尾屋一側坐□□其□□□□□□□□□□□□□出銀□舊捌□□□□□□□補首□□。

按：此碑現存九峰鎮城中村西街恩置宮。

一六六四　平和縣城隍祀田記

從古名臣將相分茅食邑者，河山之券，千古爲模。其反田奕世者，皆〈下缺〉之銅鑣，靈壁射高之刁斗，暴骨高原，血濺清野，金城完於孤堞，而士〈下缺〉降，將軍一指而殊代作萬户，在阡陌者履畝相望也，則不費國家斗〈下缺〉市子，作一朝之享耶？

予同年鄒兄，諱人昌，號宸柱，爲楚之麻城人。初〈下缺〉摩窮困，循循若保嬰兒，治平猶治訟，遠近一口也。不數月，遷秋郎。予〈下缺〉昔時捍城，異紀也。嘉靖四十三年，饒寇突發，屠毒幾遍郊閔，而群賊〈下缺〉潭溺死大半，若或有以驅之者。城内男婦萬餘，無尺布一鏃之遺，而〈下缺〉陽順昌，下乎又使饒寇圍迫城池，而當時有奇材卓異爲□懸，匰布〈下缺〉知作幾許封拜，乃神動若此，雖有廟貌而竟無世田。方今東奴發難〈下缺〉列聖養兵二百年，諸臣止以一迯許國，無亦崇報之未章也？如是宸柱〈下缺〉田壹百畝，當官出庫俸，令納贖犯人林科、陳柱等輩交銀玖拾兩，照〈下缺〉固天地不朽，而宸柱之爲神人立祀者，其設施亦不淺矣。予因是〈下缺〉錢百萬，何曾對奴馬嘶風？六曹舉廢千員，都是作秦雞逐雨。使廣獠〈下缺〉才智不及吾神一指顧也。新君明聖，刑賞方清。古張、許肅寇，及明朝新建，端簡千里，胙封直大〈下缺〉。

賜同進士出身、中議大夫、江西副使、前撫州府知府、桐城張秉文撰文。

賜同進士出身、承直郎、刑部山東司主事、知平和縣事、麻城鄒人昌〈下缺〉。

天啓癸亥年立。儒學教諭事王士彦〈下缺〉。

按：此碑現存九峰鎮城中村平和城隍廟，僅存上半。

一六六五　遺逸公從祀記

始祖分爲四派，寔棩守所自始也。我遺逸公，何以得從長史公世祀於廟乎？自南寮發源以來，左右峰巒叠翠，雙溪襟遶其前，説者謂心田勝概獨在此湖。覽勝而卜築於斯，則我次私房之遺逸公地也。瓊因通族僉謀立廟，懇以公田易其地。爾時就諸父等議，不願得田，願得其祖食報於廟，以遺吾崇奉之私。衆稱快，謂此舉行是大有造於通族也，仍具花紅而表彰之。夫列祖開其美，得公以盛其傳，配祀夫復何歉？瓊恐世遠而迹湮，乃命工鐫諸石，以爲廟記。

崇禎五年歲次壬申孟春之吉旦，孝曾孫其瓊、伯成、伯憲仝立。

乾隆五十年乙巳仲秋穀旦重修。

按：此碑現存坂仔鎮心田村賴氏家廟。

一六六六　平和縣鼎建王文成先生祠碑記

予觀于禮樂，蓋積百年未備也。夫亦待人，遲久之徐起，其經制功德相爲近遠也。我太祖定天下，既百五十年，漳中郡邑始有定制，而平和一縣爲文成先生建置之始。文成去數十年，始爲特祠，麗學宫。又且百年，而黎獻思之，參政施公、大令王公始議於東郊別崇廟貌。所議別廟者，以祖功德，且正復祀禮也。

嗚呼！夫豈其經始隳括，不遽迨此乎？亦各待人智，不亦身出力，不必自已？方文成初破賊，從上杭分道銜枚趨象湖時，我漳西鄙實爲發軔之阿。既再用師，破横水，剗九連山，東至河頭，從民情請設茲治，則公聲名已爛然照於窮壑。故公之殊猷偉績，盛於虔、吉，收於南昌，迎刃破竹，則皆於是始也。公既治虔中，不數至嶺左，然以謂漳西不治，則嶺左右皆不得治，故其精魄所注，在嶺左不下虔中。今自平和設縣以來百二十年，弦誦文物著於郡治。在崇義、和平邈不敢望者，豈獨於山川雄駿苞鬱使然？亦以爲名賢巨掌高蹠之所專導，靈宰實護之？

嗚呼！士君子諄諄講道德、理義命，無大顯貴人爲之屏扆前後，則峩冠側岸者黜卷姍笑之。及際風雲，逢特達，大者跨素臣，享所未有；小者順民情，别地利，爲蒼赤數萬，食德無窮。雖大君子名賢，亦皆有不能自知者也。文成之初涉江，徙武夷，出龍場，樵蘇自給，蛇豕與居，召僕自誓。此時即得山城斗大，南面鳴琴其中，豈下於中都之宰！然文成廓然不以此貳念，獨於文字散落之餘豁然神悟，以爲聲華刊落，靈晃自出。今其學被於天下，高者嗣鵞湖，卑者溷鹿苑，天下争辯又四五十年。要於文成原本所以得此，未之或知也。

吾漳自紫陽莅治以來垂五百年，人爲詩書，家成鄒魯，然已久浸淫佛老之徑。平和獨以偏處敦樸，無詖邪相靡。其士夫篤於經論，尊師取友，坊肆貿書不過舉業傳註而已。是豈庚桑所謂建德之國，抑若昌黎所云民醇易於道古者乎？憶予舞象時、嘗邑中時，時出黌西，過瞻舊祠，疑其庭徑湫側，意世有達人，溯源嶓岷，必有起而董事者。距今三十餘年，而當道偉識，果爲更卜起矣。嗚呼！人學與治亦何常？各以所致致所不致，以所治治所不治者，皆治矣。即使山川效靈，以其雄駿苞鬱者暢其清淑，令譽髦來彦泝文成之原、弘文成之業，以上正鵞湖、下鉏鹿苑，使天下之小慧閒悦者無以自託，是則亦文成之發軔藉爲收實也，於紫陽祖禰又何間焉！

於時主縣治者，爲天台王公，諱立準。莅任甫數月，百廢俱舉，行保甲、治諸盗有聲。而四明施公，莅吾漳八九年矣。漳郡之於四明，猶虔、吉之於姚江也。王公既選勝東郊，負郭臨流，爲堂宇甚壯；施公從姚江得文成像，遂貌之，并爲祠，費具備，屬予紀事。

予以文成祀在兩廡，可奏諸雅，其别廟者宜自爲風。因爲迎送神之曲，辭曰：『折瑶枝兮擣瓊，靡思君兮中阻飢。揚靈鼉兮播靈旗，矯欲來兮何之。大江横兮大嶺絶，射朝曦兮馬當發。招予弓兮雲中，遺予佩兮木末。雖無德兮心所知，昔曾來兮奚足辭。露所生兮雨膏之，菊有風兮蘭與吹。追騶車兮抗嶧馬，上天兮下土。不同時兮安得游，登君堂兮不得語，耿徘徊兮中夜。』令諸生歌之，得毋以爲楚聲乎？

於時執其事者，有教諭藍光奎、訓導朱軾，延建人；暨曾生應登、尚濬、光緒，朱生龍翔、張生瑞鍾等，及諸

生弟子、耆碩。皆用勒石，以綏德音。

按：此碑現存平和縣博物館，碑文另見於康熙平和縣志卷十一。作者黄道周。知縣王立準，崇禎六年任，十年陞連州知州。

一六六七　漳三府朱侯署和德政祠碑記

洪惟太祖高皇帝闢乾定鼎，玉牒分茅，盟帶礪而永河山，所以親親賢賢也。神廟間，始開八仕之例，嗣是花磚木天視草制誥者相望。孰若我老公祖，異材天授，八面英鋒。聖天子睠念東南，特簡清漳别駕。下車之日，問民間疾苦而噢咻之。才優展驥，目無全牛，理繁剸劇，左宜右有。十邑中有沉抑者，胥待平焉，真霞郡之福星也。會平和篆缺，草寇生心，道、院再四推重，欲借淮陽，臥理和邑。聞風驚怖天威，即日合浦珠還，朝歌夜遁矣。侯惟豈弟子諒民之父母，彈琴戴星，駕輕迎刃。諸如練鄉壯，飭城池，築圍隘，嚴保甲，建經閣，脩文昌，葺橋樑，新房廨，卹貧乏，寬樵葬，平獄訟，蠲贖鍰，勤撫字，輕蒲鞭，革幣竇，清冒濫，興利除害，百廢具脩，縷縷德政，不勝書也。君子所過者化，奚待朞月報可？

闔邑士庶，咸戴天謳歌，謀所以尸祝庚桑矣。爰卜基于城東之陽，鼎建祠宇，爲迎恩亭舊址，地取之公，居不妨民。鳩工庀材，子來竣事。是役也，匪徒俾往來口碑嘖嘖傳芬，實以載宗子維翰芳蹟不磨，而召伯所憩依依廟貌千古也。俎豆河山，厥惟永哉！和薦紳士民，走幣而徵不佞言。不佞總丱業和，薄宦遊和，民風士節雅相稔也。嘉直道之在人，樂觀成于德化，遂書而鎸之石，立于祠左，以並垂不朽云。

按：此碑未見，碑文見於康熙平和縣志卷十一。作者黄道周。府通判朱統鉟，於王立準陞後署和篆。

一六六八　重修尊經閣記

和邑之有尊經閣也，蓋自陽明先生建邑，而後次第舉之，使學者知於六經，而寤寐以求夫聖道，匪獨倣石渠、

天禄侈藏書爾。嘗考先生所爲越城尊經閣記，其所以加意後學，欲人一求之於其心，斯爲大有功於經學者。而吾和爲先生手闢邑，讀先生記，益當思尊經之義。閣成，已録其文，鎸之石矣。則凡爲師之士、以爲師之弟子者，登斯閣也，有不瞻禮是碑而思所以求經于心者乎？

歲壬辰，滄海之變且及于和矣。顧城墜，而閣居學舍之東，雖不經兵燹，其楹桷垣墻所能蔽風雨者，亦僅有其典型耳。延津吴格言老師至，因不忍以師儒之重相踵舍於居民，即於閣下設皐比，毅然不避夫霜露，而後庀材以葺之。一時執經之士，始因師而溯理學之源。東園龔化理，以布衣亦得問字於師門，乃慨然有言曰：『某蓋今日而方知師道之尊也。』夫經則道也，而師則指導夫道也。有人焉，欲達其蹊徑，而就問於孺子，則未免能無疑；及見長老焉，雖頤指而遥示之，而是人之嚮道已如見其故鄉。則未有師之不自尊而能使多士之翕然而信所以尊經者。

自竣閣之役，悉師之禄米以給之，而多士之尊師，猶有自勉而不在犒助之例者。至是乃屬理爲之記，是謂理而尚可以言尊經也。説者乃以黌序之東北，羣山曠遠，得閣而地勢以勝，此又術數之言也。功在不紀，理特尊經而求之于心爲汲汲，庶不負建閣與脩閣之意云爾。

按：此碑未見，碑文見於康熙平和縣志卷十一。作者龔化理，平和縣處士。

一六六九　重修平和縣學碑記

予嘗讀易至鼎、革二卦，而深有感於人文蒸變，前作後述，若桴鼓應而符節合也。革之象曰：『澤中有火，革。君子以治曆明時。』至九五、上六，而時至機開，文風日揚，遂有『大人虎變』『君子豹變』之象。鼎之象曰：『木上有火，鼎。君子以正位凝命。』至六五、上九，而剛中自守，陰陽調和，遂有『黄耳金鉉』『玉鉉大吉』之象。蓋草昧未開，必得一摶捖造化之人，革故鼎新，而後山川人物，鄙者章，屯者亨，有焕然一新之色，此開闢之力也。迨承平已久，必得一轉移氣運之人，撥亂反治，而後士氣民生，鬱者伸，仆者起，有卓然再造之福，此恢復之緒也。

閩漳平和，正德丁丑王文成先生出撫南贛，平象湖，疏請於朝，置縣建學，距今百餘年。而士民樂業，科第蟬聯，蒸蒸然遂成文明之邑。邇來運值鼎革，山海之魈閧然四起，邑里蕭條，學宫鞠爲茂草。適令長王侯，爲文成先生五世孫，來署邑事。甫下車，晉謁文廟，見其墻宇傾圮、廊廡荒落，愀然弗寧，作而歎曰：『此前人垂成之功，已竟未竟之績也。文成公在天之靈，寧無怨恫？予小子重莅兹土，不能繼志述事，以恢前業，其何以對祖考而臨士民？』於是，捐俸金百餘，爲紳衿倡，諸紳衿亦好義樂施。於辛丑季春望日，卜吉鳩工，先脩聖殿，次廊廡，次明倫堂，以至名宧、鄉賢祠，皆次第脩葺。復於文廟前山增脩塔峰、宫墻，山川一時改觀，人心競勸，物力畢集，甫三月而頌落成矣。侯功懋哉！嗣新任王侯至，共成厥美，遇誠奇哉！予同譜弟明經天及與孝廉曾君人龍，向義急公，嘉侯之績，馳緘數百里，屬予一言以記其事。予祖籍閩汀，汀於和爲鄰，有子民之誼，義不容辭。

予惟學校莫重於明倫，明倫莫重於君臣、父子。今之受若職者，大都傳舍視之，誰復圖久遠而爲百年計者？侯甫視邑篆，而亟脩學宫，先國後家，忠也。人情安於目前，飲水而忘其源，有厥父肯堂，厥子弗肯構者。侯以五世而下之孫，不忘五世而上之祖，前作後述，孝也。和庠諸士沐侯教育之澤，則益思文成先生開創之功；思文成先生建邑之功，則當師文成先生良知之學。文成先生之道德文章，節義事功，彪炳史冊，流芳天壤。見今從祀學宫，與顏、曾、思、孟、周、程、朱、張後先媲美，爲明朝第一人物。諸士願學孔子，當自文成先生始。孔子者，吾道中之崑崙；文成者，吾道中之嵩嶽也。孔子者，吾道中之星宿海；文成者，吾道中之江淮河漢也。

論世而知其人，從流而溯其源。使千百世下，謂明道之功始於孔子，而發於文成；建邑之功作於文成，而述於王侯。是師是弟，百世同符；有祖有孫，一家濟美。文成其象爲革，王侯其象爲鼎。則以學宫爲孔子杏壇也，可；且以和庠爲王氏之家廟也，可。此則王侯今日脩復之心，而和庠諸士興起之念也。若夫學宫一番脩葺，科名一番蔚起，甲第聯翩，閭里生色，此猶身外功名，尋常富貴。士先器識而後文藝，學先明倫而後才華。侯所期諸士者，諸士莫不願以此自畢生平，仰酬知己也。昔宋王沂公三試皆元，或賀曰：『狀元試三場，一生吃著不盡。』沂公應曰：『曾

生平志不在温飽。』王沂公之功名，予願諸士繼其芳；王沂公之淡薄，予尤願諸士存其志也。諸士信予言而行，予將藉手以告孔子、文成之靈。謹記。

侯名孫樞，别號天智，浙水仁和人。新任侯諱道光，别號角庵，江南金壇人。學博張君鼎相、司訓林君青薇，俱晉江人。董事曁樂輸諸人不悉載，則並誌碑陰云。

按：此碑未見，碑文見於康熙平和縣志卷十一。作者李士淳，廣東梅州人，祖籍汀州，崇禎元年進士，官至吏部右侍郎。

一六七〇　文昌祠碑記

凡人所致力以幾乎必得者，皆有默主於其中。如農之於稼也，當有司乎其爲稼者；婦之於蠶也，當有司乎其爲蠶者。文章一道，朝廷既以此求人，天下亦持茲應世，則其所默主者，不視汙邪之祀稷、西陵之祀蠶，猶大彰明較著乎？和邑之有文昌也，自學博黎君始。蓋司鐸於草昧之辰，脩明祀事以至於茲。舊址在西南兩峰，阻城一水，禋祀維艱。方鼎革時，祠宇久蕪廢矣。令茲邑者，多以追呼飛輓，不遑及此。

逮角菴王公湓和，鋭意振作，值延津格言吴學博來教於和，與令長同志爰相咨度，咸謂舊蹟已不可仍，乃於學宫之右，相其齋舍若干武，爲妥神地。角翁許可，即節令之禄食以倡之，格言亦殫其所有，號諸紳士，俱欣然相應，而祠宇遂成。復新像貌迎居之，更置田租若干畝，以爲爼豆需。以視黎君於前，更踰備美。而唐君朝彝，以是年從和庠飛捷，斯亦可爲將來文明之先兆矣。

予於今上御極之三年，荷寬恩得未入直，尚家居漳水，格言以文昌祠始末畧來言，且徵予爲之記。因憶在儀部中，多不能爲禱祀之詞，其何以爲和士之汙邪、西陵祝哉？雖然，稼與蠶亦視乎人之致力，而造物之司視此矣。和士董成曁紳衿佐是役者，例鎸碑左，故記不復詳。角菴已治裝入中書省，予庶幾於持被入直，時或少敘，其率答耳。

令君諱道光，號角菴，登丙子賢書，江南金壇人。學博吴諱金鑑，登丙子科，延平劍水人。

按：此碑未見，碑文見於康熙平和縣志卷十一。作者張居昌，龍溪人，順治九年進士，官至吏部郎中。

一六七一　重興三平寺碑記

賜進士出身、吏部觀政、龍溪劉勃和南拜撰。

三平寺創於義中禪師，自唐迄今八百有餘歲矣。代幾興廢，不可考稽。其載在傳記者，檀越則唐刺史鄭薰、侍郎王諷、宋顏尚書頤仲、明王都憲志道數先生，其最著也。寺僧則宋雲岳，元如璧，明有古心、定祥數禪師，其並著也。寺在高山中，昇平既久，衆教寖衰，僧徒享有□入之□，衣豐食厚，茫然不知佛法爲何物。雁堂香積之區，久爲雞豕遨遊之地矣。

我朝又度禪師，憫法席之久虚，傷楝宇之顛墜，乃飛錫來茲，募衆修建。而吾郡□黄海澄公梧，傾鉅貲，集厥成，由是四方學者雲集景從。師乃私置腴田六十畝，大衆力耕自給。祖席宗風賴以不墜者，蓋度師之力居多。□□度師□□□林木陰翳，烟雲鬱蒸。頹朽剥折，改造更切于往日。□時艱力絀，福田既荒，□門圭竇，須達有願，點金無術。而入陶、頓家，持廣長劍，破□慳囊，其□□□□□□□□而故□營□□□觀巍峨，非具十種神力，未易指顧集事。

茲又度禪師法嗣木音和尚繼主法席，智炬高懸，法雲遍覆，□□見聞□□□□□□□□善，庀材鳩工，未半載而佛殿、祖堂、山門相繼大新。工既畢，索余爲記。顧余市廛措大，讀書萬卷，不能識一拳頭，安能記此因緣？□□□□□□義□□□□『吾生若泡，泡還如水。三十二相，皆是假僞。』夫水泡倏聚倏散，瞬息之間，變幻雜陳。今世界猶水也，萬年猶瞬息也。人于其中□□□□□□故自□□□□□□之結茅□□後之續燄傳燈，或布祇樹之金，或捨菖蒲之供，皆泡又相聚散於瞬息中。雖泡之大小有別，而所爲泡無異；泡無異而假僞亦□□□□□音，師亦假僞□□泡耳。夫□之假僞已往，而前泡記之；後之假僞方來，而後泡又記之。一瞬息間而後□□□記後

泡，寧不使觀泡者不禁〈下缺〉。

謹將禪堂齋田開列於後：

一，寺邊田一段，受種壹石。一，寺口田一段，受種陸斗。一，深尾坑田一段，受種□斗。一，□□田一段，受種叁斗。一，庵内上分田一段，受種壹石伍斗。一，庵内下分田一段，受種壹石壹斗。一，草湖帶大片田一段，受種壹石□斗。

助緣施主：信官萬禮、蔡禄、程觀我，明經陳榮孝，庠生□□□、程□□、□□初，僧道生。陳府信奶黄氏緩官捨銀叁拾伍兩。蔡門李氏□舍捨銀伍兩。吏部侯補州同知黄捨銀□□兩。□□元游瀛洲、林鳴鳳，明經林儲□，庠生林宗周〈下缺〉。

康熙貳拾捌年歲次己巳四月之吉，住持嗣祖沙門真通立石。

按：此碑現存文峰鎮三平村三平寺。

一六七二　舊縣文公祠記

善爲治者必興禮樂，興禮樂必興學。學，學道也。紫陽朱夫子，以道師百世者也。其爲治，以學道治者也。知南康，施救荒法，奏復白鹿書院。其守漳邦，奏除屬邑無名之征七百萬，倡正學，興禮教，流澤已遠，遺風尚存，則象非遥，祠院可瞻。紫芝祠，有高山仰止談笑而麾之槩；白雲祠，夫子集註講學處也；觀瀾書院，則增創於鄉而式廓於後學。

古者，國有學，鄉有校，其師道一也；天下郡邑，夫子從祀宫墻，而徽、閩特爲祠院，其師道一也；我和文祠在宫墻之北，今琯人士復請爲祠於琯東瑞雲岩址，攝邑范公祖欣然從之，且捐俸倡之，其師道一也。何也？請之者將心學夫子之學者也，因而倡之，亦以夫子之道治之者也。道無乎不在，可以紫芝則可以白雲，可以白雲則可以觀

瀾，可以宮墻之北，胡不可以琯之東，而何鄉、國之殊觀耶？況夫景行邇則觀感深，朝焉夕焉，將與古人勞來匡直之精神恍然相接，則髦者席珍，而質者易使，是助宰爲教也，而又何疑乎？

瑞雲者，多磊石，石鍥十韻，則有明戡靖亂、闢和治之列憲也。俯仰登眺，曷瑞乎而爲？吾夫子瑞爾屏削成而隱北洞，懸虚以待鹿，其夫子身歷之境與？馬驤天衢，龜出琯水，河耶洛耶？其夫子心傳之秘，與西山爽峻、溪曲瀠洄，意者有隱君子如安卿季通其徒者乎？然則逃墨歸儒，孰爲留之？孰爲興之？豈獨人力也哉！若夫毫光菡萏，揮架上之煙雲；石竅秋聲，應銅鼓之鏜鞳；霜月資其高潔，暉陰通其幻靈，則又藏脩息游其中者，艮止之學所自敦、天孫之錦所由抒也。

范公祖攝和甫三時，靖走鹿，集哀鴻，無弊不剔，無廢不興。孚惠我德，祠祝碑棠，猶以爲未也。禮樂弦歌之風，于此更有冀乎？諸友勗之！異日東江有真儒，天下有善治，溯厥淵源，則聳焉斯岡，歸焉斯祠，范公祖之棠芾，與石鍥前徽並峙千古矣。

按：此碑未見，碑文見於康熙平和縣志卷十一。作者劉運昇，同安人，康熙二十九年任平和縣學教諭。

一六七三　高隱寺石碑記

高隱寺在天馬山之麓，與長林寺相距七八里，徑路逶迤。歲在甲寅，禪師道宗因林壑之勝鳩建，付厥徒實晟，以我先大夫所捨之田屬焉。山本高而連雲霧，更與天際；林本密而綴煙雨，則接地陰。夕梵晨鐘，與泉响松籟相應。歷二十餘載，榱椽間敝于風雨。辛巳冬，實晟師欲增修舊制，廣募同人，果皆樂施。修葺堂宇，梵刹瑍麗，金碧輝煌。後築小樓，以備不虞。崇祀觀音佛祖，静閒幽遐，塵坌不染。而猶恐費用未給，更募化諸善信，置田若干，庶香燈之需可以不缺。噫！迺師創建，以是付之；厥徒繼而述之、擴而大之，誠足以垂永久也乎？茲將鼎建維新之由，及緣田來歷、段落，勒之貞珉。因爲約畧數言，其誌不朽云。

一，大檀樾主明中憲大夫張諱一棟率孫生員汴、曾孫天欽，喜捨田三段。一段坐址□斗凹，種六斗仔；一段坐址下窯，種八斗仔；一段坐址長埒番，種四石五斗仔。

一，僧實晟募緣買葉宅田三段。一段坐址淹樹坑，税三十三石官，并樓厝地田頭山一完；一段坐址石碑背并石頭壠，税十石二斗官；一段坐址水井窠，税十石三斗官。

一，僧實晟私置廖宅田二段，爲后日祭掃之需。一段坐址墨斗坑，種一石二斗仔；一段坐址灯仔崙，種八斗仔。

本寺山界：上至淹尌坑、下至墨斗坑、左至蔡厝鞍、右至馬頭山石碑背後。

大功德主：信官陳諱陞、黄諱靖、葉諱士偉、廖諱興，太學生張鯉、廖清河、陳殿颺、廖震元，生員陳積、張家樹、吳中珩、張逢遇，鄉賓信士張全、張士佐、陳子□，信生張文□、張士□、□□□。

旹康熙丙申歲孟夏穀旦，佛弟子信生張逢遇盥手謹撰，高隱寺住持僧實晟率諸徒子孫謹立。

按：此碑現存大溪鎮赤安村高隱寺。

一六七四　萬壽堂緣田碑記

鄉賓曾廷石喜捨緣田一段，坐落圳口，大小兩坵，年納税谷伍石大，雞一隻，帶畝式分；又一段，坐落埔尾，大小陸坵，年納税谷伍石大，帶畝式分；又助銀肆拾柒兩整庵。

康熙歲在丁酉菊月，五社仝立。

按：此碑現存九峰鎮黄田村上庵邊萬壽堂遺址。

一六七五　西銘碑記

吾家世居西山，已歷宋元之舊，然遭元季擾攘之秋，而生聚猶未繁也。及大明中天，天下晏如，故我山麓之民，

生聚日益繁，生業日益拓。迨至今日，丁繼滿百，粮近半千，是皆蒙太平日久之賜也。近年以來，寇植鄰壤，歲無寧日，不得已焉，而揭家投之城。棄墳墓，捐宗親，漂泊十餘載，已無昔日太平族居之樂矣。

幸而欽除督兵通府大人阮，一旦按臨吾地，召我合族子弟而語之曰：『汝之世居西山，乃葛天、無懷氏之民也。今爲寇迫之城，汝性命雖得以苟全，然田宅已半於荒蕪，□歸久居之樂，而圖禦暴之方乎？矧汝西銘之地，三面據險，一方制敵，築之以砦，堪圖存也。』時予守制在城，因侄廷淳述其言以告，且曰：『阮公之言，誠爲民父母之仁言也。然西銘之地，我叔之住場焉，其肯與衆共之乎？』予即開襟巨喜曰：『范仲淹自做秀才時，以天下爲己任。人言其宅爲世産狀元之地，即以其宅爲蘇州府學，而蘇人共焉。况族人之於我，又非蘇人之比乎？苟能有濟，吾且不辭運甓之勞矣，焉有不樂與衆共之哉？』廷淳始而告於予，中而謀於族，終而與衆協於成。

嗚呼！凡事之爲，必先有以啟其端，然後有以就其緒也。是事之成，雖由族人協力所致，而阮公倡始之功，誠不可忘也。木本水源之念，當有所自乎哉！是爲序。

明正德九年甲戌仲夏，西山李世浩書。

大清康熙六十一年壬寅仲冬穀旦立。

按：此碑現存小溪鎮西山村侯山宫。作者李世浩，平和西山李氏五世祖，明正德九年率族人圍築西山城。

一六七六　漳城播蘭堂募修理三平石路牌記

三平寺自唐宋以來，延山之麓，始爲榛莽，後爲村居。迨我聖朝，德澤廣被，教養涵濡，户口殷繁，比前代更稠密日盛矣。但其間往來之路，巉岩險窄。鄉人林振朝、甘如實、許天綿、鄭延祚、李文焕、吴宣，僧昌茂、如蘭等，廣募衆施，鳩工開築，實董其成。自石馬溪口至於搭潭，千有餘丈，闊肆尺，皆砌以石，行者若履康莊。蓋自雍正捌年伍月鳩工，至玖年捌月告成。費銀壹百捌拾伍兩壹錢。餘剩之銀，置良田貳畝，銀貳拾玖兩，坐落三平上

境，土名白沙坑墘，大小拾陸坵，全年稅穀伍石貳斗，付寺僧以爲後來修補此路之費，慮誠深遠也。夫平易道路，爲莫大功德。以人烟廣集之鄉，能修築平坦，在捐金助工者，固爲聖世善良；而首事董成者，尤見樂善不倦。從茲附近鄉人既受其利，即過客遊士登斯寺者，亦有履道坦坦之樂。且山靈有主，福庇斯土，永祐□□□而有不爽於冥域者。是宜亟書於石碑，大功大德，永垂不朽云。

賜進士、工部虞衡清吏司主政、霞南王材瑁山氏譔。

緣首太學生林瑛助銀弍拾兩。怡怡堂林長祥等助銀陸兩伍錢。太學生林唯哲助銀伍兩壹錢。蔡時滋、鄉大賓顏銘崗、太學生陳貽謀、庠生李逢時、太學生劉國瑞、康天欽、柯雲從等各助銀叁兩。太學生林哲、吴天源各助銀弍兩柒錢。鄉大賓鄭永祚、太學生□□□、陳就進、太學生涂逢春、太學生江朝侃、太學生馬天瑞、太學生游而□、太學生林一鵬、庠生周正、張仕騶、蔡亨定、陳任□、□□□、陳仕傑、張天□、林志智等各助銀弍兩弍錢伍分。李六陽助銀弍兩。張日□助銀弍兩。歲進士林啓瑞、太學生林長興、周門林奶等各助銀壹兩捌錢陸分。太學生林祥雲、鄉大賓□□□、太學生王悦信、太學生黄大利、太學生李士捷、太學生李光參、太學生宋明珠、太學生林日烜、太學生陳國煌、太學生翁志淳、□□□、太學生江朝儀、王達、功加官許周、太學生林廷選、王永昌、石興宗、陳夢桂、許士碧、楊良桂、歐光智、林其鉦、甘宗傑、徐宜亨、□啟茂、朱志□、朱應龍、蔡天策、太學生陳榮昂、許秉政等各助銀壹兩伍錢。顏天池、王叔麟、劉士爵、洪國樹、許嗣悳、陳國器、謝國棟等各助銀壹兩弍錢。鄉進士江達德、郭□、方永期、林茂桂等各助銀壹兩。鄉大賓胡國珍、鄭長芳、蘇如熊、連氏、邱氏等各助銀玖錢。歲進士黄承徽、太學生□□□、太學生黄希哲、邱志殷、郭澤崇、方以雷、尤元裕、吴以明、黄能惇、余瑞金、孫扶鳳、吴遠鴝、石明揚、鄭國基、林玉濳、蘇維一、黄□德、吴□□、吴遠鶩、孫天華、陳起鑑、陳朝鉉、馬應嘉、黄佳錫、陳□德、林維邦、林邦翰、余可登、黄德祥、余邦彦、張邦俊、鄭錫□、蔡天定、許天□、徐天龍、陳大枝、楊懷禮、吴元寵、郭人鶴、周傳元、董天鶴、莊開揚、石國球、楊熙鶴、李英傑、洪元棟、王四科、許維□、

□士□、楊元□、許氏等各助銀柒錢伍分。太學生李宗元、林長茂、石氏等各助銀陸錢。張寧遠、莊建勳、莊建猷、翁郭弼、黄招官等各助銀伍錢。太學生黄□□、陳志遇、潘□□、□鳳六、吴□望、郭廷坦、鄭亦振、葉招官、楊家煒等各助銀肆錢伍分。蘇茂秀、吴家□、李氏助銀叁錢。陳天信、陳諒宫等各助銀壹錢伍分。

已上共計助銀貳百拾叁兩叁錢。

雍正拾年孟春穀旦立。

按：此碑現存文峰鎮三平村三平寺。

一六七七　李氏重修祖廟記

蓋聞萬物本乎天，人本乎祖，水源木本之意，人孰無之？特無其祠，則祖宗之靈爽既涣散而無所憑，而子孫之精神亦睽隔而不相聯。祖祠之修，所關洵非淺鮮也。平邑李氏祠，建自前明正德間，廢興代更，歷經霜露風雨，榱桷又漸傾頽矣。頃其族裔孝廉李君千樹，余下車時即稔爲閭里中之善士，至是有志修葺，思爲首倡，而乞予一言。

余曰：『祠堂之修，所以尊祖敬宗、報本追遠，誠盛事也。漳人士素重然諾、尚氣誼，於凡先賢遺址莫不相關者，猶莫不勇於爲義，而不日觀成。矧祖宗爲一族所自出，值祠宇之就圮，有不襄厥義舉而趨事恐後者哉？獨是棟宇既固，風雨無摇，日奉其先以棲，修祀事於其中，禮固行矣。苟非本於愛敬之誠以爲明禋，則亦徒有其文而無其本，能保行之勿替歟？乃觀李氏，自其遠祖緝甫作家譜，而族姓繁衍，咸敦一本之親，黄文明謂其有江州陳氏、河中姚氏之風也；自其遠祖碩遠立家規，而子孫鼎盛，終無越禮之舉，歸太僕謂其有浦江鄭氏、吴興嚴氏之遺也。有家譜以洽其情，有家規以範其行，有祖祠以妥侑其先靈。則以誠生敬、以敬生愛，儲和致祥，以大其家聲而昌其業，正未有艾矣。』余因不禁樂道，而爲之序云。

賜進士出身、中憲大夫、福建分巡巡海汀漳龍道按察使司副使加一級、高密單德謨譔。

奉政大夫、同知漳州府事、前禮部主客司主事、兼管儀制司事加一級張若霔頓首拜書丹。

乾隆十六年歲次辛未花月吉旦立。

按：此碑現存小溪鎮西山村侯山宫。

一六七八　重興三平寺碑記（二）

三平寺者，漳之勝刹也。峰峦羅聳，砂水環朝。郡志：歷三險三平，乃造其巔，故以名寺。唐以前，爲蛇虎□穴，毛侍縱其出没，未之有闢焉。寶曆間，法諱義中祖師隨父仕閩，出家於漳開元，以雲遊叅大顛師，回居故址之卓錫庵。會昌五年，飛錫於此，化爲樟木，継覔樟花倒流。先止九層岩，降伏祟衆，默使神運寶蓋。不五日，鬼瓦造成殿塔。左生錫杖樹，右澍虎爬泉，東連大柏山，北聳仙人亭，西有九層岩，南接百丈漈。古松老檜，豁然勝槩，皆師之佛法無邊使然也。

時家侍郎諱諷公訪師，目睹其叓，併集其序。厥後家少宰諱志道公，爲之述其寔，重勒其記，云：『前大中三年，刺史鄭公諱薫久仰師德，奏請敕賜廣濟禪師。宋尚書顔公諱師魯、明大學士林公諱釪，暨鄉紳陳君諱天定、蔣君諱孟育、蔡君諱春及等，後先重修，製匾製聯。』無非騐師以贈師矣。迨靖尹張公諱倬卜雨，倐然而甘沛；國朝爵臺黄公諱梧世禱，捷然而響應：此又師之歷有顯著者也。

近因殿塔傾圮，嫡派住僧啟寅師告募重興。適欽命江南全省提督軍門爵臺黄公諱仕簡捐俸倡建，漳之紳衿士庶樂襄義舉。琢石換木，焕然巨觀者，皆啟寅維持之功。是前之重興大殿，今之董成塔殿、山門及東西四十餘舍，可謂砥柱佛門，僧家之不多得也。第以師自開創以來，塔殿歷千餘載而一塵不染、香燈不熄者，則師之生前神化、身後感通。石鞏師謂『半箇聖人』，亦於斯而可見矣。余自志學之年，以逮筮仕、觧組，踵知祖師之寔蹟，又念啟寅之苦心，爰因告竣之秋，爲之勒其事，以誌不朽云爾。

賜進士第出身、承德郎、工部虞衡清吏司主事王材敬撰，滄江馬鳴蟾亮采仝募。吏部截選州同知林長桂篆額，果堂陳應魁漢玉敬書，歲進士、即用州同知林長棟書丹。住持僧明東啟寅募建。乾隆貳拾叁年歲在戊寅桂月穀旦勒石。

按：此碑現存文峰鎮三平村三平寺。

一六七九　平和安厚書院記

漳爲朱子教化之區，郡邑多有專祠，旁及遠鄉陬澨。鄉士夫之振興文教者，往往即其地爲祠宇，築學舍，俾諸生以時講肄其中，行舍菜焉，蓋六百年於茲矣。平和爲縣，在萬山之中，界連數郡。有明中葉，爲盗賊盤踞之藪，禮教之所不興。自正德間，王文成公合兩省之兵，掃蕩賊巢，始立縣治，設學校，興教化，久而彌光。和人不忘其德，至於今俎豆之，猶閩郡之思朱子也。

乾隆戊寅，進士何君象宣，以其鄉去邑治遠，士之業詩書、遊庠序者日益衆，慨然思創建書院，以崇先賢而惠後學。乃相山川之宜，卜吉菴後湯墘，偕同志舉人賴君升文，倡義勸輸。四鄉紳士，聞風嚮應，未逾年而費集。召匠鳩工，飭材庀具，無有不良。前後爲三堂，旁列學舍二十餘間，門廡、齋房、井竈、庖湢具備。繚以長垣，周可千尺，雜植竹木花卉草石，空其地以建文昌閣、擴講堂焉。規橅既新，宫墻聿焕。以今年正月望日，崇祀朱子於中楹，而以後堂並祀王文成公。入祠之日，冠裳畢會，濟濟雍雍，咸歡欣鼓舞，移書請余記之。

余惟書院之祀先賢，所以正學者之趨，使之知所依規也。朱子之學，如布帛菽粟，士子童而習之，老死而不能易，固非後學所能讚頌者。獨陽明之學，論者謂其與朱子牴牾，二百年來以爲口實，若貿貿焉。隨聲附和，不爲之抉其旨趣，則今日之舉不幾舛乎？

夫聖人之道，一而已矣。學者之高明沉潛，不能盡同；而教者之覺世牖民，亦各有攸當也。朱子當釋老盛行之

時，士皆高談性命，漸入於杳冥恍惚之途；故引之於切近精實之中，使之由博以返約、循序而致精，是聖學之階梯也。陽明當詞章汩没之時，士皆博雜以爲高，剽襲以爲富，一切苟且，以就功名，不知身心性命爲何物；於是直指本體，發爲良知之論，使之因端竟委，亦救時之藥石也。而究其指歸，同以聖人爲可學，同以省克爲實功，同以遏欲存理、戒謹恐懼爲入門，同以君臣、父子、夫婦、昆弟、朋友爲實境，亦安在其與朱子戾耶？

獨其天姿英邁，議論駿發，一時輕俊之徒樂其簡易，遂相率而流於猖狂自恣，此則龍谿諸人傳之者之過也。夫龍谿之於陽明，猶慈湖之於象山也。象山『六經注我』之言，亦謂：『聖賢明道，無非先得我心之同。』然慈湖則詆毁聖賢、棄捐經典矣。陽明『無善無惡』之旨，亦謂：『心之本體，不着一物。』龍谿天泉証悟，則並舉意知物而亦空之矣。

余悲夫今世學者，本無學爲聖賢之志，又不察夫立教者之用心，而但掇拾糟粕，剿説雷同，以肆其詆誣之口，將游夏、閔冉之殊科，等之孔墨、孟告之異室。甚矣！其爲膚末之見也。况陽明之文章氣節、經濟事功，磊磊明明，尤衆所共見者。昔朱子讀李忠定文集，謂使公之策見用於靖康、建炎之際，必不至貽吾君今日之憂。誠使陽明先生南渡之時，出其擒濠平峽之才，以安邦敵愾，其與伯紀何如也？吾知朱子亦必將太息泣下，慨慕而不能舍置。然則今日之同俎豆而共升香也，禮亦宜之。若夫講習服行之方，師弟子之所以教且學者，則有朱子白鹿洞之遺規在，百世行之而無弊者也，余何言焉？

是役也，山城曾姓實始輸地立基，諸生某某共董厥工；而斥數百金以倡率集事者，則貢生何興烈、江漢清之力。既成，一等海澄公立齋黄公復買田若干畝，以供春秋祭祀。皆盛誼也，例得並書。

時乾隆二十三年四月之朔。

按：此碑未見，碑文見於緝齋文集卷六。作者漳浦蔡新。

一六八〇　林氏思敬碑

蓋聞水源木本，宜切永思；春露秋霜，統希崇報。豐自雍正丁未年承先考命，勉應公呈、服族役以來，緒繁才弱，甘苦偹嘗，愧莫酧祖宗于萬一。第以厥初祭儀尚簡，紳衿罕預，爰仝族侄孫企三，就族中粒積創田，作春、秋、冬犧牲、鐘鼓之費。又慮歲歉不敷，因勸通族紳衿湊金，再擴税充之。自此紳衿濟濟，踊躍捐充，遇元旦、春、秋、冬，偹儀伸敬，飲福送胙焉。其春秋席費，原有東墘税輪办，今更充以石鼓税；惟冬席費未周。至乾隆丁卯年，二弟遂謀重建祖廟，留意慎存湊百金，而闔族冬祭袷。且本族自二世以降，皆有墓祭，獨闕鼻祖，此心未安。已於癸未年會族祭掃，候費充日附勒。

凡此，皆体先人所欲備者也。夫人生慕義，何者不勉？果其來清去白，存心經營，以奉祖先，親切孰甚焉！顧豐老矣，謹將定額鐫碑垂後；併設簿輪掌，詳定祭品，各當事办過清出贏餘，當堂交下手收放，毋得混賬，開罪祖宗。其必有集腋成裘、添花作錦者，爰爲之嚆矢云。

計開：

一，通族紳衿祭儀田，共壹畝零貳厘，柒斗伍升種，在高坑客寮，年穀到宅叁拾壹石捌斗鄉。將來紳衿銀各兩員附積。

一，五老峰房春秋祀田，在客寮古林石鼓（其客寮古林，原東墘易來），年穀共玖拾貳石餘。此外另積金，逢族喜慶議支，限正月初二，隨多少輪積。

一，冬祭資壹百兩正，出息充費。

乾隆己丑小春，十四世孫瑞豐立石。

按：此碑原在坂仔鎮東風村林氏祠堂，現存銅壺庵門前。

一六八一　鼎建武當宫碑記

捐修武當宫序：

元天大帝，世共禋祀。祀我和，坐鎮于西水祈福，尤屬一方保障。廟貌之設，百年於斯矣。邑之人咸崇保□□□修葺，歲序薦馨，有祭有祈，有報有弭，春秋匪懈，尚稱□□。帝之聲赫靈濯，亦昭格不爽。兹者積日積月，在前修葺又經歷年□□□□□，雖曰如故，而桷欂□蓋，其中不無傾頽，且廟前□□，觀瞻未□。□列位諸公，咸有志鼎新，内仍其址，外立其亭。□長增深，以□神依；鳥革翬飛，以壯美備。其裨益於邑之鎮者，更爲不少，甚盛典也。但整修非一人之力，捐助乃衆信之功。各罄心□□□有顯，庶乎積少而爲多，集腋而成裘。擇吉鳩工，不月告成。並將捐金題名勒石，以垂不滅。是又大帝之鑒觀申命，用□者□□。是以爲之序。

揀縣舉人曾兆鼇盥手敬序。

今將捐題施主姓名、銀兩開刻于左：

貢生曾力相助銀廿五大員。誥授奉政大夫、廣東省直隸連州知州曾士敏助銀十五大員。貢生曾儲謨助銀十二大員。舉人曾善純助銀十大員。信士曾天昇助銀十四大員。信士曾大煒助銀十二大員。太學生曾根綱助銀八大員。太學生曾世芳助銀六大員。

太學生朱先聲、太學生曾世績、太學生曾世美、信士劉祚果、謝士忍、曾榮宗、林可進各助銀四大員。生員曾維揚、信士曾天輝、曾英謙、曾文安、曾大羨各助銀三大員。信官楊大錚助銀二兩。

貢生曾良棘、太學生朱元良、貢生楊先聲、太學生曾應添、太學生曾瑞璧、太學生周士顯、太學生楊飛鵬、太學生曾世俊、太學生曾瑞珠、太學生楊德駿、太學生曾世獻、太學生曾曙暘、太學生曾澤盧、生員楊清芳、鄉賓曾德隆、信士張克俊、曾國顔、游全興、曾廷皇、曾世輝、羅文純、曾海生、曾太西、曾鴻貫、張文岩、曾文緒、曾

邦楠、曾恒佑、陳國彭、楊上偉、曾朝□、曾英琴、江朝謙、曾揚眉、黄啟□、曾天旦、曾鵬冀、曾振年、曾金釧、曾懷陽、曾英琳、曾大佐、林大備、林洪遊、謝瑞麟各助銀二大員。

太學生曾乘均、信士朱必登各助銀一大員半。太學生朱振興、信士黄聖征、柳長庇、曾司夾、曾天早、李玉□、曾英泱、劉志習、曾文伉、曾天敬各助銀一兩。太學生楊錫爵、太學生羅全川、太學生楊焕章、太學生曾天湓、信士曾明廉、太學生曾力仁、信士朱文承、曾德迎、曾耀祖、劉祚渠、朱□澤、游雲強、曾瑞麟、曾永情各捐一大員。

以上總共捐員銀、銀兩折員銀共貳百陸拾五大員。自平基□並至完竣，並建醮、演戲、豎立碑記計費等項，共用員銀貳百陸拾五大員。

乾隆三十七年歲次壬辰夏月吉旦，首事曾天昇、曾天旦、曾瑞義、曾英洽、曾已應立石。

按：此碑現存九峰鎮城西村下街武當宫。

一六八二　林氏祖山示禁碑

特簡漳州府平和縣正堂加五級紀録五次記功二次陸，爲申禁事：

照得挨礱坪山深路僻，喬林深翳，乃天然生植，並非人力培成。緣林族聚居附近，又山内葬有多墳，得以樵剪勿加，歷久蔥鬱。是雖天生林木，定由林姓保全，應聽林姓永遠管守樵採，外人不得混争，合亟出示申禁：『爲此示仰各姓族人知悉，挨礱坪山上林木，自今以後，聽爾林姓永遠管守樵採。倘有他人盗砍賣，許即禀明，照律懲治。各宜凛遵毋違！特示。』

乾隆叁拾玖年陸月　日給。

按：此碑現存崎嶺鄉南湖村林氏孝思堂外墻，碑名爲編者加擬。

一六八三　重興三平寺中殿牌記

信官、善信捨緣姓氏，開列於左。

乾清門行走、一等海澄公、提督福建全省水師等處地方軍務、統轄臺澎水陸官兵事務黄諱仕簡捐俸〈空缺〉。護福建水師提督軍門林諱國彩捐俸〈空缺〉。分巡汀漳龍兵備道蔣諱允焄捐俸〈空缺〉。分巡興泉永兵備道張諱棟捐俸〈空缺〉。泉厦分府蔣諱元樞捐俸〈空缺〉。國子監博士黄諱植俊捐銀式拾大員。誥授奉直大夫、即用員外郎、前中書科中書林一梅捐金拾式大員。

太學生林芳楠、太學生陳志芳、信士林明訓、信士黄明送各捐銀拾式大員。太學生林士侯、信士李元春各捐銀拾大員。霞南糖房同人拾式大員。太學生張茂松、太學生張明武、信士林廷寿、信士黄松官、信奶黄門吴氏、舍人□等各捐銀陸大員。太學生陳乃徛助磚伍百個。庠生黄秉哲、太學生陳元仁、信士林肖華、信士謝派榮、信士林世紹、信士楊國柱各捐銀伍大員。太學生□□□、太學生□□□、□□□、盧□□、□□永、□玉□、□□□、李□齊、林門謝氏、庠生陳元威、太學生陳元觀、太學生陳朝任、太學生陳福全、太學生林宗嵩、太學生陳善、太學生張國器、樂武生張景韓、信士陸藝官、信士□泰官、信士黄元育、信士林廣隆、信士戴潮官、信士金元美、信士金豐順、信士郭萃興、信士利益號、益興鵬號公司、三合順號公司、德興號公司、大岐興公司、信女林門歐氏、樂善堂會内等各捐銀肆大員。信士吴德貴捐銀叁員半。太學生施鴻緒、太學生蔡源□、信士盧志湅、信士劉雅官、信士張正隆各捐銀叁員。

和尚壠會内等捐銀式大員。庠生張玉成、太學生陳修禮、太學生吴日新、太學生張經興、太學生鄭玉基、太學生陳德成、太學生鄭永義、太學生蔡仁茂、太學生嚴恆豊、太學生陳□茂、太學生蔡綿和、太學生陳紹水、太學生邱萬山、太學生謝濤官、太學生高攀龍、太學生張大珩、太學生張間綸、瑞塵堂、太學生林毓秀、太學生張崇璉、

信官黃秉德、官□黃□質、鄉大賓郭作禮、信士林□官、信士陳天□、信士林□水、信士吳秀琅、信士傅一□、信士付其實、信士劉□器、信士李天□、信士陳□官、信士王庭献、信士林□□、信士賴金誇、信士郭□官、信士郭良坤、信士李鳳官、信士蔡文官、信士柯公□、信士莊寶官、信士林世法、信士林覺官、信士林亦□、信士王秉禮、信女詹門林氏、信女吳門陳氏各捐銀弍員。信士蕭清鳳、太學生張□□、太學生張大□、太學生□逸官、太學生鄭□官、太學生莊文島、信士鄭□和、信士□世官各捐銀兩弍。

信士陳營官、信士陳來官、信士林盡美各捐銀壹兩。鄉進士黃嘉賢、永□□堂李仙壽、信官黃來善、信官黃榮宗、信官吳啓官、庠生葉文□、庠生陳國泰、貢生黃尋、庠生王治廷、太學生胡光宗、太學生莊應□、太學生王振也、太學生莊長登、太學生鄭□林、太學生吳三貴、太學生陳時晉、太學生張玉山、太學生林振赫、信士林文□、江有爵、蔣滿官、李海官、楊弘德、黃怡官、蔡學機、盧□湖、蔡源□、吳昕興、□文□、□□官、□□□、林振春、林應官、鄭□翰、謝世恭、陳□□、鄭□恩、□□□、歐陽仲、陳國隆、□□□、林玉橋、李方□、□□□、林□招、林瑶□、王□瑞、黃□□、楊三生、□□□、□□□、□□□、林□□、□□□、鄭□□、林孝官、陳泰元、金秉源、林金鹿、黃裕官、鄭建官、葉鼎隆、金□源、張廣修、金□□、余開春、楊結官、簡廣和、蘇悦來、曾振□、粟賢官、洪廣和、金□興、曾宗義、鄭光□、陳□福、歐陽□、千□號、郭□官、陳□灼、□其□、□士進、張□□、謝□□、林傳□、陳安民、黃必□、陳天榜、曾元英、陳廷□、□國安、許□□、顧□□、洪建□、曹明德、李發科、吳廷槐、黃斐文、劉理□、柯元□、林□□、陳元如、吳□□、蔡玉彬、陳北乾、□□聖、吳文湘、胡廷擢、陳應□、陳裕官、鄭瑞鳳、盧長益、蔡外生、蔡□官、洪士芳、□□□、□□□、□大□、林□□、林□□、莊大□、林相官、陳助燒、鄭□哉、余啓龍、歐陽□、林文德、歐陽進、林宗源、林宗江、□文齊、李邦耀、陳交□、楊版水、林子池、吳天桂、陳國寶、林文豪、陳瑞湖、鄭太和、□榮號、張一爵、柯章興、龔學户、蔡源□、鼎順號、歐陽□、歐陽貴、歐陽定、歐陽琳、莊元勳、陳世德、陳世□、莊文□、張□德、林玉梅、陳全

官、林啓賢、□邦傑、王長庚、黄志榮、峰□號、蔡月□、林士經、柯文□、許國忠、韓國位、林□其、張玉山、謝永廷、翁文德、高登球、林志榮、鄭號昌、蔡天禮、林永都、謝永泰、蔡天良、林士奇、張家企、張永清、張永春、林文特、黄達仁、葉世恩、林瀆、謝見、蔡振□、龔□、蔡瑞□、歐陽添、林陳彰、柯登鳳、□□禄、鄭時任、見□行、徐元澄、薛佛□、林世□、陳□國、莊□□、張文誠、黄文蔚、楊廷官、鄭□□、潘志□、歐陽記、林門歐氏、張門陳氏、黄門謝氏、黄門郭氏、蔣門陳氏、歐門吴氏、信女□氏、王門余氏、□門□氏、洪門陳氏、蔡門□氏、金門□氏、陳門□氏、林門阮氏、信女陳門劉氏、青官源興號、三班登會内等、□陽會内等、□□社會内等、□□□會内等、水頭社會内等、茂蘆堂會内等、南華堂會内等、廣仁堂會内等、德□□會内等各捐銀壹大員。

乾隆丁酉年陽月吉旦立石。住席僧繩其、監院萬川仝募興。

按：此碑現存文峰鎮三平村三平寺。

一六八四　莊氏祖祠禁約碑

祖祠坐坤向艮，兼未丑、丁未分金。丁酉年四月重興，制仍舊，事維新。合嚴禁約，以杜侵碍。

一，兩巷要清。住人不得于門首砛上插種、填砌糞堆，塞煞傷害。

一，門前最忌遮蔽。自埕至溪，不得藉端起蓋、栽種雜木並開厠，致妨前案。

一，花胎后至田，龍脈攸關。不許附近人等栽插竹木、園種瓜豆、築室搭寮、竪立艸□，百凡傷碍。違者，聽□約呈究，派下子孫無分强弱，各宜凛遵。庶祖宗默佑，永昌厥後矣。

大清乾隆己亥年孟秋，七房公立。

按：此碑現存五寨鄉五寨村莊氏祖祠，碑名爲編者加擬。

一六八五　楊氏宗祠禁約碑

祖祠，通族命脈攸關。近居子孫，將左右護屋、横廊、花臺、外屋圍簷、埕溝、巷兩傍悉留爲空地。祠前左右石埕，占築屋間、搭寮架棚、堆草壅泥、載種瓜果、濫放豬欄等件，阻塞煞氣。祠後龍身及右側左邊沙手、塘下一帶基地，鋤園種荆，傷害龍脈，遮蔽峰巒。致祠内生蚊，先靈莫安，殊堪痛恨！

茲諏吉修理，族衆議禁：除左右護屋酌議價銀、各房坐回歸公、不許居住外，其横廊占築屋寮、草棚等項，清拆還公。祠後龍身右側並左邊沙手、塘下等處園、荆，盡行砍掘，以爲空埔，嗣後不許再掘作園種荆。其泥土高壓，掘開鋤陽，庶局量寬洪，不致窄迫。至右邊田上坎唇，原作灰獅一座制煞，年久廢壞，今打石獅，照舊豎立。將來子孫，不得恃強抗違、變亂成規，爲此鐫石以志。

乾隆四十七年歲次壬寅仲冬，公立。

按：此碑現存九峰鎮城西村楊厝坪楊氏宗祠，碑名爲編者加擬。

一六八六　重建恩置宫題捐碑

恩置宫重建，捐題姓名開列：

太學生曾特生公捐銀捌拾員。曾朋松公捐銀伍拾兩。十福同人捐銀叁拾伍員。貢生曾瑞儀捐銀貳拾員。生員曾輔捐銀貳拾員。太學生朱盧璿公捐銀拾捌員。鄉賓曾誠齋公捐銀拾陸員。鄉賓鄭殿彩銀拾陸員。貢生曾弼明公捐銀拾伍員。太學生鄭又紳公捐銀拾伍員。怡怡同人捐銀拾肆員。太學生曾季玉公捐銀拾貳員。太學生曾鎮浴公捐銀拾貳員。太學生曾君德公捐銀拾貳員。曾禦盧捐銀拾貳員。太學生曾錫年捐銀拾壹員。太學生曾瑞朋捐銀拾員。太學生曾瑞碧捐銀拾員。壽官曾力民公捐銀拾員。太學生曾賓玉公捐銀捌員。貢生曾逐良捐銀柒員。游興文公捐銀柒員。

太學生曾曙暘捐銀陸員。生員曾鋮捐銀伍員。鄭犧六公捐銀伍員。太學生曾澤培捐銀伍員。太學生曾飄輝捐銀伍員。曾文震捐銀伍員。太學生曾勳捐銀伍員。生員曾奮生公捐石墩一對。曾欽生捐銀肆員。曾先聲捐銀肆員。生員劉朝龍捐銀肆員。曾利律捐銀肆員。蔡長湖捐銀肆員。曾榮透捐銀肆員。鄉賓曾舜漁捐銀肆員。太學生曾啟泰捐銀肆員。林癸生捐銀肆員。曾英湜捐銀肆員。蔡榮宇捐銀肆員。曾允憕捐銀叁員半。曾義筤捐銀叁員半。鄭金釜捐銀叁員半。鄭於堅公捐銀叁員半。蔡善寬捐銀叁員半。劉金嬌捐銀叁員半。曾士鋼捐銀叁員半。曾利奢捐銀叁員半。曾文達捐銀叁員半。曾天翰捐銀叁員半。曾金淼捐銀叁員半。生員曾欽順捐銀叁員。曾永晴捐銀叁員。太學生曾和光捐銀叁員。曾士磊捐銀叁員。曾文勉公捐銀叁員。太學生曾錫萬捐銀貳員。鄭肖千捐銀壹員。

乾隆肆拾肆年孟秋興工，肆拾捌年冬月穀旦立。

按：此碑現存九峰鎮城中村西街恩置宫，碑額『佛光普照』，碑名爲編者加擬。

一六八七　重修三平寺牌記

賜進士出身、經筵講官、太子太師、文華殿大學士蔡諱新捐俸〈空缺〉。宋吏部尚書顔諱師魯裔孫等捐銀〈空缺〉。舉人蔡本謙、舉人許光雲、水頭社衆弟子各助銀〈空缺〉。職監陳元泰十大員。太學生李化鯤八大員。賚恩堂蔡六大員。龍溪縣内王武略等助銀六大員。

歲進士王夢金、歲進士鄭天培、庠生鄭鳴球、太學生王廷幹、太學生蔡時英、太學生黃世澤、太學生張學礼、鄉大賓蔡国進、信女玖十五齡蔡門顔氏、信士林光陞、王天錫、桂廷潮、王養观、莊元美、仁和行、吴協宝、陳滄观、何朝瑚各助銀肆大員。莊豐瑞、瑞隆號、嚴定炳各助銀叁大員。

庠生陳作梁、庠生陳安国、庠生施飏成、庠生謝子香、庠生王棟、庠生黃君祥、庠生蔡源溪、庠生康雲龍會内、庠生蔡源津慈安堂、国學生陳大成蒼華堂、鄉大賓吴濟昌各助銀弍大員。太學生吴宗栢、太學生何崧、太學生袁尚

友、太學生歐陽希哲、太學生蔡文耀、太學生蘇世寬、太學生盧紹中、信士顔元鈞、陳應魁、唐怡亭、郭継宝、莊献球、蕭廷列、胡克謨、陳嘉賓、柯儀監、朱国寿、謝如萊、盧国宝、張士貴、黄石老、陳步舍、泰成号、林碼官、林禄观、林世顯、陳雲龍、林麗水、吴文煜、易廷諒、蔡志偉、蘇二舍、何登祥、林中蘭、林瑞安、陳大汎、茂元号、郭江漢、唐蓬泰、莊維翰、陳泰元、林国璣、集隆号、陳傑保、高永盛、郭作礼、東興号、潘佛桃、方川号、陳潭观、徐德盛、陳清偉、鼎成号、藏秉憲、明德号、陳国才、同茂号、阮前观、藏興号、李生養、義德号各助銀弍大員。正美号、高遜記、蔡協記、張豐茂、華成号各助銀弍大員。

信士王儒生、蔡燦興、瑞榮号、茂林号、珍遠号、福安号、和記号、廣茂号、松茂号、集源号、長裕号、棟隆号、樹德号、長豐号、義和号、聯德号、鼎發号、長源号、匯宝号、益美号、陳源義、源茂号、聯興号、會源号、林瑞芳、開洋号、逢源号、同興号、德源号、日升号、連炳耀、邹成观、義興号、鍾東川、集瑞号、錦元号、阮企軒、徐禹甸、曾国柱、柯用仁、陳章观、林文炳、王志切、賴邦佐、林基滔、蔡正和、曾光科、莊日明、馬天閑、李瑞麗、何廷柱、謝伸官、鄭聖恩、洪士渊、李妙全、黄有美、陳得意、李振鳴、劉伯臨、林志遠、吴志荣、洪士元、蔡長建、曾国珍、黄振量、歳進士陳藍、庠生孫輝照、庠生王治述、庠生黄昇、太學生吴應昌、太學生鄭鳴鏞、太學生傅其實、太學生林士煓、太學生王開煜、太學生陳時晉、太學生王廷錫、太學生陳應舉、太學生洪岷涛、太學生劉日□、太學生周国鍈、太學生陳福全、太學生蔣文燴、太學生吴日新、太學生郭廷渥、嚴其榕、黄盛中、孫有德、藍文炳、徐振興、林世雄、吴元道、王聖趙、蔡扶观、陳博观、陳文焕、陳廷□、余光量、鄭日观、張森林、張清亘、吴以開、吴元博、吴永隆、蔡□飛、陸尚德、黄宗烈、李集茂、楊亦用、陳爵观、吴啓观、吴啓俊、張嵩官、阮祚观、陳天秩、曹明德、陳應□、郭成玉、詹丈全、王鴻观、陳應祥、錢元江、吴志聖、阮士登、程芳遠、陳登輝、孫玉田、洪士芳、邱三善、林德彰、黄国治、吴南观、許紹观、林兼三、林青雲、張振荣、陳大源、楊時琳、蔡邦苑、洪天柱、蔡軒观、楊澍雨、陳淵观、黄郎光、陳興观、楊九观、林□观、養臨观、莊樞观、黄聲傳、

莊四观、蘇希周、順㒷号、柯潘观、莊港观、柯深山、洪泰号、柯蔡观、洪正礼、王協茂、王集㒷、蘇綿㒷、□利㒷、高士盛各助銀一大員。

乾隆甲辰年季月吉旦。頂房住席僧漢月、監院仰山仝募化。

按：此碑現存文峰鎮三平村三平寺。

一六八八　萬善壇碑記

大清乾隆七年，盧有建萬善壇於乙山之後，祀大慈悲，收列姓乏嗣神主藏焉。時首事主及僧侍捐貲樂助者，臚名於匾，無容敘述。歷多載，無復有整頓之者。至乾隆五十四年，董事大洛陽國學生黃洪逑、國學生葉永凜、信士賴強瑜，覓請僧賴應泉和尚主之，募列姓紳士捐銀修理，置緣田緣租。樂善好施，陰功豈淺鮮哉！茲將所捐名姓勒石于左。

郡庠生葉中瑞謹誌。

徑言和尚耕作收掌寮口田。弟子葉原柄喜捨寮口田一段，税穀十四石正，登碑記。

董事大洛陽頂三名等共捐金員銀肆拾貳大員正。

葉朝光捐銀貳拾大員正。葉應坤太初公捐銀貳拾大員正。鄉賓葉蘆川公捐銀拾肆大員正。黃進男公捐銀拾貳大員正。貢生葉本潤公捐銀拾貳大員。

誥封奉直大夫蔡宗元、太學生葉原河公、郡庠生葉相公、太學生葉原海公、信士葉善繼公、葉善全公各捐銀拾員正。葉爲光捐銀捌員正。太學生葉夢賢、葉廷璧、信士葉廷□、葉元吉各捐銀陸員正。葉名揚公捐銀伍員正。太學生黃文彬捐銀肆員正。壽官陳有章公、壽官葉選伯公、壽官余應用公、鄉賓陳廷選各捐銀肆員正。黃永發公、葉永浸、至誠舖、葉文煥、協興舖、信士葉正朝、張貴遠公、陳天敘、江華謙公、葉天職、葉永歐、葉永渺、葉纘靈公各肆員正。鄉賓葉朝滔公捐銀叁員正。葉世員公捐銀叁員正。

太學生葉永崧、太學生葉永桃、太學生葉永章、太學生葉永紡、太學生葉永長、壽官余文雄、太學生溫子標公、信士葉昱華、葉弘蕊、葉德潤、葉里溪、葉紹興、葉原泰公、葉久良公、葉連光公、葉秉義公、葉基積公、信士陳源遠、余廷輝公、余暨初、余君豪、壽官葉名畿、葉永溫、葉成遠、葉大榜、鄭德麟公、曾承文、溫子遊、陳位加公、陳元育、陳繼智、林廷桐、葉德善公、葉正明、葉元魁、鄭登甲、鄭朝陽公、陳天秋公、葉肅齋公、林玉海、葉質慎公、葉寬柔公、葉容聯公、葉煉使各捐銀貳大員正。信士葉本敦公、葉天祥、葉紹德、葉紹聖、葉振才、葉正光各壹員正。信士賴文儒、葉必昌、葉際閣、葉本棕、葉本鈔、葉禮信、陳金揚、陳成文、曾瑞月、陳元才、葉光球、葉亨高、葉光華、胡元志、曾志英、廣興舖、葉士祥、葉信善公、葉文蔚、信士周□言、鄉賓葉調南公、鄉賓賴世美公、鄉賓賴兆成、鄉賓陳元義、太學生溫子成公、信士葉秀元、胡儒壽、葉本燦、汪廷業、汪廷標、江良玉、溫茂聖、溫有歲、溫永春、溫永顯、溫永仲、葉文選、翁表官公、翁廷喚公各捐銀壹員正。

一緣田，坐址田寮盂□□壠，又帶橋頭仔，又帶□□仔，又□石□□尾，□□□□五斗，□□拾弍石，□田拾石五斗。

黄永發祖進男公，喜捐入税粟一石弍斗正，田下黄庵口。

大清乾隆五十七年桂月吉旦立石。

按：此碑現存蘆溪鎮蘆豐村碧水岩寺。

一六八九　重修上湖家廟碑記

上湖家廟建自有明。國初，元禮公增蓋兩翼厢房，衆以閿塞爲嫌，前人議拆毁而未逮者，數十載于兹矣。辛亥夏，麟去官歸里。癸丑春，六房讌集，倡及前議，欣然樂從。共捐金六百有奇，照值估還房價。擇八月望日，興工拆卸，修理花胎，左右輔砛開溝，两巷口閘以石閘，於十一月三十日告成。非敢爲創也，亦由舊之意云爾。爰將捐

金、昭穆次序開列于後。

裔孫人麟謹識。

長房敬齋公三十員。二房雅齋公二十員。三房肅淡公二十員。四房義宰公三十員。五房五湖公壹百員。六房十世肅齋公十五員。石溪公十五員。昆山公十大員。凌峰公二十員。玉田公三十員。元禮公十六員。對皇公十二員。子亮公十二員。象乾公二十員。子英公十二員。英傑公廿四員。協經公二十員。遜華公十員。恕明公四十員。亦樑公十六員。玉友公四大員。樸正公五大員。光達公、永宗公、光燐公、漢若公、雙峰公、乘六公、文緝公、光焌公，以上二員。漢源公一員。啟南三十員。榮揚三十員。大鳳二十員。士傑十員。位四大員。濟淵四員。爲諶、人麟、峻巍、日生、文丁、文白、金確、天澤、永才、有素、瑞測、元章、素生、光煤、明昂、天霧、天久、文雄、文茶，以上二員。光珀、長鐮、潤、人鵠、人鼇、人鵬、天泮、天濤、文收、有怭，以上一員。

乾隆五十八年歲次癸丑十二月穀旦立。

按：此碑現存九峰鎮福坑村曾氏上湖家廟，碑名爲編者加擬。

一六九〇　上闈合約禁碑

從來安鄉之法，在於除盜；除盜之法，又在於先事而嚴禁。我上闈派下，人丁蕃衍，雖純良居多，恐敗類不少。兼有遊手好閑之徒，廉恥罔顧，匪僻是蹈，始則竊取畜産，繼則勾引穿挖。此種惡習，皆由父兄之教不先，故子弟之率不謹。

茲本房家約身先倡率，邀請衆家約仝行議禁：凡遇盜物件並盜錢銀，以及取非其有者，與窩藏、承受者，事無大小，均以盜論。許鳴鑼同搜，各家一人，不得推諉。就失主毗鄰之家，左右分從遍搜，毋使漏網。務要真贓，方見真盜，斷不得藉疑似而行拷認，亦不得囑盜□以凌善弱。反搜獲賍，據每家科費，邀仝家約，列名稟究。縱有強

梁拒捕，衆人失手打死，抑或知非自斃：係外來者，公同稟官；係本屋者，該盜之父兄當自行收埋，不得借斃命以滋釁端。自茲以後，各宜守分循法，勉爲心善。庶幾户不閉而遺不拾，風俗淳美，是所厚望焉。謹勒石爲禁。

嘉慶四年四月　日。立禁人：家長瑞玥、耀文、大勛、聯魁、瑞朋、瑞珠，房長紹明、乃唐、子邁、顯之，約保元爵、憲章、達德，仝勒石。

按：此碑現存九峰鎮黄田村曾氏宗祠。

一六九一　重建平和城隍廟碑記

蓋聞：城隍爲親民之神，守此土，庇此民，賞善罰惡，降福消災，故配祀於山川之外而更專以廟祀者，正欲昭其聲靈之儼在，而得遂斯民之請命焉耳。和邑城隍廟，建於前明正德年間，自康熙丁丑年邑前令巫公元東鼎新，嗣後范公廷謀、陸公惇宗相繼修葺，迄今歷有年所矣。殿廡摧殘，棟榱朽壞，幾無以妥神靈、以隆報賽。庚申冬，三韓張君毓齡署篆斯邑，與邑尉史君積章謀所以新之，遂捐俸爲之倡；而與邑之紳士衿耆擇令董率，則有校尉朱舜雅、監生石兆麟、監生曾藩、監生藍應瑞等踴躍樂將，不數月間已募有成數。辛酉春，鳩工庀材，宏其舊制，厰其幽邃，飾以金碧，自春徂秋，稍具大觀。張君旋即卸事，余奉銓莅和，入廟瞻謁，快睹維新，載捐薄俸，以期速成。閱明年八月，廟工告蕆，衆首善請記于余。余愧不能文，然思張君首倡之難，與夫首善虔襄之力、衆士庶樂施之功，不可不爲文記之，以垂永遠云。是爲記。

歲嘉慶七年壬戌八月穀旦，文林郎、知平和縣事錦江黄士堂敬撰。

署儒學教諭清溪白奇馨、訓導螺陽孫瑚篆額，典史史積章書丹。

署平和縣知縣張毓齡捐俸銀壹佰員。特授平和縣知縣黄士堂捐俸銀伍拾員。特授平和營游擊吉慶阿捐俸銀貳拾兩。原平和縣知縣袁文宿捐俸銀壹拾員。署平和縣儒學白奇馨捐俸銀壹拾員。署平和縣儒學孫瑚捐俸銀壹拾員。平

和營把總周奪元捐俸銀壹拾員。平和縣典史史積章捐俸銀貳拾員。原平和縣典史鄒茂烈、鄧鈞充公銀叁拾叁員。誥封奉直大夫蔡宗元公捐銀叁佰員。監生曾聖發公捐銀壹佰貳拾員。誥封奉直大夫曾伯流公捐銀壹佰員。貢生蔡宗茂公捐銀壹佰員。鄉賓莊樂耕公捐銀壹佰員。鄉賓曾駢侯公捐銀捌拾員。鄉賓朱宜伯公捐銀捌拾員。貢生曾弼明公捐銀陸拾員。監生朱國達公捐銀陸拾員。監生周乃河公捐銀伍拾員。貢生朱虞璿公捐銀伍拾員。

賜進士朱倬紱公、舉人朱開泰公、誥封奉直大夫江子澄公、候選州同曾灃、貢生周宏量、貢生朱宗海、監生朱大猷公、監生朱國英公、監生楊紹周公、監生朱國華、監生朱國貴公、監生鄭建光公、監生曾朝用、監生朱允鐔、監生曾紹統、監生朱步升、監生朱國選、監生游清馥、監生朱宗賢、生員曾承策、吏員朱文星、鄉賓吴景興公、鄉賓朱慶禹公、鄉賓王大參公、鄉賓曾勝夫公、鄉賓陳義正公、曾啟狀、鍾世洽、朱士金、朱光喜、朱長樽、曾士湘、沈德元、賴世績、李成科、曾時滄、舉人游友夏公、吴恩球，以上各捐銀壹拾員。

劉時雨、舉人曾天鳳公、外委曾國寶、監生曾瀚振公、生員曾魁梧公、監生鍾士治公、監生曾司夾公、監生朱國泰、監生鄭啟基、監生賴孚嘉、監生吴維中、監生李錦江、監生曾玉釵、監生陳德隆、曾文璉、鄉賓陳篤恭公、鄉賓楊文彩、鄉賓曾世應、朱士合、賴錫作、鄉賓曾必傑公、朱士躋、曾文帛、龔宗燈、曾文餐、周士偉、曾惟清、李志光、游時茂、藍國彩、曾士汶、陳必繼、劉聯池、杜天申、朱門葉氏、石門曾氏，以上各捐銀陸員。

廖峻峰、游光魯、徐有日，以上各捐銀伍員。

貢生楊先聲公、生員朱倬成公、生員游鼎鈺公、生員曾振紀公、生員朱時傑、佾生杜元珠、典吏朱元靖、鄉賓曾端恪公、鄉賓楊前墩公、鄉賓黄文耀公、鄉賓陳世榮公、鄉賓楊廷鏘、朱有謙、楊文志、龔廷拔、曾仁法、曾文清、朱國珍、朱士讓、江有淋、楊國埒、朱士訓、徐士深、朱士秕、曾日升、劉聯協、曾光牆、曾良漿、曾斌郎、曾士策、朱士泰、黄文禮、曾廷光、朱上企、朱静夫、陳宗岱、謝世宦、高朝瑞、楊國貫、陳有純、朱紹炭、曾永欲、謝日新、蔡文宗、莊立步、鍾元濱、曾天井、曾士藝、林清滿、曾士火、石有泉、紀寅果、曾兆全、王思、徐

士尊、謝光佑、劉元、朱門張氏、林門張氏，以上各捐銀肆員。

按：此碑現存九峰鎮城中村平和城隍廟。

一六九二　重建平和城隍廟碑記（二）

監生曾瑞藻公捐銀伍拾員。職員游黽山公捐銀伍拾員。鄉賓朱子濃捐銀伍拾員。

監生曾啟祚捐銀肆拾員。建寧府儒學教諭朱倬章公、貢生曾世績公、監生朱國忠公、鄉賓朱聲聞公、鄉賓張晋階公、鄉賓石文璧公、鄉賓林聖居公、鄉賓張文瀾公、銅壺林天聲等，以上各捐銀叁拾員。鄉賓曾錫侯公捐銀貳拾陸員。監生游長茂捐銀貳拾伍員。誥贈武翼大夫黄天祥公、澄坑曾大貳公、貢生曾即侯公、貢生楊清芳、貢生李璧樹、貢生葉本焞、貢生劉世昱、監生曾静輝公、監生楊天倫公、監生黄遜敏公、監生謝世英公、生員朱大成公、生員曾耀家、監生曾澤聚、監生游金鏞、監生曾永佑、鄉賓黄我融公、鄉賓吴司璧公、鄉賓吴士琅公、鄉賓蔡逢海公、鄉賓龔聲遠公、朱天晃、楊世煌、朱聖程、蒲澄海，以上各捐銀貳拾員。

監生陳志傑公、鄉賓游謹直公、典吏曾大火、翁員飲、朱時葱，以上各捐銀壹拾伍員。敕封奮武校尉朱舜雅、敕封修武郎劉懷明公、貢生吴維新、監生楊紹震公、監生藍應瑞、監生謝國材、職員李維藩、典吏藍際春、鄉賓李華蟾公、鄉賓曾宗玉公、鄉賓朱上珂、鄉賓陳邦琨、鄉賓朱上客、朱居易、李友金、林國輔，以上各捐銀壹拾貳員。

漳鎮城守營把總朱振芳、監生曾國樑、監生李員璣、監生李員鳳、監生游克寬、鄉賓賴侃直公、朱芳烕、徐荣吉、徐員梅、曾廷概、朱有素、朱士□、曾光汀、朱文分、朱海岱、朱攀瑞，以上各捐銀捌員。監生石汝璧公、監生游清佐、監生曾文新、監生曾務、監生朱凌雲、監生曾友慶、監生曾清汀、監生陳君臚，以上各捐銀肆員。監生游金俊、監生曾永安、監生陳文燮、佾生陳荣全、鄉賓鄭雲和、鄉賓楊中協公、鄉賓朱文□、朱文盤、葉陞、歐陽□、鍾宸錫、林國素、朱文賞、張琦男，以上各捐銀叁員。

貢生曾青錢、貢生陳□睿、誥封武德郎曾大廖、監生鍾士芳公、生員李清熙、曾亦師公、曾擇其公、曾士貴公、黄文堅、曾國璽、曾天就、曾天信、曾士坤、朱澄源、張思昂、吴必傑、游中洲、林文幹、林朝盛、朱文貌、蔡長湖、朱士堤、楊巨涵、朱比兼、龔振盛、陳吾賛、朱文營、許士員、林桂生、蔡時密、朱文梓、曾廷球、張天佑、龔天增、黄典賓、曾作梅、曾猷、曾裕後、朱士衆、曾志慶、張天奇、朱遜明、鄭天台、曾丹桂、朱士清、黄文純、朱水養、林清和、朱世巧、劉登佳、楊良梓、陳雙和、曾其亨、鄭維金、鄭維義、曾文李，以上各捐銀貳員。

吴士曲、石鉅、徐泮水、陳秦，以上各捐銀壹員。

今開募捐餘額共叁仟捌佰捌拾叁員，龍柱、門龍、捌角柱、方柱等件價銀肆佰貳拾伍員，總共銀肆仟叁佰零捌員，餘捐木料在外。

按：此碑現存九峰鎮城中村平和城隍廟。

一六九三　重建平和城隍廟碑記（三）

舉人曾善純公捐大殿拜亭青石龍柱壹對、後殿拜亭八角石柱壹對。朱振文公捐大殿點金青石龍柱壹對。鄉賓楊西坪、楊瑶叟公捐大殿點金白石圓柱壹對。鄉賓朱疊峰、候選同知朱沈耀公捐涼亭八角石柱壹對。鄉賓石連霄公捐儀門石門龍帯方柱壹對。鄉賓朱華斗公捐大門前步石方柱壹對。鄉賓石丹崎公捐大門内步石方柱壹對。監生曾大嶽公捐儀門前步石方柱壹對。監生曾國姿公捐大門石門龍臺條。典史曾大火捐儀門石門坪鋪石叁拾丈。信士曾金最捐大門架龍石方柱壹對。監生曾秀玉公捐涼亭八角石柱壹枝。監生朱國標捐大殿八角石柱壹枝。監生朱尚德捐大殿八角石柱壹枝。貢生朱鳳翔捐涼亭八角石柱壹枝。朱天晃捐儀門石門崎壹對。舉人朱象乾公捐大殿楝樑壹枝。鄉賓朱宜伯公捐後殿楝樑壹枝。鄉賓曾文清捐大門儀門楝樑貳枝。朱士泰充運大桁貳枝。劉必騫捐杉木壹拾伍枝。楊有奇公捐杉木拾貳枝。楊有緒公捐杉木壹拾枝。楊息霞公捐杉木壹拾枝。黄中立捐杉木拾壹枝。黄維敦捐杉木壹拾貳枝。

慈源同人捐銀貳拾員。游福善同人捐銀拾貳員。范侯同人捐銀捌員。長壽同人捐銀捌員。三官同人捐銀陸員。萬壽同人捐銀肆員。福全同人捐銀肆員。孝友同人捐銀叁員。天官同人捐銀貳員。義合同人捐銀貳員。新興同人捐銀貳員。共收捐銀四千三百零八員，賣柴片舊料銀一百二十員，估價變賣蚊帳被銀九員，前典道田收回典價銀七十員，董事廿二人科銀一百零五員，題捐慶成十二人銀四十八員。總共用銀四千六十員。

本廟緣田税額，開列於左。

邑侯鄒公田：一址南門洋大路邊水路丘，年載税伍石陸斗正，佃曾往；一址南門洋水路丘，年載税陸石肆斗正，佃曾爽，納雞米半付；一址南門洋大路横圳水路，年載税捌石正；一址南門洋柑仔脚大丘，年載税肆石正，給廟祝杜紹耕收。

守府胡公田：一址雙髻山，年載税壹拾石正，佃曾城，納雞米壹付、飯頓壹頓；一址雙髻山，年載税肆石伍斗正，佃曾潭，飯頓壹頓。

邑侯朱公田：一址張坑鳥仔窠，年載税伍石伍斗，佃曾梅、曾時，飯頓貳頓。

邑侯王公田：一址接官亭後，年載税壹拾貳石正，另佃皮穀捌斗正，佃朱批，納雞米壹付，豐盛飯頓壹頓；一址茶洋朱家祖祠前，年載税玖石正，給道士收，佃朱連、朱森。

邑侯張公田：一址上坪地窠裡虎邊崗，年載税壹拾捌石正，佃朱郁、朱辣，内帶灌水塘二口、荒埔一所、地基一所，納雞米壹付，飯頓貳頓；一址上坪虎邊崗砌石路，年載税壹拾貳石正，佃朱爾；一址上坪井邊仰天丘，年載税壹拾伍石正，佃朱延等，合辦飯頓。

本廟公置田段：一址新洋樓前，伍大丘，年載税壹拾伍石伍斗，另糞土穀叁石正，佃曾聰、曾宗，納雞壹隻，飯頓貳頓；一址上坪北坑馬田裡，税額壹拾肆石，今納捌石大，佃朱儼等；一址上坪，税柒石伍斗正，今納黍園税錢叁千伍百文，佃朱仁等。

募捐：掌教書院曾青錢、舉人楊定國、舉人朱元魁、貢生曾瑞明、監生曾瑞朋、監生朱國標、監生朱景誥、生員曾擎青。

董事：貢生楊振文、監生朱國華、監生游清佐、監生曾啟祚、鄉耆曾世應、鄉耆朱上珂、鄉耆朱文炋、子民曾輝煙、典吏朱元靖、協理數李友金、守廟道會司杜通顯。

大總理：校尉朱舜雅、監生石兆麟、監生藍應瑢、監生曾蕃。

按：此碑現存九峰鎮城中村平和城隍廟。

一六九四　高隱寺重修緣碑

此寺高據諸山之頂，隱修幽岩之深。是以昔人選勝，莫不以此爲之。及後世朝代嬗遞，□風雨漂摇。住持僧雲中于是募化和、詔二邑眾君子，因其舊制，修其楹桷，塑繪重新，輪奐更新。則慈光用以遠映，而樂善好施之士，亦堪並誌不忘也。乃囑工勒石，題其名以垂永久矣。

特授榮禄大夫黄靖公助艮二十元。

楊寔生、李百歲、張士傑各助艮六元。信生江天球公、信生貴英公、信生廷敬公、信生廷鎬公各助艮五元。士英公、信生廷芳公、歲進士顯揚、信生步雲公、悦三公、邑賓士偉公、邑賓張士賢、張士從各助艮四元。

邑賓賴明之公、信生林元榮公、李光選公、信生特群、信生德潛公、裕謙公、煥彩公、起禮公、邑賓爵升公、雲喬公、信資公、葉升公、聯升公、張維碧、張維新、鍾元收、信生張天錫公、林子芳公、陳可珍公各艮一兩。

心田、心□、世潁、舉人國安、舉人朝良、信生啟泰、心袍、父臣公、頋可公、嚴洪報、張維龍、張維濂、張維贊、張維奎、張維照、世彭、貢生鳴鳳公、信生大雅公、生員起鳳公、□□公、信生舟□公、□□、信生□□、信生□緑、世薦、曾□生、張要、李子□、陳□□、誥封生員李□□、□□□、孔招公、信生□朝公、維聰公、□

文公各助艮一元。〈下缺〉

嘉慶甲子年葭月，住持僧雲中立。

按： 此碑現存大溪鎮赤安村高隱寺。

一六九五　重修三平寺碑記

欽命福建分巡海防汀漳龍驛傳兵備道景捐俸〈下缺〉。石碼海防分府□捐銀拾員。福建漳州右營中軍府曹捐銀拾員。奉直大夫黄天培捐銀貳拾員。内部主事陳光輝捐銀肆大員。總理石碼場費捐銀伍大員。南勝汛駐防廳李捐銀伍員。試用分縣陳步雲捐銀肆大員。誥授中憲大夫洪文機捐銀拾貳員。誥授朝議大夫陳廷科捐銀肆大員。

太斈生楊□金仝弟姪捐銀陸拾員。太斈生廖仲彩捐銀叁拾貳大員。信士孫祖榮捐銀壹拾陸大員。太斈生楊本鋒捐銀壹拾貳大員。太斈生應青捐銀壹拾貳大員。太斈生陳大□捐銀壹拾貳大員。信士林竹捐銀壹拾貳大員。信士陳生观捐銀壹拾貳大員。信士趙希文捐銀壹拾貳大員。大洋鳳元樓捐銀壹拾貳大員。内林增輝樓捐銀壹拾貳大員。青山堂会内等捐銀貳拾陸大員。成德堂会内等捐銀壹拾伍大員。埔□社会内等捐銀壹拾肆大員。長生堂会内等捐銀壹拾貳大員。

州司馬陳樹烈、貢生黄□禄、貢生陳天福、太斈生楊長域、鄉大賓蔡寬正、信士王□鋒、水湛□慶樓各助銀拾員。太斈生謝國材、太斈生李維源、信士許熊观各助銀捌員。州同知陳大華、歲進士陳廷□、庠生范江、庠生李贊治、信官王德宏、信士林振观、張振盛、蘇登岐、龔□朝、瑞興号、茂林号、□荣堂、□春堂会、管□堂、致和堂会、和餘堂会、慈濟堂会、□慶堂会、后園社会、古蓬社会、郭門張氏各助銀陸員。龍岩帮、平寧帮、三殿堂会、興仁堂会、和敬堂会各助銀伍員。

鄉進士陳天鵬、貢生吴□鏘、貢生鄭□培、庠生蔡淪合、太斈生盧若□、太斈生趙由泰、太斈生陳朝鳳、太斈生李超綸、太斈生□□德、太斈生周廷揚、太斈生李化鯤、太斈生胡登選、太斈生趙順元、太斈生□建瑄、太斈生

□應肅、太斈生江中英、職員陳尚德、□□郭輝遠、莊名世、周尚□、方岐观、謝振純、魏□昌、王益三、李協利、陳□□、翁振昌、王長寅、吴國楝、張林春、李成高、許子瑚、莊振□、陳正□、許光明、林纘芳、盧□观、蘇寅、蘇講观、鄭福观、唐元雲、許大用、徐炳文、□□柒、瑞珍号、濟河号、聯茂号、柔遠号、開興号、廣興号、□山号、協盛号、德隆号、五美号、芳茂号、順堂班、□□堂、齊華堂、齊雲堂、存誠堂、長春堂、濟心堂、嘉德堂、錦雲堂、磊雲堂、存敬堂、一心堂、覺心堂、興德堂、蒼華堂、朱華堂、恆山堂、陳州会、□度会、太江会、鳳塘会、西月会、田中央、松浦会、東山□各助銀肆員。

貢生李呈瑞、太斈生李呈祥、太斈生顔斯達、太斈生林斈源、鄉大賓林成瑚、信士鄭芝三、南靖帮、蔡□珍、余南興、蔡合隆、陳洵观、陳雙□、蘇濟□、孫祖顯、王志誠、協慶堂、顔厝前、林埔会、□前会、陡門頭、信奶蔡門高氏、信奶許門康氏各助銀叁員。

貢生□宗繩、貢生李宗邦、庠生蔡鳳騰、庠生吴洙英、庠生林淺明、職員林浚明、職員林□衡、職員陳維□、職員李維藩、太斈生□□、陳濟川、周仁顔、盧協和、李貞吉、徐國偉、陳光邦、鄭鳴□、蔡維屏、洪廷遵、曾志□、蔡衍瓚、張玉基、蔡國樑、林光建、林初革、趙德峰、黄聯□、黄天□、黄□溪、高大訓、李元□、許雲□、鄉大賓林思齊、信士陳帆观、陳錦隆、紀坤观、郭田祥、郭光澤、黄錦潤、黄國佑、薛□观、□友观、鄭駿發、□芳柏、盧柏川、郭宗傑、陳順利、林德成、林標□、林右文、林志廷、方懷尚、黄時耀、林長檀、李清錦、康邦楝、陳輝烈、蔡東□、鄭□蒼、盧秉□、何志銘、魏典常、陳金水、戴長榮、謝敦傳、孫應元、陳國佐、蘇□□、林□□、李承□、李二□、李□观、林居正、李拜傑、高饒观、林振英、李□观、林振郎、林芳蓮、林其爽、蔣大成、黄總□、王合興、王天□、柯玉□、許西□、顔朝□、□□□、□□□、□□□、□□□、□□□、□□□、林□□、蔡□記、鄭宗典、張紹□、鄭□□、蘇海□、鄭□□、黄□泉、□□資、□□□、□□□、□□賜、□□葩、□戴观、□隆行、□□□、□興□、德川□、福□□、□源□、□□□、□□□、□□□、□□号、□□号、大□

号、開興号、隆盛号、□□号、益隆号、瑞興号、□□号、□茂号、□□号、□□号、協豐号、□南号、益利号、元亨号、□□号、□川号、川□号、瑞川号、□川号、高□号、益豐号、□□号、宜興号、□□号、長盛号、□□□、如茂号、□□号、林□号、吉茂号、集興号、茂林号、德和号、□□号、□□号、東□号、□□号、開泰号、□□号、振□号、春林号、協□号、□□号、□□号、茂盛号、□□号、□□号、振□号、□升号、金□号、雙茂号、□盛号、霞瑞号、德隆号、□盛号、日盛号、鼎興好、□□□、□□□、□成号、□□□、瑞生堂、□敬堂、齊興堂、□□堂、文□堂、□斗堂、吉水堂、震興堂、□□堂、彩順堂、□□州、□湖□、南□□、上地□、□村□、陳征□、□弟会、前浦会、河□会、后□会、□□□、□□□、信奶施門黄氏、信女施門□氏，以上各助銀貳大員。

嘉慶拾壹年丙寅□月吉日，主持僧亦□、梵□、徒五紘仝募化立石。

按：此碑現存文峰鎮三平村三平寺。

一六九六　靈協祠鼎建碑記

捐題緣金姓名，開列於左：

大賓曾五輝公捐銀捌元。大賓曾兼佑公捐銀□元。太學生朱□□公捐陸元。生員曾世宣捐銀陸元。太學生曾世祠捐銀貳元。太學生曾世富捐銀貳元。太學生曾振光捐銀貳元。信士曾長佳捐銀貳元。□□□□□□□□、□□公曾孫曾文柱、曾浮湧、曾明□、曾明□、曾式木、曾包儀、曾世□、曾日章、曾伯重、曾輔林各捐銀壹元。曾明鳴捐銀壹中元。

嘉慶拾肆年蒲月穀旦立石。

按：此碑現存九峰鎮靈協祠。

一六九七　課資題名記

竊謂樂育賢才，固在鼓舞有人，尤在陶成有藉。我四世祖志祥公遺下，派衍爲五，未曾建置書租培養後進。乾隆丁未之春，新議欲捐題，以爲會文之需，衆皆樂從。不日之間，各隨意量，得金四百餘。此數雖少，然就其息以資會文，自有餘裕。累而積之，將赴試者助有資斧，幸售者贈以彩紅。人文之蔚起，庶可拭目而候。况我房好賢者不少其人，今雖未及遍聞，異日必有不願人之獨爲善而樂捐者。遂命工鐫諸石，以誌不忘云。

吴坑股：時録銀四十員。懋捷銀三十員。時鈞派銀廿四員。懋賞銀廿三員。淮清派銀十四員。團官銀十二員。鋭睢銀十一員。升焕、翌周、明官銀各十員。懋順銀八員。質直派、時芹、宏洛、參官銀各六員。笨官、和鈞、廷興、山官、分官、霸官銀各四員。曲官、景興銀各四員。日升銀一員。金捷派銀二員。

葛坪股：元漢銀廿八員。元晋銀廿八員。警言派銀二十員。愧虞派銀二十員。偉民派銀十員。翌明、天抱、維佐銀各八員。次懋派銀六員。荆水、海官、文官銀各二員。

古林股：仲甄銀二員。四恩銀四員。

白水漈股：元豐派銀二十員。明隆派銀六員。

大垅股：藉官銀六員。

乾隆丙辰年，買來下尾田四斗種，價銀九十大員，全年結寔税八石。

嘉慶戊辰年，買來石厝寨嶺仔頭田二斗種，税粟九石五斗；買來糞箕湖田一斗種又五升，税粟七石。二項共銀二百六十員。

嘉慶戊辰年，買下湯寶塔仔田一斗種，税六石，銀九十六員。又買南寮雷打石田一斗，税三石六斗，銀五十四員。

辛未年，買東坑田中央樓后田二斗，税八石四斗，銀一百四十員。又買東坑竹林溪田一斗四升，税五石，銀八

十四員。

辛未，買南寮梨樹厝田一斗半，又竹樹后頂墓下墓田共二斗五升，共二百六十大員，共稅十四石七斗。

乾隆五十二年夏季穀旦，董事：維新、孚中、伯寬、以文仝誌。

嘉慶辛未秋立石。

按：此碑現存坂仔鎮心田村賴氏家廟。

一六九八　平和武廟碑記

謹將石獅、石香爐、長牌、執事什件捐題人名開列於左：

生員楊捷登捐艮十大元。生員林選青捐艮六大元。監生林聲洋、生員楊昭、葉志高，以上各捐艮四大元。生員黃德威、曾承烈、朱騰芳、石奮揚、黃朝選、朱凌章，以上各捐艮三大元。林殿英、朱汾功、周景星、周殿瑩、生員李捷英、生員曾耀武、生員朱元英、盧校山、蔡克鐺、蔡夢熊、黃邦翰、林邦國、曾捷登、曾錦發、朱廷熒、生員蔡克勛、黃豐國、曾國輝、朱其繩、曾寶平、朱俊德、曾奠邦、黃大文、林宗元、盧鷹揚、李良材，以上各捐艮二大元。生員朱瑞芳、李維潘、李維城、葉聯魁、曾德珍、朱光輝、朱夢祥、李定揚、曾繼莊、曾光輝、王其相、何天衢、何天登、生員林光榮、何長春、葉青山、朱明學、楊嘉興、朱浮陵、朱熙齡、朱德華、朱世芳、朱蟾芳、曾世基、曾念祖、江孔揚、生員林光□、林元董、何振沂、曾時陸、曾和鳴、黃開弟、黃高□、林一峰、朱良材、朱際芳、朱□聲、張朝清、林世昌、生員楊英光、林長□、張連登、周國興、周國英、曾世耀、楊□、曾國烈、周金□、周國賓、賴過□、陳捷元、陳廷瑞、蔡輝邦、張占魁、□西銘、盧錫莊、盧光中、盧止□、盧用□、盧國□、朱德陳、□□魁、□維揚、黃捷、朱維揚、林紹榜、黃世安、周元賓、李應魁、周應元、周奠□、周秉忠、朱□三、盧朝□、□□□、張雲從、張雲輪、朱雲衢、曾繼周、盧□瑩、張□、黃淮□、黃□□、林有珍、黃烈、黃傑、朱

□□、吴鵬飛、朱鳴鵬、朱逢時、楊鵬飛、林國球、朱桂飄，以上各捐艮一大元。

嘉慶辛未年，董事：舉人吴景揚、舉人楊寶山、生員楊居仁（捐艮十大元）、生員曾光泰、生員曾世英〈下缺〉。

按：此碑現存九峰鎮平和武廟。

一六九九　追祀邦畿媽功牌記

大凡功于祖者，宜配廟宇，以崇禋祀；踵前徽者，應追祖德，以廣孝思。若邦畿媽者，献廟地於我族，合千金而不售，心田之獲庇，寔邦畿媽之功也。祖廟告竣，族人議充地主一龕，尊其享祀。邦畿媽竟讓翁姑，而不自入。此其孝行，誠令人欽仰而莫及者矣。玆族人追念其功且德，欲將邦畿公媽神牌迎入地主龕内，以享宗祀。邦畿媽遺下孫曾，感族人之追尊，願充左護地三間，付族衆盖築，安置祖廟公器，併公務要用。此舉尤見邦畿媽之功昭于奕禩，而子孫又善于繼志者。爰立石以誌不忘云。

嘉慶癸酉八月吉旦，十四世姪孫蓮花、若餘述立。

按：此碑現存坂仔鎮心田村賴氏家廟。

一七〇〇　重修塔殿併義壇功德牌記

十方樂助緣金紳衿、善信姓氏，開列於左：

透壠信士張瑞瑛姪等捐銀捌拾陸大員。義路庠生楊慕賢姪等捐銀捌拾大員。流崗貴山堂香會捐銀叁拾弍大員。太庠生王懋昭前重鋪中殿蓋頂磚。信女張門吴氏捐銀弍拾捌大員。文峰大洋鳳元樓捐銀弍拾肆大員。海澄謝蒼東河社捐銀壹拾陸大員。信士張高陞捐銀壹拾陸大員。信士張文□捐銀壹拾陸大員。龍溪縣内長生堂捐銀壹拾陸大員。信士楊祖淑捐銀壹拾陸大員。太庠生王懋昭捐銀壹拾弍大員。信士張志鴿捐銀壹拾弍大員。信士蔡德泉捐銀壹拾弍

大員。霞漳有誠樓捐銀壹拾弍大員。虎渡慎齋堂捐銀壹拾弍大員。霞漳怡敬堂捐銀壹拾弍大員。瀝陽社香會捐銀壹拾弍大員。鳳塘社香會捐銀壹拾弍大員。龍溪餘慶堂捐銀壹拾弍大員。崇福社捐銀拾壹大員。

太斈生謝鵬飛、信士林興仁、楊本鈖、楊本鈺、鄭登貴各捐銀拾大員。太斈生吴天喜、信士黄洲观、康逢讓、謝神祈、秀果堂、慶善堂、董沅社、滄溪社各捐銀捌大員。太斈生張立政、太斈生廖大椿、信士林振英、許青華、張立廷、張瑞堧、張瑞□、協敬堂、存誠堂、紫雲堂、振興堂、恆山堂、吉慶堂、蒼荣堂、□□堂、延禧堂、松浦□、顔厝前、西月社、王江社，以上各助銀陸大員。舉人吴□元、貢生陳英才、職員周文璉、太斈生□輝西、太斈生□天誠、太斈生陳大崇、太斈生黄光廷、太學生楊本鋼、信士蔡以文、信士張林春、信士黄良泮、信士林纉芳、林輝观、胡登薦、林啓昌、余勉观、張立朝、蘇港观、林瑞芳、許熊观、金逢春、徐文現、何□璋、張光國、楊世澤、楊世□、許德水、郭葛樹、植德堂、齊華堂、順和堂、齊心堂、協成堂、上林堂、一心堂、和敬堂、齊興堂、瀚慶堂、石際堂、英華堂、錦雲堂、雲輝堂、西園堂、長福堂、慈濟堂、純福堂、彩順堂、管華堂、豐慶堂、發雲堂、霞瑞宫、通天宫、和清堂、陳建本、上車苑、南山社、北斗社、東苑社、湖苑社、翠林社、宅前社、蘭庄社、陡門頭、檀林社、后房社、洋尾墘，以上各助銀肆大員。信士蔡進生、張内本、張附墉、陳天協、長奉堂、和順堂、合和宫、宝珠峙、□里社、林埔社、霞里社、港尾社、后巷社、河裡社、信女子吕□氏各助銀叁大員。

太斈生林三瑛、信士許畚观、捐銀肆大員、貢生李宗邦、庠生吴際揚、太斈生蔡登甲、太斈生林呈玉、太斈生余國炳、太斈生何濬哲、太斈生陳大猷、太斈生蔡廷璉、太學生蔡猷儀、太斈生吴三讓、太斈生林啟道、信士蔡廷標、張□達、蔡皇奏、柯爲盛、陳碧水、鄭□彩、陳必捷、何□龍、□□观、徐□夫、蔡晃观、顔□捷、楊春□、陳練观、林庇佑、薛耀文、余國振、林匪席、余國□、林匪茅、蘇振鳳、蔡日銘、鄭仕观、陳振興、蔡牛观、蔡德河、張如□、何篤勸、蔡双交、孫家修、鄭良公、余準观、蔡合成、余辛金、林飄香、余□泮、洪其静、高嘉順、謝應鴻、余若思、黄聖應、林郎观、林向泰、吴再添、吴順荣、林紹廷、姚香观、林纘英、吴金定、林山□、□乾

观、林□□、□□□、余則至、盧際會、盧援山、盧守禮、盧援奇、郁文居、源隆行、□來号、德興号、合茂号、信女來姐，以上各助銀弍大員。

大清嘉慶戊寅年桂月穀旦立石。本山僧啟寅元孫五紘裔孫性慕、性良仝募化，吉旦立。

按：此碑現存文峰鎮三平村三平寺。

一七〇一　重修崇福堂碑記

嘉慶庚辰年臘月立碑吉旦。

朱崇義公捐石柱貳根，又捐銀拾貳員。朱騰旺公捐銀拾貳員。朱克政公捐銀拾貳員。貢生朱應揚捐銀拾貳員。朱鵬書捐銀拾員。朱近峰公捐銀捌員。朱國泰公捐銀捌員。信士謝五風捐銀柒員。曾大二公、曾宗玉公、楊穀立公、朱輝斗公、朱興瑞公、朱聯塘公、朱廷輝公、朱環璞公、朱耀吾公、朱明弼公、曾志聞公，以上各捐銀陸員。朱仲晻公捐銀三員。朱勤樸公捐銀三員。信士朱文歲捐銀貳員。朱湧泉捐銀貳員。黄大成捐銀貳員。

朱真亮公、朱静逸公、朱梅敦公、曾廷進公、朱贊義公、朱惇恪公、朱湖廷公、朱明發公、朱明珠公、朱聲聞公、賴從新公、朱我近公、朱我雲公、朱國達公、朱汶霖公、曾整南公、朱陽明公、賴日新公、貢生曾人耀、貢生曾紹擎、貢生朱九清、貢生朱平原、監生楊達智、監生朱瑞昌、監生朱雲鯨、監生朱慶雲、監生朱高源、監生游清馥、監生曾文新、監生朱良山、生員朱凌山、校尉朱舜雅、吏員朱時蒽、吏員朱光郎、朱仲三公、朱受益公、鍾士芳公、監生廖益順、朱聿來公、藍□直公、朱予禦公、朱宜敏公、朱良友公、朱君哲公、朱少若公、朱彰明公、朱慕賢公、朱大成公、生員曾珍、生員曾辰聲、生員朱元揚、生員朱先登、生員朱連登、信士朱朝追、信士游文雷、曾蓬萊、朱應雍、朱朝境、曾明談、張楨煆、劉成家、沈元醮、戴石、道士邱瑞麟，以上各捐銀壹員。

福户：東嶽頭共助貳百拾工。澤洋共助壹百拾工。南山尾共助壹百肆工。

董事：信士朱士揖、朱啟點、朱士沙，貢生朱宗海，信士賴啟群。
總理：州同朱尚德、信士朱士監。
按：此碑現存九峰鎮復興村崇福堂。

一七〇二　重修崇福堂碑記（二）

嘉慶庚辰年臘月立碑吉旦。

監生曾澤濕捐銀肆拾員。貢生朱聯芳捐銀貳拾員。朱國瑞公捐銀拾叁員。朱國楨公捐銀拾貳員。朱國標公捐銀拾貳員。州同朱尚德捐銀拾貳員。監生賴啟滚捐銀肆大員。監生楊上苑捐銀叁大員。監生朱金榜捐銀叁大員。

監生劉世顯、監生曾獎賢、監生楊德鳳、監生曾紹拾、監生曾澄瀾、監生楊巨潭、監生楊信義、監生朱錫金、監生游長炎、監生杜元珠、監生朱有輝、信士朱科埸、曾成儀、朱文氏、王思元、朱成溪、朱尚森、林國素、朱士船、朱啟調、朱晉選、朱晉爐、賴元道、賴啟潭、邱廷華、朱士荘、朱志恭、曾文瑄、朱士臘、朱晉滿、朱士掩、朱朝崇、朱水勇、曾傳壘、吴恩球、朱嘉珥、黄勇、朱時□、朱時預、朱士□、朱士諮、朱志恭、曾文煌、曾士印、朱江沱、朱傳代、朱光權、朱建功、林秀潔、曾得水、朱士露、朱士納、朱士紹、朱紫衍、朱雙輝、朱海生、朱國錢、朱朝煖、朱國針、朱紹器、朱紹惠、朱金瑄、方廷珍、朱瑞鋭、蘇國决、朱士富、朱默昌、朱開基、曾昆玉、朱大拔、朱士分、朱文紫、李對郎、曾新蓋、朱龍祖、朱士景、朱廷粟、鄭正春、朱敬緝、曾士蒲、曾文焙、曾承淇、朱啟月、朱榮生、張清泉、鍾世洽、朱國睿、朱士觀、朱達尊、朱志岳、朱元輪、蘇國熙、吴文貴、葉振光、朱廷余、朱朝坐、朱光營、鄭逢春、朱五典、王連興、朱應舉，以上各捐銀壹員。

監生曾善夔、朱晉箍、朱文麟、朱士草、朱文涓、曾紹珠、楊潤心、楊天同、朱晉課、朱瑞漸、朱瑞哲、朱志統、朱晉山、朱晉藏、朱晉丕、朱文辨、朱朝多、朱朝曆、朱晉斗、朱良納、曾貞鋭、李清熙、朱元進、朱新泉、

朱朝迦、朱紹六、朱國際、謝國拔、龔海生、許士元、曾再生、曾金七、朱士慈、杜學文、杜向南、朱朝熾、朱廷炙、朱朝德、朱朝迦，以上各捐銀一中員。

按：此碑現存九峰鎮復興村崇福堂。

一七〇三　重修萬壽堂碑記

大悲者，佛之变也。佛由聞而覺，始於聞而能無所聞，始於無所聞而能無所不聞。無所聞即其無所变，能無所不聞即其無所不变，無所不变即崇祀無所不誠。吾鄉於五社中擇地尤勝者，建廟宇以祀之，造自萬曆己酉年。規模宏敞，体勢巋昂，匾其堂曰『萬壽』，蓋取無疆之意焉。但歷年久遠，風雨傾頽，見者唏嘘。道光元年，董事共謀葺修，捐金踴躍，飭材庀工，未久落成，廟貌儼然，輪奐聿新，有媲美前制而過之象，洵境中一大壯觀也。既而請記於余。余思神以变爲道，人以名爲貴。凡言事易，作事難；作事易，成事難。諸董君言必作、作必成，以名爲貴者名亦以成。然其所以能成，非自成也，必有聞於無所不聞、变於無所不变者然以成之者也。

庠生曾自任敬記。

曾訥齋公捐銀叁十元。曾福田、寬粟、欽仁公捐銀弍百弍十元。鄉賓曾瓊生公捐銀壹百元。庠生曾立捐銀弍百零弍元。貢生曾勝利捐銀叁十元。監生曾澤濕捐銀叁十元。庠生曾次卿公捐銀弍十元。監生曾元麒捐銀弍十元。監生曾清確捐銀弍十元。曾繼禧捐銀弍十元。生員曾雲機捐銀十六元。貢生曾光享捐銀十五元。鄉賓朱仲廷公捐銀十弍元。鄉賓朱文寧公捐銀十弍元。鄉賓朱文希公捐十弍元。福里石共三十五人，捐銀叁十元。

敕封文林郎貢生曾顯揚公、鄉賓曾君奠公、貢生曾鷹翰、監生曾金欽、鄉賓曾樂善公、監生曾維周、曾傳享各艮拾元。監生曾殿邦、曾再生、曾泉涓、曾傳蘭、曾毓昌各艮捌元。曾昆峨公、曾傳屏、曾繼暢各艮七元。曾司英公艮六元半。貢生曾榮耀公、鄉賓曾毓潆、太學曾象新公、太學曾式容、貢生曾紹擎、曾崇苞各艮六元。太學曾玉

衡、貢生曾玉瑳、曾莒徵公、曾傳瀚、太學曾國楨、庠生曾珍各艮五元。曾游氏太君、曾立正公、鄉賓曾毓銀、鄉賓曾傳坎、曾繼重各艮四元。生員曾有光、生員曾振揚、太學曾謙中、太學曾文新、曾傳清、曾傳揖、曾繼慈、曾毓水、林文昂、曾繼麟、曾傳者、曾傳主、朱榮蘭、朱榮水、曾騫寶、吴清旺、黄世春、曾傳皮、曾廣令，以上各艮叁元。曾傳池、曾傳捷各艮弍元半。庠生曾啟貞公、庠生曾耀家、太學曾秀靈、太學曾允揚、曾傳柒、曾傳最、曾傳致、曾傳彭、曾傳伯、曾繼吾、江永熟、江永喬、曾繼駒、曾傳巢、曾敬和公、曾毓炎、曾傳爐、曾易直公、曾繼梅、曾傳商、曾毓杏、曾傳樹、曾傳釵、曾傳茂、曾傳透、曾繼萊、曾傳檻、曾繼福、曾毓福、曾毓注、楊步梯公、黄錫芳公、朱世訓、朱世奠、曾傳衍、陳學桂、林文彩、林文胆、吴清淡、江世洳、曾廣蓬、曾佑華公、曾傳昌、朱大善公、貢生曾濟寬、庠生奇選公，以上各艮弍元。太學曾佑珍公、曾傳依、李士養、江宏灼、陳成生、陳成旭、曾傳熖、曾傳道、曾傳維、曾傳偉、曾繼頏、曾繼交、曾毓奕、曾寒奇、曾繼渟、曾傳栽，以上各艮壹元半。

按：此碑現存九峰鎮黄田村上庵邊萬壽堂遺址。

一七〇四　三平寺祭田碑

蓋聞：孝行爲先，續後爲大；上下相承，祭祀是重。痛絃自幼出家，俗無兄弟，父母去世，神位無依，安奉在寺。第恐世湮年遠，香烟沉廢，絃願將勤積鉢貲私置苗田壹段，大小坵數不等，受種子壹斗，坐址坑園和尚墓前，年帶寺租，照仗完納。遂將此田捨入霞房常住收掌，永爲父母配享之田。又約每年清明之節，常住抽出佛銀壹員，交絃裔孫等到山省坟掛紙。此係公議情願，不得日後生端取贖。絃恐口無憑，立石爲記。倘有不肖者局謀世豪，強買此田，祈寺衆抄録牌文，呈官究治，以繼香煙。陰騭之功，永垂不朽云爾。

此契絃在佛前化火矣。

道光六年十二月穀旦，僧五絃立石。

按：此碑現存文峰鎮三平村三平寺，碑名爲編者加擬。

一七〇五　三平寺祭田碑（二）

蓋聞：孝行爲先，續後爲大；上下相承，祭祀是重。痛我先師父自幼出家，俗無兄弟，父母去世，神位無依，請安本寺，奉祀香紙。不幸先師已往，痛念香烟難繼。茲徒等仝議，師父在日，勤積鉢貲，有私置苗田壹段，大小叁坵，受種子壹斗，坐址方□牆仔脚，年納寺租，照仗完納。今徒等公議，願將此田捨入霞房常住收掌，永爲先師父母配享之田。約逐年清明之節，常住抽出佛銀壹員，交僧裔孫等到山省墳掛紙。此係公議情願，不得後日生端討贖□□。徒等恐口無憑，仝立石爲記。倘有不肖者局謀雄豪，強買此田，祈寺衆抄録牌文，呈官究治，以免絶我先師父之父母香烟。陰騭之功，永垂不朽云爾。

此契仝在佛前化火。

道光陸年歲次丙戌拾貳月，徒僧性遠、性蜜仝立石。

按：此碑現存文峰鎮三平村三平寺，碑名爲編者加擬。

一七〇六　重修平和城隍廟碑記

城隍之有祀也，仿古八蜡之祀水庸也。古者謂城『庸』，詩曰『崇墉屹屹』是也。夫上古人神雜糅，自重黎絶地天之通，然後幽明異域。中古教化未衰，風俗淳厚，人官足以有能鬼神，可不煩而治。降及末世，奸僞叢滋，王法時有所窮矣。上帝憫焉，乃謂諸神，俾司賞罰，以陰翊王度，使奸淫兇暴有所敬畏；而善人義士雖生不見白，而歿有所伸，維持世教，豈可少哉？今郡邑所在，皆祀城隍，理幽治明，同奉命於天子。廟宇以時修葺，有司之事也。平和設邑，始自前明正德間，即並建神廟，屢有增廓，於今三百餘年。子玉來令斯邦，更與士民捐資，壯而新之。

既竣，乃爲説記之。

道光七年歲在彊圉大淵獻壯月。

賜進士出身、翰林院庶吉士、知平和縣事營陵滕子玉敬撰。

賜進士例授文林郎曾遜淵、九和書院掌教拔貢生曾泮水書丹。

特授平和縣知縣滕子玉捐銀壹佰員。署平和縣知縣黄許桂捐銀肆拾員。特授平和營遊擊謝朝恩捐銀壹拾員。特授漳汀司巡檢彭世鑑捐銀陸大員。特授平和縣典史瞿良捐銀拾貳員。署平和縣典史程全福捐銀壹拾員。

監生陳挺立公捐銀壹佰貳拾員。貢生朱應揚公捐銀壹佰員。生員林選青捐銀壹佰員。鄉賓謝拔賢公捐銀壹佰員。監生楊本金公捐銀柒拾員。三山陳德煊捐銀柒拾員。舉人林偕澤捐銀陸拾員。候選同知温紹周公捐銀伍拾員。鄉賓張佐萌公捐銀伍拾員。鄉賓楊仕玉公捐銀肆拾員。鄉賓張層山公捐銀肆拾員。貢生陳廷惠捐銀叁拾員。

貢生張高聳公、貢生曾紹擎公、監生曾瑞藻公、監生張朝陽公、監生張天實公、監生林舉、陳□泥，以上各捐銀貳拾員。鄉賓曾五湖公、鄉賓朱文壹公、誥封奉直大夫蔡宗員公、貢生蔡宗茂公、鄉賓葉基積公、監生陳廷輝公、監生張如濤公、監生葉以金公、監生鄭榮基，以上各捐銀拾陸員。曾大二公、鄉賓朱質毅公、朱耀吾公、張貴實公、龔士朝公、西秦楊又三，以上各捐銀拾貳員。鄉賓葉新可公捐銀拾壹員。金□楊賢泰、皖江陶遇鈞、榕城林士泉，共捐銀叁拾貳員。職員游黽山公、監生朱員標公、監生朱國貴公、監生朱國標公、監生賴世績公、監生陳彬公，以上各捐銀拾員。候選同知朱沈耀公、監生陳宗禮公、鄉賓朱輝斗公、陳篤實公、貢生曾玉磋、監生陳伯和、林文菊、埔邑林群英、江蘇蔣家珍、江蘇王自發，以上各捐銀捌員。貢生張天榜公、監生朱國禎公、監生楊華國公、監生葉大勛公、監生曾永祐公、鄉賓曾崇玉公，以上各捐銀陸員。監生朱仲景公、貢生黄廷英公、生員朱科甲公、朱士鋭，以上各捐銀伍員。鄉賓朱以衡公、鄉賓朱鴻士公、楊前墩公、生員張玉鳴公、監生朱國運公、州同朱尚德、監生李福源公、監生曾奬賢公、監生朱振茂公、監生林鶴年公、監生游清徽、監生朱望瀛、監生朱經殿、張有倫、鍾士浛、

陳賢、黄安卿、陳褒、藍欽咸、鍾奇才、賴玉樹、朱景泰，以上各捐銀肆員。生員黄丙光、朱長吟，以上各捐銀叁員。監生朱仲文公、監生朱仲梓公、監生朱仁政公、鄉賓陳正睦公、陳君硯公、陳德儀公、監生蔡呈恭、監生陳朝陽、監生陳榮饒、監生陳君臚、監生羅青相、監生林必彰、泉邑佘德隆、黄士友、朱光權、曾仰文、朱湧泉、曾繼川、賴世篤、王恩榮、龔文海、杜向南，以上各捐銀貳員。

按：此碑現存九峰鎮城中村平和城隍廟。

一七〇七　重修平和城隍廟碑記（二）

朱振文公捐銀叁拾員。監生黄桂鳴公捐銀叁拾員。鄉賓陳海濱公捐銀叁拾員。鄉賓張有楚公捐銀叁拾員。三山張品三捐銀叁拾員。鄉賓朱崇義公、監生葉文質、謝永泰，以上各捐銀貳拾陸員。鄉賓朱金玲公、監生林朝樑、謝崇山，以上各捐銀貳拾肆員。鄉賓曾志聞公、鄉賓陳覲創公、貢生葉光前、謝木星，以上各捐銀貳拾貳員。鄉賓朱勝旺公、鄉賓朱克政公、鄉賓楊西坪公、鄉賓楊瑶叟公、鄉賓胡協和公，以上各捐銀貳拾員。監生林聲洋、張文榮、裕城郭壽林，以上各捐銀拾陸員。佘德泉、埔邑杜習章，以上捐銀拾肆員。貢生張實甫公、監生楊紹震公、監生朱虞侯公、監生朱燈文公、監生朱國瑞公、監生葉敬懷公、監生張光彩公、職員李立春公、監生葉成一、監生李邑宗、監生盧載福、監生張廷繡、朱君友公、朱雲嵐、葉盛煬、生員林一芝，以上各捐銀拾貳員。鄉賓葉誠恕公、陳宗海公、賴良瑞公、朱觀仁公、貢生曾人耀、貢生游清獻、貢生葉豈揚、監生周錫圭、監生朱鵬書、監生曾允揚、監生何潤葉、監生曾廷封、監生陳鳴盛、監生葉□、陳國鐵、賴文邵、賴祉開、曾涱水、鄭正天、葉萬軍，以上各捐銀拾員。鄉賓楊念三公捐□書石柱壹對。户房糧書共捐銀叁拾陸員。縣號房共捐銀捌員。楊敦本公、林琅玕公、貢生曾登喬、貢生李呈瑞、貢生黄廷良、修武校尉黄勇、監生曾人鯉、監生朱雲鯨、監生楊登峰、監生曾清汀、監生曾復興、監生張炳炎、監生林興國、曾伯選、吴恩球、林光璧、江河洲、陳吾營、張智、陳世鳳、賴嶽陽、楊時瑞、

葉天賜、陳河，以上各捐銀陸員。生員曾耀宗、生員曾珍、鄉賓林曰善、王廷槐、虞山葉小松、天津傅有坤、山東張順德、蔡元春、朱士炯、朱江沱、王思元、楊□典、曾豫用、吴國楨，以上各捐銀肆員。

鼎興社同人捐銀拾貳員。三班公捐銀玖員。福善社同人捐銀捌員。簽詩社同人捐銀柒員。慈源社同人捐銀陸員。萬壽社同人捐銀肆員。三元社同人捐銀肆員。長壽社同人捐銀肆員。金花社同人捐銀肆員。義合社同人捐銀貳員。孝友社同人捐銀貳員。壽山社同人捐銀貳員。天官社同人捐銀貳員。

董事共捐慶成銀陸拾壹員，豎立銀碑又捐銀叁拾員。

募捐：監生謝國瑞、監生朱受思。

募捐董事：貢生曾輝煙、鄉耆朱金瑄、貢生曾蕃、廩生朱凌漢、廩生曾布哲、監生石兆麟、貢生游桂林、生員楊觀國、生員朱高翔、生員楊居仁、鄉耆朱和恰、監生朱科銓、朱廷淡。

大總理：監生朱金澤。

按：此碑現存九峰鎮城中村平和城隍廟。

一七〇八　重修天湖堂碑記

天湖堂建自何代？父老鮮能道其所由來。然中宫案棹猶勒洪武年號，則其歷年久遠可知矣。夫積久則必敝者，情也；敝而必新者，理也。道光甲申之前，棟宇榱題凋敝損壞，而神靈顯赫，默佑十二牌衆弟子者，洋洋如在也。時住持僧秀岩、秀豪奉祀尊神，有志更新，延請鄉耆、紳士等約議重光，共喜其虔心奉神也。爰爲之序，匯訂緣簿，隨鄉勸捐，集腋而裘，數旬内捐金約計式千有許。僧秀岩、豪欵理什費，棟宇榱題焕然更新。今當落成，爰勒石碑，歷序巔末，以見神恩汪濊，永垂不朽也！是爲序。

生員陳應夢謹識。

奉直大夫蔡宗元公捐銀一百二十元。儒學正堂蔡克全捐銀七十二元。鄉賓黃以昭公捐銀七十二元。太學生蔡廷俊公捐銀六十二元。鄉賓楊心炯公捐銀四十二元。鄉賓林清渠公捐銀四十大元。鄉賓陳子俊公捐銀四十大元。太學生林志聰公捐銀三十二元。舉人曾天鳳公捐銀三十元。太學生黃静逸公捐銀三十元。鄉賓林質義公捐銀三十元。楊鳳若公捐銀三十元。貢生蔡啟澤公捐銀廿四元。何瑞□公捐銀廿四元。鄉賓曾端尚公捐銀廿二元。職員蔡廷芳公捐銀廿二元。鄉賓陳蒼松公捐銀二十元。林永寧公捐銀二十元。職員蔡啟東公捐銀二十元。貢生蔡啟基公捐銀二十元。楊義直公捐銀二十元。曾君弼公捐銀十九元。壽官黃舉義公捐銀十七元。何端正公捐銀十六元。賴拔元公捐銀十六元。壽官曾子鄉公捐銀十五元。曾義愷公捐銀十四元。鄉賓林寶廷公捐銀十四元。賴鬱哉公捐銀十四元。太學生蔡啟烈公捐銀十四元。太學生林興國捐銀十四元。石毅良公捐扛梁一枝，又捐銀二元。石魁耀公捐扛梁一枝。太學生黃静逸公捐柱木二枝。劉登山公捐柱木一枝。鄉賓林汝周公捐柱木一枝。上牛斗社捐柱木一枝。劉永寬公捐樟樹一枝。太學生曾顯周公捐銀十三元。壽官林静軒公、鄉賓林魏峰公、石素質公、武□大夫石丹琦公、林界標公、陳福隆公、黃德享公、朱光明公、何瑞絹、林雲從，以上各十二元。太學生楊紹震公、陳錫胤公、陳元和公，以上各十元。庠生石福里公捐銀九大元。

太學生林肇岐添出銀壹百。

生員林睿懿公十元。鄉賓黃敦朴公、蔡宗發公、朱聯芳公、太學生林川公、黃照書，以上各八元。鄉賓曾亦梁公、曾紹虞公，以上各七元。生員周若齋公、林梅圓公、河邊保安公、壽官曾□公、林端甫公、廩生林楊薰、生員石繼泰公、太學生朱鵬書、鄉賓林篤敬公、生員林敦毅公、何大曾、賴廷漸，以上各六元。中坂田社、林維岳公、曾文洙公、賴致祥公，以上各五元。曾偉堂公樹一枝。謝國樟、林名草十方桂一枝。

鄉賓黃惠澤公、黃懿德公、太學生黃毅正公、鄉賓黃義侃公、周啟雲公、林福遠公、太學生林國徽公、陳鳴珍公、曾國豪公、壽官黃純一公、曾仁德公、林迎禧公、林鬱騰、張戾淵公、林政善公、林仁正公、太學生石篤怡公、

太學生石莊惠公、石丹珩公、庠生石如圭公、曾德善公、曾廣徽公、黃汝明公、太學生林俊標公、陳三溪公、石文象公、陳國葵公、曾元烺、鍾大地、陳元模、文楷樓會、周元滀，以上各四元。林敦毅公、何在□公、石魁揚公、卓信字公、曾琪、陳元壬、陳元禄，以上各三元。庠生李文信公、壽官李啟諸公、曾曰修公、陳素善公、陳皇淑公、陳大寄、陳泮生、壽官黃室緣、黃賢波、黃室飲、黃室分、黃光錐、貢生林國敬公、林貞惠公、壽官曾莊選公、曾繼河、曾維清、林時邊、陳其棠、何忠□、曾世南、陳純正公、林科登公、林實侃公、太學生林文裕公、林成肅公、林水慎、周芳秀、林長□、林郁棋、林郁洗、劉秉綦、庠生石林、庠生蘊輝、太學生石啟泰、石士蘭、石士應、石長情、石士□、石士美、何大禪、壽官何文乾、何光珠、曾元定、曾元贊、曾元高、陳東花、陳王翼、曾正苾公、石爾□公、石淑禧公、賜進士林永清公、壽官林鍾九公、生員林向燎、鄉賓林儀廷公、林振耀公、賴潛友公、林世德、黃雲連、林懋饒、林明立、林名多、賴玉弼、賴長發、賴廷腆、賴灶生、曾獻奇、壽官賴柔涉、壽官葉振光、鍾維敬、朱文柢、林茂記，以上各二元。曾俊明公一元半。

曾文珠公、壽官鍾士昧公、曾孝友公、曾京喜公、曾亩偶公、曾順齋公、陳元煥公、黃友信公、林懷質公、游維戴公、潘永先公、曾獻章公、何乃升公、生員曾耀武、壽官黃光策、廩生石奠安、壽官石淑養、陳因煥、陳元闖、鍾士生、李廷學、李廷漑、李國樟、曾傳郎、曾元樟、曾大忠、曾振殺、曾元國、黃永興、黃室鐵、黃室如、曾孔珠、周開河、黃室奚、黃鉅化、曾繼淋、曾繼蒼、曾繼潽、曾廣耀、林時諧、林時仕、林時黨、林時色、林時廚、林碩攸、林郁伴、朱必耀、李明如、沈維水、周長秀、葉秀深、周文隆、楊青傳、林郁活、周長錢、黃良芳、黃良益、黃良甤、黃良洽、周天助、周英灼、周英力、周良德、林維白、林維紅、林維誦、林維綏、林世昧、林世蛤、林世裕、林承休、林秉衡、謝秉秦、謝國泉、謝國超、李廷祖、林名庚、林名甫、林名路、郭崇登、朱啟趞、李輝雙、朱啟密、蔡達水、蔡本株、賴登奥、林門何氏、林懋鎗、周文□、周良□、張志選、蔡祖派、劉文盾、林長春、石士職、石士守、蔡啟福、石士心、石連山、石士錬、石士雲、石長庥、石泗海、石潤澤、何大□、何光滿、何文

水、何廷利、曾元午、曾元桃、曾元畓、曾元潛、曾聖東、曾充益、何志□、鍾開連、鍾開來、陳元脱、陳元標、陳秀城、陳錫熟、陳世均、陳錫□、陳金樅、曾朝享、石登襯、石登戚、林世玕、陳聲遠、林懋培、江朝淑、江朝伍、陳秀墩、陳元彩、陳世赫、陳茂順、黄振盛、朱進是、周文穰、何文甲、何文泉、郭長熟、張士水、魏文求、賴潭官、賴承墨、賴長輝、高曲官、賴雲甯、黄時吉、賴玉全、賴長彩、王良桃、王良田、林碩閣、林郁陣、林郁膳、林芳良、林茂率、林茂坑、林茂旦、曾元爐、曾士桃、周士端、朱章彰、朱章遠、黄有道、黄振□、許元進、邱相志、曾朝色、曾朝讀、曾繼海、楊永莅、林士河、朱士大、朱世喬、羅榮炳，以上各一中元。

以上捐題共銀一千七百六十六元半，又建醮會、頂、副首銀一百元，又各社煙户共銀三百；

共用去銀二千三百二十五元。

道光八年戊子歲葭月穀旦。

董事：貢生石琅涵、舉人楊寶山、太學生林肇岐、生員陳應夢、生員林向燎、生員林履泰，暨十二社等仝立石。

按：此碑現存崎嶺鄉南湖村天湖堂。

一七〇九　重修萬壽堂碑記（二）

曾顯雲公銀弍十元。□福祠艮五元。曾雲峰公艮弍元。曾遐雲公艮一元。鄉賓曾佑錫公艮廿五元。鄉賓曾佑騈公艮十六元。貢生曾佑勝公艮七元。曾声玉公艮五元。監生曾佑殿、曾純正公各艮三元。庠生曾史征公艮五元。曾莊博公艮四元。曾瓊生公自修左廊，用艮五十元。

立碑另題：

曾鍾氏太艮弍元。曾訥齋公艮六元。曾寬粟、欽仁公艮十元。曾瓊生公艮三元。太學曾剛正公艮五元。庠生曾對揚、曾毓英、曾溥、曾繼濂、曾清淇，太學林振賢、曾雲翬、曾雲翔、曾和雲、曾大勛、曾畜源、曾長青、曾企

融，陳觀福、曾興松、曾興銓、曾興占、曾毓諧、曾傳卜、曾傳湑、曾傳麟、曾繼南、曾傳莊、曾金夫、曾坤山、曾承浩、曾廣闓、曾繼炎、曾傳妹、曾傳滔、曾達德、曾繼宗、曾廣純、曾恕思、曾毓潛，太學曾錫爵，曾繼經、曾傳膾、曾廣緲、曾傳浮、曾繼燒、曾傳住、曾毓博、曾雲梯、曾三元、曾傳六、曾繼覽、曾傳借、曾傳涔、曾傳歲、曾傳土、曾傳爪、曾傳孟、曾傳藏、曾傳鎗、曾傳鈞、曾傳鋸、曾繼金、曾繼慢、曾傳雲、曾傳景、曾毓成、曾毓文、曾繼聖、曾繼正、曾傳蕊、曾傳春、曾傳佩、曾傳北、賴士廟、陳士院、曾次元公、曾傳伉、曾傳賽、曾傳儒、曾傳奪、曾傳勇、曾繼準、曾繼寒、曾傳英、曾傳偶、曾繼湖、曾繼進、曾玉桂、曾傳片、曾傳卓、曾傳鐺、朱文□、朱文□、曾毓辨、曾毓濯、曾毓袍、曾毓旋、陳世承、曾毓坪、曾毓學、曾傳象、曾傳常、朱文焰、陳清翰、楊家桂、曾興泉、曾傳捷、曾傳雍、曾傳元、吴士寅、吴士序、江世芝、陳有赫、陳大南、陳成封、陳成六、陳成向、黄助、卓心峰、曾繼全、曾繼敏、曾繼松、曾傳添、曾傳沛、朱金梧、朱榮曆、顔奕暹、朱世岳、朱世第、曾傳梨、曾傳粘、曾傳乱、曾傳雪、曾傳欺、曾傳柳、曾傳畔、黄世沾、黄世回、林文愠、林文致、黄士和、李成德、李昌銀、李昌典、顔道炳、顔道安、顔道□、曾傳汛、曾毓凝、游應瑞、黄奕送、曾毓大、曾傳名、太學曾如輪，以上各艮一元。

董事：庠生曾立、貢生曾勝淵。

分理：曾毓檜、曾傳夏、庠生曾秉、太學曾紹湖、曾傳沛、曾傳池、曾金鐵、曾達德、曾毓水、曾廣歡。

大清道光九年歲在屠維赤奮若如月，澄坑曾繼拔督造。

按：此碑現存九峰鎮黄田村上庵邊萬壽堂遺址。

一七一〇　官山義塚禁牧碑

正堂黄示：官山義塚，禁止放牛。如敢不遵，立拿重究。道光拾年仲夏朔日立。

按：此碑現存九峰鎮城東村下林埔。

一七一一　重興心田宮碑記

嘉慶元年丙辰，族衆重興祖宮，咸推峰祖金捷公董其事，不得謝，乃躬經營，慎鳩庀焉。比落成，剩小錢九千餘，公設法生放。越明年，收金錢估佛銀十三有奇。益權子母、謹出納，除歲祀大帝外，不敢妄費分文。積至丁卯，薄有建置，而公已倦，勸峰父友功公繼其志、遵其法，錙累銖積，增廣田業、銀員如左。其幫修香亭、賠塾族事及逋負者，不贅也。公既謝事，峰思久遠、慮變遷，僉謀於衆，衆曰：『區區小錢，層累至此，此大帝靈威所憑，而乃祖乃父廉謹之勞亦不可没焉。宜其年租付值年進香者，收作龍袍執事，俾後人敬神明、溯功績，纘承勿替，豈不美哉！』峰謹遵衆議，刻之石以誌不忘。

一，坐址宫前，除寔税粟三石一斗，價銀六十餘員。

一，坐址下土樓，税粟四石四斗，價銀四十四員。

一，坐址宫前，税粟十一石，價銀一百二十員，太學邊二坵在内。

一，坐址墩頂墓，税粟三石二斗，價銀三十員。

一，坐址下坂寨，税粟一石六斗，價銀三十員。

以上田段，佃耕之人，敢任逋欠，即時起招，毋容玩延。再誌。

道光二十一年嘉月穀旦，弟子太學生賴援峰立。

按：此碑現存坂仔鎮心田村心田宫（祀保生大帝），碑名爲編者加擬。

一七一二　重修武當宮碑記

伏以尊神依坎方而錫爵，道通自真；奠北極以居尊，魔伏由武。是宜户祝家尸，允合日隆月盛。迺時既湮遥，廟因圮廢。礎柱雖存，敢謂漢宫尚壯？堂皇非舊，僅同魯殿孤存。欲鼎新而革故，闇詎飛來？思踵事而增華，梁非自下。幸賴同人樂襄勝舉，俾□美奂美輪，復峥嶸於始建；丹塗丹雘，彰藻繪於更新。自此宏模再峙，蔭庇無疆；從兹瑞兆重開，帡幪有慶。既將白地布黄金，爰伐青瑶鏤紫篆。謹序。

時維旃蒙大荒落如月旦穀，沐恩弟子廪生朱鼇宣拜撰。

貤贈文林郎、監生曾德助公捐銀陸拾員。監生曾聖發公捐點金石柱貳對。曾大二公捐弍拾陸大員。監生曾光裕公捐銀弍拾陸大員。曾光福捐戲臺樹料全臺。朱崇義公捐銀弍拾大員。曾志聞公捐銀拾弍大員。監生曾德立公捐銀拾弍大員。生員曾振聲捐銀拾弍大員。監生曾克昌公捐銀拾弍大員。監生楊茂昌公捐銀拾大員。貢生曾藩捐大香爐壹座。監生朱鵬書公捐銀捌大員。曾門游氏太捐銀捌大員。貢生曾鷹翰公捐捌大員。監生曾廷封捐銀捌大員。集蘭社同人捐銀捌大員。汀洲長邑衛千林占葵捐銀陸大員。

鄉賓曾瓊生公、貢生曾紹擎公、曾宵石公、監生曾修文、元和社同人、元和社同人、英華社同人，以上各捐銀陸員。朱以記公、監生楊良弼、壽官曾友明公、監生曾益泰、義安社同人，以上各捐銀伍員。監生朱勸勉公、監生朱國貴公、貢生朱登江公、曾伍湖公、監生曾維番、桐華社同人、怡豐社同人、金歡社同人、合歡社同人、玉華社同人、金成社同人、中和社同人、金蘭社同人，以上各捐銀肆員。泉州安邑林松興、吴以珍公、監生楊昌泰、監生朱安鎮公、監生朱恒祥、李廷珩、曾玉田、曾通州公、曾用深公、監生曾飄香公、壽官曾振鳳、裕豐號、玉振號、玉源號、太和社同人、金花社同人，以上各捐銀三員。明經李崇義、生員楊顯文、監生楊君禄、監生游紹文、貢生曾仁篤、生員曾遇昌公、壽官曾德用公、曾佑駢公、監生曾廣聘、監生曾時淵、監生曾耀文、監生曾其明、朱泰和、

盧克肖、張江漢、林秀結、王聯宗、朱國仁、杜向南、謝宗山、楊瑞鳴、曾協興、曾大壽、曾毓科、曾信平公、曾本立、曾樣機、曾継善、曾兼山、曾初生、曾東璧、曾銘印、曾傳細、曾傳活、曾傳繼、曾傳往、曾傳祖、曾継志、邱登山公、玉和社同人、新隆社同人，以上各捐銀弍員。監生朱湧泉、龔聖沾、曾毓灶、曾継榜公、曾継芳，以上各捐銀壹員半。監生朱謙享、貢生曾金鉏、監生曾德亮、監生曾亦章、朱蕭川、壽官曾傳皎、朱景衡、朱曲水、徐夢禪、楊成美、黄三合、巫六相、曾鳳池、曾傳欽、曾傳松、曾傳思、曾紹滄、曾毓昧、曾紹倫、曾洪濱、曾和利、曾継養、巫郁士、林光湖、曾興□、曾錦成、曾廣寶、興隆號、李壽號、龍福社同人、興和社同人，以上各捐銀壹員。

董事：曾傳繼、曾禦烓、生員曾根聲、監生曾□聘、曾朝宗、曾傳祖。

大總理：貢生曾継禧、曾傳活。

道光癸卯年梅月立。

按：此碑現存九峰鎮城西村下街武當宫。

一七一三　平和城隍廟祀田碑記

太學生朱漳澄承父增生炳同公祀田一段，座址長富村大窠山墩，受種仔五斗，年載税谷玖石正，帶雞米豐飯，完納官畝二分。當日在顯佑伯城隍尊神内宫夫人爐前，叩許男信生尚迪、尚進、尚達、尚遂後裔昌盛，即將秋田抽出，税谷五石五斗正，充入廟内，交首事逓年向佃收谷，以垂永遠祭祀之需。當廟公議，緣主漳澄裔孫逓年上元建醮蔬粿開葷，並請謝胙内門符等項，勒石永遠爲記。此田起佃招耕。

道光三十年，城隍廟首事立石。

按：此碑現存九峰鎮城中村平和城隍廟，碑名爲編者加擬。

一七一四　三坪院重修石橋牌記

咸豐三年捐銀名次，開列於牌記：

稿房趙順昌助銀三拾員。吴江海助銀三拾員。王國顯助銀拾二員。陳松山助銀四大員。和茂号助銀四大員。正成号、荣瑞号、聯豐号、餘慶堂、洪廷爵、黄登貴、長順、林景能、庠生陳策、陳肇璜，以上各助銀弍大元。協利号、李格观、鄭推观、瑞英号、東成号、顔禄观、徐汝弼、港炮观、同豐号、馨遠号、懷勝号、徐有观，以上各助銀壹大元。瑞盛号、隱蘭齋、王時行、施鏡湖、施深仁、廣利号、瑞草堂、裕茂号、謝光彩、泰茂号、林順德、世澤堂、施□□，以上各助銀壹中元。

本山持僧遜蓮、徒紹麟立。

按：此碑現存文峰鎮三平村三平寺。

一七一五　重修平和城隍廟碑記（三）

廟宇之興，由來尚矣。固藉此以隆報賽，即藉此以妥神靈。矧當世遠年湮之餘，尤宜思所以更新，無容以毁焉而弗修也。我和自正德戊寅啟邑以來，崇祀城隍尊神，其聲靈赫濯，炳如日星。越茲三百餘載，叨沐神恩，匪淺鮮也。因思嘉慶辛酉歲亦嘗修葺，及丙戌年間復爲重整，其廟貌亦既儼然可觀，而棟宇規模多歷年所，總不免有棟折榱崩之患。一轉瞬間，已越二十多載，柱梁牆瓦又被雨風所摧殘者，旋復見崩頽矣。亦誰是誠恪倡始，而樂爲募修哉？然神靈不爽，幸有雲者，爰集紳耆，約議修理；闔邑士庶踴躍奮興，翕然同志樂券金。遂於辛亥鳩工庀材，經營創始，不數月而永觀厥成。柱桷堂簷，松庭左右，宛爾復新。是所謂無侈前人、無廢後觀也。噫！此豈徒爲壯觀瞻焉已哉？蓋神依有所，而人民永有所賴，故筆之以垂不朽云。是爲序。

旹咸豐拾年歲次庚申清和月吉旦，平和縣儒學教諭洪亮功敬撰，庠生朱際虞書丹。

靖邑塔下南歐社張姓紳士捐銀叁拾兩。鄉賓朱崇義公捐銀貳拾陸員。曾德助公捐貳拾肆員。游均政公捐銀貳拾肆員。監生楊茂昌公捐銀貳拾肆員。鄉賓曾志聞公捐石柱貳對。鄉賓莊耀輝公捐銀貳拾員。楊欽賢公捐銀貳拾員。曾純庵公捐銀拾陸員。朱文一公捐銀拾陸員。

監生曾德立公、廪生黄景源公、監生黄耀金、朱英仕，以上各捐銀拾伍員。貢生葉光前捐銀拾肆員。監生朱永助公捐銀拾肆員。林屏南公捐銀拾叁員。鄉賓楊念三公捐石柱壹對。户房眾糧書捐銀貳拾貳員。貢生曾仁篤公捐銀拾貳員。監生朱大猷公、千總朱作丹、貢生黄世誠，以上各捐銀拾貳員。監生曾克昌公、監生朱鵬書公、鄉賓朱湧端公、監生朱錫澧公、雲霄黄西亭公、何東湖公、朱英美、鄭勝福元記、監生曾聖發公、羅永達公、平和學書斗，以上各捐銀拾員。朱名文公、曾兼山，以上各捐銀捌員。鄉賓朱華斗公、葉勤和公、王克振公、貢生曾鷹翰、貢生黄經義、貢生曾體仁、監生張作樑、朱國瑗，以上各捐銀陸員。貢生黄心齊、貢生葉商賢、監生葉粹仁公、監生葉卿觀、職員葉體仁、黄静逸公、陳翼昭公、楊欽盛公、賴啟懷公、朱觀仁公、集億昌號、朱元興號、朱大成號、葉東流、朱國際、李福泰、朱雨水、余玉麟，以上各捐銀肆員。賴士捷、何宏毅公、賴位南公、林光耀，以上各捐銀貳兩。生員沈經文、林厝仔墓公、林荆山公、鐵爐林崎記，以上各捐銀叁員。汛官李光生、庠生曾汶川公、庠生朱大成公、監生曾榮鏶公、林志聰公、鍾次吾公、曾君佐公、林輿興公、周士琿、朱天亶、林奏、鄭勝福有灼、陳士賢、曾月躍、李子堆、曾廣長、張綿公、黄欲祈、曾娘位、曾林，以上各捐銀貳員。黄友夏、黄穿山、黄玉瑞，以上各捐銀壹兩壹錢。張紹勛、賴光彩，以上各捐銀壹兩。賴士心、賴有光、賴敦用、長盛號、賴彩茂、生員吴有敬、沈志貞公、沈宜標、沈新仁、沈恩厚、沈竺林、沈德標、李紅亮、曾廣轉、曾木養、張平抹、賴建，以上各捐銀壹員。

曾耀斗公捐銀弍元。曾青銅捐銀弍元。

中湖黄氏太充田一段，址朴樹下，載税十石二斗正。公議遞年請謝並粿、金符，永以爲例。

三元社捐銀陸員。籖詩社捐銀陸員。萬壽社捐銀肆員。長壽社捐銀肆員。瑷花社捐銀叁員。五福社捐銀叁員。壽福社捐銀貳員。連生社捐銀貳員。積餘社捐銀貳員。宣德社捐銀貳員。永和社捐銀貳員。成興社捐銀貳員。連合社捐銀壹員。新合社捐銀壹員。

三班公充大溪江姓費銀拾貳兩。得利場眾弟子捐貳兩。

舉人朱開泰公捐充廚房地基壹節。遞年上元分送金符、門對，請十五粿，仝施主請謝公議，永遠爲例。

募捐董事：舉人曾聯升、監生朱逢源、庠生游景雲、監生楊步松、監生朱碧雲、守廟道會司杜明輝、貢生曾學程、廟祝杜承祖、貢生曾承猷。總理：子民朱明爛。

按：此碑現存九峰鎮城中村平和城隍廟。

一七一六　重修福興堂記

捐題緣金名次開列：

朱觀仁公捐銀捌元。朱又年公捐銀陸元。生員朱大成公捐銀伍元。朱尚濃捐銀伍元。信生曾有輝捐銀肆元。朱細□公捐銀肆元。貢生曾憲容捐銀三元。朱益奉公捐銀三元。朱藍有捐銀三元。際昌號捐銀弍元。州同曾梅雲、曾傳思、曾傳□、曾澄波、朱□□、朱義臨、朱定、朱正妹、壽官朱道桂、朱戊杞、壽官林維勇，以上弍元。曾益明、曾金水、曾應義、曾裕水、曾端莊、曾旺樓、曾傳□、朱華山、朱金拔、朱士端、朱世鳳、朱頂廣、黃尚圳、黃茂生、黃尚恕、曾廣斗、曾成華、曾廣黨、曾昭楓、曾繼敏、曾傳程、生員朱英、朱金吉、朱克用、朱來興、朱正慈、朱文正、朱巧謀、朱敬現、信生朱復村、朱應肴、朱尚猛、朱奕宗、朱啟謨、朱登科、朱騰蛟、曾希虞、曾義和、朱祖武、林維新、楊若連、林名興、曾武□、朱仁惠、曾順揚、楊寶仁、楊玄嶽、楊連〈下缺〉。

同治六年菊月吉旦。

按： 此碑現存九峰鎮下坪村下庵邊福興堂遺址。

一七一七 三平寺祭田碑（三）

蓋聞：孝行爲先，續後爲大；上下相承，祭祀是重。痛發自幼出家，俗無兄弟，父母去世，神位無依，安奉在寺。第恐世湮年遠，香烟沉廢，發願將勤積鉢貲私置苗田二坵，受種一斗，坐地后徑静波祖墓前。遂將此田捨入下房常住收掌，永爲父母配享之田。又約每年清明之節，常住抽出佛銀六錢正，交發裔孫等到山省坟掛帋。此係公議情願，不得日後生端取贖。發恐口無憑，立石爲記。倘有不肖者局謀世豪，強買此田，祈寺衆抄録牌文，呈官究治，以継香烟。陰騭之功，永垂不朽云爾。

另一段二坵，亦在静波祖墓前左邊，受種五升，永配性良公每年輪流掛帋之費，常住抽出金錢六百文。

此二契，仝在佛前化火矣。

同治九年陽月，下房住持僧持發立石。

按： 此碑現存文峰鎮三平村三平寺，碑名爲編者加擬。

一七一八 萬壽堂捐金牌記

曾東林、朱秀柱、楊家柱、曾廣鄒、楊家味、楊精義、曾蕃蒲、曾觀佑、朱福怡、游汝錐各捐銀三元整。曾廣賢、曾紀樓、曾昭當、曾紀申、曾紀露、曾世敏、曾昭達、朱芳□各捐銀二元整。楊家澤、朱陳六、曾廣通、吴符節、曾廣華、曾傳告、曾如澧、曾廣恰、曾廣仔、曾天降、曾廣核、曾昭守、曾燃藜、曾廣實、楊士城、黄福來、陳朝田、曾昭聯、武德騎尉曾時洲公、庠生曾儲照公、庠生曾裕淵公、監生曾焕章、監生曾錫疇、庠生曾生明、庠生曾國英公，以上捐銀一元五角。貢生曾勝淵公、貢生曾禮明、貢生楊聿胥、監生曾國棟、監生曾昭學、監生曾以

文、監生鄧鴻哲、監生朱作哲、職員曾宗鼎、職員曾廣濃、朱永全、曾秋桂、曾德深、曾紀生、游慶堂、際昌號、恒益堂、活生堂、杏生堂、信合號、同興號、咸昌號、復昌號、德和號、錦豐號、三成美號、和昌號、振發號，以上各捐銀七錢弍分。監生朱承恩、監生朱錦城、監生朱天球、監生曾振芳、監生曾清睿、監生曾樊高、監生曾國瑞、監生曾瑞光、監生曾光輝、監生曾國任、監生曾國培、監生曾挹芳、監生曾克明、監生曾泮宫、監生葉拱辰、監生羅德成、稿書莊希周、監生莊廷莅、劉門曾氏、監生曾斯光、監生曾鳴鳳、監生曾順揚、監生曾受益、監生林志仁、監生曾雲峰、監生朱亢龍、監生曾歲齡、監生曾瑞樹、職員曾盛基、職員朱毓步、職員朱維金、職員曾騰烈、職員曾文彬、職員曾輔仁、職員曾秀水、職員曾兆高、劉門陸氏、曾栽果、朱火炎、吴成章、李金印、曾尚出、朱陳政、萃豐號、樹德號、善德堂、選青堂、維新堂、藝苑堂、梯升堂、培元堂、明德堂、藝園堂、德慶堂、雙美堂、劉門詹氏、蔡尾、楊怡培、楊福升、張親緣、張理定、張儀、游衍審、游達士、游永立、陳振活、陳安國、黄士篙、葉大坤、李春慶、李建德、林增承、朱天拱、朱世檀、劉門盧氏、盧嵩、林名炮、林有節、陳水波、陳正良、朱天財、朱邦翰、朱高廪、朱友得、朱考亭、李光璉、李庭火、劉孫牧、詹□、朱進春、朱永水、朱奔、朱聞、李門曾氏、曾紀昌、曾傳兩、曾沛水、曾廣乾、曾紀焰、曾隆居、曾紀録、曾培蘭、曾廣博、曾學詩、曾紀志、曾壽昌、曾友德、曾廣天、曾紀温、曾陳猷、曾雙劍、曾維修、曾瑚璉、曾廣鷹、曾秀春、曾東洲、曾紀銀、曾憲□、曾昭藍、曾紀糧、曾廣船、曾廣吕、曾廣紅、曾廣水、曾廣接、曾廣乙、朱火盛、朱熙、曾六新、曾昭甲、曾廣波、曾憲達、曾憲同、曾河水、朱天位、朱祖運、林光周、黄忠意、黄良略、楊家廣、楊家隨、曾廣令、游道萬、葉宏□、朱成高、賴振發，以上各捐銀一元。

同治拾年辛未菊月吉旦。

按：此碑現存九峰鎮黄田村上庵邊萬壽堂遺址。

一七一九　重建萬壽堂碑記

大清道光元年，庠生曾立公出首修，眾推爲大施主。因甲子年長發來，佛祖藏在西坑，木身、香爐請在伊男紀拔家中，奉祀顯靈。壬申年，五社信善人等恭迎，再築廟宇，應見佛祖有靈。德志。

黄田曾鍾氏太捐大楝樑一支、大柱五支、大杆四支、大椅枋十五片。澄坑曾大三公捐桁六支。朱裕合公捐樹三支。福石楊家台公捐樟樹二支、大柱三支。深寮江姓捐楝樑一支。深寮吴姓捐大桁二支。把總曾肇高捐大□一□、銀十六元。下湖曾游氏捐□副。浙紹方門程氏捐銀□兩。埔邑曹士培捐四元。下街羅興號捐四元。潮州傳□興捐銀二十五兩。千總曾殿魁捐銀二十四兩。潮州錦成□捐銀二十兩。

生員劉芝閩、監生劉芝深、監生王霆、監生曾傳慶、監生曾集宜、監生朱梯雲、貢生游恩先、□書王雲章、下街新和號、琯溪咸興號、泉州林金記、潮州隆源棧，以上各捐銀弍元。生員游德先、雲霄尚德堂、職員曾進邦、職員曾明珠、職員曾大興、曾廣喜、曾紀絡、楊家舉、曾廣怡、林國璧、曾紀卓、曾紀林、曾廣欽、曾紀朝、曾紀程、曾栽培、曾傳境、曾朝宗、曾廣接、曾沛然、曾成枝、曾振魁、曾昭吉、曾友賢、曾可文，以上捐銀一元五角。

州同楊安瀾、貢生曾維楫、貢生曾昭衍、武生朱啟泰、武生曾雲裳、武生葉顯章、武生陳豐隆、武生曾世龍、生員曾國柱、生員曾作舟、生員曾耀柳、武生曾鎮江、武生曾子倡、監生曾又方公、貢生曾時彰公、武信騎尉曾汝賢公、貢生曾汝德公、貢生曾英盛公、貢生曾德職公、貢生曾應成公、庠生曾剛正、庠生曾延齡、庠生朱登甲、庠生曾維寅、庠生曾攀一、貢生朱登桂、貢生朱纘緒、貢生游興登、貢生曾立本、監生游□校、監生曾英朝、監生曾鎮西、監生朱朝漢、監生曾寅恭、監生曾道軌、監生曾國光、監生曾颺言、監生曾振江、監生楊榮發、職員曾宜春、職員曾昭伴、曾仁洽公、朱永茂、曾廣名、曾廣永、曾國佐、張加恩、曾紀架、曾廣合、曾紀爐、曾接枝、曾紀裕、曾紀題、曾景星、曾昭淡、朱萬輔、曾昭榮、林國燕、曾昭□、蔡責己、曾占吉、曾正金、曾慶雲、曾成發、曾紀

空、曾振江、游衍劍、曾傳樹、曾廣明、曾廣爐、曾廣吹、曾紀和、曾國明、曾咸生、曾嘉積、曾彩華、曾憲勇、曾啟同、曾其昌、曾廣山、曾春桃、曾滄潯、曾妹子、曾昭境、曾昭通、曾昭蓮、曾憲車、曾洪水、曾廣源、曾紀若、曾傳愷、曾紀秋、曾林生、曾天生、曾廣色、曾孟宗、曾紀隆、曾廣泮、曾一本、曾聲聞、曾北斗、曾逢源、曾火忍、曾廉溪、曾廣穎、曾廣黄、曾廣清、曾金生、曾仁才、曾昭文、曾昭郡、曾昭雙、曾會安、曾昭來、曾紀梨、曾紀如、曾紀探、曾紀烈、曾廣浪、曾廣緲、曾廣恰、曾廣兄、曾廣傑、曾沂水、曾觀成、曾傳添、曾傳菊、曾傳兑、曾傳鍊、曾紀豔、曾廣額、曾子細、曾紀從、曾紀意、曾佐福、曾紀酒、曾火照、曾廣立、曾廣連、曾紀紅、曾紀錫、曾紀炳、曾東鉞、曾達才、曾神在、曾紀盛、曾紀光、曾廣祥、游永曲、曾昭旺、曾澤符、曾昭敬、許得水、曾洪楓、曾廣海、曾廣學、曾廣澤、曾友明、曾丁號、曾亮英、曾廣沛、羅德音、曾三合、曾清文、石茂築、邱士緣〈下缺〉。

按：此碑現存九峰鎮黄田村上庵邊萬壽堂遺址，殘缺不全。

一七二〇 重建東山寺碑記

出東郭緣溪行數百武，有東山寺焉。抱瀟洄之水，挹□□之山〈下缺〉也。寺無碑碣，其興廢不可考。憶垂髫時，嬉遊斯寺，見棟宇崩頹〈下缺〉切眾生祈禱，奔流□□，凡人士、比丘各發慈悲□□布金庀材〈下缺〉偈回，千佛一心，一心是□□□通不成無物，一切菩提，以誠〈下缺〉。

職員李壽松捐銀拾七元。曾崇山捐銀拾兩。監生曾□捐銀拾元。職員朱繼金捐銀八元。黄習渭捐銀□元。陳振汗捐銀□元。曾朱氏捐銀七元。□生張加恩捐銀六元。貢生曾廣穩捐銀六元。朱高赫捐銀□元。林水位捐銀五元。曾甘棠捐銀五元。曾松茂、曾藩蒲、曾逢庚，仝捐銀玖兩。胡□□、莊長發、廩生曾其竦、貢生曾拜爵、武生楊開元、監生賴丹榮、林世椿、監生宋朝□、黄□□、貢生朱藝文，以上各捐銀四元。曾廣念、曾經葵、曾繼河、陳金

聲、生員李振瑞、曾霖、龔大樹、貢生曾有光、朱傳經、曾□□、曾善□、曾永安、貢生黄永祥、曾光發、曾傳樹、□□□、鄭士瑞、□生曾揚聲、浙江信女程氏、曾廣□、劉仕、貢生曾荷連、監生曾獻建、朱廷六、葉辦、監生朱復初、楊好上公、李曾氏、朱金成、葉松、朱□□、林茂□、曾德□、林國□、□生曾瑞□、楊水□、曾仁才、黄先春、劉三千、周勛、□敬秋、曾長發、楊文火、朱金拔、曾志聞公〈下缺〉。

同治癸酉年。

按：此碑現存九峰鎮東山寺，殘缺不全。

一七二一　重建東山寺碑記（二）

曾継東捐銀弍元。曾裕源捐銀叁元。曾朝陽、曾朝鳳仝捐□□□□□。曾驍捐□□□□。曾思命捐銀□□。賴一農捐杉拾叁支。貢生游恩先捐□□□□大燈全副。陳聯芳、林亦固捐□柱□支。朱情捐□柱弍支。曾廣貫捐□□□□。曾竹水捐□□□。何長帛捐□□□□。林名盒捐杉弍支□寸□。羅興捐□弍□。曾天命捐杉六支。羅仰福捐柱礎弍个。林章榮捐□柱壹支。

監生曾擢朝、朱曾氏、曾廷壽、曾廣顯、朱□、林桂春、曾廣波、朱光澤、曾朔汨、張娘愛、曾金求、朱達勛、黄朱氏、生員曾宗、曾廣包、林亦仲、黄忠嶺、游淵、謝謙、朱啟喜、朱曾氏、朱紹浮、朱玉佐、曾廣源、林章椿、曾林氏、曾佳仲、林浩山、朱林氏、陳欽、林名上、曾招盛、曾継位、朱適舉、葉青春、林炳心、羅承林、黄延户、曾憲章、曾智仁、信生曾鳴鳳、舉人曾聖年、林章奎、貢生曾川眾、曾廣熊、朱九如、信生曾友禄、羅蛟、曾維□、曾維砌、信生陳成實、曾祖壽、賴顯寮、朱楨祥、曾廣刻、曾碧雲、貢生曾維楫、信生游流芳、生員曾樹德、黄啟道、陳先甲、朱曾氏、林章灶、朱天才、陳亂、林章物、楊精義、曾憲坤、曾継得、曾継林、曾昭鈞、朱歆、曾窖、曾大川、朱金富、朱継鶴、曾火生、朱有德、曾漢、朱祖授、曾継錡、曾邁山、曾行、石英陽、曾廣揚、曾継海、

黄子泥、曾金水、朱光彩、萬興號、瑞源號、曾憲將、王雲章、黄啟硯、曾六海、曾継尚、石堪、石海水、曾旺、監生游雲章、監生曾加禄、監生朱以孝、監生楊廷光、監生朱陽好、朱邦翰、監生楊邦翰、監生楊步全、監生曾昭學、生員朱正元、監生曾尚賢、□生朱春□、曾隆生、生員曾日餘、□生曾福興、□生曾昭標、監生朱綸中、職員曾成忠、□同朱天球、職員朱成功、朱胡川、張四體、曾伯美、曾永茂、合源號、朱敬望、陳馬武、朱河生、陳松根、馮放、張理定、朱継吉、曾斯継、楊合興、李炳乾、朱登豐、楊家蔣、朱玉英、朱尚猛、朱昌熾、朱春盛、朱緑柏、朱啟多、黄林生、曾継潭、曾謙、曾友恭、朱拱藕、陳佳焰、曾廣明、朱士灼、管福建、陳重垣、吴三元、曾中坎、楊恒泰、生員曾運昌、曾游氏、羅瑞芳，以上各捐銀壹元。

曾昭水、曾昭彩、賴瑞乾、曾捷升、曾和良、曾明柱、石行、曾會安、楊玫純、生員曾恭霖、曾継裕、曾廣恩、楊家培、朱士城、曾継志、曾継純，以上各捐銀伍錢。

祀田壹段，址在和尚窠，上至山，下至溪，年載税谷叁石正。捐廟祝修理田岸銀式元。

曾、朱、黄氏仝捐皦書並紙足用。

同治癸酉年捌月　日。董事：貢生黄永祥、信士曾大川、監生朱鴻澤立。

按：此碑現存九峰鎮東山寺。

一七二二　重建東山寺碑記（三）

〈上缺〉九峰而飛來，峙雙髻而湧出，地勢坦如□，有清湍映帯左右，源流不捨，志所称觀川至〈下缺〉然與靈光仅存未幾。甲子秋，毁於兵燹，再□而爲墟矣。遅至癸酉，仗佛力宏通，能使一〈下缺〉工，丹楹刻桷，巍然焕然，成巨觀焉。非所謂廢興之驗耶？因其落成，勒芳名於左，并爲説〈下缺〉大庇佈施，立地成佛，皆大歡喜，功不可没云。拔貢生游啟先撰。

〈上缺〉朱世芳、羅孫謹、楊鴻升、監生葉明光、監生朱显揚、朱□、朱巫、朱火焱〈下缺〉曾林标、朱□、監生曾國棟、蘇文、監生朱錦城、曾愧成、黄永坑、何荣央〈下缺〉曾楊氏，以上各捐銀□元。監生曾以文、合茂号、朱神記、林守杞〈下缺〉曾承裘、曾派、信全号、福泰号、朱調肅、黄啟房〈下缺〉朱克恭、游汝錐、□生曾英湖、賴士粟、朱金鑄、朱湯〈下缺〉曾昭文、監生曾紹本、曾憲瑞、朱發進、朱六爻〈下缺〉曾祖省、監生朱梯云、茂昌号、黄竹藍、朱强〈下缺〉周軒、吏員曾履□、朱梁□、朱先進、曾継源〈下缺〉，以上各捐銀□元。吏員曾□□、黄忠央、曾長沙、曾昭潯〈下缺〉曾德成、生員□□輝、曾昭楓、曾昭桂、曾継朝〈下缺〉監生朱光邦、曾継程、朱紅木、曾廣習〈下缺〉員朱文日、朱天成、朱松同、曾昭慕〈下缺〉武生葉開興、陳士飛、曾芳、曾迎鑒〈下缺〉曾廷高、鄭□添、曾俊亭、朱敬〈下缺〉朱傳祖、朱助芳、曾團〈下缺〉山傅、朱朝魁、朱佐養、林〈下缺〉曾永泉、曾廣珍、曾海〈下缺〉朱士□、曾昭順，以上各捐銀□□。

〈上缺〉楊澤乾□□，監生朱鴻鳳□書。同治癸酉年重立。

按：此碑現存九峰鎮東山寺，殘缺不全。

一七二三　曾楊合同碑記

同立字人楊天民、曾照書。緣楊姓有十世祖坟一□，坐址福乾尾，兹因曾照書在坟前新築書齋，有碍祖坟。後两家仝請公人，勘明理□，將原基徙移邊処。當日面議，定將新築屋宇高一丈三尺、潤三丈六尺。日後此屋不得增高，□□面前坑坎亦不許深掘改易，其餘永不得□築房屋、草棚，傷碍祖坟，以生事端。恐口無憑，勒石以垂永久。各立合同一紙，各執爲□。

公人朱、曾列位仝立，在見房親曾、楊立。

旹光緒元年乙亥十二月，楊天民、曾照書仝立。

按：此碑現存秀峰鄉福塘村福乾美餘慶樓門前，碑名爲編者加擬。

一七二四　萃文祠合同碑記

謹將叠峰、岑奕二峰公三房合同録於左：

立合同字濟、福等，仝叠峰公有瓦屋一座，在東水門内，與伯諧公兄弟房内人等均分。叠峰公應分右座，原係叠峰私置，與岑峰、奕峰两房無干。因世乱被拆，叠峰派下紫文、升甫等，自乙丑粒積公蒸，至庚午冬興築祠堂。紫文、升甫念岑峰係滀正公長子，奕峰係三子，至親骨肉，愿濟與福两房等充銀捌両，以爲龕用。紫文、升甫將岑峰、奕峰祖妣神主附入管轄公座下，年節係两房致祭。其岑峰、奕峰两房子孫，日后不准再入神主。此係三房人等甘愿，后日不得異言生端，立合同爲炤。

康熙三十一年五月立合同，岑峰、奕峰二公派下濟、福、添、使仝立。

再立合同，岑、奕峰公派下起湖、江德等，因叠峰公私置祠堂一座，與我两房無干。前紫文、升甫等，念岑峰、奕峰公與叠峰公係兄弟之親，准神主附入，日后子孫不得再入。合同炳據，自當恪守祖訓，不敢異言。幸逢祠堂重修，再懇叠峰公派下列位房親，准添入神主，日后永遠不得再入，食言不昌。立合同付執，並所入神主若干位，一併開列，以杜混乱。此炤。

一，岑峰公派下神主，内邊十二世至十六世止，共柒位；外邊十四世至十七世止，共拾弍位。

一，奕峰公派下神主，内邊十一世至十七世止，共弍位；外邊十二世至十六世止，共壹拾叁位。

以上旧、新合同共帋勒石，以垂久遠。日后岑峰、奕峰公派下子孫，不得再入神主。叠峰公派下子孫，亦不得徇情私賄，致違祖訓。各宜恪守，庶保厥昌。

光緒弍年九月十九日。伯諧公派下佳音敬書；叠峰公派下香圃、維金，岑峰公派下起湖，奕峰派下江德，仝勒石。

按：此碑現存九峰鎮城中村朱氏萃文祠，碑名爲編者加擬。

一七二五　重修天湖堂碑記（二）

雲堂禪舍，多罔林幽複之區。惟我天湖堂，撑持崎嶺之中，墟落環帶，萬井人煙豁然在目，香火梵唄甲於他寺，因善地也。堂之剏始洎中間纂葺，詳載貞石。歲甲子，遭劫燹，東偏凈室毁焉。二年，曾君伸甫等請余爲跋募修，余恐蹂躪後之難也。伸甫毅然肯任，尺營寸度，鳩拮成功。地則黝之，牆則堊之，宗廇增榮，磴石益觀，比舊更豪焉。落成後，以重修狀索記。余喜諸君並里户破慳檀施，豪於義，用能豪於屋。爰泐梗概，俾後之人踵行之，堂於是永賴矣。

鄉進士、大挑儒學教諭、里人林禮拔謹記。

太學生曾真機捐銀六十元。鄉賓陳東薪公捐銀五十元。太學生林瑞祥捐銀四十元。張聯成捐銀三十元。鄉賓黄以昭公捐銀廿四元。太學生曾履正捐銀廿四元。鄉賓陳蒼松公捐銀廿二元。何□仁公捐銀二十元。林仁德公捐銀二十元。何士好捐銀二十元。黄記□爐捐銀二十元。吴寶山捐銀二十元。陳泮生公捐銀二十元。鄉賓林志聰公捐銀十六元。把總曾德成捐銀十四元。蔡榮源捐銀十四元。鄉賓林清渠公捐銀十三元。林佳榮捐銀十二元。生員曾啟升捐銀十二元。鄉賓楊心炯公捐銀十二元。林興興公捐銀十二元。貢生曾春水公捐銀十二元。李福泰捐銀十二元。鄉賓曾端尚公捐銀十大元。石坦衷公捐銀十大元。劉世璉公捐銀十大元。林章鎮捐銀十大元。太學生曾泮宫捐銀十大元。曾朝宗公捐銀十大元。迎薰樓捐銀十大元。吕登祥捐銀十大元。張錦成捐銀十大元。威靈廟九元。

壽官陳慕開公、鄉賓林友其公、職員曾善祥、職監曾振聲、生員林國珍、壽官林荊山公、監生黄静逸公、監生周良陽、監生曾興國公、監生曾紹本、鄉賓曾畜文公、陳元和公、朱彩善公、林寶是公、黄子擴、林□浮公、何士已、林章鈞、楊鳳若公、曾文逢、石冬春，以上各八元。監生林滄海、監生林志仁、職員曾奎軒、石富有公、鄉賓楊家斉、監生周汝明，以上各七元。黄永昌公、林朝弁、曾元達、林名坤、陳佳息、林紫美、林名碧、何榮□、林

選基公、鄉賓陳子俊公、監生曾陳奇，以上各六元。陳祖好、林友節、何長景、黄拱照，以上各五元。贈文林郎林培元公、林佳堯、曾継暢、石竹葉、曾以規公、李世永、林合章公、陳雍和公、黄文用、林章琴、朱應顯、生員曾拔一、陳秀夫公、陳福隆公、周集成、監生林肇岐公、生員曾源瀓、職員朱世芳、監生陳宏猷公、曾欣若公，以上各四元。林佳寢、林成勤、曾継景、石長皆、林懋然、朱朝所、曾題名公、職員曾希卿、賴顯寮、林調岐公、壽官曾鴻詞公、林乘殷公、林友罧、曾傳極、曾仁鏡、何長洗、周逢利、賴永玫公、何榮偃、曾娘秀、何士深、曾継月、林芥羌、黄君明、曾亨科、賴槐檀、曾有嘅、曾元全，以上各三元。

何榮生、曾亨榮、黄江觀、何榮慈、曾南城、林嘉獅、林成菊、曾継輅、陳允哓、陳鳴珍公、陳明箕、曾継鈇、陳弦炭、曾企貴公、陳一懿公、林佳奢、曾元孔、曾朝鳳、黄士旺、曾元汲、石長睢、石朝基、林継香、黄子來、曾廣連、曾継東、周皆漢、李啟便、磜長王公會、林世石、鍾開瓊、曾傳鳳、曾廣安、曾廣佑、黄鏈陸、楊連疊、曾傳興、石朝同、曾継逸、石茂教、陳得可公、周良致、林奕振、曾亨青、曾廣昊、陳素善公、石長儼、曾継梗、賴顯憑、坑門長觀音會、坑門長王公會、林章柃、謝嘉牆、陳國固、陳廷國、謝嘉科、曾雲全、曾継份、石榮顯、曾凌雲公、王次觀、周良現、林友戴、林家昌、林友到、曾継我、石茂濺、石茂杞、石長令、周家賈、陳聖章公、陳子若公、陳啟澤、林會益、林會壬、石茂蹝、黄水友、黄鉅港、黄義侃公、石浩然、石天化、曾廣松、曾偉堂公、曾力生公、林秉正、曾中坎、曾仁波、周良莫、周良燒、石迎禧、林家聯、石長流、黄子敏、曾采實公、林愧凡公、黄開秦公、職員陳國興、石茂挝、石長琴、曾向明、石孟津、周盛眼、曾廣閔、曾傳眉、鍾文新、陳魁蘭、林會育、黄横酧、曾傳杞、生員陳應夢公、林継如、林暢懷公、余澤、曾漾洲公、陳春信公、石呈祥、曾継烈、石長兮、曾傳揚、石永鸞、陳啟配、陳頂元公、賴心坎、林朝濕、曾仁湷、陳錫胤公、職員曾河洲、林友來、生員曾継玉公、曾昭良、曾傳潤公、林守發、林由義、林珠理、監生曾錫綢、周水麟公、曾廣初、生員陳鴻讀、石茂順、曾昭眉、曾仁烈、林增杭、曾受枝、曾昭椐、林名銘、林珍玉公、曾廣粒、曾仁妍、曾有箋、林成皆公、曾學木、職員林清

輝、林章騰、職員曾國明、曾京璿公、周振奏、林名貝、州同曾藜光、林會隆、職員張加恩、林鵬飛公、陳助成公、李崇順公、何長俾、廣德堂、頂岩坑，以上各二元。

增生曾世誥、陳允沉、曾亨佳、曾亨從、生員曾壽年、石茂桂、石永最、監生林炳文、石拜相、曾亨忖、曾廣掌、曾加□、職員游于藝、林增鑾、曾亨樵、曾文璧、曾繼園、監生曾新榜、林友悔、石永揚、朱九連、石茂叚、曾廣曉、黃室讀、陳明朋、石安中、曾利福、曾亨思、黃木老、黃水楚、黃子益、林增岳、林佳傕、林佳酌、石長碧、黃橫恩、石木章、黃水灰、陳光鐵、石琴韻、石茂灑、石永仁、朱克帳、朱克炮、朱克琰、何光相、黃□才、曾繼從、曾廣潑、曾文岸、黃成局、林友厲、林成淑、林友遠、林戀扶、何榮彌、何青龍、黃長發、石永廷、黃鎚錚、曾廣耙、陳啟逢、黃子漢、曾繼或、曾傳恩、何廷奎、石長埢、黃子權、曾傳註、曾傳義、曾繼傑、曾繼鐵、曾水長、曾廣圤、何文城、鍾文桃、黃道蘇、石茂欝、石長月、鍾文傑、林懋是、石錦裘、曾繼榜、何榮還、曾繼道、游勃然、何奕棟、游玉□、黃水旋、石茂溱、曾廣和、曾廣祥、林懋存、石洛鳩、黃橫寵、朱來葉、蔡金塵、蔡廷燒、何士陣、朱明萬、曾廣任、林懋宅、石水沄、石南方、林朝經、曾繼會、曾廣倜、曾廣松、曾繼石、曾繼樹、曾廣益、林佳允、石坎餘、陳新發、曾傳營、曾斐然、林名振、曾廣麗、林空晊、林成杪、何榮柳、曾繼粟、石茂坐、林成聘、賴順爾、賴慶黎、賴順傳、賴有真、鍾文傅、陳國□、陳廷井、陳惠迪、陳茂贍、陳茂鍫、陳廷茂、謝瑞石、李水生、黃水椪、陳茂照、林懋潘、林名蘇、曾立藝、曾廣湛、林名柳、石永笑、石朝木、林增解、林增聯、林增鋮、賴心磴、林魏熟、曾廣柳、陳明詞、林文鳳、何榮煙、何榮伯、李壘樣、周良財、周良鳳、林懋盆、林家松、林成熟、林名詩、莊振賢、林成掌、林世閆、石佳謨、石定興、石井溵、周士河、周振蒲、周振籾、周振馮、周家聚、何瑞鍫、陳啟茂、林成鵉、曾竹水、曾陳養、曾繼森、曾壬水、石茂奕、林名甲、周祖德、石長衛、曾元忠、曾廣香、曾廣忽、石茂定、賴心拱、曾廣文、曾傳克、曾傳敬、石茂□、曾繼旦、曾廣銀、何壬出、曾秀山公、曾昭琛、賴進晉、林東花、何榮華、林成截、劉體化、林懋止、何榮爐、石永廣、李茂生、林朝螽、林

會祥、陳奕獻、周開潤、周逢濺、曾廣情、李士仁、陳祖茂、石茂鑿、曾傳佃、林春起、林朝燃、曾昭賞、林世杏、林成盒、周英逞、曾芹禄、林懋勇、石火柴、石天路、陳明智、曾芹山、陳啟任、林懋欽、林友朴、石長煉、石長佑、林成侃、林成禾、周逢祥、周逢□、陳國必、林守業、曾昭鄰、曾文邱、石國良、林增輕、石朝其、吊鐘窯、石茂添、林奕中、石色音、林成晏、林章同、林友□、陳明借、朱逢桃、黄子算、陳君友、林名陳、石長泉、楊士仁、曾繼傍、石龍德、林合樹、黄水枋、曾繼濕、林奕英、陳允立、石長忠、石自天、石江攸、石水聲、曾陳恭、賴順呈、賴心熟、賴元鑾、曾火情、林朝蒲、黄水惟、賴心花、黄水坑、周昭賢、林朝昂、林世酌、林文子、石大天、賴進團、曾昭□、曾廣昌、何仲瀨、石長回、石茂栽、曾維蒼、石魚貫、曾文默、陳明□、林章錦、林家央、石茂録、賴其港、賴順雅、石永寬、林章睢、賴順都、張諒□、曾繼溪、陳啟丟、何榮石、何榮楫、林懋賢、林名燕、石秋來、石茂來、曾文團、林佳萬、林佳炳、林成畓、石高強、林時喜、陳允性、曾周開、林家獻、何玉有、石關睢、石江淮、林名富、林名教、何玉允、何玉蔭、林家彭、林成隴、林茂餘、賴士義、林永安、陳明焰、陳明位、林名根、何長樂、林懋□、周振琫、林時象、何榮位、何長腰、林會染、何榮黨、林會老、林純愷公、李啟養、朱維吉、林懋冐、曾仁□、賴承記、楊長畓、林佳俊、林名小、何玉慎、賴承暢、陳明鴦、林懋滾、賴承梅、林珠簾、林學禮、石茂尊、曾廣桂、林奕賺、石有杞、曾水生、曾廣廉、曾繼滾、曾廣添、陳朝南、陳元眾、曾繼益、周英習、曾仁□、賴曆彩、林家黨、林紹南、林名炭、林名樹、朱克貫、何長流、賴永泰、賴曆悅、朱朝晶、林成勛、林水源、楊賛泉、曾立憐、林門楊氏、林敦毅公、曾順吉、朱天沛、林暢茂、曾尚浄、曾昭拱、石長岩、曾昭宗、何玉奚、陳明醮、石永九、林朝藉、石再添、石長灉、陳家昵、林名厚、林文步、何長艮、楊永啟、林間對、鍾開壬、曾繼恢、石剛直公、石三福、曾慶淋，以上各一元。

鍾光保、鍾運花、楊永祥、石茂教、石根元、曾廣求、何士□、林成溵、石茂沱、陳啟枕、何光安、鍾文詩、曾文起、曾青龍、周盛亦、陳昭瑞、林朝漂、林朝抹、黄鎚闊、石茂默、石□水、石茂興、鍾開廷、石茂錠、曾廣

杖、曾廣江、林張存、石永□、林名淑、陳朝哲、曾廣交、曾廣賜、何長忠、林成請、周志合、曾繼磔、曾繼倭、周倉明、鄭灑、曾永吉，以上各一中元。

蔡榮源添捐銀十大元。林勝源添捐銀十大元。陳培蘭添捐銀十大元。曾同和添捐銀十大元。以上捐銀壹仟捌百叁拾柒元，各捐煙户穀銀式百陸拾柒元，合共用去銀式仟壹百零四元。

光緒貳年歲丙子秋瓜月穀旦。董事：舉人林禮拔，貢生曾麟祥，太學生陳培蘭、曾真機、林瑞祥，鄉賓林子鈞、林揚聲、石建業、楊家斉、黄横傍、石冬春、陳傳墩，暨十二社等，仝立石。

按：此碑現存崎嶺鄉南湖村天湖堂。

一七二六　福興堂碑記

〈上缺〉把總楊開元捐銀肆大元。□□際昌爐捐銀叁大元。信生曾播芳捐銀叁大元。信士朱尚濃捐銀叁大元。庠生朱大成公捐銀式大元。朱世芳公、□□□溪章、貢生曾炳麟、張加恩、貢生曾體仁、信生朱錦城、太學生朱廷用公、太斈朱又年公、壽官林維公、六品曾福信公、曾福山公、朱以衡公、信生朱俊初、信生黄先春、信士朱萬輔、朱順北〈下缺〉。

光緒三年菊月置。董事：朱〈下缺〉。

按：此碑現存九峰鎮下坪村下庵邊福興堂遺址，殘缺不全。

一七二七　平和縣義倉碑記

積儲之關民生，大矣哉！三代尚矣。降及後世，常平、預備、社、義等倉，或儲於官，或儲於民，良法美意，載在諸史，罔非痌瘝斯民爲備荒計也。伏考我朝順治十二年，令有司出自理贖鍰，秋冬積穀，悉入常平倉以備賑。

十七年，議准春、夏發糶，秋、冬糴還，平價生息，遇荒賑給。康熙十八年，議以每歲秋收，勸諭官紳士民捐輸米穀，照例議敘，鄉立社倉，市鎮立義倉。十九年，又准直省常平倉穀留本地備賑，其社倉、義倉留各鄉村備賑，永停協解外郡。其就地子惠元元，情﨤周摯，美矣！茂矣！和邑何有？預備倉久廢，社倉、義倉志乘無考；惟常平倉穀，乾隆十三年定額二萬九百二十七石有奇。倉在縣署之左，百數十年迭經動用，穀未糴還，倉亦傾圮净盡。兵燹之後，縣檔無可稽其詳，蓋莫得而述焉。

光緒庚辰秋暮，明逵來權是篆，抵漳謁郡憲，蒙諭以現奉憲行曾檄和邑勸捐穀石，俾作義倉，諄囑務成其事。明逵職守所在，曷敢不勉？下車伊始，即集紳耆士民，布告憲意。衆咸大悦，互相勸導，踴躍輸將。數月之間，積有成數，計得穀七千五百三十五石，折價銀七千五百三十五兩。於是鳩工庀材，即常平倉舊址鼎建新倉。爲厫十有四；中建三楹，祀倉神；前建廻廊，儲曬、颺等器具。經始於庚辰年十一月，告成于辛巳年八月。民捐民修，工堅料固，計費銀二千四百七十一兩八錢八分六厘。按舊常平倉所儲，有常平、官捐、民捐、新監捐四款；今款除捐廉爲倡外，皆係民捐，與從前義倉之在市鎮者無異。額以『義倉』，紀實也。若夫捐户姓名、捐助數目，另有清冊造帳，存在縣檔，兹不具録，第紀建倉梗槩於此。

是舉也，賴我紳耆士民急公好義，明逵不才，竟藉手以無負大憲痌瘝斯民之至意，亦一興廢幸事也。至於隨時經理，更善厥後，且拓而充之，是則有待於後之君子。惟時董斯役者，舉人曾聖年、舉人賴傳綸、舉人黄宗敏、拔貢游啟先、廩生曾揚聲、廩生曾其源、監生楊升堦、監生賴□修、監生莊殿標、職員朱世茵、職員朱登瀛、職員羅聯升、生員楊春霆，例得備書。

光緒七年歲在辛巳十月　日，署知縣事梅山樊明逵識。

按： 此碑原在平和縣義倉門口，現存九峰鎮城中村平和城隍廟。

一七二八　平和縣義倉碑記（二）

閩省倉穀甲天下，今其存者十無二三。將聚散有定，非人力所能保全耶？抑舉辦之初，盡經費已不足完之耶？余臨平和之初年，前政樊君以捐穀五百石、番銀三千九百餘兩，屬余而言曰：『邑處萬山，時虞水旱，某積穀以備之，而慮無以善其後。子盍爲我成之？』余敬受教，進里胥而問之曰：『邑户口若干？不耕而食者約幾何？人耕而食匕不足於儉歲者又幾何？』户衆備以教余曰：『是積穀兩千已足敷平糶之用矣。多而祇飽蠹蠹，不如其少之可以經久也。』爰集衆紳，議可以保此兩千石者。

孝廉曾宗文首以買田請。余曰：『昔范文正爲義田，子孫永賴；宋葉水心與永嘉買官田，議雖未行，至今田爲官產；余鄉林秀才病有宋役法之壞，捐置本縣義役田，今六百年，民夫藉以茲數取辦。施之於家則如此行之，於國又如彼。寓費於田，明效大驗矣。今日諸君任其勞，經費不足，余肩之；大府駁詰，余自以理辯。慎勿爲閩省常平之續也。』於是妥議續捐，合前款得穀百七十石、番銀四千七百餘兩。買穀上倉，符前議兩千石之數。以三千百餘兩買坂仔民房一所、糧田四十三段，年收結實官斗租穀二百三十二石。器皿、倉厫一切具備。余顧而樂之，因操筆宣言於衆曰：

『萬石之倉，十年不曬晾，朽腐者半，不可食者亦半；千石之倉，十年不添補，折耗者半，縻於經費者亦半。今樊君以救民之苦心，集茲巨款，余承其乏，使不以樊君之心爲心、舉存銀而皆以買穀，非不可塞責上司也，而經費無出十年而朽腐無存。即不然，以其所有，易其所無，就樊君所欲，勒富民權子母，以備曬晾之用，非不可以苟且旦夕也；而入不敷出，弊竇叢生，費亡而穀仍與俱亡矣。夫水旱無時，民力有限，取富民之膏血而以救窮黎之饑寒，剜肉補瘡，君子猶病；况謀所以救之者，固僥倖於十年之内，而後此之豐凶饑飽，仍須視窮黎之富命，而主者不能操其權。則何如彼此相安？貧自貧、富自富之爲愈也。

『余知樊君深，又諸君之兢匕於是倉者，必欲謀其久遠，故不避嫌怨以成之。嗣今以後，諸君其循途守轍，視此倉爲范文正之義田、葉水心之官田、黄岩太平之義役田，抑彼注此，變通盡利，是樊公造福一方，余不任受德；其或仍視同隔膜，或且與前此之常平等是有治法無治人，余不任受怨，即樊君亦不受怨也。』

書成，適紳董有伐石識田之議，因録之右方，以當緣啟云爾。

按：此碑原在平和縣義倉門口，已佚，碑文見於浙江省台州市黄岩區寧溪鎮寧溪王氏宗譜。作者王士俊，浙江黄岩人，於光緒七年至十年接替樊明逵任平和知縣。

一七二九　楊氏祖墳示禁碑

欽加同知銜、特授平和縣正堂卓異侯升加〈下缺〉示禁事。案據赤草埔社□户楊有水、楊自賢、耆民楊九連、楊和信、楊雙桂等禀稱：『水等充當正户承租，插居赤草埔。有九世祖義道德剛公，於乾隆年間卜葬在本鄉屋後馬料磜黄堀□溪背，土名角仔頭。該山培植松木，蔭護祖龍，掌管十餘世，不許外人砍伐。疊經延請鄉鄰房約，經本族親長勘明禁約，四鄰周知。詎有鄰鄉棍徒疊次糾夥強砍，禁止莫何，懇請示禁。』等情。業經飭差一再查勘，據該差禀復，以查勘屋後馬料磜黄堀□溪土名角仔頭，有楊姓祖墳一大，栽種松木，□約鄉人皆□□□係楊有水等掌管，與别姓無涉等情。暨據楊有水等□□各□求，除分别批示外，合行示禁：『爲此示仰該處鄰居匠民人等知悉：嗣後毋再往楊有水等祖墳山上盜砍松木，如敢仍前盜砍，許楊有水等指名禀請□究。各宜凜遵毋違！特示。』

大清光緒拾叁年閏肆月廿一日，給寔貼。

按：此碑現存九峰鎮下坪村水溝邊，殘缺不全，碑名爲編者加擬。

一七三〇　建立奇昂公祀田請存案致祭條款

一，買過埔坪蚶仔殿墓後水田壹段，計五坵，帶水弍寸，受種弍斗，贌税柒石弍斗，價銀壹百三十六員，納畝五合，配佃完清，帶紅白契弍紙，炤。

一，買過埔坪後籠仔□田壹段，計弍坵，帶坡水灌溉，受種壹斗，贌税肆石，價銀八十五員，納畝柒合，配佃完清，帶印契壹紙，炤。

一，買過埔坪社林百山田壹段，計十五坵，帶坡水灌溉，受種肆斗，贌税拾肆石肆斗，價銀二百八十八員，納畝五合，配佃完清，帶印契壹紙，炤。

以上三條，實税弍拾五石六斗，係臺灣培遠堂置以爲奇昂公祀田。議舉宗親□祥、□□、掇芹、□泉等代理收租，仍舊致祭。凡有招耕定税、更改章程，宜會同家長等至公商辦，不得擅挾己見，將業私索人財、私厚綏豐親派耕種，以致祭祀有虧。倘有不善辦理，聽培遠堂另舉公正接辦，毋得据佔生端。此田白佃無費，該租撲作三分，祭祖應得二分，祭墓應得一分。每遇祭祀筵席，必邀請同事及與祀者，以昭一脈和氣，庶可永垂久遠云。

縣正堂桂批：職員林文□、文荣、朝楨事筆批，建置祭田，原備歷世祖考烝嘗之需，准如所請存案。至立碑家廟，應由奇昂公派下臺灣培遠堂置，代辦裔孫毓奇題□。

光緒十九年歲次癸巳年六月　日。

按：此碑現存五寨鄉埔坪村林氏家廟。

一七三一　建立收送聖蹟業息碑記

〈上缺〉林太師公隆□代作，思上古結繩爲字，後世取義象音肖形〈下缺〉野有字，始正萬民，事至重也，典至

隆也。近□洒净〈下缺〉龍化作□□雙山，嗣自門北三礦廢書〈下缺〉而行文，青雲捷步，得意如春。

平和縣正堂楊卓廉捐銀拾柒元。南勝分縣劉捐銀肆大元。縣右堂黄捐銀陸大元。舉人賴傳綸拾大元。訓導曾其源拾大元。生員曾荷連拾叁元。拔貢游啟先陸大元。訓導楊春霆陸大元。

舉人黄宗敏、附貢曾烈、廪生曾揚聲、廪生陳育才、廪生曾養龍、張連成号、監生曾播朝，以上捐四大元。□□朱朝陽、監生朱金堤，以上捐三大元。監生朱世英、歲貢朱昌學、歲貢曾驥、□貢曾祐、監生曾德源、附貢曾鼇、生員游德先、生員楊俊、生員曾錦、貢生曾觀榜、訓導曾宗、生員陳觀成、監生楊陞階、生員楊從、王云章、朱揚□、陳肖木、生員朱通常、林玉麟、楊伯振、吴天來、林文烈、林登榜、朱其智、張兆□、貢生曾憲□、何廷□、州同楊□□、曾〈下缺〉。

光緒丙申年〈下缺〉。

按：此碑原在九峰鎮大尖山字紙塔，現存九峰鎮城中村平和城隍廟門前，僅存上半。

一七三二 重修石恩宫碑記

蓋聞：南海非遥，法雨時沾法界；西石有在，慈雲普濟慈航。和邑城西林最美，山行有倚石爲岩，松風水月，恍惚雲間。石恩宫崇祀佛祖，有來無不應。萬幸宫内道士親出，福、廣兩省樂善好施，捐金多助新宫宇。謹此爲序。

平和縣正堂范鄧榮華捐艮六元。貢生陳熙論捐艮六元。武生劉意中捐艮五元。信生李□景捐艮四元。信生朱上堂捐艮四元。信生詹其徃捐艮三元。信生陳熙森捐艮三元。舉人曾成忠捐艮三元。貢生武國定捐艮三元。劉春花捐艮三元。信生羅永來捐艮三元。曾晏仲捐艮三元。曾振標捐艮三元。信生黄志良捐艮三元。黄金堂捐杉樹兩枝，以上三元。壽官鄧讚美捐艮二元。貢生鄧鳳書捐艮二元。信生鄧兆鄰捐艮二元。都司鄧典宗捐艮二元。信生鄧鳳翔捐艮二元。鄧來諮捐艮二元。貢生林憲章捐艮二元。朱應路捐艮二元。楊娘典捐艮二元。朱應凋捐艮二元。信生朱捷

能捐艮二元。朱義章捐艮二元。朱紀錐捐艮二元。朱太姝艮二元。朱文盛二元。朱朝景捐艮二元。貢生劉煜光捐艮二元。劉梅林捐艮二元。劉宗周捐艮二元。劉世濃捐艮二元。劉世欽捐艮二元。劉以和捐艮二元。信生劉晉琨捐艮二元。信生劉協恭捐艮二元。劉洪秋捐艮二元。盧甘泉捐艮二元。黄竭用捐艮二元。信生黄文龍艮二元。信生黄敬三捐艮二元。黄先枝捐艮二元。貢生賴文濟捐艮二元。黄語爲捐艮二元。信生黄振方捐艮二元。信生陳茂統捐艮二元。曾紀乙捐艮二元。曾才生捐艮二元。曾昭鄭捐艮二元。曾小慶捐艮二元。壽官曾瓊生公捐艮二元。貢生張鳳操捐艮二元。壽官張克繩捐艮二元。許木樓捐艮二元。詹昭□捐艮二元。州同李應璋捐艮二元。縣丞李應祥捐艮二元。信生陳龍緒捐艮二元。陳有畓捐艮二元。貢生黄錫品捐艮二元。

按：此碑現存九峰鎮陳彩村石恩宫。

一七三三　重建清水廟碑記

先人之建兹廟也，由來舊矣。靈威丕昭，有求必應。不特社内之人奉爲福主，即歷來賢守廉令，亦多留匾題，以志神庥。蓋神之有功烈於民，而祭法之所以著爲禮經也。第歷年已久，廟貌幾□頹□，募修不果。客歲仲秋，嘗祀宗祠，聚族人而商捐貲，莫不踴躍樂從。自大、小、公蒸，以及上、中、下户，酌力鳩金，各無難色。於是諏吉興工，自八月吉日拆毁，未逾二旬，規模已具。《詩》所云『不日成之』者，弗過是矣。夫恒事可與樂成，難與慮始。斯舉也，若是之速，豈非神靈默牖其衷哉！神之英爽既赫濯於萬年，而人之善緣亦應昭垂於久遠。爰將捐助名數鐫諸貞瑉，以志神之如人願云。是爲序。

朱禮文公捐銀叁拾元。静逸公捐銀壹佰弍拾元。觀仁公捐銀伍拾元。太學慶敬公捐銀伍拾元。□生慈中公捐銀伍拾元。□□錫淡公捐銀伍拾元。益俊公捐銀肆拾元。慶禹公捐銀叁拾元。子培公捐銀叁拾元。發貴公捐銀叁拾元。道叔公捐銀叁拾元。太學仲申公〈下缺〉太學仲雅公捐銀捌元。侃懿公捐銀捌元。太學國泰捐銀捌元。洋生捐銀捌

元。純善公捐銀陸元。宜種捐銀陸元。興全公捐銀伍元。耀台公捐銀伍元。國興公捐銀伍元。文雅捐銀伍元。

鄉賓文光公〈下缺〉舉人開泰公、裕伯公、達伯公、太學國貴公、壽官瑞元公、太學玉章公、德恩公、舉人元魁、□□枝□、舜雅、太學振茂、太學尚德、貢生鳳翔〈下缺〉聯印、□元、良謹各捐銀□元。太學斐童、壽官乘稱、壽官應楹、壽官整治、倫致、聯條、士沉、時池、乾燔、日〈下缺〉加優、乾鄞、能越、加正、盛美、加淨、良鐘、榮增、士□、良野、良錢、啟佳〈下缺〉水興、加泰、聯問、世答、世志、廷秀、聯浪、時冬、文冠、表坑、表團、休頂〈下缺〉聯東、宜煇、永輝、良壬、加縫、志維、表晴、壬度、士連、瑞興、士適、日〈下缺〉成定、良裕、士杏、永碑、士生、良税、水娘、表圳、士高、士宜、乾燕、良滿〈下缺〉岳彭、岳牌、乾保、士夾、世去、煥爵、世車、世雷、表浸、時夏、士雷〈下缺〉。

按：此碑現存九峰鎮積壘村塘背清水廟，殘缺不全，碑名爲編者加擬。

一七三四　重修城東威惠廟碑記

原任平和□□□王□□捐俸銀貳拾兩。原任平和營遊擊饒魁士捐俸銀壹拾兩伍錢兩分。原任平和縣儒學黄兆鰲捐俸銀肆兩。原任平和縣儒學陳春蘭捐俸銀柒兩貳錢。原任平和縣典史黄錦捐俸銀陸兩陸錢肆分。户科捐石門楣壹根。□先把總楊開元捐銀壹拾貳兩。觀德堂捐銀壹拾貳兩。監生張輝宗捐拾壹兩叁錢。監生楊步全捐銀玖兩捌錢。監生曾昭學捐銀捌錢。職監朱世芳捐銀柒兩玖錢。信士李炳乾捐銀柒兩伍錢。鄉賓朱以衡公捐銀柒兩伍錢。鄉賓朱鳳地公捐銀柒兩壹錢。職員曾國棟捐銀陸兩叁錢。監生曾芹香捐伍兩貳錢。鄉賓陳樂春公捐銀貳拾貳員。生員曾源征捐銀柒員。監生朱朝漢捐石□叁粒。陳温泉捐銀陸員叁角。職員李壽嵩捐銀陸員。

曾志聞公、傳香社、申錫社、監生楊□起，以上捌員。貢生游□□、朱崇義公、朱高嵩公、監生朱顯揚、職員楊賜奎、朱深淵，以上各陸員。貢生曾炳麟、貢生朱慶文、張振鳳、曾迎誥，以上各伍員柒角。鄉賓朱峥嶸、監生

楊廷光、瑞源號，以上各伍員。貢生曾有光、監生盧楝樑、平和□□館、浙嚴□緒堂、陳子俊公、陳興柱、楊長慶、林資舉、朱□□公、朱石生，以上各肆員。監生李嘉合、張加□、尚德堂，以上各貳員肆吊。監生曾紹本、貢生陳□然、監生曾壽慶、監生朱世□、監生朱集宜、生員朱崇高、監生陳耀宗、監生曾廣泉、朱宜伯公、朱東紹公、吴□正公、監生朱虞璿公、李廷火、曾火城、楊冠聲、曾秋桂、□士□、賴雁塔、□□□、朱雲從、吴長琪、吴長清、楊克□、曾光連、王本廉、曾長瀨，以上各叁員。李朗曜捐銀貳員捌角。曾如灃捐銀貳員叁角。賴傳綸、曾聖年、林錫榮、陳□源、楊振文公、曾景青、黄永祥、朱朝□、陳奪魁、朱學顔公〈下缺〉。

按：此碑現存九峰鎮城東村威惠廟。教諭黄兆鰲，同治十一年任；典史黄錦，同治七年、光緒二年任。

一七三五　重修城東威惠廟碑記（二）

監生朱作舟捐銀柒拾大員。監生石兆麟捐銀肆大員。鄉賓許朝光公捐銀貳大員。鄉賓□□周公捐銀拾貳大員。朱廣□捐銀陸大員。鄉賓周士錫捐銀肆員。朱國際捐銀貳員。監生楊巨澤捐石龍柱壹對。鄉賓朱崇義公石龍柱壹枝。監生楊敦本公石龍柱壹枝。監生曾聖發公石鳳柱壹枝。州同曾灃石鳳柱壹枝。舉人楊耀石鳳柱壹枝。生員楊濟石鳳柱壹枝。監生朱大公石門楣壹枝。曾繼宗石門獅壹座。鄉賓王思祥公石門柱壹對。王聯宗石門柱壹對。監生楊守□公石門楣壹枝。鄉賓王思源公石門楣壹枝。鄉賓朱簡雍公石門柱壹對。朱員翰石門柱壹對。蔡國榮石門柱壹對。吏員陳繼楚公石方柱壹枝。鄉賓朱明匡公石拱頭壹枝。監生鍾士治公石拱頭壹枝。曾長□石版柱壹枝。賴松□石版柱壹枝。許盈傑石版柱壹枝。楊文□石版柱壹枝。監生曾克昌公捐銀拾大員。

舉人曾天鳳公、舉人黄雲卿公、鄉賓朱達言公、鄉賓陳孝友公、鄉賓朱聯芳公、鄉賓林□□公、監生林□岐、監生曾允揚、監生曾廷封、監生朱湧泉、生員林挺英、生員曾初香、□□曾得名、藍國彩公、李德崇、藍文□、石廷曾公、江慎友、楊天同、曾碧水、楊徽祥、林陸株、杜營生、李惟英、朱先□、古水文、曾緝熙、曾傳娘、朱員

篋、林桂香、賴秀藝、朱英傑，以上各捐銀肆員。曾員麒、曾門游氏太、貢生葉光前、貢生楊益清、監生朱采、監生朱芳、生員曾振聲、鄉賓朱明弼公、鄉賓朱炯之公、□□羅姓户、孝義社同人、楊士□、林天祺、石紹近、何志煌、大秉瑞、楊□恭、朱廷曾、李德□、曾文簡、楊文粤、楊承化、陳秋蘭、曾和順、朱國仁、曾朝杏、曾宗濂、朱景泰、石火爐、朱得意、游日回、杜向南、曾月淪，以上各叁員。

守備朱奠邦、貢生游耀彩、貢生曾泮水、貢生曾德暉、貢生曾繼□、貢生曾□□、貢生曾□□、監生曾若□公、監生游清芳公、生員曾金蘭公、生員朱飛騰公、汀邑監生朱必彰、監生朱永崇、監生曾人鯉、監生朱受思、監生黄時斐、生員楊道隆、監生朱良佐、監生曾興祥、監生曾潮瀚、監生朱□□、鄉賓朱滕勝公、鄉賓朱三如公、鄉賓曾廷訊公、鄉賓賴從新公、鄉賓陳□□公、鄉賓朱念茲公、鄉賓曾宗□公、監生朱□□、監生朱安鎮、監生曾余梁、監生朱松光、監生朱先財、監生朱建蕁、監生曾威儀、監生楊榮瑞、監生朱□林、監生朱高嵩、監生曾如心、生員陳國昌、生員曾九齡、生員曾麒圖、校尉黄勇、鄉賓吴國麗、神和社同人、孝義社義字、北□李色布、莆陽陳□盈、平山黄如蘭、鄉賓朱時□、鄉賓朱國錢、鄉賓朱廷員、曾□□、曾佑騈、朱英慕、朱英□、□□□、朱永長、曾文□、李淩高、吴國廷、楊瑞龍、曾起詠、陳進鳩、謝文友、楊其□、朱江沱、朱光權、朱□書、高士良、曾世姓、曾進簽、朱紹惠、曾□□、朱員和、朱似然、曾芳岩、□文奇、楊顯朗、古□□、陳水開、曾友生、王太乙、楊瑞鳴、朱宇奠、朱國萬、朱長□、吴英潭、吴員旭、吴員煙、吴員亨、吴員營、吴員焕、朱誚深、李廷煌、朱應起、朱□滕、朱日□、朱絢良、朱三卿、石士海、鍾繼□、謝崇山、朱尚森、朱榮胡、朱天冉、□天暢，以上各貳員。

朱紹深、朱士局、朱應承、□士壬、朱士代、朱甯笑、曾碧溪、張□送、朱士納、朱士□、曾崇山、李雙包、黄□士、朱亮椿、朱士船、朱志略、曾廷功、朱科□、朱然昌、朱□□、曾士康、朱成溪、朱廷倫、陳士煉、曾□南、朱士□、林開芳、朱錦繡、朱球琳、朱國壯、朱火助、朱應炳、陳興物、曾傳活、曾金□、□用□、曾□□、朱廷□、曾繼柑、朱尊□、楊良采、藍成源、陳登滂、林振旺、曾長安、石光壹、王聯科、□承祺、江傳掌、楊特

聲、曾得水、朱士旺、楊良興、朱光梯、林基春、楊朝梁、楊水綽、王良願、林士煉、黄天蛟、朱志潮、石祖武、石永坤、曾鍾淑、曾樣機、楊文彩、陳俊傑、朱士□、何良貞、詹貳呂、柯大永、張興隆、□□歲、朱文並、賴國珍、曾嘉卉、楊良辰、石光田、曾文□、楊文興、賴士□、楊朝佐、楊士恭、曾長成、陳先□、曾長坑、林□浪、曾長進、楊沃水、楊□潮、林錫□、曾長汀、李□□、游兆基、蔡廷□、吴天送、朱水□、楊長慶、陳藍田、楊本聽、曾長汝、林綿□、陳員珠、王□□、楊西丕、陳溪□、林煙南、曾際春、楊員□、吴兆□、朱宗□、龔士沾、游文娘、石光誥、蔡□雅、曾夏連、游士意、朱娘九，以上各壹員。

募捐信士：藍□□、江瑞濱、曾員娘。

董事：許朝光、楊長輝、古玉略、古木大。大總理：朱湧泉。

按：此碑現存九峰鎮城東村威惠廟。

一七三六　文昌祠題捐碑

誥封奉直大夫蔡宗元叁百捌拾元。澄邑監生葉正瓊叁百元。開第朱宗義公壹百陸拾元。大□朱靖逸公壹百叁拾元。陳坑曾大弍公壹百元。曾次卿公壹百元。曾伯流公壹百元。蔡德文公壹百元。監生朱毅正公捌拾元。監生曾聖發公陸拾元。曾□生公陸拾元。監生周乃河公陸拾元。龔遜敏公陸拾元。曾志聞公伍拾元。朱宜伯公伍拾元。盧川公伍拾元。監生朱秉磅公肆拾元。監生楊天倫公肆拾元。監生朱廷機公肆拾元。張晉階公肆拾元。黄佐□公肆拾元。林伯章公肆拾元。生員蔡克全肆拾元。楊西坪公叁拾元。朱克政公叁拾元。

監生楊國元、楊紹周、張承禧、朱光華、生員朱太成、鄉賓吴司璧，以上各叁拾元。吏員游龜山公廿肆元。曾顯雲公、朱簡廷公、廪生朱晉登公、楊欽賢公、楊君孩公、游德謙公、黄侃直公、黄元州公、周伯時公、黄陽開公、張天珍公、監生朱永助公、朱日輝公、張霞朗公、曾峻德公、林吉庵公、貢生賴懋捷，以上弍拾元。監生張勤篤、

朱國賓、朱國達、賴懋河、游克振、生員朱引恬，以上各弍拾元。監生盧廷賢拾伍元。黄啟昌公、監生張乃纁，以上各拾肆元。貢生曾瑞儀、監生曾光宗、曾瑞藻、楊紹震、黄輒侯公、盧毓器公、楊興仁公、江啟巘公、陳啟緒公、葉雲波公、石丹奇公、賴周光公、陳肇嶶公、監生朱廣耀、生員張特珪、黄騰蛟，以上各拾弍元。生員陳克馳、李璧樹、周震揚、陳顧、黄菶萋、楊耀廷、林新，以上拾弍元。鄉賓朱偉男公、曾子亮公、曾華萬公、曾爲表公、楊心耿公、曾遜華公、朱純敏公、鍾金元公、周鵬飛、監生曾應隆、曾力行、朱國貴、楊世珍、鄭建光、李元録、莊諧堂、陳明德、黄燕貽公，以上各拾元。監生周尚華、曾弘琳、曾良琮、曾楚聲、陳彬、蔡宗發、游清和、曾國姿、游金鏞、賴元濯、黄奇英、黄長庚、朱振茂、游長茂、林振輝、蔡世傑、廩生吴團圓、張呈鋒、生員曾弘璧、曾應齡、莊立誠、曾得有、李啟感、楊從鬱、黄炳文、江大鵬，以上各拾元。生員楊上國、楊名世，以上各捌元。

生員曾一經、朱租薇、林焕南、何一豪、黄廷珍、黄世澤、何聯魁、黄金章、黄國縉、監生曾儲綸、曾朝用、朱朝拱、黄文拔、林承芳、張世琮、張玉虬，以上各陆元。貢生曾顯揚、生員曾輔、莊味，以上各伍元。監生曾鷹翰、曾宗玉公，以上各伍元。貢生楊振文、曾純厚公、生員曾魁梧、朱倬成、楊學海、張捷元、高秀英、曾世旻、曾炎烈、曾岱宗、林璧、林揚薰、林菁華、陳夢花、賴承、監生朱大潭、朱國英、曾瑞璞、游光孝、朱元昇、游清佐、鄉賓鍾德標，以上各肆元。貢生楊先聲、生員游元功、朱科聯，以上各叁元。生員曾擎青、曾天澤、朱元機、朱元陽、朱宗岳、曾步蟾、游元度、林茂源、林芳、胡崇義、蔡仰青、監生曾霖，以上各叁元。廩生曾聲、曾人鵠、何光華、何際雲、曾澗、賴清佐、石光穎、莊芳碧、蘇名揚、陳□□、林依平、莊天鵲、曾文佐、蔡耀東、生員曾華、楊天濟、曾青璣、曾多龍、曾鳴岐、曾南江、林重飈、黄易、曾驪珠、曾江、朱經邦、曾元緒、朱以蒲、林廷輔、曾元龍、張鳳池、李青藜、曾飛熊、曾昌期、張起瀾、楊觀國、楊崇高、楊聯熯、賴占鼇、石世勳、陳騰飛、職員楊玉璋、生員黄作梅、曾日升、黄宗濂、林大椿、賴珀、賴飛鵬、黄維揚、賴交、游金榜、何照清、賴馨、黄名飈、羅照書、黄元珍、林碧暉、黄燃、羅章、賴廷玉、朱凌漢、楊建章、吴逢時、曾宗陽，以上各弍元〈下缺〉。

按：此碑現存九峰鎮文昌祠，殘缺不全，碑名爲編者加擬。

一七三七　西河宫碑記

〈上缺〉樓居，未忍棄去，而茶煙冷落，魚磬蕭條，勝槩幾不可聞〈下缺〉數十年已頹之山門，一旦莊嚴妙麗焉；數十年已廢之龍象，一〈下缺〉古今名勝，原寄斯人，但觀當世之士寒□者，方有志而未逮，能〈下缺〉以作己物，孰有如君之風流無滯、超越人士耶？君於和比鄰，復能擲〈下缺〉通險阻，則君不以韻士貽人，凡可濟世利物者，極山巔水涯，莫不毅然赴之。君可謂善續〈下缺〉然坦道危橋，行來不絶，皆君功德可記。予蓋樂君之志有成也，於是乎書。

〈上缺〉間榜，予與君有年家伯侄之誼〈下缺〉祖刹□勸募化，始建一樓於其後，意以依棲有所，甫竣而遽爾西歸。繼先志者，徒孫達聲師也。延其〈下缺〉捐貲財，買木石，製造門屏，漆塈鋪砌，殿成而寶像可鎮矣。敦請江右石匠，特造世尊金身，資金〈下缺〉四十餘人，十一閲月竟工。膳米之供，視匠資□□焉。且前堂未建，終非究構，而其右又置香積〈下缺〉彌陀金身，一一捐資落成，縻費亦不能盡計。又舊賢守□□□□□□特恩選於庚午年〈下缺〉每見遊僧飛錫，過客停驂，香積屢致雲□尚議〈下缺〉其富豪或私獻勢焰，雖未必盡然，漳俗寺院〈下缺〉以垂久遠。

〈上缺〉流洋田壹坵，税肆石。又大路下兩坵，税貳石，共種壹斗〈下缺〉址長坵，兩坵，種貳斗，税伍斗。又寺田，舊署税拾石，坐址上坪塘〈下缺〉。

按：此碑原在九峰鎮西門大橋觀音廟（又名西河宫），現存九峰影劇院門口，殘缺不全，碑名爲編者加擬。

一七三八　圓應岩碑記

邱能理、邱□獲、邱能□、邱禮政、邱詩腹、邱永助、邱華台、邱詩炳、邱詩叢、邱詩煥、邱當田、邱夏喜、邱乃修、邱德新、邱逢根、邱盛忠、邱針水、邱承韶、邱禮鍵、邱松定、邱贊佳、邱對謙、邱國定、邱贊貞、邱丹鳳、邱詩源、張月星、張劉氏、張諒欽、張雲淡、張信元、張揚業、張自求、張振家、張士能、張昌合、張承接、張以約、張貞容、張士程、張永簪、張振鴻、羅峰公、連雲淡、連沌溪、連功步、連林族、連芝微、連玉兰、連永栖、連雲庄、連家麟、梁必泉、連玉案、連配昆、連芝称、連書恭、連書田、邱詩云、連家謀、連劉氏、朱志清、朱志則、朱志貞、朱志新、朱娘但、朱友朋、朱龍飛、朱志官、朱志邻、朱志李、朱體仁、林憲章、林金章、陳以庄、朱淳劝、陳用錦、陳熙鴻、陳有家、陳自欽、羅濟澄、羅金兰、羅蕭氏、鄧作琴、羅喜落、鄧選音、羅乞盛、羅金申、羅朱氏、黄義洲、黄錫馨、黄業建、黄鄧氏、黄逢裕、黄土洲、黄荣□、楊黄氏、楊順熊、黄數來、黄楊氏、陳佛錫、陳詹任、陳熙修、陳蒼佑、劉□和、黄朋敬、黄藏洲、黄邱氏、黄林夢、黄□約、黄福星、黄能道、黄荣海、黄□合、鄧肇文、鍾逢義、鄧先來、蕭際臣、鄧泳軒、鄧茂和、鄧□昌、鄧祖楹、鄧安登、鄧星會、鄧林助、鄧太星、鄧浩敏、鄧曾氏、曾登暢、曾□□、曾文習、曾□□、曾永□、曾憲遜、曾廣□、曾昭□、曾成□、蕭□□、曾耶德、曾昭遜、曾昭苓、曾萬枝、曾裕昌、曾有乾、朱華潭、劉初文、曹□賢、曹振标、曹珣輝、黄正沐、黄香品、黄友林、黄秀林、黄火□、曾□□、曾花米、朱來□、朱□□、蕭□田、朱曾氏、鄧朱氏、鄧楊氏、鄧羅氏、鄧林氏、邱仁荣、邱本立、邱蕊立、劉荣烈、劉荣面、劉耿芳、劉玉枕、羅□臣、羅臣受、羅長登、鄧□□、羅登祥、羅國祥、鄧始乾、黄秀品、羅□□、鄧□□、鄧□□、鄧方選、蕭本友、蕭本譽、蕭子珪、蕭玉蒼、蕭德合、蕭玉琮、蕭子玉、蕭□昂、蕭南雲、蕭解化、蕭本雅、蕭玉受、蕭金□、蕭本則、蕭艾雄、蕭萬臣。

一，緣田置在葵坑，土名呂園背，受種三斗，址□下，計載税穀十三石七斗正，帯官畝二分七厘正，輸納林載

□户内。上冬收租豊席一餮，又带信雞一隻；下冬維黍豊席一餮，又带信米二斗。

副理人：蕭本仁、劉國珍、劉洪永、蕭□□、羅□照、邱贊佳、張信元、連易色、邱請艷、張雲林、朱□仕、黄廣□、羅田、陳熙□、黄秀品、林□□、楊凌雲、□□□、□□□、朱□□。

民主國元年壬子十二月　日，朱□成、朱泰、曾金樹、曾昭□立。

按：此碑現存九峰鎮陳彩村圓應岩寺。

一七三九　重修萬壽堂牌記

中華民國三年歲次甲寅重修萬壽堂。

曾年瑞、曾穎爵、曾憲山、曾廣柱、曾瑞金、曾佛瑞、曾憲爐、曾昭裕、曾三錫、曾三興、曾宗海、曾繁傳、曾見廉、曾三者、曾友良、曾裕昌、曾雙垻、曾廣鱗、曾昭流、曾吾明、曾憲添、曾憲槐、曾廣進、曾雙桂、振興号、曾門林氏、曾昭馨、曾娘進、曾廣川、曾廣庶、曾傳赫、曾金鯉、曾廣推、曾昭藜、曾廣遐、曾文志、鑑記号、曾憲炮、曾昭渡、曾東來、曾廣湖、曾炳陽、曾仁聲、職員曾維盛、曾廣益、曾仁華、曾三益、曾三水、曾極中、曾芬、黄宗唐、乾泰棧、曾秀木公、濟春堂、李木火、楊家則、楊永〈下缺〉。

按：此碑現存九峰鎮黄田村上庵邊萬壽堂遺址，殘缺不全。

一七四〇　修整恩置宫題捐碑

恩置宫修整，捐題姓名開列：

曾春生捐銀叁拾陸元。十福社同人捐銀叁拾元。菸酒公□捐銀叁拾元。曾□湟捐銀弍拾元。德成號捐銀拾伍元。曾連珠捐銀拾伍元。廖朝宋捐銀拾弍元。曾協發號捐銀拾弍元。曾國泰號捐銀拾弍元。曾慶珍號捐銀拾弍元。曾昭

恕捐銀拾式元。曾茂昭捐銀拾式元。曾和成號捐銀拾元。曾祥安號捐銀捌元。曾淝捐銀陸元。曾繩武捐銀陸元。鄭淵、曾根和號、曾昭得、曾憲簡、曾吉六，以上各捐銀肆元。曾登三、曾得門、曾聖門、永協號、曾洪洲、曾其富、曾藏興號、曾協馮、張□合號、曾如澤，以上各捐銀叁元。曾宜昌、曾□葉、宏發號、曾文經、曾昭祥、曾俊清、曾南濱、曾登瀛、鄭坎、鄭祖文、曾森炎、曾天佑、曾金舟、李惠，以上各捐銀式元。

中華民國八年歲次己未仲秋立石。

按：此碑現存九峰鎮城中村西街恩置宫，碑名爲編者加擬。

一七四一　重修福興堂碑記

鵝眉山社捐緣名次，開列于左：

曾廣緯捐銀捌大元。曾昭贍捐艮伍大元。曾廣瓛捐艮三大元六角。曾文一捐艮三大元。朱金立捐艮三大元。曾幹士捐艮二元六。信生曾護國捐艮二元六。信生曾成芳捐艮二元六。信生曾成璞捐艮二元六。

曾紀鈕、曾廣厥、曾廣鋤、曾廣泮、曾廣都、曾廣靈、信生曾瓊琚、曾廣聰、曾云南、信生曾成漳、曾廣崇、曾廣妹、曾廣題、曾廣蘭、曾廣殿、曾廣龍、曾昭朗、曾昭略、曾昭遞、曾昭桃、曾昭恤、曾昭象，以上各捐艮二大元。信生曾輝明、信生曾金標、信生曾成英、曾紀妹、曾紀濕、曾得進、朱玉測、朱連豊、朱玉居、朱紅科、張世送、張清泉、曾成武、曾廣琪、曾廣塔、曾廣鴨、曾廣禄、曾廣潤、曾廣同、曾廣傑、曾水生、曾廣九、曾同春、曾廣協、曾廣水、曾得勝、曾廣鎮、曾廣復、曾得根、曾九連、曾廣福、曾廣六、曾官生、曾昭旺、曾昭局、曾萬里、曾廷寮、曾娘貴、曾昭活、曾文良、曾昭卧、曾昭瀩、曾昭顯、曾昭賦、曾春火、曾憲佳、曾廷清，以上各捐艮壹大元。曾昭貼中元。

民國十年辛酉冬月。首事：曾幹士、曾護國、曾成芳、曾成璞立。

按：此碑現存九峰鎮下坪村下庵邊福興堂遺址。

一七四二　修塚碑記

乙丑秋，邑城士紳爲修塚之舉，遵神命也。初，城隍神降於廟，乩示厥衆，謂東西南北諸荒塚，凡無主者，多遺骸暴露，宜掩埋之，以成玆善舉，並命祖等十餘人司其事。於是，四出巡視，查各塚宜修理者若干處，筆諸簿，歸則統計需役若干、需款若干，定期興繕。東西南北，同時並舉。同人等分赴監□，膚壞者易以新，壙陷者填以土，閲兩旬而竣事。計需役五百三十五工，需款五百六十八圓五角，共修一千三百二十三墳。修畢，識以磚文曰『古墳』，並禁牧畜者毋得縱牛豕肆踐踏。是舉也，固賴尊神指導之功，而諸君子躬親督率，且不吝解囊，俾底于成，其好義亦有足多者。故既紀其事之顛末，爰復鐫修理各職務及捐貲諸姓名於左。

前平和縣知事朱念祖謹撰並書。

總監事：福建省議員朱念祖、縣視學曾炳陽。

總幹事：前漳平縣知事曾敬承、省議會議員朱紹三。

會計：前縣一小學校長曾梧、教育局文牘主任朱博文。

庶務：福建省議會速記員李子程、平和縣教育局庶務朱蛟。

幹事：清例貢生朱建安、一區私一初級小學教員曾楊華、縣一小學教員曾天爵、前福建水上員警警佐曾春潮、曾委員漴湟、前縣一小學校長曾春生、前平和縣承審員朱鼇、前平和縣警察局局長朱鑒燧、鄉耆楊積餘、縣一小學畢業何廣潭、前縣四國民學校長曾開華、前六區員警分所長朱養材、前平和縣監獄官曾芬、一區私立十二初級小學校長曾宗器、楊家長如鳳、前縣公署科長朱昌國、楊委員以開、前縣公署科員曾石麟、平和縣衛生局局員曾位西、楊委員克柄。

曾有德捐七十大元。曾炳陽捐六十大元。朱紹三捐三十六大元。曾春生捐三十大元。朱建安捐二十四大元。朱念祖、曾承恩，以上各捐二十大元。朱德音、朱昌國、曾宗器、曾崇湟，以上各捐十六大元。曾占鳳、曾成澤，以上各捐十二大元。曾開華、朱博文、朱養材、朱鑒燧、曾芬、朱鵬飛、李進德，以上各捐十大元。曾叢生捐八大元。楊克柄、李子程、曾慶忠、曾光邦、曾春潮、黄麟、周紹黄、曾崇福、曾繁傳、曾繁族、林梧櫚、芳美、林連芳、朱石枝，以上各捐六大元。朱鼈、朱蛟、曾天爵、曾揚華、朱龍章、朱源清、曾冠三、曾有恆、楊積餘、黄拜颺，以上各捐四大元。曾位西、楊以開、朱道三、曾錦江、朱金義、黄宗唐、鍾如海、曾俊材、楊國楨、朱慶芳、朱何彬、朱鋒鋭、朱烏狗，以上各捐四大元。曾鳳鳴捐三大元。曾成剛、朱金鍱、曾朝宗、林双全、羅承辦、朱榜、黄京城，以上各捐二大元。朱德發捐二大元。楊如鳳捐二大元。林壽侯捐一大元。

以上總合共捐大洋陸佰弍拾元正又四元。

中華民國十五年歲次丙寅夏曆二月穀旦立。

按：此碑現存九峰鎮城中村平和城隍廟。

一七四三　重修天湖堂碑記（三）

天湖堂者，九和著名之福地。昔鄉先生陳應夢、林禮拔撰重修碑記，極稱其聲靈赫濯，境界清幽。雖值凋壞，旋即修葺；雖遭寇毁，旋即鼎新。後昆當誦其碑文，詢諸故老，而知吾人之所以繼起維新，歌於斯、頌於斯、答神庥於斯者，蓋數百年之久矣！自民國肇興，地震數次，瓦蓋傾頹，而雨澤下注者，已十餘年。至甲戌仲春，至尊保生大帝降乩，勸諭衆生，各宜安分樂業，忠君愛國，時行方便，廣積陰功。耆老畢至，恭聽明訓，上人和美。因請各鄉老議定重修，並立缘簿，向各善信募捐，擇吉修補。數月之間，焕然一新。而孰知明神之護佑，仁慈□應，涵照已深，故人樂于從事也。今當竣，爰書其事于石，以勵後人。嵘山曾琨記。

曾振和隆捐銀一百大元。曾躍然公捐銀七十二元。謝隆泰號捐銀二十六元。黃静逸公捐銀二十四元。黃以昭公捐銀一十八元。林質義公捐銀一十六元。石會意捐銀十四元。曾永茂捐銀十二元。林清渠公捐銀十二元。曾成泰捐銀十二元。石調基公捐銀十二元。林清漂捐銀十大元。林俊明公捐銀十大元。陳福隆公捐銀十大元。曾炎炭捐銀十大元。曾全記捐銀八大元。陳鼎元公捐銀八元。周正伯公捐銀八元。林三寶捐銀八元。何敦仁公捐銀八元。

曾蘭友公、曾子安公、曾同和公、曾瑞泉公、曾蓮茂、曾義昌、曾昭冀、曾畊、曾東成、林文正公、陳培蘭公、石文苑、蔡振軒公、林源記、林振貫、陳文鎮、曾憲鋪、黃横帕、黃錦來，以上捐銀六元。

曾青選公、曾奇英公、林魁甫公、林賓庭公、林成淑公、黃盛德公、周秀英公、石寬美公、石順禮、朱紹三、林南太、何太湖、萬生堂、陳隆教、陳章好、黃錫珍、黃達乾、曾三益、曾俊材、曾憲庭、曾仁隆、曾慶喜、曾振泰、曾江道、曾友朋、曾憲□、曾炳坤，以上各捐四元。

曾紀東、曾昭吟、曾湖秋、曾和茂、曾少卿、林貢木、林兵二、林毓明、陳高拔、陳錦税、陳章屋、陳經林、周章堯、周火球、周友忠、楊鍪、朱金專、石安楷、石五名、何榮□，以上各三元。

曾宗器、曾協和、曾瑞和、曾品香、曾德記、曾友聲、曾芬、曾□湟、曾春生、曾鳳鳴、曾文尉、曾鳳山樓、曾利成、曾同太、曾協發、曾協美、曾淇源、曾三省、曾昭泉、曾昭墩、曾乾文、曾火素、曾憲利、曾憲樣、曾啟明、曾昭祇、曾土葛、曾迎解公、曾憲煙、曾慶仲、曾慶荖、曾經軫、曾静明公、曾昭記、曾憲九、曾合興、曾昭流、曾秋水、義安號、正安號、朱鼇、協昌號、大和號、朱養材、朱鑒燧、朱兆昌、朱文德、朱道德、朱泮林、朱振祥、朱金叙、朱庚申、朱先交、朱海水、朱門寬娘、黃應鍾、黃瑞興、黃彌高、黃會南公、黃榮友公、黃大雲、黃天佑、黃勛味、黃勛燒、黃堂超、李木順、李錫金、李順圖、李美撰、楊達源、楊嚴生、石溪門、石火樹、石希舜公、石蟬宫、石功德公、林奕烈、林錦成、林福成、林吉聖、林聖年、林仁厚公、林希聖、林紅磚、林咸英、林雙全、林家交、林友梅、林爲引、林浩澈、林赫濯、林本利、林忠餒、林石茶、林清溪、林聖謨、怡和興、蔡立掌、

蔡立盛、賴汗池、劉其子、周石鼻、周梅贇、陳東□公、陳樹泉、陳成年、陳光輝、陳成丙、陳貞吉、陳章振、陳武營、陳章岸、陳章細、陳雄文、何榮扶、何國柱、何國宏、何國際、葉九如、曾慶校，以上各二元。

曾懷仁、曾昭熙、曾源利、曾冠三、曾玉旋、曾昭田、曾天鑒、曾昭仙、曾憲登、曾純青、曾慶竺、曾大元、曾慶文、曾雲桃、曾益峰、曾桐枝、曾鴻太、曾椒山、曾南草、曾慶岩、曾慶郡、曾慶張、曾昭桂、曾水武、曾關城、曾炳星、曾降法、曾江濱、曾夏雨、曾奇大、曾昭龍、曾連陶、曾昭耀、曾本立、曾四蒔、曾三火、曾昭圳、曾五丁、曾昭柏、曾憲斂、曾憲乞、曾憲連、曾廣助、曾昭肥、曾廣回、曾昭活、曾廣古、曾廣巷、曾紀祭、曾進生、曾昭點、曾石古、曾憲甲、曾憲根、曾憲乙、曾憲笪、曾憲炭、曾憲它、曾憲巍、曾文銀、曾赤皮、曾慶選、曾士呈、曾玉杯、曾水圳、曾東海、曾青雲、曾鳳湉、曾金生、曾財春、曾憲鰲、曾憲楓、曾憲景、曾憲苗、曾憲註、曾憲穹、曾昭管、曾咸亨、曾長丕、曾昭琴、曾滄浪、曾理事會同、曾憲賜、曾憲生、曾慶粦、曾贇遂、曾昭喜、曾廣超、曾水明、曾連蒲、曾淇粦、曾廣濺、曾廣泉、曾有福、曾昭亂、曾昭林、曾憲汪、曾蒔鍾、曾昭愷、曾慶育、曾遂松、曾國貞、曾瑞堂、曾升業、曾廣慊、曾廣番、曾昭甲、曾廣青、曾廣波、曾廣鵝、曾廣儼、曾廣亨、曾連發、曾昭派、曾昭畝、曾昭莅、曾昭農、曾昭種、曾火鏡、曾集祥、曾昭料、曾昭吉、曾連藝公、曾廣浪、曾廣□、曾水欣、曾水矛、曾佳山、曾昭爵、曾昭容、曾憲棠、曾林崇、曾榮國、曾憲贇、曾昭盆、曾成發、曾廣庚、曾昭印、曾昭銅、曾火烈、曾和尚、曾昭灶、曾信盛、曾紀活、曾昭達、曾辛卯、曾紀林、曾昭吩、曾昭場、東興號、太和□、美記號、德昌號、勝發號、美南號、萬興號、慶和號、新源利、資記號、恒和號、中和號、義利號、朱應拔、朱紹調、朱拔萃、朱文詳、朱□壹、朱日升、朱寶藏、朱期昌、朱如式、朱龍章、朱成國、朱錦記、朱金榜、朱金亭、朱吟記、朱水仰、朱朝陽、朱達國、朱存厚、朱火皮、朱青允、朱桂隨、吴錦香、吴真堂、王龍盛、游江深、張榮和、周先卷、周長春、周南憲、周世林、周世乞、周鳳湉、周國結、周士呈、周榮國、周朝詩、周衍城、周皆岳、何太兵、何曲沃、何國厲、何榮礩、何榮轉、何國洞、何太岩、何國遇、何清異、何士共、何榮

岩、何宗正、何紹宗、何玉尋、何國榻、何國姜、何太茂、何榮沕、何榮意、何榮嘬、何榮忺、何國傳、何木檥、
謝玉應、謝瑞速、謝瑞倫、謝水欣、謝金獅、謝德忠、鍾運坤、鍾長壽、鍾添進、鍾石枝、鍾入煉、鍾運杞、鍾本
仲、鍾運壯、鍾運料、李火友、李武昌、李集福、陳隆蘇、陳樟蒲、陳隆運、陳水拋、陳隆輝、陳清河、陳興坎、
陳吉榮、陳隆答、陳隆壬、陳隆漂、陳成章、陳興梅、陳興卒、陳興陣、陳興寮、陳其小、陳土正、陳允水、陳文
瑞、陳芬心、陳憲章、陳丁乾、陳錦木、陳錦德、陳見水、陳芳盛、陳章經、陳金榜、陳啟□、陳水漲、陳清海、
陳楝櫟、陳三桂、陳荷蓮、陳成慶、陳章盛、陳章蜜、陳章運、陳君瑞、陳如吉、陳杏榮、陳錦騰、陳章前、陳彰
詠、陳章錦、陳章桃、陳章萍、陳章旭、陳石螺、陳石綸、陳文炳、陳允烽、陳水貌、陳天來、陳允敦、陳允槩、
陳炳坤、陳成壬、陳允國、陳允岩、陳三兵、陳成籃、林國銘、林滂沱、林鎮金、林開太、林開銀、林朝棟、林竊
比、林起侯、林珠蘭、林榮元、林章雀、林秀宜、林茂發、林振煜、林振昌、林滋強、林五夜、林乃宏、林中意、
林乾成、林滋□、林奴、林登板、林登奉、林杏穡、林光咸、林福金、林贊、陳成娘、陳福彩、林滋准、林振洪、
林火貼、林審問、呂中產、林滋田、林成歲、林奕陽、林降□、林四海、林火金、林火錦、林芳利、林增啟、林增
秦、林增結、林五祥、林增土、林景色、林景細、林芳章、林章美、林景超、林名圩、林景蘊、林兆祥、林名藩、
林景弘、林晉禄、林賜習、林芳察、林芳左、林芳圃、林芳苗、林芳盛、林芳端、林芳科、林洽、林昭明、林振風、
林洛陽、林本滔、林清石、林明月、林本彪、林家佃、林佳筆、林佳崠、林佳汗、林景馥、林增秩、林增焰、林增
汆、林火焙、林佳銅、林佳窯、林清景、林楝櫟、林坤玉、林俊民、林如吉、林如梭、林士盛、林會儀、林天籠、
林士鑽、林東城、林文釵、林石兵、林文故、林雙鳳、林中挓、林好勇、林圳良、林湧泉、林三桂、林會煉、林士
廩、林名淇、林文層、林鶴鳴、林大□、林日賈、林連城、林本桂、林大沛、林文質、林松茂、林文玨、林西□、
林文宣、林朝兑、林長泰、林會吝、林名田、林振淡、林兩儀、林慶謨、林友文、林輝庭、林丕烈、林忠車、林本
□、林春成、林章勇、林生光、朱芳卿、朱成賓、何清粟、何榮振、壽和堂、楊德華、楊水桃、黄子炮、黄李琮、

黃金喜、黃火遂、黃升水、黃步升、黃松茂、黃悠錫、黃元守、黃新竊、黃禎祥、黃橫浪、黃廷祥、黃柳金、黃西湖、黃晉楚、黃葉茂、黃□岩、黃錦章、黃春興、黃□連、黃添河、黃長儀、黃世謨、黃高魯、黃茂盛、黃鶴鳴、黃世印、黃任仲、楊克柄、楊集簡、楊慶怡、楊敦簾、楊高板、楊永成、楊爾熾、楊友檬、楊永約、楊水質、楊水閣、楊友陣、楊水通、楊吉安、石永溪、石永磜、石永爐、石永糧、石永塘、石永池、石永青、石永幹、石母育、石南伯、石木火、石金珍、石水連、石水河、石水勇、石茂巧、石茂超、石受木、石安敏、石水清、石永歲、石榮圃、石茂基、石安景、黃枡蛙、黃水泵、蘇動竹、黃炤德、黃炤倫、黃炤珏、黃炤容、黃炤錫、黃添成、黃五夜、黃火是、黃油水、周酧、周火鵠、周慶瑞、周水元、周木生、周盛岩、周茂杞、蔡朝枝、蔡艮良、蔡□慶、劉振應、劉友紀、賴寬、賴文、賴振清、賴河漲、黃承漢、黃春來、石水良、周琴煌、朱開福、石永熊、曾廣場、曾金瑞、曾海味、黃炤枝、黃炤田、黃海參、黃步青、曾昭備、何榮鍾、林芳賈、林芳園、林桂園、林桂枝、林三賢、林如意、石永便、石永慊、石法樣、石肯古、陳世吉、楊敦讓、楊敦團、楊樹榻、曾繁銅、福生堂，以上各捐一元。

林漢才公二元。林文塔二元。曾憲象二元。曾光龍二元。林奕炮二元。

以上捐題緣金大洋一千五百一十三元，又收舊太子爺香儀大五十九元，收新香儀四十二元；

共用去大洋一千六一十三元。

中華民國二十三年歲次甲戌桂月吉旦。

董事：生員林以文、生員曾琨、生員陳成渠、職員曾憲鋪、陳高拔、曾元忠、曾化金、黃福星、楊達源、林忠仰、曾能致、林本謨、石永道、林耀年，暨十二社等仝立石。

按：此碑現存崎嶺鄉南湖村天湖堂。

一七四四 曾楊粮河禁約碑

縣給曾宅、楊宅粮河禁約：

上至黄田合溪，下至赤石合水，一禁私築河陂，一禁長粎縱毒，一禁鸕鷀入界，一禁罟网横侵。

按：此碑現存九峰鎮下坪村，碑名爲編者加擬。

卷九　華安縣

一七四五　狀元橋題刻

信士馬始哥奉捨鈔弍拾兩，爲亡妣祇荔四十娘早至界。至正己丑年二月　日造。

按：此題刻現存馬坑鄉福田村南狀元橋石板。

一七四六　慈西庵鐘銘

□城里東山保大夫坊奉佛，合鄉篤誠心，喜捨黃鐘乙口，入于天聖堂，示□供脩平安者。永樂九年正月。

按：此鐘現存仙都鎮大地村慈西庵。

一七四七　威惠廟神龕題刻

石臺四片，祈求錦盛。正德元年，楊伯弥捨。

按：此題刻現存豐山鎮浦西村威惠廟神龕基座兩側。

一七四八　邦都山契碑

〈一〉

鄒希貢正德十六年八月明買得邱大璠歸德山地，東西南北四至明白界址。即將契文琢在石牌，世世子孫依界執掌。

歸德社住人邱大政、大璠等，承祖明買苗山，坐址本社上村、南山坪等處，意欲出賣，托中引就鄒希貢等出頭承買。三面言議，時值價銀壹拾弍兩正，立契之日憑中交訖。其山各有四至明白爲界，即付銀主前去照依界内掌管

爲業，不敢阻當。如有不明，賣主抵當，不干買主之事。此係兩願，各無反悔，恐口無憑，立契爲炤。

一山，東至石盤頭、孤寨崙、七斗溪、横坑溪，入上山，至山口牛角坑爲界，南至陳坑頭、坪水溪、山荒頭爲界，西至葛山、馬頭崙、黄斗坪、炉内、吊狗崎爲界，北至七坪頭、梅溪山後爲界。

正德十六年八月　日，立契人邱大政、大璠、大輝、大□、大遂、大烈、叔仝、伯淵、伯燦，中人鄒章道、戴梁崗。

〈二〉

收过邹希貢贖回苦竹、上村、堇竹林并山東、西，四至俱以極水爲界，價銀四兩正。其山即付希貢前去照依至界掌管，不許我子孫冒勢混占等情。立批付炤。

嘉靖十七年五月十四日給。戴梁崗，中見人邹坤華。

〈三〉

龍溪縣廿五都歸德社住人邱伯夫、大容、大順、大申、大賓、大棟，邱伯燦、伯潤，廖元祖，承祖有苗山，坐落本社上村、南山坪、葛山山口等處。今來意欲出賣，托中就長泰縣王宅出頭承買。三面言議，時值絲銀叁拾弍兩正，立契之日交関足訖。其山除本村熟耕田地各付業人照契掌管外，其餘山地不分高低，寸土木石俱付王宅前去照依至界招佃。宅、塟、樵木，耕種菁禾、五谷、杉、竹、茶、桐、棕、菓等物，及砍做木料、火柴，墾田、燒炭、造炉等項，逐年照例取税，永爲祖業，不敢阻當。此二比甘肯，各無抑勒、反悔。如邱家人等如有來歷不明，賣主抵當，不干買主之事。恐口無憑，仝立絶賣契一紙，付執爲炤者。

本山北自七坪頭、小尖山後、葛山，至石橋潭、喉仔内、銅安林爲界；南自南山坪、暗坑、陳坑溪，直入至坪水爲界；東自下村、石盤頭、七斗溪、菡竹坪、横坑溪，直入上山山口牛角坑、芒畬甌爲界；西自老庵寨、大壠坑、壠坑、蜜婆硿、沙母嶺、吊狗尖、畬内、黄斗坪，至山荒爲界。

嘉靖三十六年正月　日，立賣契人邱伯夫、大容、大順、大申、大賓、大棟、伯燦、伯潤、廖元祖，爲中人張宗元。

〈四〉

長泰縣王廷欽，明買得邱大容、大申等承祖明買苗山，坐落廿五都苦竹、上村、南山坪、葛山等處。内除本村旧管熟耕苗田各依業人掌管外，其餘高下山地及裁種杉、竹、茶、桐、棕、菓等木，并山民砍畬、種菁禾等物，及往本山砍做木料生理等項：北自七坪頭、迯軍塘、後坑、梅溪、小尖山後，至葛山、石橋潭、喉仔内、銅安林爲界；南自南山坪、陳坑、石盤頭、暗坑頭，至坪水爲界；東自七斗坑、石壁尾、菡竹坪、横坑溪，至上山山口牛角坑、芒畬甌爲界；西自老庵寨、蜜婆硿、大壠坑、墩頭坑、石獅内、沙母嶺、畬内、吊狗尖、微硿，至黄斗坪山荒爲界。承買到任，今來跟同大容等前到本山，对佃取税。

間有彼地鄉民邹良玉、良沛、良材兄弟，執出山契，称是伊父邹希貢於正德等年自偹銀兩，與邱大政、大璠、邱邦埕、郭讓及鄉官戴宅、陳宅贖回，掌管年久，各有契書明証。及查大容等並無承祖文契，理屈無言。時被邱宗厚、闞惟、邹文育等五人連名赴漳南道王告，批南靖縣問擬盗賣邱大璠山林，大容等各擬徒罪，發駟去訖。本宅前項山價銀兩，無從追還，随投地保、鄉老曾尚義等議處。即断良玉兄弟出頭承贖，照依大容契内山價銀叁拾弎兩正，立契之日憑公交訖。其山即付良玉兄弟，前去照依界内，不分山地高下，及栽種杉、茶、竹、棕、桐、菓等木，及新開山田，招佃種山種畬、砍做木料生理等項，俱付掌管，永爲祖業。其邱家子孫，日后不敢侵佔、盗賣等情。此係二比甘肯，各無抑勒等情。如有不明來歷，係賣主抵當，不干買主之事。恐口無憑，親立賣契併上手繳連一帋，立字付炤。

嘉靖三十六年二月　日，立賣契人王廷欽，公處人曾尚義、魏以揚、曹宗佳，見銀人邱大春。

即日收过邹良玉兄弟贖山契内銀叁拾弎兩完足，收銀人王廷欽。

按：此碑現存高安鎮邦都村鄒氏宗祠前，碑名爲編者加擬。

一七四九　慧眼堂鐘銘

勸首蘇、林、黄、丁，僧如聳，合鄉各祈平安。萬曆十九年立。

按：此鐘現存仙都鎮市後村上巷社慧眼堂。

一七五〇　貳守一我羅公喜雨碑

萬曆壬寅歲，春深不雨，農苦穡事。貳守羅公握府篆，軫念民瘼，虔禱山川，未有應者。詢溪北之龍潭，深数百尺，印石恃於江之滸，地號九龍里，即梁大同間九龍戲江處也。又二月念二日，公偕邑侯吕公，星夜而馳，達旦而至。是日萬里晴空，比設壇虔禱，倏忽水影浮光，變態萬狀，恍若群龍戲游水面，諸目擊者咸異之。時拜祝未竣，雨下如注。公不張盖，冒雨登舟環潭。諸父老欣懽鼓舞，相與争壺簞而迎之，望馬首而拜之，嘖嘖頌公不置也。公莅漳有年，政通民和，而随禱随應乃爾。信哉！民心即天意也。公之天人交應，行將膏澤寰宇，霖雨蒼生，端可指日待耳。恭列石於龍潭之道左，以爲他日左券云。

〈上缺〉廣東新興縣知縣趙德懋，廣西茗盈州吏目趙贊理，〈下缺〉廣西□州吏目陳懋理〈下缺〉；太學生：陳□□、王邦□、□□□、謝文□〈下缺〉；生員：趙宗禹、趙宗甲、趙宗啟、張懋衡、張兆瑞、張尚績、鄭騰□、鄭□□、王士□、洪汀、吕鳴感、王□□、鄭騰庚、□文炳、蕭□□、吕□、李應荆、趙□玉、馬文□；童生：趙秉彝、吕應□、趙廷謨、趙廷誥、吕子□；耆老：趙期衍、趙期□、趙贊□、歐□葵、趙震、張晃、王繡、趙期□、趙□□、陳存□、趙德□、趙同志、陳〈下缺〉；仝立。

按：此碑現存豐山鎮銀塘村龍潭古道邊，左側碑文模糊不清。

一七五一　威惠廟香爐題刻

□□□□于啓康敬奉。

皇明崇禎玖年，厦門所陳孪尹、陳孪孟同捨。尾顯保。

按：此題刻現存豐山鎮浦西村威惠廟石香爐。

一七五二　劉味玄公義田記

吾宗味玄公，蓋所稱篤行君子也。公家居大墜，與祖守漳州刺史諱從愿公塋域距不下數武。纘祖之緒，克吉其家，以孝友敦倫，以詩書詒訓，以淳厚退讓戒其浮薄。曻弟五六人，壎箎響和，階苒玉立。子若孫溰溰庠序，舉策數馬，髣髴萬石生平。若夫尊神敬賢，下人樂施，素封而廑，好禮之誠，簡束而絶公廷之履，不校不報，其天性也。據公德業，良可風矣。未也，居恒念宗人困于徭役，捐貲剙義田，年科租伍拾石，充入祖祠。自甲戌年始付族長厚者，輪當丁役，仍累貯贏，增置立祀。胤是上自朝廷，中及祖宗，下逮苗裔，咸嘉賴之。昔范文正公爲執政，焚黄姑蘇，僅摻庫絹，以散親戚、閭里、知舊；小有俸餘，捐置義田，南園數畝地載在宋史。公起布衣，能傚執政雅誼，顧不瑋與？余謂公此舉有三善焉：賦役今繁，獲免追乎之擾，仁也；積餘擴税，崇隆先人蒸嘗，禮也；而又㠯薰誨來髦，驥子龍文，當眉可竢，義也。

公諱淡，字懋冲，號味玄，行一，配林氏，享壽玖拾有三。崇禎壬午冬陽月望次日謝吉。闔族思所㠯報公者，請祀于祖宮。徵余一言，勒諸貞珉，永鐫垂遠。俾後之子孫，歲時伏臘，入奏具慶，以無忘食德之自云。

賜進士出身、中奉大夫、正治卿、陝西湖廣承宣布政使司左右布政、廣西等處提刑按察司按察使、整飭蒼梧道整理事務分巡兵備右參政、整飭山防伸威兵備分守嶺東道副使、前吏部文選清吏司員外郎、歷文選考功驗封稽勳清

吏司主事、原任廣東廉州府合浦縣知縣、愚侄行義頓首譔。

一段坐在涵内垅，帶租貳拾石。一段坐在筆嶺，帶租伍石。一段坐在高村，帶租陸石。

一段坐在新村壙坑，帶租捌石。一段坐在石牌兜，帶租拾壹石。

旹崇禎十七年歲次甲申春正月吉旦，闔族孫子仝立。

按：此碑現存仙都鎮大地村劉氏宗祠。

一七五三、布山功德主太師文明伯黄忠烈公博濟祠記

崇禎末年，天下兵興，民無所聊，一時士大夫皆茅靡，無復有救蒼生之心。惟吾先師石齋黄子一人，獨以斯民爲己任，日及門人講博濟之學，以爲求仁之方。謂得仁於己，仁奚遠？欲立立人，欲達達人，其心誠足以濟之也。然而，黄子三仕三已，雖其心足以施濟於天下，而道不行，小則削籍謫戍，大則廷杖詔獄，身經九死，道難一試，乃退而施濟於山中之博且眾也。宜山中之父老子弟，至今不忘黄子立達之仁，作博濟祠于石秋子收文峰下，歲時以尸祝黄子不荒。

今觀黄子布山帖云：『吾買是山，欲爲先公宅兆也。今既不用，便當效古人立義塚、義山遺意，施與歸德之鄉，永爲四甲之民樵葬之所。』始歎士大夫苟乃心於蒼生，雖善貧之家如黄子，猶可以及人。孟子所云：『老吾老以及人之老，幼吾幼以及人之幼。』是之謂與？盻聞諸鄭白麓曰：『是山立名，有銀鍍、火燒窠、白芒祠、蔡□、施公路、羅筆坑頭等處，多美松佳瀑，多廉潔退讓之人家焉。』遭亂以來，始稍見侵奪，民不得安于耕桑。黄季子起而明之，以顯著先人之義，而患乃息，民遂安。於是十年，山中雞犬不驚，而民歌功之。

石秋子，遺士也。收黄子之遺文，爲石齋十二書，來藏是山；鑿敬身屏、敬身洞以居。山中諸子弟，多從之游，時與談黄氏之求仁之學於竹川之上。不十年，凡山中兒童小子，莫不咸悦黄氏學。詩云：『立我烝民，莫菲爾極。』立

人之仁也，□成人有德，小子有造；達人之仁也，而吾黨皆有焉。盻不及從吾先子於榕壇，得略聞求仁指趣。今在田間，方與石秋子共硯理漳上收文事，山中人因以是碑爲請，遂不敢辭，記其布山始末於此。

賜同進士出身、文林郎、知長垣縣事、己卯順天同考官、榕壇門孫戴盻謹識。

丙子科舉人孫婿張福永敬篆。癸酉科貢元姪孫衡敬書。

康熙四十年辛巳十月吉日。歸德四甲平埔、丹霞、茶坂、田中央鄉眾同立石。

按：此碑現存高安鎮三洋村，篆額爲『布山功德碑』，已半埋地下，碑文由李阿山、蔡杰抄録。

一七五四　創建玄天閣碑記

玄天上帝者，我三世祖崇奉寶像於達摩巘，自元迨清，由來尚矣。雍正乙卯春上巳，聖帝誕辰，恭迎慶祝。是夜，扭童諭旨曰：『天有日月風雨，人有君臣父子，水有溪河江海，神有宫殿廟宇。』意盖帝闕与山巘有别，神道与佛教攸分。自擇基址，僉首事，一衆心，定於閏四月初八日巳時升樑鼎建。高卑廣狹，悉出帝裁，与當山舊制不煩繩尺而自合。越明年，築樓以爲僧住持，建亭以爲人休息。計費金叁百捌拾有奇，其餘什費、功力，不与斯金之内。

大抵開創難於肇始。斯閣之建也，鼙鼓沸騰，指顧功成，地不滿數丈，而廊廡、階級、池沼、曲徑，迴環轉折，步步引人入勝。雖曰人力，神實相之。垂成之日，帝又揮灑聖字靈符，且仍標其閣曰『小當山』，於以見神靈之無往而不在者，精裡自無處而不存也。故族衆之獲符字者，或奉朱提，或充田租，俾住持有貲，香燈長熖。自此而居尊位陽，聖德覃敷，伏魔降福，群黎共戴，不与摩山之巘錫祚垂庥，並隆千古哉？其所以勒石登記者，非欲自顯，遵帝旨也。

緣首蔣曰珃奉馬坂隴仔租伍石。得男奉宋卿庵前租伍石。士熊奉石碑牌田租伍石。天盖奉馬坂隴仔租伍石。國儕奉樓垵租陸石，□得塲附奉租壹石。貢生登雲奉上墘租伍石。信士世傑、世連等奉溪仔墘租貳石。

霞月井、士造等各奉銀肆大員。雲銘公、倍儒公、玉泉軒、碧山堂、艮得、酉奉、得抱、得專、得討、國佔、

潘文華、士巍等各奉銀叁大員。曰壙、曰桔、世講、張朝蔡、楊柘郎等各奉銀弍大員。曰肯、士駒等各奉銀叁中員。玉樓軒、太學生茂美、曰藝、得謟、得傑、國祐、國侶、文銀、國伴、士营、貞突、陳楚仁、天顔、光彭等各奉銀壹大員。置可塘租玖石。

乾隆貳年歲次丁巳葭月穀旦立。

按： 此碑現存仙都鎮大地村玄天閣，碑名爲編者加擬。

一七五五　大地蔣氏廷宗祠堂記

長房景明公一所屋宇，夙號前厝。會缺公務，輸將厝地，請爲我次房景容公营立始祖祠，中分合祀，両濟其美。議於高、曾之世，立有約字留存。事更不果者，想人地有礙故也。先志昭昭，誰克紹乎？延至乾隆戊午歲，蒙玄天聖帝顯機，趣舉人地歸一，建立祠堂，額曰『廷宗』，微神力不及此也。而景明公孫子一所厝地，全然歸公，德厚矣。宜其一沛尊神，同我始祖、烈考春秋享祀，奕世綿綿也。原祠之四至，尚需零星片壤奏完，而一時獻地之多、備資之厚，贊襄盛舉，功亦綦重矣。爰是議依堂上尊神之序，列紀其事。盖以明祖德宗功之所存，而示肯堂肯構于來許，用鐫石以垂不朽云。

敬將列祖位次開列：

長房始祖景明公出厝一完，次房始祖景容公出瓦木一完。

八世祖考純齋公出銀廿四両。八世祖考温厚公出銀廿四両。八世祖考坦吾公出銀廿四両。

九世祖考醇夷公出銀廿四両。

十一世祖考恭裕公出大小地共十八處，宜配享春秋二祭。

十一世祖和澤公出落扉一間、出手三間，配享春秋二祭。

八世祖考静厚公出銀十二両。九世祖考温厚公出銀十二両。十世祖考勤叟公出銀十二両。十世祖考丕達公出銀十二両。十世祖考思明公出銀十二両。十一世祖玉泉公出銀十二両。十一世祖玉田公出銀十二両。十一世祖質直公出銀十二両。十二世祖烏夢公出銀十二両。

乾隆叁年歲次戊午春穀旦立。〈印：〉荆香、□□。

按：此碑現存仙都鎮大地村蔣氏宗祠，碑題下印『芾發』。

一七五六　碧雲宫記

碧之鄉紀勝者四：其迤西北而居最上曰『雲頂』；中面北而匯清澗曰『珠湖』；自湖轉東而下曰『璁田』；其南瀕龍江曰『龍塢』，古有碧雲宫在焉。宫不知昉自何代。憶先永州重新柱聯，知明嘉靖間尝一修也，明季又從而葺之，不黝堊，不丹雘。或曰『昭其儉也』，或曰『董事者肥其貲』，里之譚者猶齗齗然。國初數更兵燹，宫寝以就荒。越康熙庚子歲，衆毀而更之，易南北爲東西向。初未利也，繼以多蠖。訖乾隆丙子冬，里有積薪于簷者，宫遂災于回禄。不四十年間，而成毀倏爾，雖曰人事，豈非地勢使然哉？

次年春，首事某某等與余募衆重建，延汀師楊秀山定基。師以舊址南向，面奎峰而環珠水，允爲宫刹形勝。因相其勢而構之，陰陽不亢，深淺適宜，規模壯偉，堅麗直堪以萬世。斯預知神靈長赫，而里福無疆也。其費，衆捐白金千員，罰積薪者百六十員。用人之力，積三千八百工。噫！後之人思位向經營之苦、財力耗費之多，其可不相與愛護哉！諸凡貯薪藏貨及櫛布索綯者，必重其罰；甚有結廬衝壓，衆共毀之。于其工之竣也，爰勒石爲記。

旹乾隆丁丑葭月穀旦。

按：此碑未見，碑文見於華安縣豐山鎮乾隆碧溪楊氏家譜。

一七五七　萬安亭記

厲之有祀，由來舊矣。古有泰厲、公厲、族厲之文，有明推而廣之。自两京、王國，以及郡邑、鄉閭，因厲設壇，各有等差。皇朝規制精詳，仁恩淪浹，其於祀厲之典尤爲隆重。顧郡縣之厲，有司歲時致祭，懇惻恭誠。而鄉之人，有不盡祀鄉之厲者。嗚呼！是盖不知祀之之典爲甚重，而諸厲之窮苦爲可哀也。夫人魄降魂升，其死一也。或寢処廟居，千秋血食；或草臥沙眠，不祀餒而，豈不傷哉！儀憫其孤苦，欲築祠以祀之，而未得其処，營營者盖已有年矣。

幸占是地，適爲族人虚坟，以金償其築費而購之。歲丙戌，即募衆捐貲，擇吉興建。始于復月，竣于嘉平。其匠資、器料，計約百金。而地窄山迫，鑿石砌基，用人力積三百三十工。此固衆人拮据之苦、協成之勞；而儀之招而勸之者，戴星出入，凡經五旬，體亦幾疲矣。祀成，而以命其亭曰『萬安』，以萬魂安居于此，而祀之者萬衆咸安也。且是亭擅溪山之勝，爲靈秀之區，而可以避凨雨，息勞疲，需濟涉，供遊覽，亦有萬類各安之意。是則斯亭之命名，洵不虚矣。

或譏是祠淺狹，所容厲主無幾，不知君子行其心之所安、盡其分之所得爲者而已。郡縣諸壇，其能悉容郡縣之厲乎？且人之欲善，誰不如我？我容其所可容，其不可容者，人自有以容之也。常見鄉之人立一廟、祀一神，猶邀其福庇；况合衆神而祀一廟，其靈爽又有倍于尋常者，誰不蒙其福庇？誰不思所崇祀乎？是故，君子動其悽愴之心，衆人存其祈報之意，或倡或和，或推或挽，而窮鄉僻壤各設厲祠，于以推聖朝之德意、補幽冥之缺憾，而闢福田于無疆也，斯不亦休哉！

按：此碑未見，碑文見於華安縣豐山鎮乾隆碧溪楊氏家譜。

一七五八　東亭福橋記

龍江之湄，奎山盤踞，下有東津亭，崇祀天后尊神。亭之左有小橋，爲所以代濟涉、通往來也。旧制頗爲簡略，亭寢交溜，承之以木，久而腐蠹殆盡。又橋連亭基，非石砥柱，橋圮而亭亦傾。過者斂足側身，每惧顛壓，其頹廢可勝道哉！儀甚憫之，因思古之君子，功在天地，利在四方，區區一亭一橋，在余祖山之麓，斯匪異人任也。歲丁亥，偕弟廷機，邀諸長老，謀更新之。一朝勸捐，得百六十金，即諏吉興工，於旧制悉埽而更之。凡亭基、橋址、溜槽，悉用堅石，而瓦木亦擇精良。盖但謀堅緻壯麗，初不恤費之多、工之夥也。經始于秋季，告竣于仲冬。用人之力，計七百三十工。過而覽者，焕然改观，咸歸美于余族。抑知砌築牢固，黝堊鮮新，則固族人同心之爲也，而心乎人心，俾輸財效力，慨然而不吝，亹亹而忘疲者，微天后之靈，詎及此哉！爰勒石昭神貺，亦以著人和也。

乾隆丁亥仲冬穀旦。

按：此碑未見，碑文見於華安縣豐山鎮乾隆碧溪楊氏家譜。

一七五九　重興慈西庵碑記

朱□□□隨緣重□本庵重興上下石砛。

十三郎公銀二中。太學生劉錫良二中。樹喃四中。底天三中。吾受三中。絹老三中。樹琴三中。見龍二中。□彪二中。天麟二中。天權二中。葚生二中。澤妹一中。瓢老一中。樹畝一中。樹填一中。樹螺一中。樹梢一中。樹樁一中。樹総一中。煜杈一中。煜瓜一中。煜明一中。文銓一中。培初一中。培店一中。篤仁一中。樹箭百六。樹整八中，另錢百七。

乾隆壬寅桂月，住僧惠西募衆。

按：此碑現存仙都鎮大地村慈西庵，碑名爲編者加擬。

一七六〇 大地蔣氏重修廷宗祠堂記

始祖景容公，吾家欲爲建祠，而未得其地。乾隆戊午年，蒙玄天聖帝靈機指示，倡募建立。規模基址，悉從神定，輪奂濟美，顔曰『廷宗』，而景容公祀焉。各房出地出銀者，其祖亦以次祔入。但歷年既久，瓦桷剥落。庚申春，復承聖帝顯機，催趣定議，各房神主照前出銀。在旁龕者該十二両，在中龕者倍之；計費不敷，再就族中勸題。公議五員以上勒石，五員以下書扁。兹幸報竣，依議舉行。盖以明神靈大有禆我宗祖，亦以勉孫子各宜展厥孝思也。是爲記。

謹將孫子名次開列：

十五世孫：登丹出銀拾大員。世招出銀伍大員。在澗出銀伍大員。在赤出銀陸大員。

十六世孫：宗晏出銀伍大員。太學生宗鼎出銀拾壹員。太學生宗海出銀拾肆員。太學生宗嶽出銀貳拾員。郡庠生崧出銀陸大員。邑庠生巖出銀貳拾員。歲進士拔出銀拾陸員。宗櫏出銀拾大員。宗魯出銀捌大員。太學生宗輝出銀拾大員。太學生宗霓出銀伍大員。宗探出銀陸大員。太學生崑出銀拾陸員。邑庠生經邦出銀拾陸員。宗櫍出銀陸大員。宗鋤出銀伍大員。旗北出銀伍大員。太學生宗崄出銀伍大員。太學生宗標出銀拾陸員。太學生宗祀出銀伍大員。太學生宗達出銀拾大員。

十七世孫：泰看出銀伍員。泰奇出銀伍員。泰暈出銀伍員。泰默出銀伍員。泰汲出銀伍員。泰魁出銀伍員。泰讓出銀伍員。泰砢出銀伍員。泰炟出銀伍員。邑庠生良籌出銀伍員。泰煓出銀伍員。泰爍出銀伍員。華燎孫等出銀伍員。

嘉慶七年歲次壬戌元正穀旦敬立。〈印：〉樂安、吝澤。

按：此碑現存仙都鎮大地村蔣氏宗祠。

一七六一　威惠廟緣園碑記

豐山威惠廟原有公置緣園弍段，奉祀輔順將軍香火之資，由來已久。迨乾隆丁酉年重修廟宇，用費浩繁，衆等議將緣園弍段出典添用，未曾贖回。兹住持僧如明自偹佛頭銀柒拾柒大員，贖出園一段，在本廟右邊，受樜種柒百個；又楊盛观許願，有應偹銀弍拾陸大員，贖出園一段，在本廟後，受樜種叁百個，充出喜捨。此弍段緣園，逐年隨付住僧收税，永遠禋祀。嗣后社衆及僧派，不許私相授受、恃强圖佔等弊，違者呈官究治。謹將勒石示禁，以垂不朽云爾。

嘉慶拾伍年叁月　日，本社衆家長公立，住持僧如明刻石。

按：此碑現存豐山鎮浦西村威惠廟，碑名爲編者加擬。

一七六二　重新五雷宫衆信捐銀碑記

信士李厥听喜銀柒拾壹員。李開認喜銀陸拾壹員。李厥科喜銀肆拾捌員。李厥赫喜銀肆拾員。李祥想喜銀叁拾壹員。李厥□喜銀叁拾大員。李厥太喜銀弍伍捌角叁。李祥鍾喜銀弍拾伍員。李厥訪喜銀弍拾肆員。李厥煖喜銀拾肆大員。李厥抹喜銀拾弍大員。李厥念喜銀拾壹大員。李祥察喜銀拾壹大員。李迪沂喜銀拾壹大員。李厥現喜銀拾員。助緣楊荷喜銀拾員。李厥敬喜銀玖員。李開垄喜銀柒員。李祥浦喜銀柒員。李厥厨喜銀陸員。李祥照喜銀陸員。李厥凉喜銀肆員。李厥戊喜銀肆員。李厥揀喜銀叁員。李厥甫喜銀叁員。李開批喜銀叁員。李祥惹喜銀叁員。李祥標喜銀叁員。李鹽喜銀叁員。李厥添喜銀弍員。李仙景喜銀弍員。李祥忖喜銀弍員。李祥祝喜銀弍員。李祥正喜銀弍員。李厥銃喜銀壹員壹□。李厥楞喜銀壹員。李祥碧喜銀壹員。李祥山喜銀壹員。李景郎喜銀壹員。李項然喜銀壹員。李泉水喜銀壹員。李迪擇喜銀壹中。

大清嘉慶拾捌年梅月穀旦立。

按：此碑現存仙都鎮上苑村五雷宫。

一七六三　威惠廟修理廟坪記

同治四年修理廟坪記。

董事五品軍功啟庚捐銀十二大元。川观捐銀十二大元。角观捐銀十一大元。再興号捐艮八大元。黄鳶捐艮三元四角。第六捐艮二大元，又捐艮一元四角。豐順捐艮三元四角。卯观捐艮三元四角。六品軍功兑观捐艮二大元。祥發捐艮二大元。城守營都閫府朝陽捐艮二大元。德春捐艮二大元。文質捐艮一元六角。坎观捐艮一元三角。合茂義、利和興各一元二角。壳观捐艮一元二角。五胡捐艮一元二角。洋观捐艮一元二角。貴老捐艮一元二角。願生捐艮一元二角。公園税捐艮二大元。餘出錢者在杉碑内。

按：此碑現存豐山鎮浦西村威惠廟。

一七六四　旗杆和石敢當題刻

〈石敢當：〉李廣將軍到此。

〈石旗杆：〉同治十年辛未九月，恩受貢生鄒繪龍立。

按：此組題刻現存高安鎮邦都村。

一七六五　蔣氏廷宗祠重修志

始祖景容公，自宋肇基大地，未有宗祠。至乾隆戊午，蒙玄天聖帝顯机，趣立祠宇，規模悉由帝定，惟前落減

高□尺二寸。至嘉慶庚申，瓦木剥壞，溢□□□□嶽和鄉重修。斯時前落未升，亦衆□□□□至光緒癸未花月，復蒙玄天聖帝□□□溢父□邑庠生諱晉重修，指□□□□中門□□□拱峙，萬壑朝宗，來□□□□必□□□起。溢承父命，和鄉□□□□□□□于梅月十九，一日升高□□□□□□□助不及此也。從兹捐題，重修鼎新，上以□祖考，下以表孫心，斯誠展厥孝思，而無忘追遠□□。

謹將名次開列于後：

郡庠生□□出銀五員。□□出銀五員。□□□出銀五員。□□出銀十員。□□出銀□員。□□□出銀十一員。泰□出銀五員。□□□孫出銀八員。元插出銀五員。梅春堂、吉慶堂出銀八員。建經出銀十四員。漳溢理出銀二十員。太學生□庸出銀五員。建庵出銀三十員。建鎗出銀十二員。建昂出銀六員。邑庠生璋出銀五員。邑庠生晉出銀三十員。邑庠生拔先出銀五員。二宜清釧出銀十員。清有出銀五員。水源出銀六員。玉微出銀六員。玉井清送出銀十二員。

光緒十六年庚寅陽月穀旦，二十世孫漳溢立。

按： 此碑現存仙都鎮大地村蔣氏宗祠，多處被水泥覆蓋。

一七六六　慈西庵題捐碑

謹將捐銀名次開列於左：

劉巨揚捌拾弍中。欽旭柒拾弍中。清曾陸拾肆中。培意伍拾陸中。欽建捐伍拾中。清芋捐伍拾中。枚鑊肆拾捌中。欽素肆拾陸中。清條肆拾弍中。培伴肆拾弍中。清英叁拾捌中。清石叁拾弍中。欽礪弍拾捌中。欽新弍拾陸中。欽廣弍拾陸中。清先弍拾肆中。枚存弍拾肆中。枚業捐弍拾中。培攖壹拾捌中。守契壹拾捌中。嘉租壹拾捌中。清民壹拾捌中。清訓壹拾捌中。枚箍壹拾捌中。枚箱壹拾捌中。枚□壹拾陸中。欽閃壹拾陸中。拱星壹拾陸中。乾三壹拾陸中。清斧壹拾陸中。清綏壹拾陸中。枚相壹拾陸中。枚懋壹拾陸中。炳波壹拾陸中。欽危壹拾肆中。武汀壹

拾肆中。枚全壹拾肆中。清喰壹拾肆中。培煉壹拾弍中。欽丟壹拾弍中。欽曲壹拾弍中。欽卑壹拾弍中。清拱壹拾弍中。枚玉壹拾弍中。枚鎘壹拾弍中。炳□壹拾弍中。溪西欽進捐壹拾中。清珙捐壹拾中。欽佩捐壹拾中。清□捐壹拾中。欽沾捐壹拾中。欽齊捐壹拾中。清慷捐壹拾中。炳□捐壹拾中。圳□捐壹拾中。欽照捐壹拾中。欽慓捐壹拾中。欽志捐壹拾中。欽達捐壹拾中。欽泉捐壹拾中。欽顯捐壹拾中。清達捐壹拾中。

旹在大清光緒丙申陽月穀旦立石。

按：此碑現存仙都鎮大地村慈西庵，碑名爲編者加擬。

一七六七　南山宫題記

光緒叁拾壹年弍月十五日，到南山宫。

江西饒州府鄱陽縣水災，難生陳昇，同行男女老幼婦大小壹佰弍十六名、汀州老九四人，平安福星。

按：此題記刻於木板畫，現存華豐鎮良埔村南山宫。

一七六八　芹嶺百歲坊題刻

〈匾額：〉『昇平人瑞，五代同堂。』

清光緒辛卯歲，福建承宣布政使張夢元准府、縣學詳，再加結□，轉請兵部尚書閩浙總督兼福建巡撫卞題請，由布政房給銀三十兩，建坊旌表。又加恩賞賜上用緞二疋、白金十兩，由部行文内務府支領，發交本省提塘賫卞送給領。

大清光緒三十四年戊申葭月吉旦，奉直大夫黄廷芳立。

〈柱聯：〉『桂馥蘭馨，五葉孫曾看繞膝；竹堅松健，百年歲月溯從頭。』同知銜、龍溪縣事曹本章拜題。

〈柱聯：〉『〈上缺〉，荷九重寵命家乘光增。』鄉愚侄吴朝楷拜題。

按：此牌坊現存仙都鎮芹嶺村。

一七六九　南山宫鐘銘

民國壬申二月。

南山宫弟子黄□卑、清元、伐己、錦蘭、顕奇、顕經、顕簞、永葵、世硯、九甘、如雲、蘇忠信仝等叩謝。

按：此鐘現存華豐鎮良埔村南山宫。

一七七〇　五雷宫題刻

『大而化廣濟真仙，』信士李天賜敬奉。

『聖且神英靈法祖。』信士李天禄敬奉。

『尊曰仙法驅五雷清世界，』信士李天興、李璞隱仝敬奉。

『稱云媽慈惠一鄉振鴻圖。』信士李潛端敬奉。

埔頭信士李厥呈敬奉。埔頭信士李開都敬奉。埔頭庠生李偉文敬奉。埔頭信士李厥賓敬奉。

按：此組題刻現存仙都鎮上苑村五雷宫石柱。

一七七一　玄天閣題刻

『欲向巍巍瞻帝位，』信士太學生蔣鳴球敬題。

『還須肅肅入公門。』信士太學生蔣光焕敬題。

按：此題刻現存仙都鎮大地村玄天閣石門柱。

附録一　本册徵引書目索引

（一）方志。共十八種，二百三十一篇。依次按地名筆畫、纂修年代排序：

志　名	引文編號
民國石碼鎮志，民國抄本	一五七、一六二、二〇五、二三五、二八八、四二九、七三七
康熙平和縣志，清光緒十五年重刊本	一六四七、一六四九、一六五〇、一六五二、一六五三、一六五四、一六五五、一六五六、一六六二、一六六六、一六六七、一六六八、一六六九、一六七〇、一六七二
乾隆長泰縣志，民國二十年鉛印本	一三二九、一三三一、一三三二、一三三三、一三三四、一三三五、一三三六、一三三七、一三三八、一三三九、一三四〇、一三四二、一三四三、一三四四、一三四五、一三四六、一三四七、一三四八、一三四九、一三五〇、一三五一、一三五二、一三五三、一三五四、一三五五、一三五六、一三五七、一三五八、一三五九、一三六〇、一三六三、一三六四、一三六七、一三六八、一三六九、一三七〇、一三七二、一三七三、一三七五、一三七六

乾隆南靖縣志，清乾隆八年刊本		一四〇三、一四一〇、一四一二、一四一五、一四一六、一四一七、一四一八、一四一九、一四二六、一四二九、一四三四、一四四一、一四五六、一四五七
崇禎海澄縣志，明崇禎六年刊本		六三、一〇五、一〇六、一一〇、一一一、一一四、一二五、一二八、一四一
乾隆海澄縣志，清乾隆二十七年刊本		一三二
嘉慶雲霄廳志，民國二十四年鉛印本		九四三、九四七、九五二、九七〇、九八二、九八三、九八八、九九二
康熙詔安縣志，清同治十三年重刊本		一〇四五、一〇五〇、一〇五二、一〇五三、一〇五七、一〇五八、一〇六一、一〇六二、一〇六三、一〇六五、一〇七七
民國詔安縣志，民國三十一年鉛印本		一〇九一、一一〇七、一一一九、一一二三、一一三九、一一五八、一一五九、一一六〇、一一九七、一二八〇
乾隆銅山志，清抄本		一二八四、一二八五

萬曆漳州府志，明萬曆元年刊本
六、一〇、一一、一二、一四、一七、一八、二〇、二四、二九、三〇、三五、四二、四四、四九、五〇、五二、五五、六〇、六一、六二、六五、六八、六九、七一、七三、七四、八三、八四、八五、八六、八七、八八、八九、九〇、九一、九二、九三、七九七、八〇一、八〇九、八一一、八二二、一三三〇

光緒漳州府志，清光緒三年刊本
一一二、一四八、三五〇、四五〇、五九九、八〇三

康熙漳浦縣志，民國二十五年鉛印本
八三五、八三六、八五三、八五四、一二七七、一二八六

光緒補刊漳浦縣志，民國二十五年鉛印本
八五五、八六二、八七一、九三八

嘉靖龍溪縣志，明嘉靖十四年刊本
一九、二五、二六、三六、四一、五六、六四

乾隆龍溪縣志，清乾隆二十七年刊本
三、二一、三一、三八、七六、七八、八二、一一七、一一八、一三六、一三七、一四〇、一四二、一四四、一七七、一八三、二〇三、二〇六、二二六、二三〇、二三一、二五四、二五七、二五八、二五九、二六〇

光緒增補龍溪縣志，清光緒五年刊本
三三一、五九〇、六〇五、六一四

乾隆鎮海衛志，清抄本
三七、五一、五八、六六、九四、九五、九六、一〇二、一〇七、一一五、一一九、一二〇、一二一、一二四、一三三、一三四、一四七

（二）族譜。共二十九種，五十二篇。按姓氏筆畫排序：

譜名	世居地	引文編號
寧溪王氏宗譜	浙江省台州市黄岩區寧溪鎮	一七二八
鷺邊甘氏族譜	龍海市東園鎮東園村下井社	一四六、七二二
翠嶺朱氏家族譜（乾隆）	龍海市榜山鎮翠林村	二一七、二二七
漸山李氏族譜（光緒）	龍海市東泗鄉漸山村	四〇、一二七
馬麓鎮南社東邱崇本堂小譜	龍海市榜山鎮洋西村渡頭社	五八七
何氏家譜（乾隆）	雲霄縣馬鋪鄉梘河村後厝社	九八〇
林氏開詔族譜·五常衍派世系	詔安縣南詔鎮	一二六八
林氏嶼頭族譜	龍海市白水鎮山邊村	三六二
林姓源流及定居繁衍	龍海市白水鎮大霞村	一〇四
鴻團（洪氏）志	龍海市石碼街道内社村	二九一、四二三、七二八
漈都高氏家譜	龍海市浮宫鎮漈都村	三二、三三
浯江下坑陳氏世譜	龍海市港尾鎮島美村	一九六、二二九、二三六、二四四
南嶼陳氏族譜	東山縣銅陵鎮	一二八八、一二九一
霞苑黄氏族譜	龍海市海澄鎮黎明村	五七、七五

高陽圭海許氏世譜（雍正）　龍海市東園鎮港邊村　一一三、一七二、一八一、一八二、一九七
西林張氏世系考　雲霄縣火田鎮西林村　九五三
梅林磜頭董氏族譜　南靖縣梅林鎮磜頭村　一五三六
武城曾氏重修族譜（光緒）　龍海市浮宫鎮厚寶村　一三五
秀篆游氏家譜彙纂　詔安縣秀篆鎮　一二六七
碧溪楊氏家譜（乾隆）　華安縣豐山鎮　一七三、二七九、一七五六、一七五七、一七五八
佛曇楊氏歷史淵源考　漳浦縣佛曇鎮岸頭村　八五九、九二九、九三〇
閩冲郡王趙家堡族譜　漳浦縣湖西鄉碩高山趙家堡　八四〇
謝倉蔡氏崇報堂族譜　龍海市海澄鎮前厝村　五五四
金浦蔡氏族譜　漳浦縣　八二六
彭城衍派劉氏族譜　龍海市顔厝鎮長邊村　二七二
開漳戴氏源流　薌城區天寶鎮洪坑村　二三二
葛山韓氏族譜　南靖縣山城鎮葛山村　一四五三
銅陵關帝廟世系略譜　東山縣銅陵鎮　一二七三、一二九七、一三〇三
漳州嚴氏譜牒彙編　龍海市海澄鎮内溪村嚴厝社　二九八

（三）金石集。四種，二十一篇：

書名	引文編號
［清］釋如幻編瘦松集，清乾隆十九年刊本	一五三、一五六
［清］陳棨仁編閩中金石略，民國二十三年鉛印本	二、二二、二三
漳州王作人先生筆録	七二、六一三、六八三
南靖縣地方志編纂委員會編南靖石刻集，海潮攝影藝術出版社，二〇〇七年版	一四一四、一四三一、一四三三、一四五五、一四六六、一五〇四、一五〇五、一五二九、一五四八、一五八三、一五九〇、一五九三、一六三二

（四）文集。六種，九篇：

書名	引文編號
［宋］姚鉉編唐文粹，清光緒九年江蘇書局刊本	一六四四
［宋］高登高東溪集，明嘉靖五年輯、清同治間正誼堂刊本	八〇五
［宋］葉適水心集，四部叢刊景明刻黑口本	八〇四
［明］林偕春雲山居士集，清光緒十四年補刊本	九四六、九五一
［清］陳常夏江園集，清康熙二十五年閩中陳氏刊本	一五一、一五二、一五五
［清］蔡新緝齋文集，清乾隆五十年漳浦蔡氏刊本	一六七九

附録二　相關宗教設施索引

共五百九十三處，一千三百六十六通。依次按宗教設施名和地名筆畫排序（地名後括注爲古地名）：

宗教設施	所在地	碑銘編號
二畫		
十一層岩寺	南靖縣山城鎮翠眉村	一四四八、一四八二、一五〇八
八鳳堂	龍海市海澄鎮珠浦村林坑社	四六一、六九九
九仙岩寺	東山縣銅陵鎮	一二七五、一二八一、一三二五
九侯禪寺	詔安縣金星鄉九侯山	一〇三九、一〇四〇、一〇四一、一〇四二、一〇四三、一〇九〇、一一〇六、一一一八
九龍宫	薌城區頂岱山	六〇四
三畫		
三山國王廟	詔安縣官陂鎮彩霞村	一一二八
三元祖廟	龍海市角美鎮玉江村	四五、三九〇、四〇〇、六〇九、六三〇

三平寺	平和縣文峰鎮三平村	一六五一、一六五九、一六六一、一六七一、一六七六、一六七八、一六八三、一六八七、一六九五、一七〇〇、一七〇四、一七〇五、一七一四、一七一七
三仙姑墓	詔安縣霞葛鎮華河村水電站下	一二三一、一二三二
三合宮	龍海市海澄鎮前厝村東謝社	五八六
三官大帝廟	漳浦縣赤嶺鄉山平村雨霽頂	九〇〇、九〇三、九一二、九二〇、九二三、九二五、九二七
三官堂	龍海市海澄鎮五社村	二五五、四七六
三道亭	南靖縣靖城鎮滄溪村	一四三一、一五〇四、一五〇五、一五二九、一五八三
三寶寺	龍海市紫泥島溪墘村	八一、一九八
三寶佛祖庵	龍海市石碼街道南山社	四〇一
土地廟	南靖縣山城鎮溪邊村朝古嶺	一五一七
土地廟	南靖縣和溪鎮月水村	一五二七
土地廟	龍海市石碼街道民主路仁和樓	六六五
土地廟	龍海市白水鎮山美村井仔社	三〇一
土地廟	龍海市海澄鎮崎溝村樹德社	四四七

下碑庵　薌城區芝山鎮下碑村　七六七
大士庵　詔安縣深橋鎮上營村汾水關　一一四八
大隱宮　龍海市角美鎮田裡村　三一八、六三五
大覺堂　厦門市海滄區新垵村惠佐社　六一一
上林宮　龍海市角美鎮林美村　六六二、六六三
上蔡廟　漳浦縣舊鎮鎮上蔡村　八〇七
上龍庵　詔安縣官陂鎮陂龍村　一一三二、一一三三、一一九八、一二一一、一二三四、一二六二
千家宮　南靖縣金山鎮金山村　一四九二、一六三三

四畫

王公庵　龍海市榜山鎮洋西村山北社　三〇〇
王氏宗祠　南靖縣靖城鎮阡橋村　一五六六
王氏祖廟　龍文區藍田街道湘橋村上苑社　六六九
王氏槐蔭堂　龍海市海澄鎮嶼上村溪尾社　四七五
王昇祠　薌城區香港路　一二三
王爺廟　薌城區芝山鎮下碑村　五三九、五四〇

王游氏龍潭家廟	詔安縣秀篆鎮陳龍村	一〇八九、一一一〇、一一八七
天后宫	東山縣陳城鎮宫前村	一二八三
天后宫	東山縣康美鎮銅鉢村（净港）	一二七〇
天后宫	東山縣銅陵鎮	一二九四
天后宫	南靖縣梅林鎮梅林村	一五六二、一六一五、一六一七、一六二五
天后宫	厦門市海滄區後井村（金沙）	四九五
天后宫	雲霄縣雲陵鎮大園街	九六五、九六九、九七三、一〇〇〇、一〇一四
天后宫	詔安縣橋東鎮溪雅村	一一六六、一二〇九、一二二六、一二五〇
天后宫	漳浦縣舊鎮鎮城内街	八九一、九三三、九三四
天后宫	龍海市石碼街道	四二二
天后宫	龍海市港尾鎮浯嶼島	一〇九、一五八、四三三、四五七、七一五
天池宫	龍海市海澄鎮華瑶村	五〇五、六一二
天庭宫	南靖縣奎洋鎮霞峰村	一五九一、一六〇二、一六〇九
天湖堂	平和縣崎嶺鄉南湖村	一七〇八、一七二五、一七四三
木棉庵	龍海市九湖鎮木棉村	二二八、七六四
五里亭	長泰縣武安鎮珠坂村	一三六五、一三六六、一三九三

五社廟　龍海市東園鎮楓林村洪埭社　四七四、五六八
五府王爺廟　龍海市角美鎮白礁村　六一九、六二〇
五恩宮　龍海市角美鎮錦宅村　四九九
五通宮　詔安縣霞葛鎮五通村　一一〇四、一一一五、一一四四、一一四五、一二一六
五通宮　薌城區通北街道西洋坪村　二四六、三五七
五雲寺　南靖縣金山鎮河墘村　一四五九、一四八六
五雷宮　華安縣仙都鎮上苑村　一七六二、一七七〇
五福禪寺　龍海市石碼街道　四〇二、六一六、七〇二
太子亭　南靖縣奎洋鎮店美村　一六二九
太平宮　詔安縣秀篆鎮埔坪村發里社　一一六三、一一八〇、一一九二
太平廟　雲霄縣馬鋪鄉大坪頭村　九八五、一〇〇六
太和宮　龍海市海澄鎮河福村新亭社　八〇
太監亭（遺址）　南靖縣龍山鎮雙明村　一六二八
太監陳祖生母子墓　南靖縣龍山鎮雙明村　一四〇六、一四〇七
中元宮　厦門市海滄區東嶼村　六六〇
水月樓　雲霄縣雲陵鎮溪美街　九五五

水尾庵	南靖縣書洋鎮下版寮村	一五三五
水朝宮	南靖縣山城鎮象溪村	一六一三、一六一九、一六二〇
水朝宮	南靖縣山城鎮鴻坪村	一五三二、一五三三、一五三四、一五七四
仁和宮	龍海市白水鎮許厝村	四〇七、七三四
丹湖寺	漳浦縣湖西鄉下圩村	九四〇
文昌祠	平和縣九峰鎮	一七三六
文昌塔	南靖縣靖城鎮湖林村	一四三五、一五六七、一五九六
文昌閣	龍海市隆教鄉鎮海村鎮海衛	一九三、四八二、五四七
文祠	龍海市榜山鎮	四三〇、四六九、六七五
文廟	薌城區修文西路	三四、一五四、四七九、四八五、七四二、七六八
文廟	龍海市海澄鎮	二八六
文廟（遺址）	南靖縣靖城鎮	一四四〇、一四四二
方氏家廟	龍海市石碼街道登第村	一五九、一六九
方氏餘慶堂	龍海市榜山鎮園仔頭村霞漈社	七九三
斗山岩寺	詔安縣西潭鎮潭東村	一二二五
心田宮	平和縣坂仔鎮心田村	一七一一

五畫

玉珠庵	長泰縣枋洋鎮江都村	一三九〇
玉瀛宮	龍海市榜山鎮蘆州村	四九二
玉麟祖宮	龍海市白水鎮崎岎村下莊社	七三一、七三六
正峰寺	南靖縣靖城鎮廍前村	一三九五、一三九七、一四五八、一五五一、一六四〇
正陽宮	漳浦縣杜潯鎮近城村	八〇八、九〇五、九〇六、九一四
正順祖廟	薌城區新橋街道前鋒社區頂田霞社	四七七、四七八、六一七、七二六
正順廟	薌城區新橋街道詩浦社區	一六四、一八〇、六三三、六七六
古林寺	龍海市石碼街道高坑村	一九一、六四七、七二七
古來寺	東山縣銅陵鎮	一二七一、一二九八、一三〇〇、一三一七
古雷廟	漳浦縣古雷鎮岱仔村廟前社	八五七
石佛廟	龍海市白水鎮金鰲村	三一四、六二三
石室山	東山縣銅陵鎮	一二八〇
石恩宮	平和縣九峰鎮陳彩村	一七三二
石廟寺	東山縣西埔鎮石廟山	一三一九、一三二七
石橋廟	詔安縣霞葛鎮坑河村樓下社	一一〇一、一一三五、一一五三、一一九〇、一二一二

石觀音亭	龍海市角美鎮埭頭村	二七
北極殿	東山縣銅陵鎮下田街	一二七九、一三〇一
北邊廟（三元廟）	龍海市角美鎮流傳村	三三九
四合宫	龍海市石碼街道解放西路	二二二、二四五、三〇八、七五六
仙都宫	漳浦縣馬坪鎮仙都村蓮池社	八九〇、九〇七
仙峰岩寺	漳浦縣赤土鄉浯源村盧厝社	九一八、九一九、九三一
仙師興牌廟	南靖縣山城鎮坎仔頭村	一四六三
白石庵	詔安縣白洋鄉白石村	一一三〇、一二一〇
白雲寺	漳浦縣綏安鎮羅山村東羅岩	八一〇、八一六
白雲岩寺	龍海市顔厝鎮洪坂村	三二〇、四二四、四二五
玄天上帝宫	雲霄縣雲陵鎮渡頭村渡頭岩	一〇二一
玄天上帝宫	詔安縣南詔鎮東北街	一一七五、一一七六、一二一三、一二一四、一二一五
玄天上帝廟	漳浦縣舊鎮鎮甘林村	八九四
玄天上帝廟	龍海市角美鎮南門村	五五五、六四二、七五一
玄天閣	華安縣仙都鎮大地村	一七五四、一七七一
玄靈宫	龍海市海澄鎮珠浦村珠浦社	四一〇、六七四、七七五、七八三

永和宫　龍海市榜山鎮園仔頭村　一九四
永真堂　龍海市紫泥島安山村　六八一、六九八、七六五
永福亭　龍海市紫泥島安山村中岸尾社　七六九
永福堂　南靖縣船場鎮張坑村白沙坑　一四三七、一六一〇
永興宫　龍海市海澄鎮下寮村下寮社　四六六、七七八
永興堂　龍文區步文街道石倉村　六二七、六三四
永豐庵　詔安縣太平鎮元中村　一一〇三、一一一七、一一三六、一一五五、一二〇四、一二〇五、一二五六、一二五七、一二六六
司前庵　南靖縣龍山鎮圩埔村　一四三〇

六畫

西山岩寺　東山縣西埔鎮　一二九六、一三一〇、一三一五
西來庵　漳浦縣赤嶺鄉石椅村　八八五
西亭寺　詔安縣南詔鎮縣前街　一二五九
西峰廟　龍海市白水鎮金鰲村　四五五
西霞亭　雲霄縣雲陵鎮金霞路　九七一、九七二
有應公祠　龍海市海澄鎮嶼上村古坑社　六九四

百回宮	龍海市海澄鎮珠浦村前曾社	五〇〇、六九六
同和宮	龍海市海澄鎮埭新村東和社	七七〇
朱子祠	南靖縣山城鎮	一五四八
朱氏萃文祠	平和縣九峰鎮城中村	一七二四
延壽堂	廈門市海滄區吴冠村	六四六
仰和宮	龍海市榜山鎮南苑村花亭社	一六〇、二四三
全德宮	龍海市白水鎮方田村市尾社	四六五
合美宮	薌城區浦頭港	二〇四
合興宮	南靖縣山城鎮鴻砵村	一六〇三
江氏追報堂	詔安縣霞葛鎮井邊村	一一二七
安山宮	龍海市角美鎮吴宅村	四三八、四三九、四四〇、五八五
安福寺（遺址）	南靖縣靖城鎮院前村	一六四一
安懷宮	龍海市白水鎮白水村	二九〇、六三二
阮氏繼成堂	南靖縣山城鎮溪邊村浮山社	一六〇八

七畫

赤水岩寺	漳浦縣赤湖鎮後湖村	七九九、八〇六、九二一

抗戰紀念亭	東山縣銅陵鎮	一三二六
李氏宗祠	南靖縣金山鎮荆美村	一六一一
李氏崇德堂	龍海市白水鎮樓埭村霞美社	七〇一
李氏隴西堂	龍海市顔厝鎮下宫村	六〇二
李洋廟	南靖縣龍山鎮湧北村	一五四〇
車頭庵	南靖縣山城鎮三下村	一五七五
吴氏宗祠	漳浦縣赤湖鎮後江村	八六八、八八二
吴氏宗祠	龍海市海澄鎮崎溝村下吴社	二一一
吴氏思源堂	龍海市白水鎮磁美村	二一〇
吴氏追來堂	南靖縣金山鎮碧溪村	一六三四
吴氏祖厝	龍海市白水鎮磁美村	四三七
吴氏崇本堂	南靖縣龍山鎮湧口村	一四六八、一四六九、一五〇二、一五〇三、一五三〇、一六二六
吴氏翠峰堂	南靖縣龍山鎮湧口村	一五二六、一五四六
吴原亨堂	雲霄縣雲陵鎮亨堂村	九四五
邱氏裕文堂	厦門市海滄區新垵村	七五二

何氏家廟	雲霄縣馬鋪鄉梘河村後厝社	九六四、一〇二八
迎江寺	漳浦縣沙西鎮北旗村	八七〇
沙底廟（隆壽室）	漳浦縣沙西鎮高林村沙裡社	八七五、八七六、八八七
沈氏大宗祠	龍文區藍田街道蔡坂村沈厝社	三四七
沈世紀墓	薌城區天寶鎮峰山	三三二、七四八、七四九
八畫		
武當宮	平和縣九峰鎮城西村下街	一六八一、一七一二
武廟	平和縣九峰鎮	一六九八
武廟	長泰縣武安鎮人民路	一三七九、一三九二
武廟	南靖縣山城鎮大廟口	一五一〇、一五三七、一六三八
武廟	詔安縣南詔鎮西關街	一〇七五、一一六七、一二二七、一二四一、一二四二
武廟	詔安縣南詔鎮縣前街	一〇五一、一〇五四、一〇五九、一〇七九、一一〇八、一一五二、一一七三、一一七四、一二二〇、一二四三、一二四四、一二四五
武廟	龍海市石碼街道下碼	一九九、二七八、三八五

武廟　龍海市石碼街道上碼　二八八、二八九、三〇六、四一二、四一三、七四四、七八六、七八七
武興宫　薌城區石亭鎮烏石村　二〇〇、二三四、二四一
武興宫　薌城區通北街道西洋坪村　四〇五
青龍岩寺　漳浦縣石榴鎮龍嶺村　八二一、八七九
青龍庵　漳浦縣石榴鎮山城村　八九三
長林寺（舊址）　詔安縣官陂鎮林畲村　一〇七二、一〇七三、一〇九七、一一七二、一一九六、一二五八
長教墟　南靖縣梅林鎮官洋村　一六〇五、一六一六、一六一八
長樂寺　詔安縣深橋鎮上營村汾水關　一一四九、一二六三
長興堂　南靖縣和溪鎮迎富村　一五一八、一五三一、一五九五
長興庵　漳浦縣石榴鎮長興村　九〇八
英濟宫　詔安縣梅洲鄉梅北村　一一八二
英濟廟　龍海市海澄鎮黎明村山尾社　四五八
林氏木本堂　龍海市浮宫鎮溪山村溪頭社　三四八
林氏太陽祠　龍海市榜山鎮榜山村洋内社　四八八

林氏孝思堂	平和縣崎嶺鄉南湖村	一六八二
林氏宗祠	南靖縣靖城鎮徑裡村	一四六〇、一五七九
林氏宗祠	詔安縣霞葛鎮南陂村	一二三五
林氏宗祠	漳浦縣佛曇鎮港頭村	八二九
林氏宗祠	漳浦縣馬坪鎮仙都村前黄社	九二四
林氏追遠堂	龍海市東園鎮新林村霞林社	二三九、二四〇
林氏祖祠	龍海市角美鎮東山村	五一六、五六六、六四五
林氏祖厝	龍海市海澄鎮珠浦村謝前社	四五三
林氏家廟	平和縣五寨鄉埔坪村	一七三〇
林氏家廟	龍文區藍田街道景山社區	三七八
林氏敬慎堂	龍海市白水鎮山邊村	七二九
林氏義莊	龍海市角美鎮楊厝村	四〇六
林氏燕翼堂	龍海市白水鎮山邊村	一〇三、三七二
林氏穆清廟	龍海市白水鎮山邊村	六七九
林前岩寺（烏石岩寺）	龍海市九湖鎮林前村太湖山麓	三六一、三八七
東山寺	平和縣九峰鎮	一七二〇、一七二一、一七二二

東山祠　南靖縣梅林鎮官洋村　一五二五
東山碑廊　東山縣銅陵鎮　一二九〇、一二九九、一三〇二、一三〇四、一三〇五、一三〇七、一三一二、一三一三、一三一四、一三一六、一三二一、一三二四
東興宮　龍海市紫泥島溪洲村　二六九、三八六、四九四、七七三
東館廟　漳浦縣杜潯鎮林倉村　八一二
東嶽廟　南靖縣靖城鎮湖林村　一四五四
東嶽廟　詔安縣南詔鎮東關街　一〇四九、一一一六、一一二〇、一一二二、一一一八、一一九一
東嶽廟　龍海市海澄鎮河福村　三六三、三六四、三六五、三六六、三六七、三六八、三六九、三七〇
雨仙洞　南靖縣山城鎮元湖村　一四二〇
明誠堂　漳浦縣綏安鎮石齋村講堂社　八九五、八九六
忠武宮　龍海市海澄鎮下寮村上寮社　七八一
垂功堂　南靖縣船場鎮梧宅村　一四一一
岱山院（遺址）　薌城區北郊蓮花池山南麓　一七〇

岱仙岩寺	龍海市九湖鎮圓山	二六八、六六七
岱房庵	南靖縣靖城鎮大房村	一五〇七、一五九九
金山寺	雲霄縣雲陵鎮下坂村	一〇二三
金仙岩寺	龍海市白水鎮玳瑁山	三九、一二六、一六三
金馬臺塔	詔安縣秀篆鎮河美村	一二三六、一二三七
金興宮	龍海市紫泥島金定村	五四八、五四九、五五〇、六八四、六八五、六八六
金環寶塔	詔安縣霞葛鎮坑河村樓下社	一一二四、一一二五
周氏家廟	厦門市海滄區後井村衙裡社	一二五、七〇六
周氏家廟	龍海市榜山鎮榜山村坂山	一六一
周濂溪祠	南靖縣靖城鎮尚寨村寶珠岩	一四四一、一五四一
河坰宮	南靖縣金山鎮河墘村	一五四四、一五七三
泗州岩寺	漳浦縣官潯鎮庵内村	八八九、九三九
泗美宮	東山縣銅陵鎮南門灣澳角尾	一三二二
注生宮	南靖縣山城鎮大廟口	一四九四、一四九五、一四九六、一五四七
定山宮	龍海市角美鎮坂美村	五一〇、五三二、六五六、六五七
定潮樓	薌城區浦頭港	三六〇、四三二、六〇一

官興廟　南靖縣龍山鎮海仔村　一五八七
九畫
城隍廟　平和縣九峰鎮城中村　一六四八、一六六四、一六九一、一六九二、一六九三、一七〇六、一七〇七、一七一三、一七一五、一七二七、一七三一、一七四二
城隍廟　東山縣銅陵鎮　一三二三
城隍廟　南靖縣靖城鎮中華路　一四〇一、一四〇九、一四一七、一四二一、一四二二、一四二七、一四四四、一四四六、一四四九、一四五〇、一四七四、一四七五、一四八〇、一四九七、一五〇九、一五五七、一五六三、一五八〇、一五八一、一六二三、一六二四、一六二七
城隍廟　詔安縣南詔鎮縣前街　一〇五五、一〇五七、一〇六〇、一〇八五、一一四〇
城隍廟　龍海市海澄鎮　一六七、一六八、四六八、五六二、五七二、七三〇
城隍廟　龍海市隆教鄉鎮海村鎮海衛　五二七
垢洗岩　漳浦縣舊鎮鎮山仔村　八五八
南山寺　詔安縣深橋鎮大美村　一一七一

南山寺	薌城區	三八八、四〇四、五七三、六三九
南山宫	華安縣華豐鎮良埔村	一七六七、一七六九
南岳正順廟	長泰縣武安鎮南門邊	一三九四
南浦亭	薌城區厦門路	四五四、四九一
南園宫	龍海市角美鎮東美村南園社	一三一、七九一、七九二
南溟書院	東山縣銅陵鎮	一三〇八、一三〇九
南壇功臣廟	詔安縣南詔鎮東城村	一一四一、一二三八、一二三九
南興廟	南靖縣山城鎮下碑村	一五七二
柯氏宗祠	龍海市白水鎮下田村下尾社	二三八、三二二
威奕廟	漳浦縣赤湖鎮後江村	八七二、九一五
威惠王廟	詔安縣南詔鎮北關街	一一五〇、一二〇七
威惠廟	平和縣九峰鎮城東村	一七三四、一七三五
威惠廟	華安縣豐山鎮浦西村	一七四七、一七五一、一七六一、一七六三
威惠廟	厦門市海滄區新垵村東社	四一九、六三七、六三八
威惠廟	雲霄縣雲陵鎮享堂村	九四八、一〇二二
威惠廟	薌城區天寶鎮路邊村	三二六

威惠廟	薌城區巷口街道官園社區丹霞路	三四四、六四四
威惠廟	薌城區新橋街道紅星社區廈門路	七六一、七六二、七六三
威惠廟	龍海市角美鎮石厝村下邊社	五四四、七〇七、七一六
威惠廟（遺址）	漳浦縣杜潯鎮近城村青陽院邊	八一九
威德廟	南靖縣龍山鎮東愛村	一四六二
曷山廟	長泰縣陳巷鎮吴田山	一三八五、一三八九
科山祖廟	龍海市榜山鎮柯坑村	四九三、七四五
保安宫	龍海市白水鎮山美村三保社	四八三、五二四
保安宫	龍海市東園鎮埭美村後柯社	五二五
保林寺	詔安縣橋東鎮含英村	一〇八八
保福庵	詔安縣官陂鎮下官村	一〇四四、一〇六四、一〇八六
保鴻宫	龍海市東園鎮楓林村洪埭社	六七三
皇龍宫	長泰縣岩溪鎮甘寨村	一三七四、一三八一、一三八六
禹王廟	薌城區新橋街道前鋒社區頂田霞社	二三七、三九九、五七九、七五七
侯山宫	平和縣小溪鎮西山村	一六七五、一六七七
帝君廟	南靖縣靖城鎮草坂村	一四七二、一五五四

姜公祠　薌城區下沙路　四三、七八二
姚氏追遠堂　龍海市紫泥島錦田村　六四八
紅滚廟　龍海市海澄鎮山後村　六九五、七二三、七五九
紀氏宗祠　龍海市白水鎮磁美村　一九二

十畫

泰山寺　詔安縣秀篆鎮陳龍村　一〇五六、一〇六六、一〇七八、一〇八〇、一〇八四、一二六五
泰山媽廟　詔安縣橋東鎮東沈村雙屏山　一〇六三、一二六一
振南廟（太子爺廟）　南靖縣金山鎮新内村新圩街　一五五六
華廟　雲霄縣莆美鎮中柱村　九八六、九八七
真君庵　龍海市海澄鎮内樓村南門　四九六
真濟宫　薌城區通北街道湖内社區　四
莊氏宗祠　南靖縣書洋鎮奎坑村　一六三七
莊氏祖祠　平和縣五寨鄉五寨村　一六八四
桃園寺（三平分寺）　雲霄縣雲陵鎮　九六六
恩置宫　平和縣九峰鎮城中村西街　一六六三、一六八六、一七四〇

徐余涂聚德堂　詔安縣南詔鎮西門社區涂厝巷　一二六〇
高氏家廟　龍海市東園鎮東寶村　二八五、三七四、七三五
高氏家廟　龍海市榜山鎮南苑村高厝社　一一六、三三四
高東溪祠　漳浦縣綏安鎮綏南村　八一一
高隱寺　平和縣大溪鎮赤安村　一六七三、一六九四
郭氏宗祠　南靖縣龍山鎮湧口村廟兜　一四八四、一四八五、一五二四
郭氏惟德堂　龍海市榜山鎮蘆州村　一六六
郭氏瀛洲祖祠　龍海市紫泥島西良村北岸社　一八四、二一九、二二三、二七五、三二八
浦頭大廟　薌城區浦頭港　九七、一六五、二〇九、二二一、二二五、二六七、四五九、四六二
海月岩寺　漳浦縣沙西鎮土樓村　八二五、八三三、八三八、八四一、八五六、八六〇、九二二
海雲岩寺　漳浦縣舊鎮鎮山兜村　七九八、八〇〇
悟道岩寺　漳浦縣赤嶺鄉玳瑁山　八六六
容川碼頭　龍海市海澄鎮豆巷村溪尾社　一四五
陵北宮　雲霄縣雲陵鎮　九六〇

陳元光陵園	薌城區浦南鎮石鼓山	一八八
陳元光墓	薌城區浦南鎮蘢浦村	五
陳太傅祠	薌城區南山寺内	三八九
陳氏大宗祠	龍海市東園鎮過田村俊美社	三三三、五五一、五五二、六〇八、六一五、六三六、七五五
陳氏石室堂	龍海市白水鎮西鳳村祠堂社	四八〇
陳氏宗祠	南靖縣龍山鎮太保村	一四七〇
陳氏宗祠	漳浦縣沙西鎮嶼頭村	八六四
陳氏宗祠	龍海市角美鎮石厝村上店小區	六二二
陳氏宗祠	龍海市東園鎮鳳山村潭頭社	三三七、三九二、六六四
陳氏宗祠	龍海市榜山鎮園仔頭村	四七二
陳氏追遠堂	龍海市東園鎮鳳山村爐内社	六二八
陳氏家廟	漳浦縣佛曇鎮大坑村軋内社	九〇九
陳氏崇本堂	龍海市東園鎮鳳鳴村嶺後社	二六四、六九二
陳氏燕翼堂	龍海市角美鎮課堂村	三四二、五一三、五一四、五三〇、六二五、七四一、七四三

陳氏錫慶堂　南靖縣龍山鎮太保村雲峰樓　一五一六
陳政紀念館（雲霄縣博物館）　雲霄縣將軍山公園内　四二六、七三七、八四三、九五〇、九五四、九五八、九六三、九六七、九八一、九八八、九九九、一〇〇九、一〇一三、一〇二〇、一〇二四、一〇二五、一〇二九、一〇三五、一〇三七
陳政墓　雲霄縣將軍山公園内　九四四

十一畫

頂福宫　詔安縣秀篆鎮頂安村　一〇四七、一一〇〇
基督教堂　南靖縣山城鎮　一六三九
基督教堂　詔安縣四都鎮林頭村　一二四九
黄氏大宗祠　漳浦縣湖西鄉城内村詒安堡　八四六、八四七、八五〇、八五一
黄氏大宗祠　龍海市海澄鎮黎明村田厝社　四四二、四四三
黄氏小宗祠　漳浦縣湖西鄉城内村詒安堡　八四八
黄氏宗祠　龍文區藍田街道藍田村　一七五
黄氏宗祠　龍海市角美鎮南門村　五六三
黄氏家廟　龍海市角美鎮石厝村宫邊社　二九四

黄氏崇德堂	南靖縣山城鎮六安村大厝裡黄社	一四九九
黄氏傳古堂	龍海市角美鎮西邊村	三三九
黄氏碧川堂	龍海市海澄鎮黎明村田仔社	五八二
黄氏燕翼堂	詔安縣秀篆鎮焕塘村	一〇九三
曹氏家廟	龍海市海澄鎮崎溝村樹德社	三三五
崇真院	龍海市海澄鎮豆巷村下庵社	一五〇
崇真堂	龍文區藍田街道藍田村	三五八、五一七、六七〇
崇福堂	平和縣九峰鎮復興村	一六四六、一七〇一、一七〇二
崇德堂	龍海市角美鎮埔尾村	六七
崇興院	龍海市東園鎮厚境村	三〇四、四四四、五六七、六五五
象牙庵	漳浦縣石榴鎮象牙村	八八〇、八八六
許氏宗祠	龍海市海澄鎮豆巷村溪尾社	五一九、五二〇、六七二
許氏宗祠	龍海市浮宮鎮海門島海山村	六〇〇
許氏家廟	龍海市東園鎮港邊村港濱	一八五、二〇一、二七七、三九一、六五〇、七九四
許氏家廟	龍海市程溪鎮人家村	六四九
許氏崇德堂	龍海市海澄鎮倉頭村厚境許社	二一五、三一六

許氏燕詒堂	漳浦縣沙西鎮枋林村下阿邊社	八二〇
鹿坑岩寺	漳浦縣杜潯鎮過洋村	八六二
鹿陽宮	龍海市東園鎮茶斜村鄒岱社	二四七、五八〇
清水岩寺	南靖縣靖城鎮阡橋村	一四〇四
清水廟	平和縣九峰鎮積壘村塘背	一七三三
清安岩寺	龍海市雙第農場新碑村	四七〇、五一八
清泉岩寺	漳浦縣大南坂鎮下樓村	八六七、八七三
清寶殿	龍海市角美鎮錦宅村新街社	三四六、四七一、五四三、五四五
張氏宗祠	南靖縣書洋鎮塔下村	一五六四
張氏宗祠	南靖縣靖城鎮古湖村	一四四三
張氏宗祠	龍海市海澄鎮河福村	三八二、四一八、五三八
張氏追遠堂	長泰縣武安鎮京元村	一三八七
張家大厝	南靖縣豐田鎮豐田村溪口社	一五一五
隆壽宮	龍海市白水鎮磁美村	四六、一八六、五五七
習益祖宮	薌城區巷口街道東園社區	三五六

十二畫

塔口庵	薌城區大同路	一四三
葉氏宗祠	漳浦縣佛曇鎮白石村	九一一
葉氏追遠堂	長泰縣岩溪鎮珪後村	一三七一
葉氏瞻依堂	長泰縣岩溪鎮田頭村田頭社	一三八八
萬古廟	詔安縣官陂鎮下官村	一一九九、一二一八
萬松關	龍海市榜山鎮梧浦村	一三七
萬善堂	南靖縣和溪鎮和溪村	一五八五、一五八六
萬壽宮	龍海市角美鎮田裡村	四五二、五六九
萬壽宮	龍海市角美鎮西邊村	五二二
萬壽堂（遺址）	平和縣九峰鎮黃田村上庵邊	一六七四、一七〇三、一七〇九、一七一八、一七一九、一七三九
董氏湖洋宗祠	南靖縣梅林鎮礤頭村	一四八七
朝天宮	詔安縣南詔鎮南關街	一一〇五、一一〇九、一一一二、一一一三、一一二一、一一三八、一一五四
朝真宮	廈門市海滄區漸美村	六六六

朝陽廟　南靖縣山城鎮解放東街　一五九八、一六三〇
棲雲岩寺　漳浦縣石榴鎮山城村石寨社　八九二
惠濟廟　南靖縣龍山鎮西山村　一五二八
雲山書院　雲霄縣雲陵鎮江濱路　九五一
雲洞岩　龍文區藍田街道蔡坂村　一六、五九、一九五、二六六
雲蓋寺　龍海市浮宮鎮田頭村　一二九、二〇八、二七一
雲塔寺　厦門市海滄區大岩山　九八、五七六、五七七、六二一
紫陽書院　雲霄縣列嶼鎮城内村　九七九、九八四、九九三、九九六、一〇一八
紫雲山寺　南靖縣書洋鎮下版寮村　一四三八
紫雲岩寺　龍海市石碼街道高坑村　一七四、五七八、六三一
開山祖廟　南靖縣山城鎮山城村　一五八九
開元院　詔安縣秀篆鎮焕塘村黄屋坝　一〇七一、一〇八一、一一八五、一一九五
開漳聖王大廟　雲霄縣陳岱鎮岱山村　一〇〇四、一〇一七
開漳聖王廟　詔安縣南詔鎮東關街　一〇六八、一一二九、一一六四、一一七八、一二〇三
開漳聖王廟　漳浦縣深土鎮塘頭村　八九八、八九九
開漳聖王廟　漳浦縣盤陀鎮東林村　八八八

開漳聖王廟	漳浦縣霞美鎮劉坂村	八二八
遇雨祠	南靖縣山城鎮元湖村雨仙洞外	一五三九
景福宮	龍海市海澄鎮内樓村許前社	二五六、三四一
鄒氏宗祠	華安縣高安鎮邦都村	一七四八
鄒塘庵	龍海市九湖鎮鄒塘村	七一二
普濟庵	薌城區芝山鎮林内村良璞社	三〇三
曾氏上湖家廟	平和縣九峰鎮福坑村	一六八九
曾氏孝思堂	龍海市東園鎮厚境村	三九五、五九四
曾氏孝思堂	龍海市浮宮鎮厚寶村厚寶社	七七、二五二、三一一、三一二、三九四、六一〇、七六六
曾氏宗祠	平和縣九峰鎮黄田村	一六九〇
曾氏追遠堂	龍海市海澄鎮倉頭村西曾社	七七九
曾氏崇德堂	龍海市浮宮鎮丹宅村	三五二
湯氏家廟	雲霄縣列嶼鎮城内村	九五七
登仙殿	龍海市角美鎮社頭村	六八九
登雲寺	南靖縣山城鎮六安村紫荊山	一四五二、一五一三、一五二一、一六四三

十三畫

瑞竹岩寺　龍海市榜山鎮梧浦村　七七一
瑞青宮　厦門市海滄區海滄村大路頭　四九七、六五二、六五三
瑞煙岩寺（遺址）　長泰縣天成山　一三八〇
聖媽宮　龍海市浮宮鎮田頭村　六六八
聖興堂　薌城區天寶鎮埔裡村　三八四
聖龍宮　南靖縣奎洋鎮店美村　一五五八、一五五九、一五六〇
蓮堂廟　龍海市海澄鎮南邊村　二八二、二八三、四一七
楊氏大宗祠　漳浦縣佛曇鎮岸頭村　八八一、九〇一、九〇二、九一〇、九二六
楊氏大宗祠　龍海市白水鎮金鰲村　二四八、三一五、三二一、七〇五、七四七
楊氏宗祠　平和縣九峰鎮城西村楊厝坪　一六八五
楊氏宗祠　漳浦縣佛曇鎮下坑村　八四四
圓明庵　龍海市榜山鎮崇福村　二五三
圓應岩寺　平和縣九峰鎮陳彩村　一七三八
圓應宮　薌城區天寶鎮洪坑村　一八九、三七九
解山廟　東山縣樟塘鎮樟塘村羊角山　一二八九、一三一八

靖海寺	東山縣前樓鎮長山尾村	一三一一
新溪尾寺（安善堂）	南靖縣船場鎮世禄村	一四三二、一四七九、一五七一
慈西庵	華安縣仙都鎮大地村	一七四六、一七五九、一七六六
慈安宫	龍海市海澄鎮珠浦村内田社	四三五
慈虚宫	龍海市角美鎮白礁村	一〇〇
慈雲寺	詔安縣南詔鎮北關街	一一五七、一一六二、一一七九
慈雲寺	龍海市海澄鎮外樓村	一三九、四六〇、六四三
慈雲寺	龍海市港尾鎮上午村岱嶺	三七三
慈壽宫	龍海市角美鎮南門村	六七八
慈慧宫	南靖縣龍山鎮龍山村	一五六五
慈德宫	薌城區西院村	三一九、四四九
慈濟宫	長泰縣武安鎮城關村	一三四一、一三九一
慈濟宫	南靖縣和溪鎮林坂村	一四〇二
慈濟宫	南靖縣金山鎮馬公村	一四八八、一六〇六、一六〇七
慈濟宫	薌城區新橋街道詩浦社區	一三〇
慈濟宫	龍海市白水鎮方田村	二八、三一七、七二五

慈濟宮	龍海市角美鎮石美村西門社（西崑）	五三一、五四一
慈濟宮	龍海市角美鎮石厝村宮邊社（岱洲）	二一三、二一四、五〇四、五八一、七一〇
慈濟宮	龍海市紫泥島南書村講書社	四七、二七三、三〇七
慈濟宮	龍海市榜山鎮普邊村	三四〇、七〇三、七〇四
福安宮	龍海市海澄鎮嶼上村新橋社	四四一
福林宮	龍海市港尾鎮格林村	四三四、五九五、七〇〇
福星庵	詔安縣官陂鎮半徑村	一〇八二、一〇九六、一一六八、一一六九、一一九四、一二二八、一二二九
福勝岩石室	詔安縣金星鄉九侯山	一〇三八、一〇四六
福善庵	詔安縣梅洲鄉梅南村	一一五一
福寧宮	薌城區浦南鎮	六〇七
福德祠	詔安縣南詔鎮北關街真君巷	一一三四
福德廟	龍海市白水鎮磁美村	五四
福慶堂	南靖縣金山鎮霞湧村	一四二四、一四三九
福興岩寺	龍海市海澄鎮山後村仕兜村	二九二
福興堂（遺址）	平和縣九峰鎮下坪村下庵邊	一七一六、一七二六、一七四一

福興廟	龍海市海澄鎮山後村仕兜村	五八九
媽祖廟	漳浦縣舊鎮鎮埔尾村	八六三
媽祖廟	龍海市海澄鎮豆巷村埭内社	一七九
十四畫		
静雲室	雲霄縣莆美鎮山美村	一〇〇五
碧水岩寺	平和縣蘆溪鎮蘆豐村	一六八八
碧陽宫	南靖縣山城鎮山城村	一六〇一
碧雲寺	雲霄縣火田鎮七里舖村	九六一、一〇一五
碧湖岩寺	雲霄縣馬鋪鄉梘河村	九四九、九五六、九五九、九六二、九六八、九七六、九九四、九九七、一〇〇八、一〇一一
碧湖庵	詔安縣深橋鎮考湖村	一一八九、一二二二、一二三三、一二三四、一二五五
碧霞寺	漳浦縣官潯鎮紅霞村	九一三
趙真堂（保南院）舊址	詔安縣霞葛鎮南陂村	一〇九四、一〇九五、一一一一、一一四二、一二〇八、一二四六、一二四七、一二四八
趙家堡	漳浦縣湖西鄉碩高山	八四〇
蔡氏一心堂	龍海市東園鎮楓林村	四三一、五七四

蔡氏三房祖厝　龍文區藍田街道蔡坂村　四四八
蔡氏世澤堂　龍海市榜山鎮平寧村西頭社　七九、三二七、六五九
蔡氏崇本堂　龍海市海澄鎮崎溝村河邊社　五〇一、七四六
蔡氏崇報堂　龍海市海澄鎮前厝村謝倉　三四三、四〇三、四六七、五〇七、五一二、六五八、七八〇
蔡氏崇德堂　龍海市海澄鎮倉頭村西林社　五四六
蔡氏敬賢堂　長泰縣岩溪鎮上蔡村　一三八四
蔡氏慎德堂　龍海市海澄鎮崎溝村　五二六
蔡氏穀詒堂　厦門市海滄區鍾山村　六一八
蔡氏熾昌堂　龍海市海澄鎮埭新村錦埭社　四七三
蔡世遠墓　漳浦縣佛曇鎮洞野村　八六五
蔣氏宗祠　華安縣仙都鎮大地村　一七五五、一七六〇、一七六五
榕頂庵　雲霄縣陳岱鎮新圩村　一〇三四
輔信將軍廟　龍海市東園鎮東園村下井社　五三三、五五八
輔信將軍廟　龍海市海澄鎮嶼上村嶼上社　四三六
輔順將軍廟　薌城區石亭鎮北斗村　二四二、五二八、七〇九

銅壺庵	平和縣坂仔鎮東風村	一六八〇
銀堂宫	龍文區朝陽街道漳濱村	二八〇
鳳山寺	龍海市海澄鎮崎溝村福岸社	五九七
鳳山嶽廟	龍海市嶽嶺	五三、一〇八、一六二、二四九、二五〇、二五一、二六五、二八七、三〇五、四〇八、四〇九、四四六、七〇八、七一七、七一八、七一九、七二〇、七八四、七八五、七八八、七八九、七九〇
鳳安宫	龍海市白水鎮崎岎村鶴頭社	六六一
鳳尾壇	南靖縣書洋鎮赤州村蕉坑社	一四七八
鳳林宫	龍海市紫泥島城内村庵前社	二八四、五二一
鳳霞祖宫	薌城區文化街	四八、三四九、三五三、三七六、四二〇、四二一、五二九、五三六、五七一、五九八、七五〇
鳳嶺廟	南靖縣山城鎮湯坑村巷仔頂社	一五七八
廣王宫	龍海市海澄鎮崎溝村福岸社	七七二
廣平王廟	雲霄縣雲陵鎮下坂村	九八九、九九〇、一〇一〇
廣慶宫	薌城區浦南鎮	五八四
齊天宫	薌城區下沙路	五五三

鄭氏世德堂 龍海市浮宮鎮美山村青美社 五五六、六〇三、七七六
鄭氏四美堂 龍海市榜山鎮翠林村 二九三
鄭氏宗祠 南靖縣和溪鎮和溪村 一四八三
鄭氏宗祠 龍海市白水鎮山美村 五〇八
鄭氏致和堂 龍海市九湖鎮林前村 四四五
鄭氏家廟 龍海市東園鎮東寶村寶裡社 二九五、七六〇
鄭氏謙光祖廟 龍海市浮宮鎮美山村藍村社 六五一
鄭和廟 龍海市角美鎮鴻漸村 七四〇
翠嶺岩寺 龍海市榜山鎮翠林村 五七五

十五畫

慧眼堂 華安縣仙都鎮市後村上巷社 一七四九
增福祠 薌城區浦頭港 三二四、四二七
歐江宮 長泰縣經濟開發區歐山村 一三七八
篁津宮 龍海市石碼街道打索街 五一一
篁津宮 龍海市紫泥島西良村南岸社 六〇六
鋪口宮 南靖縣龍山鎮湧口村 一五五二、一五八八、一五九四

劍石岩寺	雲霄縣列嶼鎮城内村	九七五
餘慶樓	平和縣秀峰鄉福塘村福乾美	一七二三
劉氏大宗祠	漳浦縣霞美鎮劉坂村	八七八
劉氏大宗祠	龍海市海澄鎮内樓村	三三六、三五一、五〇二、五〇三、六七七、六九一
劉氏宗祠	南靖縣和溪鎮聯橋村	一四七六、一五五三、一五六八
劉氏宗祠	南靖縣金山鎮新村村	一五六九
劉氏宗祠	華安縣仙都鎮大地村	一七五二
劉氏家廟	龍海市白水鎮方田村下方蘇社	五九三、七二四
廟都宫	漳浦縣馬坪鎮馬墟村廟都社	九三五
廢寺廟遺址	漳浦縣赤土鄉牛寨村	八六九
潘氏宗祠	龍海市角美鎮潘厝村	三五九、三九八
十六畫		
蕭氏宗祠	南靖縣金山鎮霞湧村上湧社	一四七七
蕭氏宗祠	南靖縣書洋鎮書洋村	一六〇〇
樹兜橋	龍海市海澄鎮崎溝村樹德社	一七八、二二四、三二三、三八三、四五六、五〇六、六四〇

賴氏宗祠	南靖縣南坑鎮村雅村湖東坑	一五八二
賴氏家廟	平和縣坂仔鎮心田村	一六六五、一六九七、一六九九
盧氏宗祠	南靖縣金山鎮後眷村	一五九二
盧氏宗祠	南靖縣船場鎮高聯村	一四〇五、一五一二
興仁宮	南靖縣山城鎮新中山南路	一五六一
興教寺	漳浦縣綏安鎮大亭路	八一三
儒山廟	龍海市海澄鎮嶼上村古坑社	三八一、五九一、五九二
錢坂廟	南靖縣山城鎮六安村	一五二二、一六一四
龍山岩寺	詔安縣霞葛鎮天橋村	一〇七四、一〇七六、一一六一、一一六五、一一八六、一二一七、一二三〇、一二四〇、一二五一、一二五二、一二五三、一二五四
龍山宮	廈門市海滄區温厝村寧店社	五七〇、六二四、六七一
龍山宮	龍海市角美鎮社頭村吟兜社	五九六
龍山宮	龍海市角美鎮金山村充龍社	五三七
龍仙宮	長泰縣武安鎮積山村塘邊社	一三八二

龍光庵	詔安縣官陂鎮大邊村	一〇六七、一〇六九、一〇七〇、一〇九二、一〇九八、一一四六、一一四七、一一八一、一二〇〇、一二〇二、一二〇六
龍江廟	漳浦縣霞美鎮北江村	八四九
龍安岩	南靖縣金山鎮新内村	一五四九
龍安堂	平和縣蘆溪鎮樹林村下官洋	一六五八
龍威殿	龍海市榜山鎮平寧村	三七五
龍雲岩寺	龍海市白水鎮郊邊村	一八七、二〇二、五八八
龍湫岩寺	雲霄縣東廈鎮白塔村	九四七、九七八、九九八、一〇一二、一〇一九、一〇二七、一〇三〇、一〇三一
龍興寺	漳浦縣杜潯鎮過洋村	八一七、八一八、八三〇
龍興廟	南靖縣靖城鎮廍前村仙苑社	一五九三
龍興壇	南靖縣船場鎮龍水村	一四六七、一四九一
龍應寺	龍海市東園鎮過田村俊美社	二八一、四一六、五三四、五三五、五四二、七一四
龍鷲堂	龍海市角美鎮錦宅村	五六〇

十七畫

戴氏筠軒堂　漳浦縣佛曇鎮東坂村廟後社　八一四、八二三
藍氏宗祠　漳浦縣赤嶺鄉石椅村　八五二
藍田樓　詔安縣官陂鎮光亮村　一二二一
韓氏宗祠　南靖縣山城鎮葛山村　一五七〇
霞陂大廟　薌城區　八
霞東書院　薌城區浦頭港　四一四、四一五
霞室廟　龍海市東園鎮鳳山村山頭社　六八七、七一一
霞瑞廟　南靖縣靖城鎮下魏村　一五五五
霞嶂庵　南靖縣靖城鎮鄭店村　一三九八、一三九九、一六二一、一六二二
霞穀祖聖宮　龍海市浮宮鎮埔裡村　五八三
霞隱寺　詔安縣霞葛鎮霞村　一一二六、一一七七
魏氏宗祠　南靖縣靖城鎮下魏村　一四六五
謝太傅廟（積蒼廟）　龍海市顏厝鎮庵前村古縣社　三二五、三三八、四八七、七一三、七七四
謝氏世饗堂　厦門市海滄區漸美村　一三三八
謝氏宗祠　龍海市榜山鎮平寧村　三一三、七五三

謝悃廟　龍海市角美鎮社頭村　三四五、六八〇
翼晉宮　龍海市榜山鎮平寧村　六八八、七七七

十八畫

豐樂庵　薌城區石亭鎮豐樂村　二九六、二九七、四八四
豐熟宮　南靖縣船場鎮下嶺村　一五四二
簡氏大宗祠　南靖縣梅林鎮坎下村　一四四七、一六三一
鎮北宮　龍海市榜山鎮梧浦村鎮頭社　四八九
鎮南宮　南靖縣書洋鎮南歐村　一六一二
鎮龍庵　詔安縣霞葛鎮莊溪村　一〇九九、一一〇二、一一一四、一一三一、一一三七、一一四三、一一九三、一二〇一、一二一九、一二三三、一二六九
壁瀠宮　龍海市白水鎮白水村　二七四、七二一、七三三

十九畫

蘇氏玉玹堂　龍海市港尾鎮格林村　三〇九
蘇氏宗祠　龍海市東泗鄉虎渡村　二一八
蘇氏宗祠　龍海市浮宮鎮美山村青美社　三一〇

關帝廟　東山縣銅陵鎮　一二七二、一二七四、一二七八、一二八二、一二八七、一二九二、一二九三、一二九五、一三〇六、一三二〇
關帝廟　雲霄縣雲陵鎮下港社區（霞港）　九七四、九九一、九九五、一〇二六、一〇三三
關帝廟　雲霄縣雲陵鎮大園街南强路　九七七
關帝廟　詔安縣官陂鎮陂頭村南興樓　一〇八三、一〇八七、一一八三、一一八四
關帝廟　漳浦縣六鰲鎮六鰲古城北門外　八二四、八七四
關帝廟　龍文區步文村下店尾社（赤嶺）　一七六、二〇七、三九六、六五四
關帝廟　龍文區郭坑鎮扶搖村　一四九、二六三、六二六
贊範宫　龍海市榜山鎮洋西村渡頭社　二一二、二一六
瀛洲宫　龍海市角美鎮東美村南園社　七五四
懷安宫　龍海市白水鎮大霞村大埔社大埔圩　五五九

二十畫

蘭徑廟　龍海市海澄鎮河福村南徑社　四二八、六九〇
騰鯉廟　龍海市榜山鎮雩林村許林頭社　二七六、三七七、五六一
護濟宫　詔安縣南詔鎮北關街　一一五六、一一七〇

二十一畫

鶯山寺	龍海市白水鎮山美村	五二三

二十三畫

顯應宫	南靖縣靖城鎮武林村	一四八九、一四九〇、一四九三
顯應廟	南靖縣金山鎮荆美村	一四七三

二十四畫

觀音佛祖廟	龍海市東泗鄉碧浦村	三九三、七三二
觀音亭	雲霄縣東厦鎮高溪村	一〇〇七
觀音亭	薌城區浦南鎮	三三〇
觀音亭	龍海市海澄鎮港口社	二九九、四一一
觀音廟	漳浦縣深土鎮示埔村	九一六
觀音廟（西河宫）	平和縣九峰鎮西門大橋	一七三七
靈協祠	平和縣九峰鎮	一六九六
靈著王廟	雲霄縣東厦鎮高溪村	一〇〇一、一〇〇二、一〇〇三、一〇一六
靈順廟	長泰縣陳巷鎮夫坊村	一三七七
靈慈宫	漳浦縣官潯鎮錦江村	八七七

靈嶼宮　龍海市浮宮鎮海門島南山社　四五一、六八二、六九三
靈應宮　龍海市角美鎮洪岱村　四六三、四六四

編後記

三十多年來，鄭振滿和丁荷生先生帶領幾代學生，遍訪山村田野，『進村找廟，進廟找碑，進碑找字』，陸續搜集并編纂福建宗教碑銘彙編之興化、泉州、漳州府分册。本書收録并點校一九四九年以前内容或背景與宗教有關的碑銘，其中多數都是首次出版，猶如一批批私藏文獻集中面世，在海内外學界備受矚目。筆者作爲漳州府分册的責任編輯，參與了編纂體例修訂、部分碑銘影像收集并録入，以及全部録文的圖文校對審讀、斷代與背景考證等過程。

在編纂和審稿過程中，我們陸續剔除了一些與宗教無關或過於模糊無法解讀的碑銘，最終收實物碑銘近一千五百通。其中多數保存在寺廟或祠堂，也有的矗立在田野山間、掩蔽在叢林草莽、倒撲在閭巷溝池、埋葬在廢墟工地，或被劈作石材浣衣洗菜、鋪路蓋屋；多數已歷數百年風雨，很多是學界未知的孤本史料；碑文均有不同程度的斷缺磨損和風化剥蝕，碑身坑坑窪窪、紋路縱横，字迹埋藏其中、時隱時現，假象叢生，誤導遍布，識讀困難。近年來由於城鎮建設的提速，大量碑銘遭到不可逆轉的空前破壞，造成無法挽回的重大損失。對民間碑銘的訪查留影、整理出版和解讀研究，是一項存亡繼絶、艱苦卓絶的搶救性『雙絶』工程。

三十多年來，厦門大學歷史系代代師生『上山下鄉』，窮盡鄉間各種交通工具，駐點式、地毯式地尋碑訪契、攝影抄文，結集後逐字録入，復經多輪標點、校對和考證，再將這些珍貴文獻交到出版社。在審稿過程中，田野教學前綫新發現的實物碑銘仍在源源不斷地匯集、録入、標點以備增補；我們也時常遇到録文某句不通或對某字有疑問，而圖片看不清或没拍到，不得不反復請編者重赴現場核對。例如，因爲重修渡頭及横坛碑記中的簡化字『坛』而專門托人跑了一趟，在核實之前我們暫改作『壇』；最終在付梓前幾天得到情報，確認并恢復爲『坛』。

本書此前主要基於手抄碑文，邊讀邊抄，費時耗力，但模糊不清之處都會在現場重點考求。自漳州府分册開始

采用照片爲底本録入、校對，雖然拍照能忠實記録碑銘原貌、高效系統地走訪更多廟宇，但照片質量容易受到相機抖動、光綫不佳等因素干擾，很多原本在現場能看清的碑文，照片却難以識讀，殊爲遺憾。而且受制於當前技術條件，我們很難將碩大的碑刻既完整又清晰地記録并呈現，往往衹能分塊拍攝特寫，録校者再將這些局部照片放大到原尺寸才有可能看清字迹——當然先要找到字在哪、有没有字、是不是字——於是每屏衹能顯示幾個字，每録校一張都要用鼠標拖動圖片若干次，看完一張中的某行再垂直跳到下一張時經常找不到該行從哪裏接續；每録校一行、一碑更要頻繁來回滾動鼠標無數次：往下翻完幾張才能看完一行，接着翻回頭再翻一輪看下一行；翻完幾輪、看完幾行的區間，再向左平移到下一區間時，又經常找不到從哪一張、哪一行開始……如此上下左右反復，讀起來支離破碎，録校者眼花手麻；常有關鍵字看不清，致通篇受阻，恨不能飛赴現場看個究竟。當然，無論實物還是圖像都有充足的研究空間，根據殘留筆畫或字形輪廓及上下文逐字破解模糊碑文也是一種樂趣。

碑銘難讀，既有載體的原因，也有内容的原因，其集中表現爲俗字尤其是民間簡化字的普遍應用。本書對『宗教』做了廣義理解，既有出世的僧道團體及其儀式，也有入世的祖先崇拜、神明祭祀、巫鬼靈异、天人感應、風水學説等，以及一切涉及宗教場所或有僧道參與的活動，切入古代民俗生活的繁多截面。因此，本書所見民間俗字極多且複雜，同一塊碑上往往用字不一致，正字俗字和各種异體夾雜交替；從唐宋到明清到民國，碑上俗字越來越多，字形越來越簡化，越來越多的俗字躋身主流，大量正字漸受冷落淪爲殘留。本書所選福建各地歷代實物碑銘，作爲確鑿而豐富的語料，生動地反映并論證了漢字的這一演變過程。

碑銘是典型的民間歷史文獻。目前國内的民間歷史文獻整理大多停留在圖片庫或資料影印等原始積累階段，點校考證、分類彙編等深度整理較少，對於民間歷史文獻的文字識别和編輯出版的規範或標準問題鮮有人討論。在録入、點校和編輯過程中，對這些俗字應如何處理？是全部照搬，還是像前人纂修方志或今人整理古籍一樣予以『規範』和『統一』？我們認爲，民間歷史文獻用字尤其是碑銘用字具有重要的文物價值、語料價值和史料價值；但確認

俗字要有數量支撑和文獻旁證，保留俗字不能影響文獻解讀，不能違背漢字構字原理和發展趨勢；對俗字與訛字應加以分辨，對文獻原字與編者撰字應作區别。

碑銘是獨特的立體文獻，經過撰文、磨石、書丹、篆額、刻字、竪立、保護、搬運、保存、修復、識讀等大量的人力物力投入，傾注着跨越時空的心血汗水。碑文記載着轟動一方的大事，銘刻着流芳百世的人名。先人爲求一記，不惜具幣『裹糧走二千里乞一言，以垂將來』，并勞師動衆刻碑竪立，俾人人觸目、世世勿忘。可以説，碑上每個字無論正誤都來之不易，失之可惜，玩之可悲，毁之可恨；面對碑銘——無論實物還是録文，我們理應心懷感激，心存敬畏。此外，碑銘鎸字遠比手寫和印刷艱難複雜，自然也更加慎重、更少隨意，文字舛訛相對較少；同時碑銘對字形簡化的需求也最大，從而成爲應用俗字的『重灾區』和孕育俗字的沃土温床，對此我們也應具備同情之理解。

何况，本書所收碑銘多數具有唯一性；在本書編纂之前、之時、之後，它們或許已經、正在或馬上要遭受人爲或自然的破壞，此後可能再也無人能睹其原貌。我們雖然對多數碑銘都有拍照留影，但除了上述『完整與清晰不可兼得』外，碑身破損、字迹風化、距離、光影、拍攝器材與技法以及碑文被塗抹、遮擋乃至現場不允許拍照等現實條件制約，也使得照片傳輸的信息量層層打折，必須藉助手工抄録、臨碑揣摩乃至切膚撫摸才能獲取更多信息。然而，我們見到很多保存在寺廟、祠堂中的碑刻，字迹風化後經熱心後人施漆塗描乃至鑿迹重刻，揠苗助長，將半隱半現之字通通『復原』，將氣若游絲之『真迹』完全覆蓋，從而衍生出大量二次錯訛。原本看似無字、有待破譯的殘碣，都變成粉墨一新却『狗屁不通』的文物，在保護和修繕的同時又附加了一層障礙和誤導。恰如清代錢泳履園叢話・碑帖批云：『原刻殘闕，爲後人修改補綴，以至魯魚莫辨。』碑文『魯魚亥豕』之憾，我們感同身受，屢屢望碑興嘆，直恨來遲一步；可又不忍不收，衹好對着照片咬文嚼字，盡力逆推復原。也正因如此，我們對碑銘原文的改動格外謹慎，整字缺失的絶不妄補，局部缺損又推敲不出、輪廓神似却代入不通的字寧可空缺，原文讀不通又無力一針矯正者衹好留饗讀者，除非補綴限於一筆一畫、打通出乎一句一段且有確鑿之旁證者才敢下筆。至於某字有幾

種寫法、時人應該怎麼寫，既然不影響文意、不妨礙解讀，又何妨尊重古人呢？

整理碑銘之特殊性，恰如戰國策中的一則寓言：『日，并燭天下者也，一物不能蔽也；若竈則不然，前之人煬，則後之人無從見也。』傳世典籍文獻早已如日麗天、如月印川，可以無限複製，後人可以任意點校而不能蔽也；碑銘則是千家萬户中的小『竈』，一人蔽之，衆人無從見也。我們大可轉身『野人奏曝』，將碑銘用字留給讀者和後人評判指摘；孰正孰俗孰异，歷史自會做出選擇；但是在歷代碑銘面前，誰也無權挺身充當執斧者或『煬竈人』。

當然，我們尊重歷史文獻中的俗字，不等於鼓勵民間使用俗字。在中國使用漢字交流，應該遵守中華人民共和國國家通用語言文字法和通用規範漢字表，反對一切表外的自行簡化和類推簡化，在此也一并聲明。正因如此，本書中編者所撰漢字，如注釋、按語和部分加擬碑名及前後輔文，除少數專名和引文爲求與碑文統一而酌情使用俗字（如『雲盖山雲盖寺』，僅山門題刻作『葢』，寺内碑刻均作『盖』）或异體字外，均使用當今規範的新字形正體繁體字，不用舊字形、异體字、簡化字和俗字。

其實，假設我們將本書中的俗字全部替换成正字，將大大縮短編纂出版周期并降低出錯概率。因爲無論編纂者、編輯校對者還是質檢者，在面對碑銘録文中的大量『簡化字』時，無法確定其是碑銘原生俗字還是録入者或電腦軟件的失誤，衹有在核對碑銘照片或實物後才能决定取捨；索要照片，要麼大海撈針、苦尋無果，要麼碑係手抄、原本無圖；重校照片，要麼字小如蟻、望眼欲穿，要麼斑駁剥蝕、久格不得……何不一刀切地『化簡爲繁』，將异體和俗字全部替换成正體，衹需點點手指，便可中規中矩、息事寧人，不用多花心思眼力去求證，不用枉費筆墨口舌去澄清，也不用爲排版軟件無法録入和顯示大量怪异漢字而操心，我們何樂而不爲呢？衹是，如果那樣的話，這場正俗之辨將隨着本書中的俗字一起石沉海底，本書除了史料價值之外的語料價值也將付諸東流。那不是我們願意看到的，更不是古人願意看到的，相信也不是讀者諸君願意看到的。

編輯謹識　二〇一八年十二月